NOUVEAU CODE

DES

MAITRES DE POSTE,

DES ENTREPRENEURS

DE DILIGENCES ET DE ROULAGE,

ET DES

VOITURIERS EN GÉNÉRAL

PAR TERRE ET PAR EAU.

—

PREMIÈRE PARTIE.

NOUVEAU CODE

DES

MAITRES DE POSTE,

DES ENTREPRENEURS

DE DILIGENCES ET DE ROULAGE,

ET DES

VOITURIERS EN GÉNÉRAL

PAR TERRE ET PAR EAU,

OU

RECUEIL GÉNÉRAL DES ARRÊTS DU CONSEIL, ARRÊTS DE RÉGLEMENT, LOIS, DÉCRETS, ARRÊTÉS, ORDONNANCES DU ROI, AVIS DU CONSEIL D'ÉTAT, RÉGLEMENS, INSTRUCTIONS, ORDONNANCES DE POLICE, ET AUTRES ACTES DE L'AUTORITÉ PUBLIQUE,

CONCERNANT

Les Maîtres de Poste, les Entrepreneurs de Diligences et de Voitures publiques en général, les Entrepreneurs de Transport par les Chemins de Fer et les Bateaux à Vapeur, les Entrepreneurs et Commissionnaires de Roulage, les Maîtres de Coches et de Bateaux, etc.

AVEC DES COMMENTAIRES

ET UN RÉSUMÉ DES DÉCISIONS DE LA JURISPRUDENCE

SOUS CHAQUE ARTICLE;

SUIVI D'UN TRAITÉ DE LA RESPONSABILITÉ DES VOITURIERS EN GÉNÉRAL;

PAR A. LANOË,

AVOCAT A LA COUR ROYALE DE PARIS.

PREMIÈRE PARTIE.

PARIS,

LIBRAIRIE ENCYCLOPÉDIQUE DE RORET,

RUE HAUTEFEUILLE, 10 BIS.

1839.

AVANT-PROPOS.

Nous avons publié en 1827 l'ensemble des lois et ordonnances sur la matière.

Ce recueil, aussi complet que possible, a été favorablement accueilli du public.

Mais depuis 1827 jusqu'à ce jour, plusieurs lois importantes sont survenues qui ont modifié les anciennes et même introduit des règles entièrement nouvelles.

Notre ouvrage embrassant d'ailleurs toutes les entreprises de transport par terre et par eau, et les entreprises par les bateaux à vapeur et les chemins de fer ayant pris tout leur essor, il était indispensable d'ajouter les lois et de faire connaître les ordonnances et décisions administratives concernant ces deux branches d'industrie.

Nous avons donc réuni sous le titre de *Partie complémentaire* (¹), toutes les lois et ordonnances rendues de 1827 à 1838, et pouvant concerner les entreprises de transport *de la manière la plus générale et la plus étendue.*

Au moment où nous finissions notre travail, la Chambre des Pairs a été saisie de l'examen et de la discussion d'un nouveau projet de loi relatif aux messageries et aux voitures de roulage.

Ce projet de loi, amendé dans un grand nombre de points, n'a point encore été soumis à la Chambre des Députés.

Il est à croire qu'il ne sera pas promulgué avant au moins une année.

(¹) Voyez, page 755, 2ᵉ partie.

vj

L'application de cette loi ne sera d'ailleurs point immédiate : quelques-unes de ses dispositions les plus importantes ne seront exécutoires, d'après la rédaction adoptée par la Chambre des Pairs, que dans deux années à partir de la publication.

Ceux à qui notre livre est utile réclamaient cependant avec instance une édition nouvelle qui mît l'ouvrage au courant de la législation et de la jurisprudence.

Nous avons donc cru ne pas devoir attendre la promulgation d'une loi dont les effets doivent être si éloignés, et répondre de suite aux demandes empressées qui nous sont faites de toutes parts.

Nous avons réuni sous le titre de *Résumé de la Jurisprudence,* et en rangeant les matières par ordre alphabétique, l'ensemble de toutes les décisions judiciaires et administratives rendues jusqu'à ce jour ([1]).

En consultant ce résumé, on prendra de suite une connaissance exacte de toutes les questions agitées et résolues depuis dix ans; nous y avons joint des commentaires destinés à faire ressortir le bien jugé de ces décisions, ou à relever ce qu'elles nous ont semblé renfermer de contraire aux principes.

([1]) Voyez, page 829, 2ᵉ partie.

Nota. Nous avons fait suivre la pagination afin de donner la facilité de faire relier l'ouvrage en un seul volume.

ERRATA.

Page 31, ligne 31, *au lieu de*, 18 brumaire ; *lisez* 10 brumaire.

35,   8, *au lieu de*, dont parle l'art. 4 ; *lisez*, dont parle l'art. 6.

45,   27, *au lieu de*, 50 centimes ; *lisez*, 50 francs.

67,   31, *au lieu de*, Tout cabriolet trouvé en circulation chargé de voyageurs ; *lisez*, Tout cabriolet mis en circulation par un maître de poste, etc.

87,   23, *au lieu de*, 9 vendémiaire an VIII ; *lisez* an VI.

105,   16, *au lieu de*, gares ; *lisez*, gords.

112,   18, *au lieu de*, s'il y a chef ; *lisez*, s'il y a lieu.

127,   34, *au lieu de*, extrait du Code Pénal, art. 211 ; *lisez*, art. 209.

150,   40, *au lieu de*, en date du 4 janvier 1803 ; *lisez*, en date du 4 janvier 1804.

313,   33, *au lieu de*, déjeter l'eau ; *lisez*, dégeler l'eau.

314,   3, *au lieu de*, soit qu'ils soient vidés ; *lisez*, soit qu'ils soient vides.

347,   9, *au lieu de*, l'ouverture des postes ; *lisez*, l'ouverture des portes.

372,   2, de Carbon-Blanc à Cubzac, 1 ; *ajoutez*, il est dû une demi-poste en sus de la distance au maître de poste de Cubzac au Carbon-Blanc, à cause de la difficulté du bac.

453, avant-dernière ligne, *au lieu de*, hors les cas d'avarie, de naufrage et autres... ; *lisez*, hors les cas d'avarie et autres....

527, ligne 46, *au lieu de*, Loi du 15 mars 1818 ; *lisez*, Loi du 15 mai...

538,   8, *au lieu de*, 28 avril 1818 ; *lisez*, 28 avril 1816.

552,   18, *au lieu de*, débarquement ; *lisez*, déchargement.

600-601, 29–8, *au lieu de*, contrefaçon ; *lisez*, contrefaction.

675, 1re colonne, *au lieu de*, Canal de Rive-de-Giez à Givors, 305 ; *lisez*, 646.

681, ligne 25, 2e colonne, *au lieu de*, insérer sur ; *lisez*, inscrire sur.

684,   28, 1re colonne, *au lieu de*, 28, 6—453, 472 ; *lisez*, 28, 453—7, 472.

685,   24, 2e colonne, *au lieu de*, 62 ; *lisez*, 662.

CODE

DES

MAITRES DE POSTE,

DES ENTREPRENEURS

DE DILIGENCES ET DE ROULAGE,

ET DES VOITURIERS EN GÉNÉRAL,

PAR TERRE ET PAR EAU.

LÉGISLATION ANTÉRIEURE A 1789,

CONCERNANT LES VOITURIERS EN GÉNÉRAL. (1)

ORDONNANCES DU ROI, ARRÊTS DU CONSEIL, RÉGLEMENS ET SENTENCES DE POLICE, ANTÉRIEURS A 1789, ET CONCERNANT LES VOITURIERS EN GÉNÉRAL.

Nota. Tous les Arrêts, Réglemens, Ordonnances et Sentences de police qui vont être rappelés sont maintenus, ou formellement par les dispositions des Lois et Décrets postérieurs, ou d'une manière générale par l'art. 484 du Code Pénal. (*V*. cet article, *Extrait du Code Pénal*, Livre VI.)

8 février 1663.

Arrêt de Réglement concernant les devoirs des Entrepreneurs de Messageries, tant par terre que par eau, lorsqu'ils amènent des enfans à Paris.

Il est défendu, sous peine de *mille* livres d'amende, aux directeurs des Messageries, tant par terre que par eau, d'amener à Paris aucun en-

---

(1) La législation spéciale à chaque classe de Voituriers, soit par terre, soit par eau, antérieure à 1789, se trouve dans chacun des Livres qui concernent ces Voituriers en particulier.

1

fant, qu'ils n'aient écrit les noms, surnoms et demeure *de ceux qui les auront chargés sur les lieux*, et l'adresse *de ceux entre les mains desquels ils devront les remettre*.

Obs. Il arrive encore journellement que des enfans soient confiés aux Entrepreneurs de diligences ou à leurs conducteurs, pour les remettre à Paris entre les mains d'un parent, d'un ami, d'un correspondant ou d'un maître : les Entrepreneurs ou conducteurs sont donc tenus, dans cette circonstance, de se conformer aux formalités prescrites par le Réglement ci-dessus, et s'il arrivait qu'un enfant fût détourné seulement un jour du lieu de sa destination, par l'imprudence d'un conducteur qui n'aurait point fidèlement pris la demeure de la personne à qui cet enfant était adressé, il n'est pas douteux que le ministère public pourrait requérir contre ce mandataire imprudent l'amende portée par l'Arrêt du 8 février 1663. On sent en effet quels dangers pourraient être la suite d'une pareille imprévoyance, et il importe à l'ordre public, comme à l'intérêt des familles, qu'elle soit sévèrement réprimée. (1)

---

(1) L'Entrepreneur ou son préposé qui se chargent ainsi de la conduite d'un enfant, seraient certainement responsables des accidens qui lui surviendraient pendant la route, et qui pourraient être imputés à leur manque de soins. Mais quelle serait l'étendue et le caractère de la faute, si l'enfant, par un défaut de surveillance, venait à se perdre ou s'égarer, de telle sorte qu'il fût impossible au conducteur de le représenter? Ce cas rentrerait-il dans la disposition de l'art. 345, §. 2, du Code Pénal, qui punit de la réclusion *ceux qui étant chargés d'un enfant, ne le représenteront point aux personnes qui ont le droit de le réclamer?* Cette question, si jamais elle était élevée, nous paraît facile à résoudre. En matière criminelle, la culpabilité se règle sur l'intention; l'intention seule constitue le crime; le fait dénué d'intention, quelle que soit la gravité de ses résultats, est par lui-même de peu d'importance aux yeux du législateur, tellement, que des faits d'ailleurs *identiques*, sont punis *différemment* quand l'intention est *différente;* ainsi l'homicide *par imprudence* est puni de peines correctionnelles, l'homicide *volontaire*, des travaux forcés à perpétuité, et si la *préméditation* s'y joint, la peine est la mort : l'intention est donc tout, et le fait presque rien. Cela posé, en lisant le §. 1 de l'art. 345 du Code Pénal, on voit que les coupables d'enlèvement, de recélé ou de suppression d'un enfant, etc., seront punis de la réclusion. Or, l'enlèvement, le recélé, la suppression, sont des faits *volontaires* qui supposent une intention coupable : celui qui enlève *veut enlever*, celui qui recèle *veut recéler*, etc. Dans le second paragraphe on voit que la même peine aura lieu contre *ceux qui étant chargés d'un enfant, ne le représenteront point aux personnes qui ont le droit de le réclamer....* Evidemment cela ne peut s'entendre que de ceux qui *volontairement* se refusent à représenter : autrement il faudrait mettre sur la même ligne l'infraction *volontaire* et celle qui ne dépend pas de la volonté, punir de la même peine le *voleur* et celui qui *négligemment* égare une chose qui ne lui appartient pas. Ce système ne serait pas soutenable. S'il fallait entendre le second paragraphe de l'art. 345 en ce sens qu'il s'appliquât au *défaut de surveillance et à l'imprudence*, il serait en contradiction choquante avec le §. 1, qui punit de la même peine le même fait *avec une intention coupable de plus.* Aussi n'hésitons-nous point à penser que l'Entrepreneur chargé de la conduite d'un enfant, et qui, par un défaut

18 juin 1681.

Arrêt du Conseil relatif au transport des lettres.

Faisons très expresses inhibitions à tous Maîtres de coches, carrosses, litières, Bateliers, Rouliers, Voituriers, tant par terre que par eau , et à toutes autres personnes de quelque qualité et condition qu'elles soient, autres que ceux qui auront droit et pouvoir de Patin (fermier des postes) et ses intéressés, de se charger ni souffrir que leurs valets ou postillons, et même les personnes qu'ils conduiront par leurs voitures, se chargent d'aucunes lettres ni paquets de lettres, mais seulement des lettres de voitures des marchandises qu'ils voitureront, qui seront ouvertes et non cachetées ; comme aussi à toutes personnes de se charger desdites lettres et paquets de lettres , autres que ceux qui seront commis par ledit Patin et ses intéressés, à peine de 300 fr. d'amende et d'en être informé.

Nota. Cet Arrêt a été maintenu par une foule de Lois postérieures, notamment par l'Arrêté du 27 prairial an IX ; il est néanmoins modifié, quant à la peine, par l'art. 5 de ce dernier Arrêté. (*V.* p. 17.)
Il doit s'entendre aujourd'hui de l'administration des postes.

29 novembre 1681.

Arrêt du Conseil.

Il renouvelle dans les mêmes termes la prohibition portée par le précédent, en l'étendant au transport des *lettres ouvertes.*
Nota. Conformément à cet Arrêt, la Cour de Cassation a décidé, par Arrêt du 18 février 1820, que des lettres non cachetées trouvées sur un Voiturier, constituent la contravention, et le rendent passible de l'amende portée par l'art. 5 de l'Arrêté du 27 prairial an IX. (*V.* p. 18.)

8 février 1683.

Arrêt du Conseil, qui décide que les Messagers et Cochers ne seront tenus de la restitution d'aucuns deniers, sinon de ceux qui leur auront été baillés, comptés et nombrés, et desquels ils seront trouvés s'être chargés sur leurs registres.

Nota. V., Liv. V, le Traité de la Responsabilité, et la note (1) p. 569.

---

de surveillance , le laisserait s'égarer, ne serait point passible des peines portées par l'art. 375, §. 2 du Code Pénal, quoiqu'il fût dans l'impossibilité de le représenter à ceux qui le réclameraient : sa faute, très grave sans doute, ne pourrait donner lieu qu'à l'exercice d'une action civile.

8 février 1683.

Arrêt du Conseil, qui règle ce qui doit être observé pour l'em-
ballage de choses précieuses, comme papiers, joyaux, den-
tellès, rubans, étoffes de soie, pierreries, etc., etc., ainsi que
pour leur chargement au bureau des Messageries.

Ordonne S. M. que les choses précieuses, comme brocart d'or et d'argent, étoffes de soie, guipures (dentelles), rubans et autres semblables, seront mises dans des caisses *couvertes de toile cirée avec un em-*
ballage au-dessus; et les autres marchandises grossières, qu'elles seront emballées de serpillière, paille et cordage ; *et qu'à faute de ce*, les
Messagers, conducteurs et leurs commis, *ne seront point responsables*
du dommage qui pourrait arriver.

Nota. V. l'art. 60 de la Loi du 24 juillet 1793, qui maintient
cet Arrêt, p. 12.

27 août 1684.

Arrêt du Conseil concernant la conduite des Voitures.

Les Rouliers. . . . ne pourront porter ni conduire aucune personne
sur leurs chevaux, charrettes et chariots.

Nota. Cette contravention est punie par les art. 475 et 476
du Code Pénal. (*V.* l'art. 7 de l'Ordonnance de police du 2 avril
1819, *Appendice* du Liv. I, p. 96.)

8 novembre 1720.

Sentence de Police qui ordonne aux Voituriers d'avoir des lan-
ternes ou chandeliers à plaques dans leurs écuries.

Ordonnons que tous Voituriers par terre seront tenus d'avoir, dans
leurs écuries, des lanternes et des chandeliers à plaque pour y poser
leurs chandelles allumées, quand ils seront obligés d'y entrer de nuit :
leur défendons d'attacher leur chandelle aux murs des écuries, à peine
d'amende (de 10 liv.).

Nota. V. le *Nota* qui suit la Sentence ci-après.

16 mai 1727.

Sentence de police qui défend aux Voituriers de laisser séjourner
leurs fumiers, et d'entrer avec des lumières dans les écuries.

Défendons à tous Voituriers, charretiers, cochers, de laisser séjourner leurs vieux fumiers; leur enjoignons de les faire enlever aussitôt
qu'ils seront tirés des écuries, à peine de 50 fr. d'amende pour la première contravention ; leur défendons également d'entrer dans les écuries à telle heure que ce soit du jour et de la nuit avec des lumières, si
ce n'est que les lumières soient dans des lanternes bien closes, ni d'y

entrer avec des pipes remplies de tabac allumé, sous peine de 200 fr. d'amende.

Nota. La première contravention n'est aujourd'hui punie que d'une amende de 1 fr. à 5 fr., aux termes de l'art. 471, §. 4 et 6, du Code Pénal.

L'amende prononcée pour la seconde contravention, est maintenue par une Ordonnance de police du 2 avril 1809. *V.* p. 97. Néanmoins, s'il en était résulté un incendie, l'amende pourrait être portée jusqu'à 500 fr., aux termes de l'art. 458 du même Code. (*V.* l'Extrait du Code Pénal, Liv. VI, p. 624.)

12 juillet 1758.

Arrêt de Réglement qui enjoint de faire la déclaration des espèces d'or et d'argent, et autres objets précieux.

....Enjoint de faire la déclaration des espèces d'or et d'argent et des dentelles fines, bijoux, pierreries, et autres choses précieuses qui seront voiturées dans des caisses, malles ou autrement; et dans le cas où il n'aurait pas été fait de déclarations, ou que lesdites déclarations seraient fausses, autorise les fermiers des diligences à percevoir le double du tarif.

Nota. Il résulte des art. 1785 du Code Civil et 96 du Code de Commerce, que les voyageurs ou expéditeurs sont encore assujettis à cette déclaration, et les Entrepreneurs tenus de l'inscrire sur leur registre. A défaut *de déclaration inscrite,* la responsabilité des Entrepreneurs n'est point engagée. (*V.* le Traité de la Responsabilité, Liv. V, p. 569.)

Quant à la peine du double du tarif, elle pourrait encore aujourd'hui servir de base aux dommages-intérêts que seraient en droit de réclamer les Entrepreneurs en cas de fausse déclaration, tendant à les frustrer du prix établi pour le port des objets ci-dessus désignés.

30 mars 1759.

Ordonnance du Roi concernant la conduite des Voitures.

Il est défendu aux Voituriers de confier la conduite de leurs charrettes à des enfans, à peine de 100 liv. d'amende, et d'être civilement responsables des événemens.

Nota. V. l'art. 9 de l'Ordonnance de police du 2 avril 1819. (*App.* du Liv. I, p. 97.)

15 octobre 1763.

Arrêt de Réglement concernant la conduite des Voitures.

.... Défenses à tous Voituriers et charretiers de monter sur leurs chevaux, lorsqu'en conduisant leurs voitures, ils passent par les villes, bourgs et villages, sous peine d'être poursuivis extraordinaire-ment.

Nota. La contravention à ce Réglement est punie par l'art. 475, §. 3, et 476 du Code Pénal, d'une amende de 6 à 10 francs, et, suivant les circonstances, outre l'amende, d'un emprisonnement de trois jours au plus. (*V.* l'art. 6 de l'Ordonnance de police du 2 avril 1819, *Appendice* du Liv. I, p. 96.)

7 août 1775.

Arrêt du Conseil concernant les précautions pour l'envoi des Volailles.

. . . . . . Le public doit les faire mettre dans des paniers ou boîtes bien conditionnées, et fournir une déclaration signée qui contiendra les noms, qualités et demeures des personnes auxquelles il fait des envois, la quantité des pièces et leur nature, et mettre deux adresses, l'une sur les paniers ou boîtes, l'autre en dedans. . . . .

Les directeurs de Messageries peuvent faire payer le port des co-mestibles sujets à corruption, par les envoyeurs.

Seront tenus les particuliers auxquels on envoie des volailles, du gibier et autres choses sujettes à corruption, *qui ne peuvent leur être portées faute d'adresse ou par l'inexactitude d'icelle*, de les venir ou envoyer chercher au bureau dans les huit jours, après l'arrivée d'iceux, sinon permis au préposé de jeter lesdites denrées en cas qu'elles soient corrompues ou gâtées, desquelles il sera et demeurera déchargé.

4 février 1786.

Ordonnance du Roi relative aux devoirs des Rouliers et charretiers dans la conduite de leurs voitures.

. . . . . S. M. a ordonné et ordonne que tous Rouliers, charretiers, Voituriers et autres, seront tenus de céder le pavé et de faire place à tous courriers et voyageurs allant en poste (1). Leur fait expresses inhi-bitions et défenses de troubler à l'avenir en quelque sorte et manière que ce puisse être les Maîtres de poste et postillons dans leur service sur les routes, comme aussi d'exercer à l'avenir aucunes voies de fait, vio-lences et mauvais traitemens, à peine de 30 fr. d'amende payables sur-le-champ, et applicables, un tiers aux pauvres du lieu de l'établissement de poste, et les deux autres tiers au profit des cavaliers de maréchaus-sée qui auront été employés à constater la contravention et à arrêter le contrevenant, même de punition corporelle si le cas y échet (2). Pour

---

(1) La contravention à cette partie de l'Ordonnance est punie de 6 à 10 fr. d'amende par l'art. 475, §. 3, du Code Pénal : outre cette amende, l'empri-sonnement pendant trois jours peut être prononcé, aux termes de l'art. 476 du même Code.

Les gendarmes sont particulièrement chargés, par l'art. 125 de la Loi du 28 germinal an vi, de maintenir sur ce point l'observation de l'Ordonnance.

(2) Cette partie de l'Ordonnance est modifiée quant à la peine. (*V.* l'*Obs.*

ne laisser aux charretiers et Voituriers aucun prétexte qui puisse les mettre dans le cas de causer le moindre accident, il leur est défendu, sous les mêmes peines (1), de quitter leurs chevaux et de marcher derrière leurs voitures; si plusieurs voitures se suivaient, il devra toujours s'en trouver un pour marcher à la tête de la première voiture; défendant également S. M. à tous postillons d'user, en cas de résistance de la part des Voituriers, d'aucunes voies de fait ni de menaces, de les frapper pour faire ranger les voitures qui s'opposeraient à leur passage; et voulant qu'ils se bornent à porter leurs plaintes aux prévôts de maréchaussée, leurs lieutenans ou autres, leurs officiers (2), contre ceux qui auraient refusé de leur faire place après en avoir été avertis; renvoyant aux intendans des provinces (3) la connaissance, s'il y a lieu, de toutes les contestations relatives aux dispositions de la présente Ordonnance, réservant celle des crimes et délits aux tribunaux auxquels il appartient d'en connaître. (4)

Nota. Cette Ordonnance est maintenue par l'art. 16 du Décret du 28 août 1808, et l'art. 12 de l'Ordonnance du 4 février 1820. (*V.* Liv. I, p. 75.

---

sous l'art. 35 du Décret du 23 juin 1806, et l'Extrait du Code Pénal, Liv. VI, art. 230, 231, 232, 233, 309, 310, 311.)

(1) La contravention à cette partie de l'Ordonnance est aujourd'hui punie d'une amende de 6 fr. à 10 fr. par l'art. 475. §. 3, du Code Pénal. (*V* l'art. 1 de l'Ordonnance du 15 mai 1822, Liv. I, p. 79.)

(2) Aujourd'hui les officiers de police, les maires, adjoints de maire, juges-de-paix, commissaires de police, officiers de gendarmerie, etc. (*V.* l'art. 12 de l'Ordonnance du 4 février 1820, pag. 75.)

(3) Aujourd'hui la connaissance de ces contraventions appartient aux tribunaux de police, aux juges-de-paix et aux maires.

(4) Les Tribunaux correctionnels et les Cours d'Assises, suivant les circonstances.

LIVRE PREMIER.

LOIS, DÉCRETS, ORDONNANCES, ARRÊTÉS, RÉGLEMENS, INSTRUCTIONS CONCERNANT LES ENTREPRENEURS DE DILIGENCES ET AUTRES VOITURES PUBLIQUES PAR TERRE ET PAR EAU, LES ENTREPRENEURS DE ROULAGE, ET LES MAITRES DE POSTE AUX CHEVAUX DANS LEURS RAPPORTS AVEC LES ENTREPRENEURS DE VOITURES PUBLIQUES.

1789 A 1827.

----

29 août 1790.

Loi qui abolit le droit exclusif du transport des voyageurs et des marchandises.

ART. 1. Le droit connu sous le nom de *Droit de Permis* (1), et celui du transport exclusif des voyageurs, matières ou espèces d'or et d'argent, de balles ou ballots, marchandises et paquets de quelque poids qu'ils soient, sont abolis.

2. Tout particulier pourra voyager, conduire ou faire conduire librement les voyageurs, ballots, paquets, marchandises, ainsi et de la manière dont les voyageurs expéditionnaires et Voituriers conviendront entre eux, à la charge, par les Voituriers, de se conformer à la disposition contenue en l'article suivant.

3. Chaque particulier qui aura l'intention de louer des chevaux ou d'entreprendre le transport des voyageurs ou marchandises, sera tenu, à peine, en cas de contravention, d'une amende de 50 francs applicables aux établissemens de charité, de faire préalablement sa déclaration dans les huit premiers jours de chaque année, au greffe de la municipalité du lieu où il sera domicilié, et de la renouveler dans les huit premiers jours de chaque année, s'il est dans l'intention de continuer ce commerce.

Obs. Cet article est maintenu et développé par l'art. 1 de l'Ordonnance du 4 février 1820. *V.* les *Obs.* sous cet article, p. 70, et l'art. 5 du Décret du 30 floréal an XIII, p. 30.

----

(1) Ce droit avait été particulièrement établi par Arrêt du Conseil, du 7 août 1725. Aux termes de cet arrêt, les loueurs de chevaux et carrosses ne pouvaient se charger du transport des voyageurs, sans en avoir obtenu préalablement la permission des fermiers des messageries, auxquels ils devaient payer un tiers du prix des places. L'absence du droit de permis entraînait la confiscation des chevaux et voiture, et une amende de 500 livres.

19 janvier 1791.

Loi qui rend libre le service des Voitures publiques par terre et par eau.

Art. 1. Tous les droits de Messageries par terre, ceux des Voitures d'eau sur les rivières possédées par des particuliers, communautés d'habitans ou États des ci-devant provinces, à quelque titre que ce soit, seront abolis à compter du 1er avril prochain.

Obs. V. l'art. 2 de la Loi du 10 avril 1791 ci-après.

5. Pour le transport des voyageurs et des marchandises, il sera entretenu ou établi sur les principales routes, et sur celles de communication, des carrosses et fourgons, dont la marche sera de quinze à vingt lieues par jour.

Chaque voyageur pourra faire transporter avec lui un sac de nuit ou porte-manteau, du poids de quinze livres, pour lequel il ne paiera aucun port.

Obs. V. l'*Obs.* sous l'art. 54, p. 12.

10 avril 1791.

Proclamation du Roi pour le service des Messageries nationales, Coches et Voitures d'eau. (1)

Art. 2. Conformément à la Loi du 19 janvier 1791, tous les droits de Messageries par terre, les droits de Coches, Bacs, Bateaux, etc., sont abolis à compter du 1er avril 1791.

5. Les fermiers jouiront, comme en ont joui ou dû jouir les précédens fermiers, des ports et terrains sur le bord des rivières nécessaires à l'exploitation des voitures d'eau.

Obs. V. le Décret du 22 janvier 1808, Liv. II, p. 135.

8. Les Diligences seront commodes et légères ; et, à cet effet, elles seront à quatre ou six places, dans l'intérieur de la voiture. Elles seront montées sur quatre roues, et attelées d'un nombre suffisant de chevaux, relayées de manière à être conduites régulièrement au train de poste, à raison de deux lieues par heure. Les stations seront établies dans les villes, afin que les voyageurs trouvent plus facilement toutes les commodités désirables.

Obs. V., pour la forme et le mode de construction des diligences, l'art. 9 de l'Ordonnance du 4 février 1820, qui modifie cet article, p. 73, et l'Ordonnance de police du 15 mars 1826, p. 102.

11. Les Voitures d'eau seront soumises à la visite des experts nommés par la municipalité de la ville de Paris, quant à ce qui concerne les Voitures dont le départ est fixé à Paris, et par les municipalités des lieux pour les autres Voitures d'eau, pour assurer leur solidité et veiller à ce qu'elles soient conduites par des hommes expérimentés et en

____

(1) Tout ce qui est dit dans cette Proclamation des fermiers des Messageries nationales doit s'entendre aujourd'hui des Entrepreneurs de Messageries.

nombre suffisant, avec les chevaux nécessaires pour remonter les rivières, de manière à ce que tous les accidens soient prévenus. (1)

Obs. V. l'Ordonnance de police du 14 janvier 1805, p. 316.

25. Les fermiers ne pourront se charger du transport d'aucuns papiers, si ce n'est de procédures en sacs ou registres, à moins qu'ils n'en aient obtenu l'autorisation de l'administration des Postes. Ils seront tenus néanmoins, sur sa réquisition, et dans le cas de surcharge des Courriers de malles, de faire le transport des ballots de papier ou d'imprimés, d'après un prix convenu de gré à gré, afin que la remise desdits objets, aux lieux de leur destination, ne puisse éprouver de retard notable.

Obs. V. l'art. 1 de l'Arrêté du 27 prairial an IX, qui confirme cet article, p. 17.

26. Les fermiers défendront expressément à leurs préposés...... de porter et de remettre aucune lettre missive, et aucuns papiers autres que ceux relatifs à leur service.

Obs. V. l'art. 5 et l'art. 9 de l'Arrêté du 27 prairial an IX, p. 18 et 19.

32. Les fermiers ou leurs préposés pourront requérir les commandans de la gendarmerie nationale de faire escorter par deux cavaliers, ou plus, s'il est nécessaire, les voitures des messageries, toutes les fois que cette mesure leur paraîtra indispensable. Ce service extraordinaire sera aux frais des fermiers. . . . , et ils en seront remboursés dans le cas où les frais d'escorte seraient occasionnés par des transports pour le compte du Gouvernement.

34. Les fermiers des Messageries seront tenus de faire remettre à leur destination, par leurs facteurs, suivant l'usage ordinaire, dans les vingt-quatre heures de leur arrivée, les paquets apportés par les diligences, messageries et fourgons, en laissant cependant au public la liberté de les retirer ou de les faire retirer, en se présentant au bureau dans lesdites vingt-quatre heures, et muni de lettres d'avis.

. *Obs. V.* l'Arrêt de la Cour de Colmar, du 22 novembre 1814, sous l'art. 1784 du Code Civil, *Obs.* 3, Livre V, p. 583.

Nota. Cette Proclamation était suivie d'un tarif pour les Voitures de terre et pour les Voitures d'eau, fixant le prix de chaque place, celui du transport de l'or, de l'argent, des bijoux et des marchandises : mais depuis que l'exploitation des Voitures publiques a été rendue libre, chaque Entrepreneur a pu établir un tarif particulier, dont lui-même a réglé les différens prix. Ces tarifs, qui varient d'après le genre de places, la nature des objets et la distance des lieux, doivent être affichés dans chaque bureau de messagerie ou de roulage, aux termes de l'art. 10 de l'Ordonnance de police du 14 janvier 1805 (*V.* p. 88). Les Entrepreneurs de messageries à service régulier sont en outre assujettis,

---

(1) *V.* l'Ordonnance de 1672, qui contient les règles de police relatives aux Voitures d'eau. (Liv. II. p. 114.)

par l'art. 69 de la Loi du 9 vendémiaire an VI, et l'art. 116 de la Loi du 25 mars 1817, à faire la déclaration du prix de chaque place aux préposés de la régie des contributions indirectes. *V*. p. 66.

23 et 24 juillet 1793.

Loi relative aux Diligences et Messageries.

TITRE III. — *Service et régime intérieur des Messageries.* (1)

ART. 46. Pour le transport, soit des personnes qui ne voudront pas se servir des malles-poste, soit des bagages ou des marchandises, il y aura des diligences et des fourgons.

Obs. V. les art. 6, 7, 8 du tit. 2 de cette Loi, concernant les malles-poste, Liv. III, p. 329.

47. Les diligences principalement destinées au transport des voyageurs et de leurs effets, seront montées sur quatre roues, et disposées de manière à avoir un cabriolet de devant pour les conducteurs, avec un ou deux voyageurs, un corps de voiture à quatre, six ou huit places, et enfin des paniers suffisans pour un chargement qui ne pourra excéder 1500 livres pesant......

Obs. 1. Le chargement des diligences est établi sur des bases entièrement nouvelles, par les art. 6 et 7 du Décret du 23 juin 1806 (*V*. p. 35), et l'art. 8 de l'Ordonnance du 4 février 1820, p. 72.

2. Il résulte de cet article et de l'art. 7 de l'Ordonnance du 4 février 1820 (*V*. p. 72) que la place ordinaire du conducteur doit être le cabriolet de devant. Il n'a la faculté de se tenir sur l'impériale que lorsqu'il y a nécessité de surveiller le chargement.

48. Le service des malles et diligences est exclusivement attribué aux Maîtres de poste.

Obs. Cet article est modifié et développé par les Lois des 19 frimaire an VII, 1er prairial an VII, 15 ventose an XIII; par les Décrets du 30 floréal an XIII, du 10 brumaire an XIV, 6 juillet 1806, et par l'Ordonnance du 13 août 1817. (*V*. ci-après.)

50. Les diligences auront leurs départs fixés à jour et heure réglés et annoncés au public, ainsi que les jours d'arrivée aux lieux de leur destination.

52. Les distances compteront du point central du lieu, sans examiner si l'établissement du bureau est plus ou moins avancé sur la route.

53. Les titres et procédures en sacs seront expédiés par les diligences et fourgons.....

Obs. V. l'art. 2 de l'Arrêté du 27 prairial an IX, p. 18.

54. Les ballots et paquets seront enregistrés après avoir été pesés et

---

(1) Quoique l'institution des Messageries nationales ait été abolie par la Loi du 9 vendémiaire an VI, néaumoins toutes les dispositions générales de la présente Loi non contraires aux Lois subséquentes sont encore en vigueur.

numérotés en présence de ceux qui les apporteront ; les paquets partiront par ordre de numéros.

Obs. On ne peut pas conclure de cet article que la Loi du 19 janvier 1791, qui permet à chaque voyageur de transporter avec lui un sac de nuit du poids de quinze livres, sans rien payer, se trouve abrogée : en conséquence, les Entrepreneurs sont tenus d'une indemnité envers les voyageurs dont le sac de nuit a été perdu, lors même que ce sac de nuit n'aurait pas été *inscrit sur les registres*, attendu qu'il n'est pas d'usage d'inscrire ces sortes de sacs, destinés aux besoins journaliers des voyageurs, *sur les registres*, mais seulement *sur la feuille de route*. (Arr. de Cass. du 19 frimaire an VII, et du 5 mars 1811.)

56. Les ballots, paquets ou effets qui n'auront *pu être délivrés par mauvaises adresses* ou faute d'être réclamés, seront déposés et gardés dans un endroit à ce destiné, et il en sera tenu registre. Si, après deux années de garde, ces ballots, paquets ou effets, ne sont pas réclamés, ils seront vendus publiquement et à l'enchère.

Obs. Le Décret du 13 août 1810 établit de nouvelles règles à suivre dans les cas prévus par cet article. (*V*. p. 59.)

57. Seront néanmoins exceptés, les comestibles et généralement tous les objets susceptibles de corruption et de dépérissement. La régie est autorisée à jeter ces objets, dès qu'ils cesseront de pouvoir être gardés, et sans être obligée à aucun dédommagement ; mais il en sera tenu registre.

Obs. V.l'Arrêt du Conseil du 7 août 1775, p. 6.

58. Le conducteur de chaque voiture sera porteur d'une feuille de route dans laquelle seront spécifiés les objets qui doivent être déposés dans chaque bureau de direction de la route ; le tout conforme à l'enregistrement du lieu du départ.

Obs. V. l'*Obs.* sous l'art. 54 ci-dessus, et l'art. 8 de l'Ordonnance du 4 février 1820, p. 72.

59. La régie sera responsable de tous les paquets, ballots, marchandises et effets perdus ou endommagés par la faute de ses préposés, sauf le recours contre ces derniers, s'il y a lieu.

60. Ne sera tenue, la régie, de répondre des événemens occasionnés par force majeure, ainsi que par le défaut d'emballage et de précautions quelconques qui dépendent des particuliers intéressés, et dont mention devra être faite en leur présence dans l'enregistrement.

Obs. V. l'Arrêt du Conseil du 8 février 1683, p. 4.

62. Si la perte ou le dommage des effets, ballots ou marchandises dont la régie est responsable, ne peut être évaluée par experts à la vue des objets cassés ou endommagés, l'évaluation faite, lors de l'enregistrement, servira de règle pour fixer l'indemnité. A défaut de possibilité d'estimation sur la vue des objets détériorés ou cassés, et d'estimation déclarée lors du chargement, ou si le paquet se trouve perdu, l'indemnité sera de 150 livres.

Obs. La dernière partie de cet article est abrogée par l'art. 65 de la Loi du 9 vendémiaire an VI. (*V.* l'*Obs.* sous cet article, p. 13.)

63. Si l'évaluation faite par le chargeur semble suspecte, la régie pourra en exiger la vérification.....

65. Ceux qui voudront entrer dans les voitures de la régie, seront tenus de faire enregistrer leurs noms à l'avance au bureau du départ, et de payer les arrhes ordinaires de moitié du prix total de la place. Ces arrhes seront perdus pour eux s'ils ne se trouvent point à l'heure indiquée pour le départ de la voiture. L'ordre des places sera fixé par celui de l'enregistrement.

Obs. Il est libre aux Entrepreneurs de réduire la valeur des arrhes, mais ils ne pourraient, ce nous semble, les porter au-delà du taux réglé par cet article.

66. Les voyageurs seront tenus de se conformer au mode de service prescrit par l'administration pour les différentes voitures, sans pouvoir, dans le cours de la route, changer l'ordre du service, avancer ou retarder les départs ni la marche des voitures.

30 septembre 1798. (9 vendémiaire an VI.)

Loi qui abolit la Régie des Messageries nationales, et établit un droit du dixième et un droit annuel sur le prix des places des Voitures publiques. (1)

TITRE VII. — *Messageries.*

Art. 65. Au 1er nivose prochain, la Régie des Messageries nationales cessera toutes fonctions.

Obs. Cet article abolit l'institution des Messageries nationales créée par la Loi du 23 juillet 1793. En conséquence, les dispositions des Lois et Arrêtés portées en faveur du gouvernement, et qui constituaient de véritables priviléges, ne peuvent plus être invoquées par les Entrepreneurs. Faisant application de ce principe, la Cour de Cassation, par Arrêt du 6 février 1809, a décidé que si l'art. 62 de la Loi du 23 juillet 1793 restreignait à 150 fr. l'indemnité due pour la perte des effets, à défaut d'estimation lors du chargement, cette dérogation aux règles du mandat n'avait été introduite qu'en faveur du gouvernement, et lorsque les Messageries étaient en régie nationale ; que la Loi du 9 vendémiaire an VI ayant supprimé les Messageries nationales, les obligations des Entrepreneurs particuliers sont rentrées dans le droit commun ; qu'ainsi les tribunaux peuvent évaluer la perte et condamner les Entrepreneurs à une somme plus forte que 150 fr.

____

(1) *V.* au Supplément, pag. 633, plusieurs décisions ministérielles interprétatives de cette Loi.

Mais il faut, pour que la responsabilité des Entrepreneurs soit engagée, que les malles ou paquets aient été inscrits sur leur registre. (*V*. sur ce point le Traité de la Responsabilité, Liv. V, p. 566.)

68. A compter du 1er brumaire prochain, il sera perçu, au profit du trésor public, un dixième du prix des places dans les voitures exploitées par des Entrepreneurs particuliers. *Il ne sera rien perçu sur les effets et marchandises portées par lesdites voitures*, ni sur les places établies sur l'impériale.

Obs. 1. L'art. 75 de la Loi du 5 ventose an XII déroge à cet article : il établit un droit du dixième sur le prix du transport des effets et marchandises.

Quant aux places établies sur l'impériale, *V*. l'*Obs*. 1, sous l'art. 9 de l'Ordonnance du 4 février 1820, p. 73.

2. Un seul fait de transport des voyageurs d'une ville à une autre, dans une voiture non suspendue, s'il n'est appuyé de la preuve d'autres faits semblables, ne constitue pas un service régulier, qui soumette la Voiture au droit du dixième. (Arr. de Cass. du 5 octobre 1809.)

3. Les Entrepreneurs de voitures publiques, partant à jours et heures fixes, sont tenus de payer au trésor le dixième du prix des places, non seulement pour l'aller, mais encore pour le retour. (Arr. de Cass. des 14 et 28 brumaire an XIII, 26 frimaire et 19 messidor an XIII.)

4. Lorsqu'un Entrepreneur qui fait le service de la poste aux lettres, sans être néanmoins Courrier de la malle, emploie une voiture susceptible de recevoir des voyageurs, il est soumis au dixième du prix des places fixé par cet article. (Arr. de Cass. des 15 prairial an XII et 10 avril 1807.) *V*. l'art. 7 du Décret du 14 fructidor an XII, p. 28.

69. Tout citoyen qui entreprendra le service de Voitures publiques de terre ou d'eau partant à jours et heures fixes, et pour des lieux déterminés, sera tenu de fournir aux préposés de la régie de l'enregistrement (1) sa déclaration contenant.....

Obs. 1. *V*. l'art. 116 de la Loi du 25 mars 1817, p. 66, qui règle l'énoncé de cette déclaration.

2. L'Entrepreneur qui a fait la déclaration d'un service régulier n'est pas tenu d'en faire une seconde dans le lieu de la destination pour les voyages de retour. Le défaut de paiement des droits pour ces derniers voyages ne constitue point par lui-même une contravention passible de confiscation et d'amende ; il donne

---

(1) La perception des droits sur les voitures publiques a été mise dans les attributions de la régie des droits réunis, faisant aujourd'hui partie des contributions indirectes, par l'art. 77 de la Loi du 5 ventose an XII.

seulement droit à la régie d'exiger les droits non payés. (Arr. de Cass. du 8 septembre 1809.)

70. Tout Entrepreneur de voitures *suspendues*, partant *d'occasion ou à volonté*, sera tenu de fournir la déclaration de sa voiture ou de ses voitures, et de payer chaque année pour tenir lieu du dixième, imposé sur les autres voitures publiques, ainsi qu'il suit.....

Obs. 1. *V*. l'art. 113 de la Loi du 25 mars 1817, p. 66, qui règle le tarif des droits annuels, et soumet les Voitures publiques, partant d'occasion ou à volonté, au paiement du droit, sans distinction entre les voitures *suspendues* et celles *non suspendues*.

2. L'Entrepreneur de voitures partant d'occasion doit acquitter le droit annuel ainsi qu'il est réglé par l'art. 113 de la Loi du 25 mars 1817 (*V*. p. 65), sur toutes les voitures qui lui appartiennent. Il ne peut restreindre sa déclaration à une seule, sous prétexte que les autres sont en mauvais état, ou qu'il n'a pas intention de s'en servir. En cas de contravention, il encourt l'amende et la confiscation à raison de chaque voiture non déclarée. (Arr. de Cass. du 25 juin 1807.)

3. S'il résulte du procès-verbal des employés de la régie que le propriétaire d'une voiture déclarée d'occasion et à volonté n'a fait que *deux voyages* d'une ville à une autre, le tribunal peut décider, sans violer l'art. 112 de la Loi du 25 mars 1817 (*V*. p 64), que ces deux voyages ne constituent point un service régulier donnant lieu au droit du dixième. (Arr. de Cass. du 18 déc. 1818.)

4. Les voitures de place (fiacres) et les remises sont du nombre de celles comprises dans cet article : en conséquence, les Entrepreneurs de ces voitures sont soumis au droit annuel fixe, et tenus de faire leur déclaration, sous les peines portées par l'art. 72. (Arr. de Cass. des 24 nivose an XIII et 11 août 1806.)

5. Celui qui a déclaré et fait estampiller une voiture comme partant d'occasion, ne peut, sans remplir les mêmes formalités, en faire rouler une seconde pendant que la première reste chez lui. (Arr. de Cass. du 13 prairial an XIII.) Dans le cas contraire, il serait passible des peines portées par l'art. 72.

6. Celui qui, même *accidentellement*, loue au public des voitures partant à volonté et qu'il fait conduire par ses gens et par ses chevaux, est un Entrepreneur dans le sens de cet article. (Arr. de Cass. des 18 décembre 1817 et 18 octobre 1821.)

7. Outre la déclaration de la voiture et le paiement du droit annuel, les Entrepreneurs de voitures partant d'occasion sont encore assujettis à se pourvoir d'un certificat de route. (*V*. sur ce point le Réglement du 21 novembre 1817, p. 69.)

71. Le calcul du produit de chaque voiture sera fait dans la supposition que toutes les places seraient occupées ; l'Entrepreneur sera tenu

de verser chaque décade, au receveur du droit d'enregistrement (1), le dixième de ce produit, sous la déduction, abonnée par la présente Loi, d'un quart pour tenir lieu d'indemnité pour les places vides que pourraient éprouver lesdites voitures.

Obs. Cet article est modifié par l'art. 4 de la Loi du 17 juillet 1819, qui fixe à un tiers la déduction pour les places vides. (*V.* cette Loi, sous l'article 112 de la Loi du 25 mars 1817, p. 65.) Quant au versement du dixième, le mode en est réglé par l'art. 118 de la Loi du 25 mars 1817.

72. Tout Entrepreneur convaincu d'avoir omis de faire sa déclaration ou d'en avoir fait une fausse, sera condamné à la confiscation des voitures, harnais, et à une amende qui ne pouraa être moindre de 100 livres et plus forte de 1000 livres.

Obs. 1. Cet article est maintenu par les art. 121 et 122 de la Loi du 25 mars 1817.

2. Tout Entrepreneur de voitures publiques à service régulier, ou partant d'occasion et à volonté, est passible, à défaut de déclaration, de la confiscation et de l'amende : il ne peut être excusé sur le prétexte qu'il n'est pas prouvé que la voiture parte à service régulier, puisqu'il y aurait, même en ce cas, contravention à l'art. 70. D'ailleurs cette allégation ne serait pas admissible, l'inscription de faux devant être préalablement formée avant que d'être admis à débattre les faits consignés dans le procès-verbal. (Arr. de Cass. du 18 décembre 1817.)

3. L'Entrepreneur de voitures publiques qui, d'après la déclaration qu'il a faite, a assigné à ses voitures un nombre de places inférieur à celui des voyageurs qui y sont trouvés, ne peut être excusé sur le fondement que ses voitures ont été estampillées d'après ses déclarations, ni même sur l'allégation qu'il a fait un abonnement avec la régie, pour les droits auxquels sa déclaration donnait lieu. Il est en ce cas passible des peines portées par le présent article. (Arr. de Cass. du 11 mai 1810.)

73. Quant aux voitures d'eau, la régie de l'enregistrement est autorisée à régler leur abonnement d'après le nombre moyen des voyageurs qu'elles transportent annuellement ; et dans le cas de contestation ou de difficulté sur la quotité de cet abonnement, le ministre des finances prononcera.

Obs. *V.* l'art. 1 du Décret du 15 fructidor an XIII, qui étend aux voitures par terre la faculté de l'abonnement.

Nota. Les art. 75 et suiv. de cette Loi, relatifs à la taxe d'entretien des routes, se trouvent abrogés par l'art. 61 de la Loi du 24 avril 1806, qui a supprimé la taxe d'entretien.

---

(1) *V.* la note (1), p. 13.

23 décembre 1797 (3 nivose an VI).

Loi qui contient des mesures de police relatives aux Voitures de roulage.

Nota. Toutes les dispositions de cette Loi, relatives au tarif des droits à percevoir sur les grandes routes, et rendues en conséquence de l'art. 77 de la Loi du 9 vendémiaire an VI, sont abrogées par l'art. 60 de la Loi du 24 avril 1806, qui supprime la taxe d'entretien des routes. (*V.* le *nota* qui suit la Loi du 9 vendémiaire an VI.)

TITRE II.

Police des Barrières.

Art. 9. Tout propriétaire de voitures de roulage sera tenu de faire peindre sur une plaque de métal, en caractères apparens, son nom et son domicile : cette plaque sera clouée en avant de la roue et au côté gauche de la voiture, et ce à peine de 25 francs d'amende : l'amende sera double si la plaque portait soit un nom soit un domicile faux ou supposé.

Obs. Cet article est confirmé et reproduit par l'art. 34 du Décret du 23 juin 1806. (*V.* les *Obs.* sous cet article.)

11. Ceux qui insulteront les préposés.... seront punis de 100 fr. d'amende, nonobstant les dommages-intérêts.

Obs. Cette disposition est maintenue par l'art. 35 du Décret du 23 juin 1806 (*V.* les *Obs.* sous cet article), et doit s'entendre des préposés aux ponts à bascule.

50. Il est en conséquence ordonné à tous gendarmes en fonctions de s'arrêter dans leur tournée..., de recevoir les déclarations que les préposés auront à leur faire, et de se charger des procès-verbaux des délits qui auraient été commis contre eux, pour les déposer au greffe.

Obs. V., sur ces procès-verbaux, le Décret du 18 août 1810, et les *Obs.* insérées sous l'art. 13 de l'Ordonn. du 4 fév. 1820.

16 juin 1801 (27 prairial an IX).

Arrêté qui renouvelle les défenses faites aux Entrepreneurs de Voitures libres de transporter les lettres, journaux, etc.

Art. 1. Les Lois des 26 août 1790 (article 4) et 21 septembre 1792, et l'Arrêté du 6 vendémiaire an VII, seront exécutés : en conséquence, il est défendu à tous les entrepreneurs de voitures libres et à toute autre personne étrangère au service des postes, de s'immiscer dans le transport des lettres, journaux, feuilles à la main et ouvrages périodiques, paquets et papiers du poids d'un kilogramme (ou deux livres) et au-dessous, dont le port est exclusivement confié à l'administration des postes aux lettres.

Obs. 1. Cet article renouvelle la prohibition portée par un Arrêt du Conseil du 18 juin 1681. (*V.* p. 1.)

2. La contravention ne peut être excusée sous le prétexte que les paquets auraient été transportés de l'étranger en France, et qu'il n'existait point de bureaux de poste à l'extrême frontière. (Arr. de Cass. du 26 mars 1814.)

3. Les lettres, même ouvertes, trouvées sur toute personne étrangère à l'administration des postes, constituent le délit prévu par cet article; en conséquence, le porteur doit être condamné de 150 fr. à 300 fr. d'amende, conformément à l'art. 5. (Arr. de Cass. du 18 février 1820.)

4. On ne peut apporter, pour excuse à la contravention de cet article, que la forme extérieure du paquet n'indiquait nullement qu'il dût contenir une lettre. Les Entrepreneurs peuvent ouvrir tous les paquets qu'on leur présente, pour s'assurer de leur contenu : ils y sont autorisés au moins implicitement par la Loi du 24 juillet 1793. (Arr. de Cass. du 26 mars 1824.)

2. Les sacs de procédure, les papiers uniquement relatifs au service personnel des Entrepreneurs de voitures (1) et les paquets au-dessus du poids de deux livres, sont seuls exceptés de la prohibition prononcée par l'article précédent.

Obs. Cette exception ne peut s'appliquer aux lettres ou paquets de lettres portant une adresse à des tierces-personnes. Par leur seule forme de lettres, ces papiers sont présumés, de droit, étrangers au service personnel des Voituriers ou Entrepreneurs, et rentrent dans le cas de la prohibition. (Arr. de Cass. du 13 mai 1820.)

3. Pour l'exécution du présent Arrêté, les directeurs, contrôleurs et inspecteurs des postes, les employés des douanes aux frontières, et la gendarmerie nationale, sont autorisés à faire ou faire faire toutes perquisitions et saisies sur les messagers, piétons chargés de porter les dépêches, voitures de messageries et autres de même espèce, afin de constater les contraventions : à l'effet de quoi, ils pourront, s'ils le jugent nécessaire, se faire assister de la force armée.

4. Le commissaire du gouvernement près l'administration des postes, les préfets, sous-préfets et maires des communes, et les commissaires de police, sont chargés de veiller à l'exécution du présent Arrêté.

5. Les procès-verbaux seront dressés à l'instant de la saisie ; ils contiendront l'énumération des lettres et paquets saisis, ainsi que leurs adresses. Copies en seront remises, avec lesdites lettres et paquets saisis en fraude ; savoir : à Paris, à l'administration des postes ; et dans les départemens, au bureau du directeur des postes le plus voisin

______

(1) Notamment les lettres de voiture.

de la saisie, pour, lesdites lettres et paquets, être envoyés aussitôt à leur destination avec la taxe ordinaire. Lesdits procès-verbaux seront, de suite, adressés au commissaire du gouvernement près le tribunal civil et correctionnel de l'arrondissement, par les préposés des postes, pour poursuivre contre les contrevenans la condamnation de l'amende de 150 francs au moins, et de 300 francs au plus, par chaque contravention.

Obs. 1. Cet article est modifié par le Décret du 2 messidor an XII, ainsi conçu :

ART. 1. « Les lettres et paquets saisis en exécution de l'Arrêté du « 27 prairial an IX, portant défense à toute personne étrangère de « s'immiscer dans le transport des lettres, journaux, feuilles pé- « riodiques, etc., seront expédiés par le bureau le plus voisin du « lieu de la saisie, en rebut, à Paris, d'où ils ne pourront être ren- « dus que sur la réclamation et à la charge de payer le double de « la taxe ordinaire.

ART. 2. « Les dispositions de l'article 5 de l'Arrêté du 27 prairial « qui seraient contraires au présent décret, sont rapportées. »

6. Le paiement de ladite amende, dont il ne pourra, dans aucun cas et sous quelque prétexte que ce soit, être accordé de remise ou de modération, sera poursuivi, à la requête des commissaires près les tribunaux et à la diligence des directeurs des postes, contre les contrevenans, par saisie et exécution de leurs établissemens, voitures et meubles, à défaut de paiement dans les dix jours du jugement qui sera intervenu.

7. Le paiement sera effectué à Paris, à la caisse générale de l'administration des postes ; et dans les départemens, entre les mains du directeur des postes qui aura reçu les objets saisis. Il portera en recette le produit desdites amendes, sur lesquelles il jouira de sa remise ordinaire.

8. Le produit des amendes appartiendra, un tiers à l'administration, un tiers aux hospices des lieux, et un tiers à celui ou à ceux qui auront découvert ou dénoncé la fraude, et à ceux qui auront coopéré à la saisie : celui-ci sera réparti entre eux par égale portion ; ils en seront payés par le directeur des postes chargé du recouvrement de l'amende, et à Paris, par le caissier-général de l'administration des postes, d'après un exécutoire qui sera délivré à leur profit par le commissaire du gouvernement près le tribunal. Lesdits exécutoires seront envoyés par le directeur, à l'appui de son compte.

9. Les Maîtres de poste, les Entrepreneurs de voitures libres et messageries, sont *personnellement* responsables des contraventions de leurs postillons, conducteurs, porteurs et courriers, sauf leur recours.

Obs. Cette responsabilité, déclarée *personnelle*, doit s'entendre de l'amende portée par l'art. 5. (*V.* le Traité de la Responsabilité.)

19 mai 1802 (29 floréal an x).

Décret qui fixe le poids des Voitures de roulage et Messageries, et la manière de le constater.   *

ART. 1. A compter de l'époque qui sera déterminée par le gouvernement, dans la forme usitée pour les réglemens de l'administration publique, le poids des voitures employées au roulage et messageries dans l'étendue de la république, ne pourra excéder, en comprenant le poids de la voiture et celui du chargement, les proportions suivantes :

Pendant cinq mois, à compter du 15 brumaire au 15 germinal.

	Myriagr.
Voitures ou chariots à quatre roues.	450
Voitures ou charettes à deux roues.	250
Voitures ou chariots à quatre roues, avec jantes de vingt-cinq centimètres de largeur.	550
Voitures ou charrettes à deux roues, avec jantes de vingt-cinq centimètres de largeur.	350

Pendant sept mois, à compter du 15 germinal au 15 brumaire :

Voitures ou chariots à quatre roues.	550
Voitures ou charrettes à deux roues.	375
Voitures ou chariots à quatre roues, avec jantes de vingt-cinq centimètres de largeur.	650
Voitures ou charrettes à deux roues, avec jantes de vingt-cinq centimètres de largeur.	475

Obs. Ce tarif est remplacé par le tarif inséré dans l'art. 3 du Décret du 23 juin 1806. (*V*. ci-après.)

2. Les objets non divisibles et d'un poids supérieur au précédent tarif, pourront être néanmoins transportés par le roulage, sans donner ouverture à contravention.

Obs. Cet article est confirmé et développé par l'art. 9 du Décret du 23 juin 1806. (*V*. ci-après.)

3. Le poids des voitures sera constaté au moyen de ponts à bascule établis sur les routes, dans les lieux que fixera le gouvernement.

Jusqu'à l'établissement des ponts à bascule, la contravention sera constatée par la vérification des lettres de voiture.

Obs. Cet article est confirmé et développé par les art. 10 et suivans du Décret du 23 juin 1806. (*V*. ci-après.)

4. Les contraventions à la présente Loi seront décidées par voie administrative ; et les contrevenans seront condamnés à payer les dommages réglés par le tarif suivant.

L'excès de chargement de vingt myriagrammes et au-dessous sera considéré comme tolérance, et n'entraînera aucune condamnation.

de	20. . . à . . .	60 myriagrammes	. . . . .	25 fr.
de	60. . à . . .	120	. . . .	50

de 120. . . à . . . 180 myriagr.	75 fr.
de 180. . . à . . . 240	100
de 240. . . à . . . 300	150
et au-dessus de. . . 300	300

Obs. 1. *V.* le §. 13 de l'Inst. des Domm., du 3 octobre 1807.

2. Ce tarif est maintenu par l'art. 27 du Décret du 23 juin 1806. Quant à la disposition qui attribue à l'autorité administrative la connaissance des contraventions relatives au chargement, elle est également maintenue par l'art. 38 dudit Décret, par un Arrêt du Conseil d'État du 17 avril 1822, inséré dans le *nota* qui suit l'Ordonnance du 22 novembre 1820 (*V.* ci-après), et par l'article 7 de l'Ordonnance du 23 septembre 1817. (*V.* ci-après.) Les amendes portées par cet article étant prononcées à titre de dommage, les maîtres Voituriers en sont civilement responsables. (*V.* le Traité de la Responsabilité.)

5. Tout Voiturier ou conducteur pris en contravention ne pourra continuer sa route qu'après avoir réalisé le paiement des dommages, et déchargé sa voiture de l'excédant de poids qui aura été constaté ; jusque-là, ses chevaux seront tenus en fourrière, à ses frais, à moins qu'il ne fournisse une caution suffisante.

Obs. Cet article est maintenu par l'art. 44 du Décret du 23 juin 1806. (*V.* ci-après.)

6. Le roulage pourra être momentanément suspendu pendant les jours de dégel, sur les chaussées pavées, d'après l'ordonnance des préfets de département.

Obs. V. l'Ordonnance du Roi, relative à l'établissement des barrières de dégel, du 23 décembre 1816.

25 février 1804 (5 ventose an XII).

Loi qui maintient le droit du dixième sur les places des Voitures publiques, et établit un droit du dixième sur le prix du transport des marchandises.

Art. 74. Les droits sur les Voitures publiques de terre et d'eau continueront d'être perçus sur le pied fixé par la loi du 9 vendémiaire an VI, et *celles ultérieures*.

Obs. La Loi du 6 prairial an VII portait, art. 1 : « A compter du jour de la publication de la présente Loi, il sera perçu, au profit de la république, à titre de *subvention extraordinaire de guerre*, pour l'an VII, un décime par franc en sus des droits de Voitures publiques. »

Un Décret du 11 novembre 1813 portait également, art. 4 : « A compter de ce jour, il sera perçu dix centimes par addition, tant aux perceptions de la régie des droits réunis non assujettis au dixième de guerre, qu'aux tarifs des octrois autres que ceux par abonnement et cotisation. »

Mais, par une Ordonnance du Roi du 27 avril 1814, la subvention de guerre d'un décime par franc, établie par la Loi du 6 prairial an VII, ainsi que celle établie par le Décret du 11 novembre 1813, sur l'impôt du dixième, ont été supprimées. (Arr. de Cass. du 3 mars 1817.)

V. les art. 68 et 70 de la Loi du 9 vendémiaire an VI.

75. Il sera en outre perçu un dixième du prix payé aux Entrepreneurs de voitures publiques de terre, pour les transports de marchandises qu'elles feront.

Cette perception se fera sur le vu des registres tenus, dans leurs bureaux, et des feuilles remises à leurs conducteurs, postillons, cochers ou voituriers ; lesquelles feuilles les employés auront droit de se faire représenter, de compulser et vérifier.

Obs. 1. *V*. les art. 3 et 4 du Décret du 14 fructidor an XII, qui confirment et expliquent cet article, et l'art. 7 dudit Décret, qui contient une exception en faveur des courriers de la malle.

2. Les voitures appartenant à des Entrepreneurs de voitures publiques, telles que les fourgons qui suivent les diligences, et qui ne transportent que des marchandises, *sans porter des voyageurs*, ne sont point assujetties au dixième du prix des transports. (Avis du Conseil d'Etat du 1er jour complémentaire de l'an XII.) *V*. le Décret du 14 fructidor an XII, art. 2.

3. Les effets des voyageurs, autres que ceux auxquels il est d'usage d'accorder le transport gratis; les comestibles que l'on envoie pendant l'hiver par les voitures publiques; l'argent du Trésor public, de la Banque de France et du commerce ; les ballots de papier et impressions de différentes administrations ; les sacs de procédure qui sont transportés d'un greffe à l'autre, doivent être considérés comme marchandises, et comme tels assujettis au droit du dixième du prix de leur transport. (Avis du Conseil d'Etat du 1er jour complémentaire de l'an XII.)

4. Les Entrepreneurs de voitures partant d'occasion et à volonté, qui ne sont assujettis, par l'art. 70 de la Loi du 9 vendémiaire an VI, qu'à un droit fixe pour les voyageurs qu'ils conduisent dans leurs voitures, ne doivent point payer le droit du dixième du prix de transport des effets et marchandises. (Avis du Conseil d'Etat du 1er jour complémentaire de l'an XII.)

76. En cas de *fraude des droits sur les voitures publiques ;* les objets de fraude seront saisis et confisqués, et les contrevenans condamnés à une amende égale *au quadruple des droits fraudés.*

27 février 1804 (7 ventose an XII).

Loi qui détermine la largeur des jantes pour les roues des Voitures de roulage attelées de plus d'un cheval.

ART. 1. A compter du 1er messidor an XIV, les roues des voitures employées au roulage, dans toute l'étendue de la république, et attelées de plus d'un cheval, seront construites avec des jantes dont la largeur est déterminée par la présente Loi.

La circulation des voitures qui, à cette époque, ne seront pas dans les termes de la Loi, est irrévocablement prohibée.

Obs. 1. Il résulte implicitement de cet article, que la circulation des voitures à *jantes étroites* (de moins de onze centimètres) est interdite, lorsqu'elles sont attelées de *plus d'un cheval;* les voitures de roulage attelées de *plus d'un cheval,* doivent nécessairement avoir des jantes de onze centimètres de largeur au moins, et, dans ce cas, elles rentrent, pour le poids du chargement, dans la disposition de l'art. 3 du Décret du 23 juin 1806. — Du moment que des voitures à jantes étroites (de moins de onze centimètres) sont ainsi attelées de *plus d'un cheval,* la contravention prévue par l'art. 3 du présent Décret existe, sans qu'il soit besoin de constater qu'elles sont en surcharge. (Arrêt du Conseil d'Etat des 24 décembre 1823 et 2 février 1825.)

2. Les chevaux attelés momentanément, comme aides ou renforts, ne comptent pas : ainsi une voiture ne cesse pas d'être réputée à *un seul cheval,* bien que le Voiturier en ait attelé plusieurs en un moment difficile. (Arr. du Cons. d'État du 28 juillet 1820.)

2. Le *minimum* de la largeur des jantes de voitures de roulage est fixé par le tarif suivant :

	Environ		
Voitures à deux ou à quatre roues, attelées de deux chevaux	11 cent.	4 pouc.	1 lig.
Les mêmes voitures attelées de trois chevaux	14	5	2
Les voitures à deux roues attelées de quatre chevaux.	17	6	4
Celles à quatre roues attelées de quatre, cinq ou six chevaux	17	6	4
Les voitures à deux roues attelées de plus de quatre chevaux.	25	9	3
Les chariots attelés de plus de six chevaux.	22	8	2

Obs. Les dispositions de cet article ont été abrogées par l'art. 3 du Décret du 23 juin 1806 : la largeur des jantes ne dépend plus du nombre de chevaux, mais du poids du chargement : ainsi, quoique les roues n'aient que onze centimètres de largeur, elles peuvent être attelées de plus de deux chevaux : en un mot, pour les voitures dont les roues ont onze centimètres au moins, la contravention ne peut jamais avoir lieu par l'excès du nombre de chevaux, mais seulement par l'excès du poids de chargement. Il n'en est pas de même pour les voitures dont les roues ont moins de onze centimètres; elles continuent à être réglées par l'art. 1 du présent Décret. (*V.* l'*Obs.* insérée sous cet article.)

3. Les contraventions à la présente Loi seront constatées par les préposés à la perception de la taxe d'entretien, et décidées par voie administrative, conformément à la Loi du 29 floréal an x. Les contrevenans seront condamnés à payer 5o francs à titre de dommages : la moitié de cette somme appartiendra au saisissant. Ils devront en outre substituer aux roues de leurs voitures, d'autres roues dont les jantes aient la largeur déterminée par le tarif.

Obs. 1. La disposition de cet article n'est applicable, par suite de l'art. 3 du Décret du 23 juin 1806, qu'aux voitures dont les jantes ont moins de onze centimètres de largeur, et qui sont attelées de plus d'un cheval. (*V.* l'*Observation* sous l'article 1.) Quant aux voitures dont les jantes ont au moins onze centimètres, ce n'est pas le nombre de chevaux, mais l'excès du poids qui peut seul les constituer en contravention, et cette contravention ne peut être constatée que par le pesage au pont à bascule, conformément à l'art. 1 du Décret du 23 juin 1806.

2. La taxe d'entretien étant abolie, ce sont les préposés aux ponts à bascule qui, par l'art. 19 du Décret du 23 juin 1806, sont chargés de vérifier la largeur des bandes.

4. Au 1er messidor an xiv, toute voiture de roulage dont la circulation est interdite par la présente Loi, sera arrêtée à la première barrière où la contravention sera constatée.

Si cette barrière est aux portes ou dans l'intérieur d'une ville, la voiture et ses roues seront brisées, d'après un arrêté pris à cet effet par le sous-préfet de l'arrondissement ; et le Voiturier paiera les dommages stipulés dans l'article 3 de cette Loi.

Dans le cas où cette barrière serait isolée, le Voiturier pris en contravention pourra consigner les dommages entre les mains du préposé saisissant, et continuer sa route, mais seulement jusqu'à la ville la plus voisine, qui lui sera désignée par un passavant délivré par ledit préposé. Dans cette ville, ses roues seront brisées, conformément à ce qui a été dit ci-dessus.

Obs. *V.* l'art. 1 du Décret du 23 juin 1806, qui renouvelle et maintient cette disposition.

5. Les voitures à jantes étroites conserveront la faculté de circuler jusqu'au 1er messidor an xiv : néanmoins elles pourront être assujetties par le gouvernement à payer le double de la taxe, et ce, à compter du 1er messidor an xiii, jusqu'au 1er messidor an xiv, époque à laquelle elles sont définitivement prohibées par la présente loi.

Obs. *V.* l'*Obs.* insérée sous l'art. 1 du Décret du 23 juin 1806.

6. A compter du 1er messidor an xiii, toute diligence, messagerie, ou autre voiture voyageant au trot, dont le poids excéderait deux cent vingt myriagrammes, sera considérée comme voiture de roulage, et assujettie aux dispositions de la présente loi, quant à la largeur des jantes.

Obs. V. l'art. 6 du Décret du 23 juin 1806, qui modifie cette disposition.

7. Le gouvernement modifiera le tarif du poids des voitures et de leurs chargemens, porté dans la Loi du 29 floréal an x, d'après les expériences faites sur les roues à larges jantes, ordonnées par la présente loi.

Il réglera la largeur des jantes et le poids des diligences, messageries et autres voitures publiques.

La faculté d'augmenter le poids des chargemens, dans des proportions à déterminer par le gouvernement, sera accordée aux voitures dont les jantes excéderont les largeurs énoncées au tarif ci-dessus.

Le gouvernement fixera la longueur des essieux, la forme des bandes, et celle des clous qui fixent les jantes des voitures de roulage.

Obs. V., pour la modification du tarif du poids des voitures de roulage, les art. 3, 4 et 5 du Décret du 23 juin 1806; pour la largeur des jantes, le poids des diligences, les art. 6 et 7 dudit Décret; pour la longueur des essieux, la forme des bandes et des clous, les art. 16, 17 et 18 dudit Décret.

8. Sont exceptées des dispositions de la présente Loi, les voitures employées à la culture des terres, au transport des récoltes, et à l'exploitation des fermes (1), mais le gouvernement réglera le poids du chargement de ces voitures, pour le cas où elles emprunteront les grandes routes.

Obs. 1. Les voitures qui appartiennent à un cultivateur, mais qui servent au transport des denrées, du foin, du blé, dans un marché public pour y être vendus, ne font pas partie de cette exception : l'art. 8 n'a en vue que les voitures employées à transporter les objets récoltés, depuis le lieu où ils sont recueillis jusqu'à celui où, pour les conserver, le cultivateur les dépose et les rassemble. (Arrêts du Conseil d'Etat du 3 mai 1810 et du 19 février 1823.)

2. Le poids du chargement des voitures employées à la culture des terres, pour les cas où elles fréquentent les grandes routes, est fixé par l'art. 8 du Décret du 23 juin 1806. (*V.* ci-après.)

---

(1) « On a demandé si les voitures employées à la culture des terres, à l'exploitation des fermes, pouvaient occasionnellement servir à des transports sans être assujetties à avoir de larges jantes : je ne le pense pas. Elles ne sont exceptées que lorsqu'elles servent à la culture ou à l'exploitation, et les fermiers ou propriétaires qui voudraient, dans certains cas ou dans certaines saisons, employer leurs voitures à des transports quelconques, devront en avoir de deux espèces, ou mieux encore employer peu à peu dans leurs travaux les voitures à jantes larges. Plusieurs cultivateurs s'en servent déjà, et se félicitent de ce que leurs prés, leurs champs, leurs bois éprouvent moins de dégâts, et de ce que leurs voitures nouvelles passent dans des lieux où les anciennes s'enfonçaient sans pouvoir les franchir. » (*Instruction du Directeur-Général des Ponts-et-Chaussées*, publiée en 1806.)

9. Le gouvernement prendra les mesures nécessaires pour faire verser au trésor public les produits du doublement de taxes prescrit par l'article 5 de la présente Loi ; ils seront employés à la réparation des routes, de la même manière que le principal de la taxe.

10. Les dispositions de la Loi du 29 floréal an x contraires à la présente Loi, sont rapportées.

1 septembre 1804 (14 fructidor an XII).

Décret concernant les Entrepreneurs de Voitures publiques à destination fixe.

ART. 1. Tout Entrepreneur de voitures publiques à destination fixe, et faisant le service d'une même route, ou d'une ville à une autre, est compris dans les dispositions des articles 68 et 69 de la Loi du 9 vendémiaire an VI, et, comme tel, soumis à leur exécution, ainsi qu'à celle des articles 74 et 75 de la Loi du 5 ventose an XII.

Obs. 1. Les voitures publiques à destination fixe, *quoiqu'elles ne partent pas à des jours et heures déterminés,* sont soumises, comme celles dont le départ est réglé périodiquement, au paiement du dixième. (Arr. de Cass. des 10 prairial an XIII et 30 brumaire an XIV.)

2. Pour que les voitures à destination fixe soient sujettes au dixième, il n'est pas nécessaire qu'elles soient *suspendues.* (Arr. de Cass. du 13 vendémiaire an x.)

2. Ne sont pas comprises dans l'article précédent, 1°. les voitures qui ne portent pas des voyageurs ; 2°. celles restant sur place, ou purement de louage, et qui partent indifféremment à quelque jour et quelque heure et pour quelque lieu que ce soit, sur la réquisition des voyageurs.

Obs. 1. Les voitures de place (fiacres) et remises sont néanmoins soumises à la taxe annuelle établie par l'art. 70 de la Loi du 9 vendémiaire an VI. (Arr. de Cass. des 18 prairial an x , 1er août 1806 et 24 nivose an XIII.)

2. *V.* l'*Observ.* 2 insérée sous l'art. 75 de la Loi du 25 février 1804.

3. Les Entrepreneurs de voitures publiques, autres que celles mentionnées en l'art. 2, tiendront des registres en papier timbré, cotés et paraphés par le sous-préfet de leur arrondissement, ou tel autre officier public commis à cet effet par le préfet du département. Ils y enregistreront, jour par jour, toutes les personnes et marchandises dont ils entreprendront le transport, ainsi que le prix des places, la nature, le poids et le prix du port des paquets et marchandises. Lesdits registres seront visés des préposés des droits réunis de l'arrondissement.

Obs. La Loi du 13 brumaire an VII, sur le timbre, porte, art. 12 : « Sont assujettis au droit du timbre établi en raison de la dimension..... les registres des fermiers des postes et messageries. »

Le timbre, en raison de la dimension, est réglé ainsi qu'il suit, par l'art. 8 de la même Loi :

« La feuille de grand registre. . .   1 fr. 50 c.
« Celle de grand papier.   1   »
« Celle de moyen papier. . . . .   »   75
« Celle de petit papier. . . . . .   »   50
« La demi-feuille de ce petit papier.   »   25

« Il n'y aura point de droit de timbre supérieur à 1 fr. 50 c., « ni inférieur à 25 c., quelle que soit la dimension du papier, soit « au-dessus du grand registre, soit au-dessous de la demi-feuille « du petit papier. »

Sur la responsabilité des Voituriers à l'égard des paquets enregistrés, *V*. l'*Obs*. insérée sous l'art. 65 de la Loi du 9 vendémaire an VI, et le Traité de la Responsabilité. A l'égard des paquets non enregistrés, *V*. également le Traité de la Responsabilité.

4. La perception du dixième du prix du port des marchandises, créée par l'article 75 de la Loi du 5 ventose an XII, s'établira sur le vu desdits registres, qui serviront à constater la fidélité des déclarations du nombre et du prix des places de chaque voiture. A cet effet, les Entrepreneurs ou leurs commis communiqueront, sans déplacement, aux préposés de la régie des droits réunis, et à toute réquisition, non seulement les registres d'enregistrement journalier ci-dessus désignés, mais encore toute espèce de registres de contrôle et de recette qu'ils auraient établis dans leur manutention.

Seront considérés comme marchandises sujettes au droit du dixième, tous les objets qui donneront lieu à une perception au profit de l'entreprise.

Obs. V. l'*Obs*. 3 insérée sous l'article 75 de la Loi du 5 ventose an XII.

V. aussi l'art. 118 de la Loi du 25 mars 1817, qui confirme cet article, et qui fixe le délai dans lequel le paiement du dixième pour le transport peut être exigé.

5. Les Entrepreneurs remettront à leurs conducteurs, cochers, postillons ou voituriers, au moment de leur départ, une feuille de route portant le numéro de l'estampille de la voiture, le nom de l'Entrepreneur et celui du conducteur, ainsi que le nombre des places de la voiture. Cette feuille, certifiée de l'Entrepreneur ou d'un de ses commis, présentera littéralement, article par article, les enregistremens, ainsi que le prix des places et du port des objets portés au registre.

Tout chargement fait dans le cours de la route, sera inscrit sur ladite feuille et reporté au registre du bureau d'arrivée.

6. Les préposés de la régie des droits réunis sont autorisés à assister aux chargemens et déchargemens des voitures, tant aux lieux de départ et d'arrivée, que dans le cours de la route ; à viser les registres et

feuilles de route, à en vérifier l'exactitude, à en prendre copie, et à dresser procès-verbal de toutes contraventions. (1)

7. Sont exceptés du droit de dixième et du droit fixe, les courriers chargés du transport des dépêches, dans les malles affectées à ce service par l'administration des postes, et à elle appartenant.

Les Entrepreneurs particuliers de ce service seront tenus de payer le dixième du prix des places des voyageurs qu'ils conduiront, et des paquets autres que ceux des dépêches qu'ils transporteront.

Obs. V. l'*Obs.* 3 sous l'art. 68 de la Loi du 9 vendémiaire an VI.

8. Il sera délivré à chaque Entrepreneur de voitures publiques, par le préposé de la régie des droits réunis, autant de *laissez-passer* conformes à sa déclaration, qu'il aura de voitures en circulation. Les conducteurs seront tenus d'en être toujours porteurs, et de les représenter, à toute réquisition, à tout préposé de la régie des droits réunis.

Obs. V. les *Obs.* sous l'art. 117 de la Loi du 25 mars 1817.

9. Lorsque les Entrepreneurs suspendront le service d'une voiture pour la mettre en réparation, celle qu'ils y substitueront devra également être déclarée, estampillée, et ne pourra être d'une capacité excédante, sans acquitter le droit en raison de l'excédant des places, qui sera vérifié par les commis de la régie.

Obs. V. les *Obs.* sous l'art. 117 de la Loi du 25 mars 1817.

---

(1) « Le porte-manteau d'une personne voyageant par la malle-poste ne doit pas excéder le poids déterminé par les réglemens administratifs. Mais la question s'est élevée de savoir si les voyageurs, ainsi que les courriers qui transportent avec eux des paquets excédant les quantités fixées, devaient payer un prix de transport pour cet excédant, si le dixième de ce prix devait être versé par l'administration des postes aux contributions indirectes; si les employés de cette dernière régie pouvaient faire à cet égard, pour les malles-poste, les vérifications auxquelles ils sont autorisés envers les Entrepreneurs de voitures publiques.

« Sans doute s'il était possible que l'on transformât les malles-poste en messageries destinées à voiturer des voyageurs et des marchandises, elles se trouveraient par cela même assujetties à tous les droits et à toutes les prescriptions imposées aux voitures publiques; mais la surveillance active et journalière de l'administration des postes, et l'intérêt du service, qui lui est confié en premier ordre, garantissent assez que de tels abus ne s'introduiront pas dans les malles-poste.

« Quant aux visites sur lesquelles les préposés de la régie des contributions indirectes pourraient insister, pour s'assurer qu'en effet ces abus n'existent pas, il est bien vrai qu'aux termes de l'art. 6 du Décret du 14 fructidor an XIII, ils sont autorisés à assister aux chargemens et déchargemens des voitures, tant au lieu de départ et d'arrivée que dans le cours de la route, à en vérifier l'exactitude, à en prendre copie, et à dresser procès-verbal de toutes contraventions. — Mais si quelques unes de ces formalités peuvent être remplies sans inconvénient à l'égard des malles-poste, il faut convenir aussi que les vérifications matérielles dont parle l'article cité pourraient devenir trop souvent le prétexte ou le motif de retard dans un service qui ne peut, sous quelque prétexte que ce puisse être, en éprouver aucun. — C'est donc aux administrations des postes et des contributions indirectes à concerter des mesures qui, en conciliant l'exécution de la Loi avec les exigences du service, auraient encore pour la première de ces administrations l'avantage d'être une sorte de contrôle de la conduite de ses employés. » (Favard de Langl., *Rép de Jurisp.*, v° Postes.)

10. Tout emploi de faux registres et de fausses feuilles ou de faux enregistremens sera constaté par procès-verbal, pour poursuivre les contrevenans, conformément à l'article 76 de la Loi du 5 ventose an XII, sans préjudice des poursuites extraordinaires pour crime de faux, suivant les cas.

Les peines pécuniaires ne pourront être remises ni modérées, si ce n'est par transaction, en conformité de l'article 23 du Réglement général du 5 germinal an XII. (*V.* ce Réglement, Liv. IV, chap. 2.)

11. En cas de résistance, voies de fait ou insultes de la part des conducteurs, cochers, postillons et voituriers, il y aura lieu à l'application des peines portées en l'article 15 de la Loi du 27 frimaire an VIII sur l'organisation générale des octrois. (*V.* cette Loi, Liv. IV, chap. 3.)

6 mars 1805 (15 ventose an XIII).

Loi concernant l'indemnité à payer par les Entrepreneurs de Voitures publiques et Messageries, aux Maîtres des relais de poste dont ils n'emploieront pas les chevaux.

ART. 1. A compter du 1er messidor prochain, tout Entrepreneur de voitures publiques et de messageries qui ne se servira pas des chevaux de la poste, sera tenu de payer, par poste et par cheval attelé à chacune de ses voitures, 25 centimes au maître du relais dont il n'emploiera pas les chevaux.

Sont exceptés de cette disposition les loueurs allant à petites journées et avec les mêmes chevaux, les voitures de place allant également avec les mêmes chevaux, et partant à volonté, et les voitures *non suspendues.*

Obs. 1. *V.* l'Ordonnance du 11 septembre 1822, ci-après, qui explique ce qu'il faut entendre par voitures *non suspendues,* et l'Ordonnance du 13 août 1817, qui détermine ce qu'on doit entendre par *grande* et *petite journée.*

2. Avec les *mêmes chevaux,* c'est-à-dire sans changer de chevaux sur un point intermédiaire entre celui du départ et celui de l'arrivée. En conséquence, le changement de chevaux qui n'a lieu que pour *le retour seulement,* n'est point un relais dans le sens de cet article. (Arrêt de la Cour de Cass. du 2 avril 1824.)

3. Un Voiturier qui a une voiture suspendue, mais partant d'occasion et non à *jours fixes,* n'est pas assujetti au droit de 25 centimes. (Arr. de la Cour d'Appel de Rouen, du 19 nov. 1816.)

4. Les Entrepreneurs de voitures non suspendues peuvent être assujettis au paiement du droit établi par cet article, si ces voitures ont des siéges à ressorts dans l'intérieur. (Arr. de Cass. du 19 décembre 1806.)

Il faut d'ailleurs remarquer que les voitures *non suspendues* et n'ayant pas *même de siéges à ressorts* dans l'intérieur, mais qui partent d'occasion et à volonté sont assujetties au droit annuel fixé par l'art. 113 de la Loi du 25 mars 1817. (*V.* cet article.)

5. Il suffit que les banquettes intérieures soient suspendues par des bandes de cuir, pour être considérées comme à ressorts, et les voitures assujetties au paiement du droit de 25 centimes, encore bien qu'elles ne *soient pas suspendues extérieurement.* (Arr. de Cass. du 28 décembre 1810 et 19 décembre 1806.)

6. Les Entrepreneurs de voitures publiques qui parcourent des routes sur lesquelles il n'existe pas de ligne de poste, ne sont pas assujettis au paiement du droit de 25 centimes. (*V*. l'art. 1 du Décret du 18 brumaire an xiv [1er novembre 1805] et les articles suivans du même Décret, qui fixent le mode de perception du droit établi par l'article actuel. *Voyez* encore le Décret du 6 juillet 1806, concernant le droit à payer par les Entrepreneurs qui s'écartent de la ligne de poste pour parcourir une route de traverse.)

7. Quant aux Voituriers qui, pour se soustraire au droit de 25 centimes, voudraient se servir de chevaux de poste, leurs devoirs sont tracés par le Décret du 30 floréal an xiii.

V. d'ailleurs les *Obs.* sous l'art. 3 de la Loi du 9 décembre 1798, Liv. III.

2. Tous les contrevenans aux dispositions ci-dessus seront poursuivis devant les tribunaux de police correctionnelle, et condamnés à une amende de 500 francs, dont moitié au profit des maîtres de poste intéressés, et moitié à la disposition de l'administration des relais.

Obs. Les Maîtres de poste ne sont point tenus d'intenter immédiatement leur action devant les tribunaux correctionnels; ils peuvent valablement exercer leurs poursuites devant ces tribunaux tant que la prescription n'est point acquise, c'est-à-dire pendant trois années, conformément à l'art. 638 du Code d'Inst. criminelle. (Arr. de Cass. du 3 mars 1808.) Après ce délai, leur action ne peut plus être portée que devant les tribunaux civils, mais alors ils sont déchus de leur droit à la moitié de l'amende, qui ne peut être prononcée par ces tribunaux.

3. Il sera pourvu provisoirement à l'exécution de la présente Loi par un réglement d'administration publique délivré en Conseil d'État, lequel sera présenté ensuite en forme de Loi à la prochaine session du Corps Législatif. (*V*. le Décret suivant.)

20 mai 1805 (30 floréal an xiii).

Décret concernant les Entrepreneurs de Diligences et de Messageries qui voudraient employer des chevaux de poste.

ART. 1. Tout Entrepreneur de diligences ou messageries actuellement en activité et voyageant en relais, qui, pour ne pas payer le droit de 25 centimes par cheval et par poste, voudra employer les chevaux de poste, sera tenu d'en faire la déclaration dans la huitaine de la publication du présent Décret, à notre directeur-général des postes à Paris, ou au directeur de la poste du lieu de son domicile.

2. Il mettra par écrit ses propositions, qui seront débattues et arrêtées par notre directeur-général des postes, et soumises à l'approbation de notre ministre des finances.

3. Dans les arrangemens résultant dès propositions, seront déterminés le poids des voitures, le nombre et le prix des chevaux à payer par les Entrepreneurs des diligences et messageries.

4. Dans les derniers jours du mois de fructidor prochain, notre ministre des finances soumettra à notre approbation les différens arrangemens qu'il aura approuvés sur la demande desdits Entrepreneurs, qui, jusqu'à ce qu'il y ait été statué, acquitteront le droit de 25 centimes par cheval et par poste, conformément à la loi.

5. Aucune nouvelle entreprise de diligence ou de messagerie ne pourra s'établir à l'avenir sans notre approbation. A cet effet, toute demande ou projet d'établissement sera adressé, avec tous les détails relatifs au service, à notre ministre des finances, lequel nous en fera le rapport dans la quinzaine.

Obs. A Paris, l'Entrepreneur, avant la mise en activité de son établissement, doit justifier de l'approbation du ministre, et la faire enregistrer à la Préfecture de police. (Ordonnance du Préfet de police du 6 juin 1805. *V.* l'App. du Liv. I.)

2 septembre 1805.

Décret relatif à l'abonnement du Droit du dixième sur les Voitures de terre.

Art. 1. L'article 6 de la Loi du 9 vendémiaire an VI, qui permet d'abonner le droit du dixième sur les voitures d'eau, pourra être appliqué, par la régie des droits réunis, aux voitures de terre, dans les cas particuliers où ce mode sera jugé, par ladite régie, d'une exécution plus facile et plus sûre que le mode de perception ordinaire ; à la charge, par la régie, de rendre, chaque année, un compte particulier au ministre, des traités qu'elle aura faits, pour le tout nous être soumis.

1 novembre 1805 (18 brumaire an XIV).

Décret concernant les Entrepreneurs de Voitures pabliques qui parcourent des routes sur lesquelles il n'existe point de ligne de poste.

Art. 1. Les Entrepreneurs de voitures publiques qui parcourent des routes sur lesquelles il n'existe pas de ligne de poste, ne seront point assujettis à payer l'indemnité de 25 centimes aux Maîtres de poste des lieux de leur départ.

Obs. V. la Loi du 15 ventose an XIII, qui établit le droit de 25 centimes, et le Décret du 6 juillet 1806, concernant le droit à payer par les Entrepreneurs, qui volontairement s'écartent de la ligne de poste, pour parcourir les routes de traverse.

2. Ceux desdits Entrepreneurs qui parcourent des routes sur les-

quelles il existe une ligne de poste, mais dont les relais sont démontés, paieront le droit de 25 centimes jusqu'au premier relais vacant seulement, à moins que la communication ne soit rétablie entre les relais placés des deux côtés de celui démonté.

Obs. V. l'art. 4 du Décret du 6 juillet 1806, qui développe cet article, et la note à la suite.

3. Le droit de 25 centimes sera perçu pour les distances de faveur accordées aux Maîtres de poste, comme pour les distances réelles. Il pourra également être exigé des Entrepreneurs de voitures publiques qui, antérieurement à la loi du 6 mars 1805, ont fait des traités avec les Maîtres de poste, pour la conduite de leurs voitures, soit avec des chevaux particuliers, soit avec des chevaux de leurs relais, avec faculté néanmoins auxdits Entrepreneurs de résilier ces traités.

4. Les Entrepreneurs de voitures publiques qui ne relayent pas, mais qui, à certaines distances, et sans attendre la couchée, se versent réciproquement les voyageurs qu'ils conduisent, sont assujettis au paiement de l'indemnité.

Obs. Cet article est reproduit dans les mêmes termes par l'art. 5 du Décret du 6 juillet 1806. *V.* les *Observations* insérées sous ce dernier article, et relatives au versement.

5. Tout Entrepreneur du transport des dépêches qui fait son service par relais, et qui prend même des voyageurs, est assujetti au paiement de l'indemnité, s'il fait son service avec des voitures suspendues intérieurement ou extérieurement.

Obs. Pour savoir ce qu'on doit entendre par voitures suspendues, *V.* l'Ordonnance du 11 septembre 1822, et les Arrêts de Cassat. annotés sous l'art. 1 de la Loi du 15 ventose an XIII.

6. Les Entrepreneurs de voitures qui sont astreints à l'indemnité de 25 centimes par les articles précédens, y seront pareillement assujettis pour les cabriolets qu'ils feront partir, lorsque leurs voitures seront remplies de voyageurs.

23 juin 1806.

Décret concernant le poids des Voitures et la police du Roulage.

TITRE Ier.

Dispositions générales.

Art. 1. Au 20 juin 1807, et en conséquence de l'article 4 de la Loi du 7 ventose an XII et du Décret du 4 prairial an XII, toute voiture de roulage dont la circulation est interdite par la Loi du 7 ventose an XII et par le présent Décret, sera arrêtée au premier pont à bascule où la contravention sera constatée, ou par le premier officier de police.

Si ce pont est placé ou si la voiture est arrêtée aux portes d'une ville, les roues seront brisées, d'après un arrêté pris à cet effet par le sous-préfet de l'arrondissement; et le voiturier paiera les dommages stipulés dans l'art. 3 de cette Loi et dans l'article 27 du présent Décret.

Obs. Par le Décret du 4 prairial an XIII, le délai fixé au 1er messidor an XIII, par l'art. 5 de la Loi du 7 ventose an XII, qui assujettissait à une double taxe les voitures qui, à cette époque, auraient encore des roues à jantes étroites, avait été prorogé jusqu'au 1er messidor an XIV (20 juin 1806) : un nouveau délai d'une année fut accordé par la présente Loi.

V. l'art. 3 de la Loi du 7 ventose an XII.

2. Dans le cas où le pont à bascule serait placé ou la voiture arrêtée dans un lieu isolé, le Voiturier pris en contravention pourra consigner les dommages entre les mains du préposé saisissant, et continuer sa route ; mais seulement jusqu'à la ville la plus voisine, qui lui sera désignée par un passavant délivré par ledit préposé : dans cette ville ses roues seront brisées, conformément à ce qui a été dit ci-dessus.

Obs. V. le §. 2 et le §. 6 de l'Instruct. des Dom. du 3 octobre 1807, ci-après.

TITRE II.

Fixation du poids des Voitures de roulage.

ART. 3. Le poids des voitures de roulage, compris voiture, chargement, paille, corde, bache, est fixé ainsi qu'il suit : (1)

Pendant cinq mois, à compter du 1er novembre jusqu'au 1er avril, le poids des charrettes et voitures à deux roues, avec des bandes de 11 centimètres de largeur, ne pourra excéder. . . . . 2,200 kil.

Bandes de 14 centimètres. 3,400
Bandes de 17. 4,800
Bandes de 25. 6,800

Pendant les sept autres mois de l'année, le poids des charrettes à bandes de 11 centimètres ne pourra excéder. . . . . . . 2,700 kil.

Bandes de 14 centimètres. 4,100
Bandes de 17. 5,800
Bandes de 25. 8,200

Pendant les cinq mois, à compter du 1er novembre jusqu'au 1er avril, le poids des chariots ou voitures à quatre roues et à voies égales, avec bandes de 11 centimètres, ne pourra excéder. . . . . . 3,300 kil.

Bandes de 14 centimètres. 4,700
Bandes de 17. 6,700
Bandes de 22. 8,700

Pendant les sept autres mois, le poids des chariots à bandes de 11 centimètres ne pourra excéder. . . . . 4,000 kil.

Bandes de 14 centimètres. 5,700
Bandes de 17. 8,100
Bandes de 22. 9,600

Obs. Il est à remarquer que cet article ne proportionne pas

---

(1) *V.* cependant l'art. 6 de l'Ordonnance du 23 décembre 1816, relative aux barrières de dégel, qui modifie le chargement pendant tout le cours de la fermeture des barrières de dégel.

le chargement des voitures au nombre de chevaux qui les tirent, mais à la largeur de leurs jantes : il abroge en conséquence l'art. 2 du Décret du 7 ventose an XII. (*V*. l'*obs*. sous cet article.) Ainsi, une voiture dont les jantes ont au moins 11 centimètres de largeur, ne pourrait pas être en contravention et passible d'amende, par cela qu'elle aurait plus de deux chevaux, mais uniquement parce qu'elle porterait un poids excédant la tolérance. (Avis du Conseil d'Etat du 19 mars 1823.)

Quant aux voitures qui ont des bandes de moins de 11 centimètres, *v*. l'*obs*. insérée sous l'art. 1 du Décret du 7 ventose an XII.

4. Il est fait une exception en faveur des chariots dont les voies sont inégales, c'est-à-dire lorsque la voie de derrière excédera celle de devant dans les proportions suivantes, et que ces proportions se trouveront également entre la longueur des essieux d'une échantignole à l'autre :

Pendant les cinq mois d'hiver, chariots, bandes de 11 centimètres, avec excès de largeur pour la voie de derrière, de 12 cent. 3,700 kil.
    Bandes de 14 centimètres, excès de largeur de 16. 5,200
    Bandes de 17 centimètres, excès de largeur de 19. 7,400
    Bandes de 22 centimètres, excès de largeur de 24. 9,500

Les mêmes chariots, pour les sept mois d'été, et avec les excès de largeur de voie ci-dessus déterminés :
    Bandes de 11 centimètres. . . . . 4,400 kil.
    Bandes de 14. . . . . , . . . 6,200
    Bandes de 17. 8,800
    Bandes de 22. 11,400

Obs. 1. *V*. l'art. 24 ci-dessous.

2. Cet article est modifié par l'art. 1 de l'Ordonnance du Roi du 20 juin 1821. *V*. ci-après. En vertu de cette Ordonnance, le poids du chargement doit être réglé sur la dimension des jantes les plus étroites, lorsque les voies sont inégales. Ainsi, soit un chariot voyageant pendant les cinq mois d'hiver avec un excès de largeur pour la voie de derrière de 16 centimètres, son poids ne pourra s'élever jusqu'à 5,200 kilogrammes, conformément à cet article, qu'autant que les bandes de devant et de derrière auront chacune 14 centimètres. Si les bandes de devant n'ont que 11 centimètres, encore bien que celles de derrière en aient 14, et qu'il y ait excès de largeur de la voie de derrière de 16 centimètres, le poids du chariot ne pourra excéder 3,300 kilogrammes, conformément à l'art. 3.

5. Il est accordé une tolérance sur le poids ci-dessus fixé des charrettes et des chariots, pour suppléer au cas où les roues et les voitures seraient surchargées de boue, et où leur bachage et même leur chargement seraient imprégnés d'eau.

La tolérance sera uniforme pour toutes les saisons et pour toutes les largeurs de bandes ; elle est fixée à deux cents kilogrammes en faveur des charrettes, et à trois cents pour les chariots.

Obs. 1. La surcharge ne commence qu'au point où le poids des voitures excède celui fixé par l'art. 3 ci-dessus, et la tolérance accordée par cet article. (*V*. l'Ordonnance du 21 mai 1823, insérée sous l'art. 27.)

2. Il en est de même des voitures dont parle l'art. 4, et dont la tolérance est réglée par l'art. 7 ci-dessous.

6. Le poids des voitures publiques, diligences, messageries, fourgons, allant en poste ou avec relais, berlines, est fixé pour toute l'année ainsi qu'il suit : (1)

Avec bandes de 6 centimètres. . . . . 2,000 kil.
De 7. 2,300
De 8. 2,600
De 9. 2,900
De 10. 3,200
De 11. 3,400

Obs. 1. La surcharge, telle qu'elle est punie par l'art. 27, ne doit s'entendre que du poids excédant la tolérance, et la tolérance pour les Diligences et Messageries n'est que de 100 kilogr. aux termes de l'art. suivant. (Arr. du Cons. d'Etat du 8 janvier 1817.)

2. Il est à remarquer d'ailleurs que cet article règle d'une manière générale le poids de *la masse totale de la voiture*. Le poids du chargement de l'impériale est réglé par une disposition particulière, l'art. 8 de l'Ordonnance du 4 février 1820 : la contravention au poids de la masse totale, compris la tolérance, est punie par l'art. 27 ci-dessous : la contravention au poids du chargement de l'impériale est punie par l'art. 475 et 476 du Code Pénal.

7. La tolérance sur le poids des voitures publiques pour les causes exprimées dans l'article 4, est fixée à cent kilogrammes pour chaque voiture.

Obs. Cet article ne parle pas de la tolérance pour les causes exprimées en l'art. 5, mais il a été rectifié par l'Ordonnance du Roi du 24 décembre 1814. (*V*. ci-après.)

8. Le poids des voitures employées à la culture des terres, au transport des récoltes, à l'exploitation des fermes, et qui, par l'art. 8 de la Loi du 7 ventose an XII, sont exceptées de l'obligation d'avoir des roues à jantes larges, ne pourra, lorsqu'elles fréquenteront les grandes routes, excéder dans aucun cas quatre mille kilogrammes, chargement compris.

---

(1) *V*. néanmoins l'art. 6 de l'Ordonnance du 23 décembre 1816, qui modifie ce chargement pendant la fermeture des barrières de dégel.

Obs. 1. *V.* la note insérée sous l'art. 8 de la Loi du 7 ventose an XII, qui définit ce qu'il faut entendre par *transport de récoltes.*

2. Cette disposition s'applique seulement au cas où les voitures sont obligées de *prendre la grande route* pour les transports du lieu de la culture chez le colon ou propriétaire-cultivateur, ou du manoir du cultivateur au lieu de la culture; mais l'exception cesse pour les transports du manoir, ou des champs à la ville, ou de la ville au manoir et aux champs. Si donc les voitures transportent des grains, des pailles, des foins au marché ou chez les particuliers, ou si elles transportent des fumiers recueillis dans la ville, elles font office de voitures de roulage, et sont dès lors soumises aux règles sur la police du roulage, et les jantes larges. (Ordonnance du Roi du 18 avril 1821.)

9. Les objets indivisibles, tels que pierres, marbres, arbres et autres dont le poids ne peut être diminué, sont exceptés des dispositions qui précèdent, et pourront être transportés par des voitures dont la dimension des jantes serait inférieure aux largeurs déterminées. Néanmoins les préfets sont autorisés à appliquer les dispositions du présent Décret aux voitures habituellement employées à l'exploitation des carrières et à celle des forêts. Les propriétaires de ces voitures seront tenus d'obtempérer aux réglemens des préfets, sous les peines portées par la Loi du 7 ventose an XII.

Obs. Pour les peines dont parle cet art., *v.* l'art. 3 de la Loi du 7 ventose an XII.

TITRE III.

Pesage des Voitures.

Art. 10. La vérification du poids des voitures désignées dans le présent Décret, sera faite gratuitement au moyen des ponts à bascule déjà établis ou à établir par la suite.

Lorsqu'il y aura lieu à la vérification du poids des voitures employées à la culture, elle se fera également par le moyen des ponts à bascule, si elles passent sur le point où ils seront placés.

Obs. V. l'art. 36 ci-dessous.

11. Les voitures vides et celles dont la modicité du chargement apparent ne donnerait lieu à aucune présomption de surcharge, ne seront point assujetties à passer sur les ponts à bascule.

12. Pourront les propriétaires de voitures et les rouliers, avant de commencer leur voyage, se présenter aux ponts à bascule, pour s'assurer du poids, soit des voitures vides, soit des voitures chargées, et éviter par-là de s'exposer à la contravention. Dans ce cas ils paieront, aux préposés, à titre d'indemnité, cinquante centimes pour une voiture vide et un franc pour une voiture chargée.

Obs. 1. C'est aux propriétaires des voitures et aux rouliers à déclarer s'ils veulent user de la faculté qui leur est réservée par cet article, de faire peser leurs voitures avant de commencer leur voyage : les préposés aux ponts à bascule ne sont point assujettis à les avertir des précautions qu'ils doivent prendre en ce cas. (*V.* l'Ordonnance du Roi du 17 avril 1822.)

2. Cet article n'est applicable qu'aux propriétaires de voitures qui *commencent leur voyage*, et non à ceux qui arrivent à son terme, bien que dans le chemin qu'ils ont parcouru depuis le lieu de leur chargement jusqu'à leur destination, ils n'aient pas rencontré de pont à bascule. Si cependant il est reconnu que les propriétaires étaient de bonne foi, ils peuvent être déchargés de l'amende. (Arrêt du Conseil d'Etat du 4 juin 1823.)

Il résulte bien clairement de cet Arrêt, que si les propriétaires de voitures ont quelque doute sur le poids de leur voiture, ils doivent, pour éviter la contravention, faire vérifier le chargement avant leur départ : une fois en route, l'amende est encourue, s'il arrive qu'il y ait excès de chargement.

13. Les préposés à la perception de la taxe d'entretien des routes jusqu'au 22 septembre et, à leur défaut, les préposés à la perception des octrois municipaux, ou enfin des préposés spéciaux, seront chargés de la garde, entretien, conservation et manœuvre des ponts à bascule.

Obs. V. le §. 8 de l'Inst. des Dom. du 3 octobre 1807.

14. Les salaires des préposés seront réglés par le directeur général des ponts et chaussées, sur la proposition des préfets ; la fixation aura lieu proportionnellement à l'importance de la route et à l'espèce des voitures qui la pratiquent habituellement.

15. Moyennant les salaires accordés aux préposés, ils seront tenus de faire le service des ponts à bascule ; ils seront responsables de tous les dommages qui surviendront à ces ponts et à leurs bureaux, autres que ceux provenant de force majeure, de vice de construction et de dépérissement causé par l'usage. Les réparations qui auront été occasionnées ou par leur fait, ou par leur négligence, seront à leur charge. Les ingénieurs des ponts et chaussées sont chargés de constater et de faire exécuter ces réparations. Le préfet en fera poursuivre le remboursement.

TITRE IV.

De la longueur des Essieux : forme des Clous des Bandes.

ART. 16. La longueur des essieux de toute espèce de voitures, même de culture et labourage, ne pourra jamais excéder deux mètres cinquante centimètres entre les deux extrémités ; et chaque bout ne pourra saillir au-delà des moyeux de plus de six centimètres.

Obs. V. l'art. 28 ci-dessous.

17. Quant aux voitures qui seront construites sur des voies inégales, l'essieu de derrière ne pourra excéder les proportions déterminées par

l'article précédent, et celui de devant sera raccourci de la quantité nécessaire pour établir l'inégalité de la voie.

18. Les défenses d'employer des clous à tête de diamant sont renouvelées : tout clou des bandes sera rivé à plat et ne pourra, lorsqu'il aura été posé à neuf, former une saillie de plus d'un centimètre.

Obs. V. l'art. 29 ci-dessous.

TITRE V.

Vérification de la largeur des Bandes, de celle des Voies inégales, de la longueur des Essieux et des Clous des Bandes.

ART. 19. Les préposés aux ponts à bascule sont aussi chargés de vérifier la largeur des bandes des roues : cette vérification se fera gratuitement, au moyen des jauges en fer qui seront remises à chaque bureau par l'administration des ponts et chaussées.

Obs. Cet article, en énonçant que la largeur des bandes des roues sera vérifiée avec des jauges en fer déposées dans les bureaux à bascule, n'interdit pas tout autre moyen de vérification pendant le trajet parcouru et sur des points éloignés des bureaux, puisque ce serait interdire aux maires, adjoints, ingénieurs, conducteurs, commissaires de police, gendarmes et préposés aux contributions indirectes, et aux octrois, le droit qu'ils ont de constater lesdites contraventions en l'absence des préposés aux ponts à bascule, et sur tous les points de la route. (Arrêt du Conseil d'Etat du 4 février 1824.) *V*., au surplus, le Décret du 18 août 1810, ci-après.

20. Il est accordé, lors de cette vérification, une tolérance d'un centimètre sur la largeur des bandes des voitures de roulage, et d'un demi-centimètre sur celle des voitures de messageries.

21. Les propriétaires de voitures et les rouliers pourront faire vérifier, par les préposés aux ponts à bascule, la largeur des bandes de leurs voitures et en retirer un certificat pour lequel ils paieront un franc, timbre du papier compris.

22. Ce certificat ne vaudra que pour servir de règle privée aux rouliers, et ne pourra être opposé comme preuve contraire dans les procès-verbaux de contravention sur la largeur des bandes.

23. Indépendamment des jauges qui seront distribuées aux préposés chargés des ponts à bascule, le ministre de l'intérieur en fera déposer dans les chefs-lieux des départemens et des arrondissemens, afin que tous maîtres de forges, charrons, maréchaux, commissionnaires de roulage, propriétaires de voitures et rouliers puissent s'en pourvoir pour leur usage : elles seront délivrées au simple prix de leur fabrication. Ces jauges porteront une aigle (des fleurs de lis) en timbre.

24. Les propriétaires de voitures à quatre roues, ou rouliers, qui voudront, en exécution de l'art. 4 du présent décret, user de la faculté d'obtenir un plus fort chargement en construisant ces voitures avec

des voies inégales, pourront constater une première et seule fois, à l'un des bureaux des ponts à bascule, que la construction du chariot est conforme aux conditions imposées par ledit article : ils seront affranchis de toute vérification ultérieure, en présentant ce certificat; sauf les cas néanmoins où, contre la teneur dudit certificat, il serait reconnu que la voiture n'est point à voies inégales, qu'il a été fait des changemens, soit à la longueur des essieux, soit à la distance des échautignoles.

25. Il sera accordé, lors de cette vérification, une tolérance de cinq centimètres sur la longueur des essieux, en compensation du frottement qui aurait usé les échantignoles.

TITRE VI.

Des Exceptions pour le service militaire.

Art. 26. Les voitures de l'artillerie ne seront assujetties ni à la fixation du poids, ni à la largeur des jantes, ni à la longueur des essieux, prescrites par le présent réglement.

Ne seront considérées comme voitures d'artillerie que celles qui porteront en caractères apparens, sur une plaque de métal, clouée en avant de la roue et au côté gauche de la voiture, les mots, *artillerie impériale (royale).*

Les conducteurs desdites voitures devront être munis d'une feuille de route, certifiant que lesdites voitures sont une propriété de l'état, et indiquant le lieu de leur départ, celui de leur destination et celui de leur chargement.

Ne seront plus soumis aux dispositions du présent réglement, les chariots, fourgons appartenant aux corps militaires et voyageant à leur suite, lorsque lesdites voitures seront munies d'une plaque indiquant le nom du corps, et lorsque leurs conducteurs seront porteurs d'une feuille de route conforme à celle prescrite pour les voitures d'artillerie.

La même disposition est commune aux voitures et chariots d'ambulance des hôpitaux militaires, caissons des vivres, et équipages militaires, appartenant à l'état.

Ne pourront, dans aucun cas, être considérées comme voitures d'artillerie, des corps, des hôpitaux militaires ou des autres services, celles que les entrepreneurs des transports emploieront pour le service des corps de l'artillerie, des hôpitaux militaires ou des autres services.

TITRE VII.

Des Amendes.

Art. 27. Les contraventions relatives au poids des voitures pour excès de chargement au-delà des quantités réglées par le présent décret, seront punies des amendes prononcées par la Loi du 29 floréal an x, article 4, ainsi qu'il suit :

Pour excès de chargement

De 20 à 60 myriagrammes. . . . .   25 fr.
De 60 à 120.   50
De 120 à 180.   75

De 180 à 240 myriagr. 100
De 240 à 300. 150
Et au-dessus de 300. . . . . : . . . 300

Obs. 1. Cet article est rectifié, *quant aux voitures de roulage,* par une Ordonnance du 21 mai 1823, ainsi conçue :

Art. 1. « L'art. 27 du Décret du 23 juin 1806, concernant le poids des voitures et la police du roulage, est rectifiée en ce sens, que les surcharges des voitures mentionnées aux art. 3 et 4 de ce Décret, commenceront au point où le poids de ces voitures excédera *celui fixé par ces art., et la tolérance accordée par l'art.* 5. »

« En conséquence, les amendes résultant dudit art. 27, pour excès de chargement, à partir des quantités réglées par les articles 3 et 4, *augmentées de la tolérance,* seront appliquées ainsi qu'il suit :

De   0 à   60 myriag.   25 fr.
De   60 à 120   50
De 120 à 180   75
De 180 à 240   100
De 240 à 300   150
Et au-dessus de 300   300. »

Il est rectifié, *quant aux diligences, messageries, berlines,* etc. par l'Ordonnance du Roi du 24 déc. 1814. (*V.* ci-après.)

V. le §. 1 de l'Instruct. de l'Administr. des Dom. du 3 octobre 1807.

2. La contravention de surcharge ne peut exister qu'autant que le poids de la voiture a été constaté dans la forme réglée par l'art. 10. (Arrêt du Conseil d'Etat du 6 février 1825.)

3. Les amendes sont encourues par *seul fait de la surcharge* légalement constatée, sans qu'il soit nécessaire d'établir que cette surcharge a plus ou moins dégradé la route, et encore que la voiture n'ait pas abandonné le pavé de la ville. (Arrêt du Conseil d'Etat du 17 avril 1821.)

4. *V.* l'*obs.* 2 sous l'art. 4 de la Loi du 29 floréal an x, relative à la responsabilité des Maîtres voituriers quant aux amendes encourues par le fait de leurs préposés.

28. Les contraventions à la longueur des essieux seront punies de l'amende de quinze francs, conformément à ce qui est ordonné par le réglement du 4 mai 1624.

Obs. V. le §. 1 de l'Inst. des Dom. du 3 octobre 1807.

La connaissance de cette contravention appartient à l'autorité administrative. Le maire est d'abord appelé à prononcer, conformément à l'Ordonnance du Roi du 20 novembre 1822. (*V.* l'*obs.* sous l'art. 38.)

29. Les contraventions sur le fait des clous des bandes seront punies

de l'amende de quinze francs , conformément à l'art. 7 de l'Arrêt du Conseil d'État du 28 décembre 1783.

Obs. V. l'*obs.* sous l'article précédent, et le §. 1 de l'Inst. des Dom. du 3 octobre 1807.)

30. L'époque fixée par la Loi pour le paiement du double droit de taxe des routes , est prorogée jusqu'au 22 septembre prochain.

31. Attendu que la Loi du 24 avril dernier a supprimé les barrières et la perception de la taxe d'entretien des routes , à compter du 22 septembre prochain , la peine de la double taxe mentionnée en l'article précédent sera , à partir dudit jour 22 septembre , remplacée par une amende de trente francs pour chaque contravention constatée par procès-verbaux rédigés , soit au passage sur les ponts à bascule , soit sur tout autre point des grandes routes parcourues par les rouliers en fraude.

L'amende sera encourue et répétée toutes les fois que la contravention aura été constatée , pourvu qu'il se soit écoulé quatre jours entre le précédent procès-verbal et le suivant.

Obs. V. le §. 1 de l'Inst. des Dom. du 3 octobre 1807.

32. Il appartiendra un quart dans les amendes à celui des agens qui l'aura constatée , et qui aura affirmé et déposé son procès-verbal. L'amende sera versée dans la caisse de la commune où la contravention aura été constatée. Les trois quarts seront versés par le receveur de la commune au receveur de l'enregistrement ; et le dernier quart sera payé à l'agent qui aura constaté la contravention , sur le mandat du préfet , et sans autre forme.

TITRE VIII.

Police.

Art. 33. Les dispositions de la Loi du 3 nivose an vi , titre 2 , seront applicables au service des ponts à bascule , ainsi qu'il suit.

34. Tout propriétaire de voitures de roulage sera tenu de faire peindre sur une plaque de métal , en caractères apparens , son nom et son domicile : cette plaque sera clouée en avant de la roue et au côté gauche de la voiture ; et ce , à peine de vingt-cinq francs d'amende : l'amende sera double si la plaque portait soit un nom soit un domicile faux ou supposé.

Obs. 1. C'est devant le maire et non devant le tribunal correctionnel que doivent être portées les contestations qui ont pour objet les contraventions à cet article. (*V.* plus bas l'*obs.* insérée sous l'art. 38 , et les *obs.* sous l'art. 2 du Décret du 18 août 1810.)

V. le §. 1 de l'Inst. des Dom. du 3 octobre 1807.

2. A Paris, lorsqu'une voiture de roulage est arrêtée à une barrière par les préposés faute de porter une plaque, le procès-verbal des préposés est transmis au préfet de police, qui charge le commissaire de police du quartier du propriétaire de la voiture, si celui-ci réside à Paris, de lui notifier la contravention

dont il est prévenu, avec sommation de présenter ses moyens de défense, dans les trois jours, au préfet de police.

3. Cette disposition, relative aux plaques exigées pour les voitures de roulage, n'est pas applicable aux voitures légères traînées par un seul cheval, attendu que la Loi du 7 ventose an XII, art. 1, ne soumet aux règles, sur la police de roulage, que les voitures traînées par plusieurs chevaux. (Ordonnance du Roi, du 21 mars 1821.)

35. Toute insulte ou mauvais traitement envers les préposés au service des ponts à bascule sera puni, selon ladite loi, de cent francs d'amende, sans préjudice des dommages-intérêts et de poursuites extraordinaires s'il y a lieu.

Obs. 1. *V.* le §. 1, le §. 3 et le §. 4 de l'Inst. des Dom. du 3 octobre 1807.

2. Toute insulte, par gestes ou menaces, doit être punie de cent francs d'amende, conformément à cet article : mais, quant aux mauvais traitemens, il faut distinguer : s'ils consistent en voies de fait ou coups, même sans blessure, la peine doit être d'un emprisonnement d'un mois à six mois, aux termes de l'art. 230 du Code Pénal : s'il y a eu effusion de sang, blessures ou maladie, la peine doit être de la réclusion ; si la mort s'en est suivie dans les quarante jours, le coupable sera puni de mort. (Art. 231 du même Code.) *V.* au surplus l'art. 9 de l'Ordonnance du 23 décembre 1816, et l'Extrait du Code Pénal.

36. Il est défendu aux préposés au service des ponts à bascule de recevoir eux-mêmes les amendes, ni d'exiger des contrevenans rien au-dessus de l'amende, à peine de destitution et d'être poursuivis comme concussionnaires.

37. Il est défendu aux mêmes préposés de faire aucune remise du montant de l'amende, ni de traiter ou de transiger avec les contrevenans, sous peine de destitution et d'une amende égale à celle qui aurait été encourue.

TITRE IX.

Du Contentieux.

ART. 38. Les contestations qui pourraient s'élever sur l'exécution du présent réglement, et notamment sur le poids des voitures, sur l'amende et sur sa quotité, seront portées devant le maire de la commune, et par lui jugées sommairement, sans frais et sans formalités : ses décisions seront exécutées provisoirement, sauf le recours au conseil de préfecture, comme pour les matières de voirie, selon la Loi de floréal an XI.

Obs. V., sur cet article, les Ordonnances du Roi du 22 novembre 1820, et 20 novembre 1822, qui déterminent la manière dont les contraventions au présent Décret doivent être poursuivies et jugées. (*V.* aussi le §. 7 et le §. 9 de l'Inst. des Dom., du 8 octobre 1807.)

39. Néanmoins les préposés ne pourront être distraits ni déplacés de leur bureau pour suivre lesdites contestations : ils ne seront tenus que d'adresser au maire ou à son adjoint un procès-verbal de la contravention ; et cependant ils devront retenir la voiture jusqu'au paiement ou à la consignation de l'amende.

Obs. Les procès verbaux constatant ces contraventions ne sont point assujettis au droit de timbre et d'enregistrement ; par conséquent, ils ne peuvent être annulés pour ce défaut de formalité. (Arrêt du Conseil d'Etat du 30 décembre 1822.) Ils ne font pas foi jusqu'à inscription de faux ; ils peuvent être débattus par toutes preuves contraires. (*V.* au surplus l'*Obs.* 2 sous l'art. 2 du Décret du 18 août 1810 ci-après.)

40. Le maire ou son adjoint pourra se transporter au bureau, lorsqu'il le croira nécessaire, pour reconnaître les faits.

41. Les autorités civiles et militaires seront tenues de protéger les préposés, de leur prêter main-forte, de poursuivre et faire poursuivre, suivant la rigueur des lois, les auteurs et complices des violences commises envers eux ; et ce, tant sur la clameur publique que sur les procès-verbaux dressés par lesdits préposés, par eux affirmés et remis par eux à la gendarmerie.

42. Il est , en conséquence , ordonné à tout gendarme en fonctions de s'arrêter, dans sa tournée, à chaque pont à bascule qui se trouvera sur sa route, de recevoir les déclarations que les préposés auraient à lui faire, et de se charger des procès-verbaux des délits qui auraient été commis contre eux, pour les déposer au greffe.

43. Tout Voiturier ou conducteur qui, pour éviter de passer au pont à bascule, se détournerait de la route qu'il parcourait, sera tenu, sur la réquisition des préposés, de la gendarmerie ou autres agens qui surveillent le service des ponts à bascule, de conduire sa voiture pour être pesée sur ce pont à bascule.

44. Tout Voiturier ou conducteur pris en contravention, pour excédant du poids fixé par le présent décret, ne pourra continuer sa route qu'après avoir réalisé le paiement des dommages et déchargé sa voiture de l'excédant du poids constaté : jusque là ses chevaux seront tenus en fourrière à ses frais, ou il fournira caution.

Obs. Il ne peut être accordé de dommages-intérêts à un Voiturier dont la voiture et les chevaux sont mis en fourrière, faute par lui de consigner ou de donner caution pour le droit qu'il refuse de payer. (Arr. de Cass. du 23 messidor an x.)

6 juillet 1806.

Décret concernant le droit à payer par les Entrepreneurs de Voitures publiques qui s'écartent de la ligne de poste pour parcourir une route de traverse.

Art. 1. Les Entrepreneurs de Voitures publiques qui, dans le trajet desdites voitures d'un lieu de départ à un lieu d'arrivée, et depuis la Loi du 15 ventose an XIII, leur ont fait quitter en partie la ligne de poste pour parcourir des routes de traverse pendant une portion de ce trajet, seront assujettis à payer le droit de 25 centimes aux Maîtres de poste qui s'en trouveront frustrés par cette déviation.

2. La direction générale des postes fera déterminer l'étendue précise de la déviation réelle desdites voitures, telle qu'elle est définie par l'art. précédent. Lorsque cette déviation s'élèvera à plus de trois postes, les Entrepreneurs de ces voitures ne seront pas tenus de payer le droit pour une étendue plus considérable ; et, dans ce cas, le montant du droit payé pour ce *minimum* de trois postes, sera réparti entre tous les Maîtres de poste qu'on évite par la déviation ; le partage en sera fait entre eux proportionnellement aux distances qu'ils ont à desservir.

3. Sont pareillement assujettis au paiement dudit droit, aux termes des art. précédens, les Entrepreneurs de voitures publiques qui, dans le moment actuel, se rendent en partie par des chemins de traverse : 1°. De Vermanton à Rouvray ; 2°. de Montauban à Toulouse ; 3°. de Castelnaudary à Grisolles ; 4 . de Saverne à Strasbourg.....

4. Ceux desdits Entrepreneurs qui parcourent des routes sur lesquelles il existe une ligne de poste, mais dont les relais sont démontés, paieront le droit de 25 centimes jusqu'au premier relai vacant, seulement, à moins que la communication ne soit maintenue entre les relais placés des deux côtés de ceux démontés, conformément à l'art. 9 du Réglement des postes. (1er prairial an VII.)

Obs.ᵉ V. l'art. 9 de l'arrêté du 1er prairial an VII, Liv. III.

5. Les Entrepreneurs de voitures publiques qui ne relaient pas, mais qui, à certaines distances et sans attendre au moins six heures, se versent réciproquement les voyageurs qu'ils conduisent, sont assujettis au paiement du droit.

Obs. 1. Il résulte de cet article que le versement des voyageurs, malgré le non-usage des relais, rend l'Entrepreneur sujet au paiement de l'indemnité ; mais il faut que le versement ait lieu, comme le dit l'article, dans les six heures qui suivent l'arrivée de la voiture, et de plus que la voiture soit *suspendue*. (Arr. de Cass. du 9 juin 1815.) Pour savoir ce qu'on entend par *voiture suspendue*, *V*. l'Ordonnance du Roi du 11 septembre 1822.

2. Lorsqu'il n'y a pas eu versement réciproque et *concerté* des voyageurs, et lorsque ceux-ci n'ont passé d'une voiture dans une autre que par *un pur hasard*, il n'y a pas lieu, de la part du Maître de poste, à exiger le droit de 25 centimes. (Arr. de Cass. du 24 octobre 1807.)

6. Seront considérées comme voitures donnant ouverture au droit de 25 centimes, celles qui ont des siéges à ressort dans l'intérieur.

Obs. Les siéges suspendus par des cuirs ou courroies doivent être assimilés aux siéges à ressorts. (*V*. les Arrêts de Cass. du 28 décembre 1810 et 19 décembre 1806, annotés sous l'art. 1 de la Loi du 15 ventose an XIII, et surtout l'Ordonnance du Roi du 11 septembre 1822.)

3 octobre 1807.

Instruction de l'Administration de l'Enregistrement et des Do-
maines, sur le Décret du 23 juin 1806.

§. 1. Les amendes prononcées par les art. 27, 28, 29, 31, 34 et 35
du Décret du 23 juin 1806, et les dommages stipulés par l'art. 3 de la
Loi du 7 ventose an xii, seront passibles du décime par franc, ou du
10e en sus.

2. Lorsqu'il y aura lieu à la consignation des dommages fixés par
l'art. 3 de la Loi du 7 ventose an xii, entre les mains du préposé saisissant, conformément à l'art. 2 du Décret, le préposé remettra dans
trois jours la somme consignée au receveur de la commune, et celui-ci
la versera dans la caisse du receveur du droit d'enregistrement. Les
contrevenans doivent payer les amendes et les dommages de préférence
avec le *décime pour franc*, entre les mains du receveur de la commune.
La quittance qu'il délivrera aux contrevenans sera sur du papier timbré
de 25 centimes, conformément à l'art. 16 de la Loi du 13 brumaire
an vii. Dans le cas de refus de paiement ou de consignation, en laissant mettre leurs chevaux en fourrière, les poursuites contre les contrevenans pour le paiement des peines pécuniaires, seront faites par le
receveur du droit d'enregistrement dans l'arrondissement duquel la
contravention aura été commise, si la condamnation a été prononcée
administrativement, et par le receveur près le tribunal de police correctionnelle, lorsque la condamnation sera émanée de ce tribunal.

3. L'amende fixée par l'art. 35 du décret, et qui a pour objet de
punir les insultes ou mauvais traitemens envers les préposés aux ponts
à bascule, n'est pas susceptible de l'attribution du quart faite en faveur
de ces préposés par l'art. 32. Le paiement des attributions de moitié des
50 centimes de dommages réglés par l'art. 3 de la Loi du 7 ventose
an xii, et du quart des amendes résultant des autres contraventions,
conformément au Décret, sera fait aux préposés en vertu de mandats
du préfet, placés au pied d'un état détaillé formé par le receveur de
l'enregistrement instructif du montant des amendes et dommages versés
à sa caisse, et visé par le directeur de l'enregistrement. Les mandats,
visés également dudit directeur, seront acquittés sans autres formalités.

4. L'amende réglée par l'art. 35 du Décret, et appliquée par l'autorité judiciaire, est la seule qui soit dans le cas des affectations faites par
la Loi du 22 juillet 1791, sur la police municipale et correctionnelle.
Le produit des dommages et amendes autres que celles prononcées par
les articles 34 et 35, est affecté à la réparation des routes. Tous actes
postérieurs aux procès-verbaux des préposés et autres saisissans, et
aux décisions des maires et des conseils de préfecture, sont assujettis
au timbre et à l'enregistrement, ainsi que les actes de poursuite devant
les tribunaux, et les droits en résultant seront recouvrés sur les condamnés.

6. Conformément à l'Arrêté du gouvernement du 30 frimaire an xii,
relatif aux passavans délivrés dans les bureaux des douanes, ceux qui
seront délivrés en exécution de l'article du Décret seront exempts du
timbre.

7. Lorsque les contrevenans n'obéiront pas de suite aux décisions des maires, les receveurs auxquels ces décisions auront été remises, contraindront les condamnés par le mode prescrit par l'arrêté du 16 thermidor an VIII, relatif au recouvrement des contributions publiques. La contrainte n'aura pas lieu lorsque les condamnés auront fourni une caution solvable, ou si leurs chevaux sont mis en fourrière. Dans le cas où la voiture arrêtée et les chevaux mis en fourrière n'offriraient pas une valeur suffisante pour répondre du paiement des amendes, condamnations et dommages accessoires, le receveur de l'enregistrement requerra l'inscription hypothécaire sur les biens des condamnés, si ceux-ci ne fournissent pas une caution solvable.

8. Les préposés aux ponts à bascule tiendront un registre en papier libre, cotté et paraphé par le maire de la résidence de chaque préposé. Lesdits préposés inscriront par ordre de dates et de numéros tous leurs procès-verbeaux, par extraits indicatifs des noms, qualités et demeures des contrevenans, de la nature des contraventions, du montant des amendes encourues, ou des dommages consignés et des noms de cautions, dans le cas où il en serait donné. Chaque procès-verbal portera en tête le numéro d'ordre de ce registre. En marge de chaque article du registre, on fera mention de la date de l'envoi du procès-verbal au maire, et de celle du versement des dommages dans la caisse du receveur de la commune. Il sera dressé procès-verbal de toutes les contraventions, lors même que les contrevenans remettront de suite et sans contestations au receveur de la commune, ou au préposé, le montant des dommages et des amendes encourues. A l'expiration de chaque trimestre, les préposés aux ponts à bascule adresseront au receveur de l'enregistrement de leur arrondissement un extrait de leur registre, suivant le modèle ci-joint, n°. 1. Si, pendant le trimestre, il n'a été constaté aucune contravention, ni affecté de consignation, ils en fourniront un certificat négatif.

9. Le maire tiendra également un registre, sur lequel seront inscrits par ordre de date de la remise qui lui en sera faite, les procès-verbaux rapportés par les préposés qui auront constaté les contraventions. Ce registre aura un numéro d'ordre et sera tenu mi-marge. Le maire portera à la marge droite l'extrait de chaque procès-verbal, et à la marge gauche la minute de la décision qu'il aura prise en conséquence, et dans laquelle il rappellera le nom du préposé qui aura constaté la contravention. Il remettra de suite un extrait de sa décision au receveur de sa commune. Si le contrevenant refuse de payer à ce dernier le montant des amendes prononcées, ensemble le décime par franc, l'extrait de cette décision sera aussitôt adressé au receveur de l'enregistrement chargé, dans ce cas, de faire les poursuites. Le maire fera également passer à ce receveur, tous les trois mois, un état des décisions qu'il aura rendues conforme au modèle n° 2, et à défaut de décisions, un certificat négatif.

10. Le receveur de la commune tiendra de son côté un registre cotté et paraphé par le maire, sur lequel ledit receveur enregistrera les noms et demeures des condamnés; la nature de la contravention, la quotité de chaque amende ou des dommages, la somme payée, la date du procès-verbal rapporté, ainsi que le nom du préposé qui a

constaté la contravention ; enfin , la date de la décision du maire. Le registre dudit receveur de la commune sera divisé en trois colonnes de recettes, dont l'une ne comprendra que le montant des dommages ; la seconde, celui des amendes, et la troisième les décimes par francs des dommages ou amendes. Le maire arrêtera ledit registre le dernier jour de chaque trimestre, pour constater la somme qui doit être versée à la caisse du receveur de l'administration de l'enregistrement. La somme totale des recettes faites par le receveur de la commune sera versée tous les trois mois dans la caisse du receveur de l'enregistrement de l'arrondissement, à l'exception seulement du montant de la remise du susdit receveur de la commune, laquelle n'est allouée que sur le principal des amendes et des dommages, et dont ils fourniront leur quittance motivée. Ladite remise est fixée à la moitié de celle qui est allouée aux percepteurs des contributions publiques. Le versement fait par le Receveur de la commune, sera accompagné d'un bordereau détaillé suivant le modèle n° 3, certifié véritable par le maire de la commune, rédigé en double, et au pied de l'un desquels le receveur de l'enregistrement délivrera son récépissé. A défaut de recette pendant le trimestre, le Receveur de la commune en remettra son certificat négatif.

11. Les receveurs de l'enregistrement se chargeront en recette de la totalité des sommes qui leur seront versées dans la forme ci-dessus, en copiant sur le registre de recettes des amendes, le bordereau prescrit ; mais, en ne tirant hors ligne que le principal des amendes et des dommages. Ils émargeront chaque article du numéro de leur sommier, où les extraits et l'état des décisions adressées par le maire auront été consignés, ainsi qu'il est dit plus haut. Ce sommier sera également apostillé du numéro de leur registre de recette, et de la date du versement fait par les receveurs de commune. La portion non attribuée, tant des dommages et amendes reçues et versées par les receveurs des communes, que des dommages recouvrés directement par le receveur de l'administration, sera versé par ceux-ci à la caisse du receveur général ou particulier, par un bordereau séparé qui fera connaître : 1°. le montant de la recette en particulier seulement ; 2°. la portion attribuée aux préposés saisissans ; 3°. la remise allouée aux communes ; 4°. celle du préposé de l'administration ; 5°. les frais qui seront tombés en non-valeur ; 6°. les restitutions ordonnées ; 7°. la somme nette à verser pour le compte de l'administration des ponts et chaussées. Ce bordereau de versemens sera intitulé : Amendes et dommages relatifs à la police du roulage ; administration des ponts-et-chaussées. Le produit des amendes et des dommages dont il s'agit, sera porté sur les états de mois et dans les bordereaux de compte, au chapitre premier de la recette, après les amendes de condamnation par jugement de toute nature. On fera ensuite connaître par le premier des trois tableaux particuliers qui se trouvent au bas du verso de la première feuille de l'état du mois, la portion attribuée dans le total recouvré pendant le mois, en distinguant cette recette de celle des autres amendes par ces mots à la main : Amendes et dommages, police du roulage. Quant à la dépense, la quittance de la remise allouée aux receveurs des communes, sera payée pour comptant par les inspecteurs ; elle fera partie sur les états de mois au paragraphe Ier de la Dépense, sous l'accolade *amendes* ; et après la

mention des paiemens , de celles attribuées sous cette dénomination : *Police du roulage, remise des receveurs des communes*. Les quittances des préposés saisissans pour la portion attribuée, seront comprises avec celles relatives aux paiemens sur les amendes de condamnation de toute nature, attribuées en tout ou partie. Enfin, les récépissés de versemens seront classés avec ceux relatifs aux recettes ; ayant une destination spéciale et en première ligne. En ce qui concerne le mode de paiement de l'attribution d'une portion des dommages et amendes en faveur de celui des préposés aux ponts à bascule ou autre agent qui a constaté la contravention, l'état détaillé à faire ordonnancer par le préfet, devra comprendre tous les dommages et amendes recouvrés pendant le trimestre ; mais il sera divisé de manière que tous les articles qui concernent les mêmes préposés se trouvent portés à la suite l'un de l'autre, et réunis par une accolade sous le nom de chaque préposé ayant droit à l'attribution. La quittance du paiement au lieu d'être donnée au bas de l'état, le sera par émargement et dans une colonne à ce destinée. Le modèle de cet état est joint sous le n° 4.

12. Dans le cas où le Conseil de préfecture aurait modifié les décisions des maires, ou les aurait anéanties, la restitution des attributions faites aux préposés et autres saisissans, et des remises allouées aux receveurs des communes, sera faite par retenue sur le premier état de répétition qui suivra la décision du Conseil de préfecture.

13. Les dispositions du Décret du 23 juin 1806, relatives aux attributions des remises et à l'affectation des amendes, ne sont point applicables aux amendes qui résultent de l'exécution de la Loi du 29 floréal an x, relative à la police des routes, ni du n° 29 de l'art. 125 de celle du 28 germinal an vi, relatif aux Voituriers.

28 août 1808.

Décret concernant les Voitures publiques allant à destination fixe.

Art. 1. Les propriétaires ou Entrepreneurs de diligences, de messageries et autres Voitures publiques allant à destination fixe, se présenteront, dans la quinzaine de la publication du présent Décret, dans le troisième arrondissement de la police, devant le préfet de police ; et, dans les autres arrondissemens, devant les préfets et sous-préfets, pour faire la déclaration de leurs voitures, du nombre de places qu'elles contiennent, du lieu de leur destination, du jour et de l'heure de leur départ, de leur arrivée et de leur retour, à peine de cinquante francs d'amende, conformément à l'article 3 du titre III de la Loi du 29 août 1790.

Lorsqu'ils augmenteront ou diminueront le nombre de leurs voitures, qu'ils changeront le lieu de leur résidence, ou transféreront leur entreprise dans une autre commune, ils en feront également la déclaration.

Obs. V. l'art. 1 dè l'Ordonnance du 4 février 1820, qui maintient cette disposition, et l'*obs*. sous cet article.

2. Chaque voiture portera, à l'extérieur, le nom du propriétaire ou

de l'entrepreneur, et le numéro d'estampillage, conformément aux Lois des 3 nivôse et 9 vendémiaire an VI.

Obs. *V.* à l'égard de l'estampillage, ce qui est prescrit par l'art. 117 de la Loi du 25 mars 1817.

3. Elle portera aussi, dans l'intérieur, l'indication du nombre de places qu'elle contient, le numéro et le prix de chaque place.

Obs. Cet art. est confirmé et développé par l'art. 4 de l'Ordonnance du 4 février 1820. (*V.* ci-après.)

4. Les propriétaires et entrepreneurs se feront déclarer les noms et prénoms des voyageurs, leur profession, le lieu de leur domicile habituel, et en tiendront registre.

Ils enregistreront également les ballots, malles et paquets dont le transport leur sera confié ; ils donneront extrait de cet enregistrement aux voyageurs, avec le numéro de leur place.

Les registres seront sur papier timbré, cotés et paraphés.

Obs. Cet art. est confirmé et développé par l'art. 5 de l'Ordonnance du 4 février 1820. (*V.* ci-après.)

5. Les conducteurs ne pourront prendre, en route, aucun voyageur, ni recevoir aucun paquet, sans en faire mention sur leur feuille, en la forme indiquée par l'article précédent.

Obs. Cet art. est confirmé par l'art. 6 de l'Ordonnance du 4 février 1820. (*V.* ci-après.)

6. Il est défendu d'admettre dans les voitures un plus grand nombre de voyageurs que celui énoncé dans la déclaration, et d'en laisser monter sur l'impériale.

Obs. La défense, faite par la première partie de cet article, et renouvelée par l'art. 2 de l'Ordonnance du Roi du 24 décembre 1814, n'admettrait point pour excuse la considération que les places excédant auraient été données gratuitement. (Arr. de Cass. du 15 octobre 1816.) Quant à la défense de monter sur l'impériale, cette seconde partie de l'art. a été modifiée par l'Ordonnance du 4 février 1820, qui, par son art. 7, donne au conducteur le droit de se placer dans le panier, et, par son art. 9, permet l'établissement de places extérieures dites *banquettes de l'impériale*, mais sous certaines conditions. (*V.* les art. de cette Ordonnance.)

7. Le poids des paquets, ballots ou autres fardeaux sur l'impériale, ne pourra excéder 25 kilogrammes (50 livres), par chaque voyageur, sur une voiture à quatre roues, et 10 kilogrammes (20 livres) sur une voiture à deux roues.

L'élévation de la charge sera, au plus, de 40 centimètres (15 pouces), sur les voitures à quatre roues, et de 27 centimètres (10 pouces), sur les voitures à deux roues.

Obs. La disposition de cet art. est renouvelée et confirmée par l'art. 8 de l'Ordonnance du 4 février 1820. (*V.* l'*Obs.* insérée sous ce dernier art.)

4

8. Les voitures seront d'une construction solide, et pourvues de tout ce qui est nécessaire à la sûreté des voyageurs.

Les propriétaires ou les entrepreneurs sont garans de tous les accidens qui pourraient arriver par leur négligence.

Obs. Pour la garantie des propriétaires et entrepreneurs, *V.* le Traité de la Responsabilité.

9. Les voitures auront au moins 1 mètre 62 centimètres (5 pieds) de voie entre les jantes de la partie des roues posant sur le sol.

La voie des roues de devant ne pourra être moindre de 1 mètre 59 centimètres (4 pieds 11 pouces).

Obs. V. l'art. 9 de l'Ordonnance du 4 février 1820, qui développe la disposition de cet article.

10. Les essieux seront en fer corroyé, percés à chaque extrémité, et fermés d'un écrou assujetti par une clavette goupillée, fixée dans le corps de l'écrou.

11. La conduite des voitures ne pourra être confiée qu'à des hommes pourvus de livrets.

Elles seront dirigées par deux postillons, toutes les fois qu'elles seront attelées soit de six chevaux, soit même de cinq, lorsque le cinquième sera en arbalète.

Obs. V. l'art. 10 de l'Ordonnance du 4 février 1820, et les *Obs.* sous cet art.

12. Les décrets et arrêtés concernant les voitures publiques ou messageries continueront de recevoir leur exécution en tout ce qui n'est pas contraire au présent décret.

13. Les employés aux ponts à bascule, soit aux barrières de Paris, soit ailleurs, seront tenus, sous peine de destitution, de peser, au moins une fois par trimestre, une des voitures publiques par chaque route desservie, pour assurer l'exécution de l'article 6 de notre Décret du 23 juin 1806, et d'en justifier auprès des fonctionnaires désignés en l'article 1er, qui en rendront compte à nos ministres de la police et des finances.

En cas de contravention, ils en dresseront procès-verbal ; et il y sera statué par le maire du lieu où le procès-verbal aura été dressé, et, à Paris, par le préfet de police, conformément aux titres VII, VIII et IX de notre même Décret du 23 juin.

Obs. V. l'art. 11 de l'Ordonnance du 4 février 1820, qui renouvelle cette disposition.

14. Les dispositions des articles 3, 4, 5, 7, 9 et 13 ci-dessus, ne seront pas applicables aux voitures dites des environs de Paris.

15. Il sera fait, dans trois mois pour tout délai, par nos ministres de la police générale et des finances réunis, un rapport sur la police desdites voitures, les articles des lois générales touchant les finances sur les voitures publiques, qui doivent leur être appliqués, et la désignation desdites voitures par le lieu précis de leur destination.

16. Les rouliers, voituriers, charretiers, seront tenus de céder la moi-

tié du pavé aux voitures des voyageurs, à peine de cinquante francs d'amende, et du double en cas de récidive, sans préjudice des peines personnelles portées aux réglemens de police. Les conducteurs des diligences et postillons sont autorisés à faire, en cas de contravention, leurs déclarations à l'officier de police, à leur arrivée, en faisant connaître le nom du roulier ou voiturier, d'après sa plaque ; et notre procureur du Roi, sur l'envoi de ce procès-verbal, sera tenu de poursuivre le roulier ou voiturier.

Obs. Cet article, en ce qui concerne la quotité de l'amende, est modifié par l'article 1 de l'Ordonnance du 15 mai 1822. (*V.* ci-après.)

4 décembre 1809.

Décret qui autorise la continuation de la Société anonyme formée à Paris pour l'entreprise générale des Messageries, jusqu'au 31 décembre 1840.

ART. 1. La société anonyme formée à Paris, département de la Seine, rues Notre-Dame-des-Victoires et Montmartre, pour l'entreprise des messageries, et qui a été autorisée par notre Décret du 2 juillet 1808 à subsister jusqu'au 22 septembre 1813, continuera d'exister depuis le 23 du même mois jusqu'au 31 décembre 1840, conformément aux dispositions du nouveau contrat passé devant *Colin*, notaire à Paris, le 24 mars 1809, dont expédition sera jointe au présent décret. (1)

PAR-DEVANT M⁰ *Thomas Colin* et son collègue, notaires royaux à Paris, soussignés, ont comparu,

Messieurs,

Jean-Baptiste-Edme Poisallolle de Nanteuil, l'aîné, demeurant à Paris, rue Royale, n⁰ 4 ;

Denis-Germain Poisallolle de Nanteuil de la Norville, demeurant à Paris, hôtel des messageries, rue Notre-Dame-des-Victoires ;

Jean Bureau, demeurant à Paris, rue Boudreau, n⁰ 4 ;

Louis-Clément Cailus, demeurant à Paris, hôtel des messageries, rue Notre-Dame-des-Victoires ;

Antoine Gevaudan, demeurant à Paris, rue du Faubourg-Poissonnière, n⁰ 36 ;

George-Catherine de Saint-George, demeurant à Paris, hôtel des messageries, rue Notre-Dame-des-Victoires ;

Jean-André Provigny, demeurant à Paris, rue Helvétius, n⁰ 14 ;

Tous sept, administrateurs généraux de l'établissement actuel des messageries, rue Notre-Dame-des-Victoires, à Paris ;

Messieurs,

Sébastien-Léonard Nodler, négociant, demeurant à Paris, rue du Faubourg-Poissonnière, n⁰ 36 ;

Gabriel-Étienne Dutillet, demeurant à Paris, rue Sainte-Barbe, n⁰ 16 ;

---

(1) Ce contrat pouvant servir de base à tous les établissemens du même genre, et guider les entrepreneurs dans la formation de conventions semblables, nous avons pensé qu'il serait utile de l'insérer dans notre Code.

Louis-Joseph Lecocq, demeurant à Paris, rue de l'Université, n° 11;

Nicolas-Jacques Chandonné, demeurant à Paris, rue de la Rochefoucault, n° 59.

Claude-Marie Besson, demeurant à Paris, hôtel des messageries, rue Notre-Dame-des-Victoires;

Denis-Clément-Jean-Baptiste Poisallolle de Nanteuil, fils (*Clément de Nanteuil*), demeurant à Paris, hôtel des messageries, rue Notre-Dame-des-Victoires;

Jean-Baptiste-Edme-Amand de Nanteuil, fils (*Amand de Nanteuil*), mineur émancipé par son père, demeurant à Paris, audit hôtel des messageries;

Ces six derniers, administrateurs adjoints de l'établissement actuel des messageries, rue Notre-Dame-des-Victoires :

Lesquels désirant former une société anonyme, qui aura pour objet unique l'exploitation des messageries et voitures publiques dans l'étendue de tout le Royaume de France, et dont le siége central sera à Paris,

Ont fait le traité suivant :

ART. 1. Il est créé et formé par ces présentes, sous la dénomination d'*Exploitation générale des Messageries*, une société anonyme et par actions, conformément au titre III du Code de Commerce, qui régira cette société.

Le siége central de la société sera à Paris.

2. L'objet unique de la présente société anonyme est l'exploitation des messageries et voitures publiques dans toute l'étendue du Royaume de France, pour vingt-sept années trois mois huit jours, qui commenceront au vingt-trois septembre mil huit cent treize, et finiront au trente-un décembre mil huit cent quarante.

La première année administrative sera de quinze mois huit jours, et elle expirera le trente-un décembre mil huit cent quatorze.

Les vingt-six années suivantes seront chacune de douze mois.

3. Le fonds capital de la société anonyme est de deux millions de francs espèces, quant à présent.

Néanmoins, si les besoins de la société l'exigent, ledit fonds capital pourra être augmenté jusqu'à concurrence de cinq cent mille francs, pour former un capital de deux millions cinq cent mille francs.

Ce capital sera fourni et divisé en actions de dix mille francs chacune, et en demi-actions de cinq mille francs aussi chacune.

4. Ces actions et demi-actions seront au nom des parties prenantes ou actionnaires; elles seront toutes numérotées et inscrites sur les registres à ce destinés, pour en constater la propriété, et divisées de manière que toutes les actions entières et demi-actions réunies ne forment pas un capital inférieur ni supérieur à celui ci-dessus fixé.

Le titre qui sera délivré à chaque actionnaire sera un simple certificat, relatant l'inscription sur les registres, du nombre d'actions dont il est propriétaire.

Ce certificat sera signé par le caissier général et visé par l'administrateur.

5. L'émission de ces actions et demi-actions, quant aux deux mil-

lions de francs, se fera dans les six mois qui précéderont la mise
en activité de la société ; l'émission desdites actions et demi-actions, quant aux cinq cent mille francs supplémentaires, sera déterminée par les administrateurs généraux : leur montant en sera payé,
par chaque actionnaire, à l'instant même de l'inscription sur les registres ;

Et chaque actionnaire jouira du dividende attaché à chaque action et
demi-action, à compter du jour du versement dans la caisse sociale :
cependant, en tout événement, la jouissance du dividende en faveur
de l'actionnaire ne pourra partir qu'à compter dudit jour vingt-trois septembre mil huit cent treize.

6. La propriété des actions et demi-actions une fois établie par inscription sur les registres de la société, comme il est dit article 4, la cession, pour être valable à l'égard de la société, devra être préalablement
mentionnée sur le registre des délibérations de l'administration : conséquemment, aucune cession ne pourra s'opérer uniquement que par une
déclaration de transfert inscrite sur les registres à ce destinés, et signée
de celui qui aura fait le transport, ou de son fondé de pouvoir.

Le nouveau certificat d'inscription qui, par suite de ce transfert,
sera délivré au nouvel actionnaire par le caissier général, sera visé par
l'administration, conformément à la délibération qui aura mentionné
le transfert.

Tout transfert fait de toute autre manière, même par acte public et
enregistré, est, dès-à-présent, déclaré non avenu et sans effet à l'égard
de la société ; l'intérêt et la garantie du pacte social exigeant impérieusement l'admission d'un mode unique et uniforme pour le transport de
la propriété des actions et demi-actions.

7. La société anonyme sera représentée par sept administrateurs généraux.

Il y aura un caissier général. Ces sept administrateurs généraux et le
caissier général ne pourront être pris que parmi les actionnaires.

8. Les administrateurs généraux seront chargés de conduire et de surveiller toutes les opérations de la société anonyme ; ils la représenteront partout où il sera besoin.

Ils régleront le régime intérieur et extérieur de la société ; ils veilleront à ce que le nombre des actions entières et demi-actions ne dépasse
pas le fonds capital ci-dessus fixé. Ils feront tous achats, devis, marchés, traités et compromis avec quelque personne que ce soit ; ils arrêteront les recettes et dépenses, régleront et débattront les comptes ; ils
ordonnanceront tous paiemens ; ils prononceront seuls la nomination
ou la destitution de tous employés, quelles que soient leurs fonctions ;
ils fixeront le régime de leurs travaux, leurs appointemens, traitemens,
indemnités et gratifications, s'il y a lieu ; ils détermineront le mode de
tenue des livres, registres et journaux, et feront généralement tous actes
administratifs, prévus et non prévus, de quelque nature qu'ils puissent
être ; ils auront aussi seuls la faculté de convoquer les assemblées générales.

Enfin, ils agiront dans toutes les affaires de la société, de quelque
nature qu'elles soient, comme le pourraient faire les actionnaires eux-
mêmes, étant dès-à-présent subrogés dans l'exercice entier et le plus

étendu des droits et actions des actionnaires, relativement à ladite société anonyme.

9. Les administrateurs généraux ne seront point tenus, en raison de
leur gestion, à aucune obligation personnélle ni solidaire, relativement
aux engagemens de la société;

Comme aussi les actionnaires, de leur part, ne seront, à tout événement, passibles que de la perte du montant de leur intérêt dans la société; le tout conformément au Code de Commerce, titre III, articles
32 et 33.

10. Toutes les affaires d'administration se régleront par délibérations
particulières des administrateurs généraux, à la majorité des voix : les
administrateurs généraux seuls y auront entrée et voix délibérative.

Les administrateurs généraux pourront délibérer au nombre de
quatre au moins, et non au-dessous.

11. Le caissier général ne pourra faire aucun paiement que sur ordonnance de l'administration, signée par quatre administrateurs généraux au moins : tout autre paiement sera rejeté de ses comptes.

12. Les administrateurs généraux et le caissier général seront réélus,
dans les neuf ans, en assemblée générale.

Néanmoins, la gestion des administrateurs généraux et du caissier
général, les premiers en exercice, durera pendant neuf ans, trois mois
huit jours, du vingt-trois septembre mil huit cent treize au trente-un
décembre mil huit cent vingt-deux.

13. Le traitement de chaque administrateur général et du caissier général sera fixé ultérieurement; ce traitement courra à compter du jour
de chacun d'eux en exercice.

14. Sont nommés administrateurs généraux,

MM. *Poisallolle de Nanteuil*, l'aîné,
    Poisallolle de Nanteuil de la Norville,
    Bureau,
    Cailus,
    Gevaudan,
    Catherine de Saint-George,
    Et *Provigny*.

Et M. *Nodler* est nommé caissier général.

Leurs fonctions cesseront au trente-un décembre mil huit cent vingt-
deux.

15. Il y aura six administrateurs adjoints.

Sont nommés administrateurs adjoints,

MM. *Dutillet*,
    Lecocq,
    Chandonné,
    Besson,
    Clément Poisallolle de Nanteuil,
    Et *Amand Poisallolle de Nanteuil*.

16. Les administrateurs adjoints seront chargés de la surveillance du
contentieux, de celle de la comptabilité, et des tournées à faire pour le
service de la société.

Ils entreront en exercice le vingt-trois septembre mil huit cent treize, et leurs fonctions cesseront le trente-un décembre mil huit cent vingt-deux.

Leurs appointemens seront réglés ultérieurement, et ils courront à dater du jour de chacun d'eux en exercice.

Mais les administrateurs adjoints n'auront point voix délibérative dans les assemblées particulières d'administration, dans lesquelles ils ne seront même admis que sur la convocation expresse des administrateurs généraux : ils ne pourront opérer que sous les ordres de l'administration. Jamais en aucun cas, et sous aucun prétexte, ils ne pourront s'immiscer dans les fonctions administratives, lesquelles sont à toujours, et exclusivement à tous autres, déférées aux administrateurs généraux.

17. Chaque administrateur général sera tenu de justifier de la propriété de douze actions entières.

Le caissier général justifiera de la propriété de vingt actions entières en sa personne.

Chacun des administrateurs adjoints justifiera de la propriété de six actions entières en sa personne.

Ces justifications se feront à l'instant même de l'entrée en exercice de chacun des susnommés, et par la simple inscription des actions sur les registres à ce destinés.

Mais, si aucun des dénommés au présent article 17 cessait d'être propriétaire de la totalité, ou même d'aucune partie des actions entières qu'il est tenu de fournir par le présent article, il sera déchu de plein droit de ses fonctions, et son traitement cessera de plein droit à compter du jour de la cessation intégrale ou partielle de sa propriété, le fait seul du transfert valant, de la part de l'actionnaire en défaut, une démission volontaire de sa place.

Au surplus, les actions que les sept administrateurs généraux, le caissier général et les six administrateurs adjoints, sont tenus de fournir aux termes du présent article 17, font dès-à-présent le gage et le nantissement de la société, pour garantie de la gestion de chacun d'eux; et conséquemment il ne pourra être formé valablement par aucun créancier, aucune opposition qui puisse nuire à l'effet de la sûreté et garantie acquise par ces présentes sur lesdites actions en faveur de la société.

18. Le cas ci-dessus prévu de cessation de propriété arrivant, il sera, dans les trois mois de la vacance, pourvu au remplacement de celui des administrateurs généraux, ou du caissier général, ou de celui des administrateurs adjoints ci-devant nommés, qui se trouvera en défaut, en assemblée générale des actionnaires, convoquée extraordinairement à cet effet.

Il sera pareillement pourvu au remplacement, en assemblée générale, d'aucune des mêmes personnes, dans les trois mois de la vacance, en cas de cessation de fonctions par décès, démission ou autrement.

Les personnes ainsi nommées en remplacement n'exercent les fonctions qui leur seront confiées que jusqu'à l'époque où auraient cessé les fonctions des personnes remplacées.

19. Dans les trois derniers mois de l'année mil huit cent vingt-deux,

les actionnaires seront réunis en assemblée générale, pour procéder au renouvellement des administrateurs généraux, du caissier général et des administrateurs adjoints.

Tous entreront en exercice le premier janvier mil-huit cent vingt-deux, pour le finir le trente-un décembre mil huit cent trente-un.

Il en sera usé de même pour leur nomination, relativement aux neuf dernières années de la société.

Les administrateurs généraux, le caissier et les administrateurs adjoints dont les fonctions cesseront, pourront être réélus, et concourir aux nominations avec les autres actionnaires.

20. Il sera dressé tous les ans, et dans les trois premiers mois qui suivront l'expiration de chaque année administrative, un compte général des produits et dépenses de l'exploitation.

Ce compte sera présenté et rendu par les administrateurs généraux en exercice, dans une première assemblée générale des actionnaires. Dans cette première assemblée, les actionnaires nommeront trois commissaires pris parmi les actionnaires eux-mêmes, pour procéder à l'examen et à la vérification des comptes présentés et des pièces à l'appui de ces comptes, les débattre, clore et arrêter, et en faire leur rapport à une seconde assemblée générale des actionnaires, à l'effet de statuer et de déterminer le dividende revenant à chaque action.

Toutes ces opérations seront dirigées de manière que l'assemblée générale soit en état de déterminer le dividende revenant à chaque action, dans les trois premiers mois qui suivront l'expiration de chaque année administrative.

21. Si cependant avant la convocation de l'assemblée générale, l'administration reconnaissait que les fonds en caisse sont plus que suffisans pour pourvoir aux besoins de l'exploitation, elle pourra autoriser et régler le paiement d'un dividende provisoire, sans attendre que l'assemblée générale en ait arrêté la répartition.

22. Les assemblées générales seront convoquées par les administrateurs généraux, et toutes les fois qu'ils l'estimeront convenable, par simples placards, affiches, sans autre formalité.

Ces assemblées s'ouvriront sous la présidence provisoire du président de l'administration alors en exercice.

Le secrétaire provisoire sera le plus jeune des administrateurs adjoints en exercice.

L'assemblée ainsi formée, il sera procédé à la nomination d'un président et d'un secrétaire définitifs, choisis tous deux parmi les actionnaires, à la majorité des voix : les délibérations n'y seront prises qu'à la majorité des voix.

23. Pour avoir entrée et voix délibérative aux assemblées générales, il faudra être propriétaire de six actions entières au moins.

Le propriétaire de six actions aura une voix.

Le propriétaire de douze actions entières, et au-dessus, aura deux voix.

Aucun actionnaire ne pourra avoir plus de deux voix, à quelque nombre que se montent ses actions.

Chaque actionnaire ayant entrée et voix délibérative en assemblée générale, pourra se faire représenter par un fondé de pouvoir.

24. Les contestations qui naîtraient entre aucuns des actionnaires et l'administration stipulant pour la société, ou entre la société et les administrateurs généraux pour raison de la gestion de ces derniers, seront jugées souverainement, en premier et dernier ressort, par arbitres nommés à l'amiable ou d'office ; lesquels, en cas de partage d'avis, choisiront un sur-arbitre, sans pouvoir par les parties recourir en appel, ni se pourvoir en cassation.

25. Nul ne pourra provoquer la vente, par licitation, des immeubles de la société pendant sa durée.

26. Comme il est de la prudence de se pourvoir le plus tôt possible des maisons et emplacemens nécessaires à l'exploitation générale des messageries, tant à Paris que dans les départemens, MM. *de Nanteuil* l'aîné, *de Nanteuil de la Norville, Bureau, Cailus, Gevaudan, de Saint-George, Provigny*, administrateurs généraux, sont nommés commissaires, à l'effet d'acquérir ou louer, au nom et pour le compte de la société, les maisons et emplacemens qu'ils croiront propres à l'établissement, tant pour le siége central de l'administration, que pour les bureaux, ateliers, greniers, écuries, magasins, et autres objets de cette nature, qu'ils jugeront nécessaires à l'exploitation. Ils arrêteront les prix de ces acquisitions et des loyers, les termes de paiement, les époques d'entrée en jouissance, et les autres charges, clauses et conditions des acquisitions et locations ; ils feront faire dans les locaux les changemens, distributions et constructions qu'ils estimeront nécessaires à l'exploitation ; ils signeront et arrêteront les traités, devis et marchés à ce relatifs, avec les entrepreneurs et ouvriers. Il ne leur est alloué aucun traitement pour raison de cette mission.

27. Les premiers fonds qu'exigeront ces acquisitions et locations, ainsi que les frais, faux-frais, et déboursés à donner sur simple état signé des administrateurs généraux, qu'auront occasionnés les opérations qui leur sont confiées, article 26 ; ensemble les présentes et les formalités qui en seront la suite, et généralement tous les autres besoins de la société, avant sa mise en activité fixée au vingt-trois septembre mil huit cent treize, seront fournis par les administrateurs généraux, le caissier général, MM. *Dutillet, Lecocq, Chandonné* et *Besson*, tous quatre administrateurs adjoints, ci-devant nommés, et par chacun d'eux, dans les proportions du nombre d'actions prescrit par l'article 17 pour l'occupation de leur place.

Ces fonds seront faits au comptant, et sans exciper aucun délai ; de telle sorte que, si les meubles acquis sont des biens nationaux, il ne pourra être usé que du délai de trois mois donné par la loi pour le premier paiement du prix, sans intérêts, et tous les autres paiemens se feront par anticipation à l'expiration desdits trois mois.

Pourront être admis à contribuer auxdits fonds d'avance, tous soumissionnaires d'actions antérieurement à la mise en activité de la société, à la charge par eux de verser dans la caisse cinq mille francs par chaque action entière soumissionnée.

28. Les loyers, fruits et revenus des immeubles et propriétés qui seront acquis ou loués au nom et pour le compte de la société, antérieurement à sa mise en activité, seront perçus sur les quittances du caissier général, à la poursuite et diligence des administrateurs généraux,

comme si la société était en pleine activité, et ils seront employés aux dépenses premières de la société, avant sa mise en activité : il en sera tenu un compte particulier, qui sera rendu et présenté par les administrateurs généraux aux actionnaires, dans la première assemblée générale.

29. L'intérêt des fonds faits par les administrateurs généraux, le caissier général, les quatre administrateurs adjoints susnommés et les actionnaires soumissionnés, conformément à l'article 27, courra à leur profit, à compter du jour du versement dans la caisse, à raison de six pour cent l'an, sans retenue, attendu qu'il s'agit d'un objet commercial.

A l'expiration de chaque année, la portion qui pourrait rester due de l'intérêt ci-dessus stipulé, sera capitalisée pour être jointe au capital primitif, et produira elle-même intérêt sur le pied de six pour cent, sans retenue, aux termes de l'article 1155 du Code Civil.

30. Seront prises pour comptant dans le paiement des actions dont sont tenus de justifier les administrateurs généraux, le caissier général et les quatre administrateurs adjoints par l'article 17, et des actions soumissionnées, conformément à l'article 27, les sommes qui pourront être dues en principaux et intérêts, pour raison des avances faites avant la mise en activité de la société, par suite de l'article 27 ; desquelles avances les administrateurs généraux, les quatre administrateurs adjoints et les actionnaires soumissionnaires, seront, en tout événement, remplis sur les fonds de la société.

31. Le décès d'aucun des administrateurs généraux, ou du caissier général, ou des administrateurs adjoints, ou même des actionnaires soumissionnaires, avant la mise en activité de la société, ne donnere point ouverture au remboursement des fonds faits alors par le décédé.

Il en sera usé avec sa veuve, ses héritiers et représentans, pour le remboursement desdits fonds en capitaux et intérêts, comme il en aurait été usé avec le décédé lui-même, aux termes des articles 28, 29 et 30 qui précèdent.

Mais lesdits veuve, héritiers et représentans, ne seront point tenus de faire l'avance de nouveaux fonds.

32. Pour accuser l'existence légale de la présente société anonyme, il sera fait par les administrateurs les diligences nécessaires, à l'effet d'obtenir l'autorisation et l'approbation du Gouvernement, et de remplir les autres formalités prescrites par le Code de Commerce

C'est ainsi que le tout a été convenu et arrêté entre les parties, qui, pour l'exécution des présentes, se soumettent à la juridiction des tribunaux de Paris, auxquels lieux nonobstant, promettant, obligeant, renonçant, etc.

Fait et passé à Paris, en la demeure de M. *Bureau*, l'un des comparans, l'an mil huit cent neuf, le vingt-quatre mars ; et ont les parties signé avec lesdits notaires, après lecture faite, la minute des présentes, demeurée audit Me *Colin*, notaire

Enregistré à Paris, le vingt-quatre mars dix huit cent neuf, folio 123, vol. C 7, et folio 124, R C 1, 2 et 3 ; reçu trois francs, et pour le décime, trente centimes, *signé* Viale.

Signé Colin et Piault.

Certifié conforme,

Le Ministre Secrétaire d'État, signé H. B. Duc de Bassano.

13 août 1810.

Décret sur la manière dont il sera procédé dans le cas où des Ballots, Caisses, Malles, Paquets et tous autres objets confiés à des Entrepreneurs de Roulage et de Messageries, n'auront pas été réclamés dans les six mois de l'arrivée à leur destination.

Art. 1. Les ballots, caisses, malles, paquets et tous autres objets qui auraient été confiés, pour être transportés dans l'intérieur de l'empire, à des entrepreneurs, soit de roulage, soit de messageries par terre ou par eau, lorsqu'ils n'auront pas été réclamés dans le délai de six mois, à compter du jour de l'arrivée au lieu de leur destination, seront vendus par voie d'enchère publique, à la diligence de la régie de l'enregistrement, et après l'accomplissement des formalités suivantes.

Obs. Cet article n'est pas seulement applicable aux ballots non réclamés, mais à ceux qui n'ont pu être délivrés par mauvaises adresses. (*V.* l'art. 56 de la Loi du 24 juillet 1793.)

Quant aux caisses ou ballots qui renfermeraient des objets susceptibles d'un prompt dépérissement, tels que des comestibles, etc., il doit être procédé à leur égard dans la forme réglée par l'art. 57 de la Loi du 24 juillet 1793.

2. A l'expiration du délai qui vient d'être fixé, les entrepreneurs de messageries et de roulage devront faire, aux préposés de la régie de l'enregistrement, la déclaration des objets qui se trouveront dans le cas de l'article précédent.

3. Il sera procédé par le juge de paix, en présence des préposés de la régie de l'enregistrement et des entrepreneurs de messageries ou de roulage, à l'ouverture et à l'inventaire des ballots, malles, caisses et paquets.

4. Les préposés de la régie de l'enregistrement seront tenus de faire insérer dans les journaux, un mois avant la vente des objets non réclamés, une note indiquant le jour et l'heure fixés pour cette vente, et contenant en outre les détails propres à ménager aux propriétaires de ces objets la faculté de les reconnaître et de les réclamer.

5. Il sera fait un état séparé du produit de ces ventes, pour le cas où il surviendrait, dans un nouveau délai de deux ans à compter du jour de la vente, quelque réclamation susceptible d'être accueillie.

6. Les préposés de la régie de l'enregistrement et ceux de la régie des droits réunis sont autorisés, tant pour s'assurer de la sincérité des déclarations ci-dessus prescrites que pour y suppléer, à vérifier les registres qui doivent être tenus par les entrepreneurs de messageries ou de roulage.

18 août 1810.

Décret relatif au mode de constater les Contraventions en matière de grande voirie, de poids des Voitures et de police sur le Roulage.

ART. 1. Les préposés aux droits réunis et aux octrois seront à l'avenir appelés , concurremment avec les fonctionnaires publics désignés en l'article 2 de la loi du 29 floréal an X , à constater les contraventions en matière de grande voirie, de poids des voitures et de police sur le roulage.

Obs. 1. L'art. 2 du Décret du 29 floréal an x est ainsi conçu : « Les contraventions seront constatées concurremment par les « maires ou adjoints, les ingénieurs des ponts et chaussées , leurs « conducteurs, les agens de la navigation , les commissaires de « police et par la gendarmerie. A cet effet, ceux des fonctionnaires « publics ci-dessus désignés qui n'ont pas prêté serment en justice, « le prêteront devant le préfet. »

2. Les procès-verbaux des préposés aux droits réunis et aux octrois font, en ce qui concerne ces matières, foi jusqu'à *inscription de faux :* mais il n'en peut être ainsi dans le cas où ils constatent des contraventions à la police du roulage , conformément à ce Décret. Le caractère attribué à ces procès-verbaux par les Lois des 18 septembre 1799 et 22 mars 1805 , ne peut leur être conservé dans une matière *étrangère à ces Lois.* Il nous paraît donc qu'ils peuvent être combattus par toutes preuves contraires.

2. Les préposés ci-dessus désignés , ainsi que les fonctionnaires publics désignés en l'article 2 de la Loi du 29 floréal an x , seront tenus d'affirmer devant le juge de paix les procès-verbaux qu'ils seront dans le cas de rédiger , lesquels ne pourront autrement faire foi et motiver une condamnation.

Obs. 1. Cet article est modifié à l'égard de l'affirmation des procès-verbaux, par le Décret du 16 décembre 1811 , qui porte , article 112 : « A dater de la publication du présent Décret, les « cantonniers, gendarmes, gardes-champêtres , conducteurs des « ponts et chaussées , et autres agens appelés à la surveillance de « la police des routes , pourront affirmer leurs procès-verbaux de « contravention ou de délit *devant le maire* ou *l'adjoint.* » (1)

2. Il n'est point nécessaire, pour la validité des procès-verbaux, que les préposés aux ponts à bascule soient assistés dans leur rédaction (Arrêt du Conseil d'Etat du 22 janvier 1823), ni que ces procès-verbaux soient timbrés et enregistrés. (Arrêt du Conseil d'Etat du 30 décembre 1822.) — La connaissance de toutes les contraventions que constatent ces procès-verbaux est d'ailleurs

____

(1) *V.* un Arrêt de Cassat. inséré sous l'art. 13 de l'Ordonnance du 4 février 1820, qui décide que les procès-verbaux des gendarmes n'ont pas besoin d'être affirmés.

du ressort exclusif de l'autorité administrative (Arrêts du Conseil d'Etat du 17 avril 1822 et 22 janvier 1823) et suivant l'ordre de juridiction établi par l'Ordonnance du 20 novembre 1822.

Il existe cependant un autre Arrêt du Conseil d'État à la date du 5 novembre 1823, qui décide que ces contraventions sont du ressort exclusif des tribunaux correctionnels; mais il ne nous paraît pas devoir faire autorité.

3. Tous les procès-verbaux dont parle cet article, peuvent être combattus par des preuves contraires.

3. L'arrêté du conseil de préfecture de Sambre-et-Meuse, du 5 avril 1810, pris en matière de grande voirie, contradictoirement à un arrêté du préfet du 7 mars, est maintenu.

24 décembre 1814.

Ordonnance du Roi, qui rectifie, à l'égard des Diligences, Messageries, Berlines, etc., l'art. 27 du Décret du 23 juin 1806, concernant le poids des Voitures et la police du Roulage, et renouvelle, en tant que de besoin, les dispositions des Lois, Décrets et Réglemens relatifs aux Voitures publiques.

Louis, etc. Sur le rapport de notre ministre secrétaire-d'état au département de l'intérieur ;

Vu les art. 5, 6, 7 et 27 du Décret du 23 juin 1806, concernant le poids des voitures et la police de roulage ; considérant que, d'après l'art. 7, il est accordé 100 kil. de tolérance sur le poids fixé par l'art. 6 des voitures publiques, diligences, messageries, fourgons, allant en poste ou avec relais et berlines ;

Qu'aux termes de l'art. 5, la tolérance de 200 et de 300 kilogrammes n'est accordée que sur le poids des voitures de roulage, telles que les charrettes et chariots ; — Considérant que le silence de l'art. 7 du décret précité relativement aux voitures publiques et messageries, tendrait à laisser impunies les contraventions desdites voitures, lorsque leur chargement excède. outre le poids fixé par l'art. 6, la tolérance de 100 kil. accordée par l'art. suivant ; — Considérant que toute interprétation à ce sujet serait non-seulement contraire à l'esprit de la loi, mais encore qu'il en résulterait un préjudice incalculable pour la viabilité des routes, et un danger pour la sûreté des voyageurs.

Notre conseil d'état entendu ;

Art. 1. L'art. 27 du Décret du 23 juin 1806, concernant le poids des voitures et la police du roulage, est rectifié, en ce sens que les contraventions des voitures publiques, diligences, messageries, fourgons et berlines seront punies des peines portées audit article, d'un excédant de 100 kil. sur les chargemens fixés par l'art. 6 dudit décret.

Obs. 1. Il résulte de cet article que l'excès de chargement au-delà de la tolérance pour les causes exprimées en l'art. 5 du Décret du 23 juin, doit être puni de la manière suivante.

Avec *voies égales* et bandes de six centimètres, le chargement, compris la tolérance pour les causes exprimées en l'art. 5 du Décret précité, peut être de :

. . . . 2,100 k. (1)	Excès de 20 à 60 myr.	25 fr.
Avec bandes de 7 2,400	Ex. de 60 à 120	50
de 8 2,700	Ex. de 120 à 180	75
de 9 3,000	Ex. de 180 à 240	100
de 10 3,300	Ex. de 240 à 300	150
de 11 3,500	Ex. au-dess. de 300	300

Pour la manière de constater les contraventions, *V.* l'*Obs.* 2 insérée sous l'art. 27 du Décret du 23 juin 1806.

2. Sont et demeurent renouvelées en tant que de besoin les dispositions des lois, décrets et réglemens relatifs aux voitures publiques, et notamment la défense contenue en l'art. 6 du décret du 28 août 1808, d'admettre dans les voitures un plus grand nombre de voyageurs que celui énoncé dans les déclarations, et d'en placer aucun sur l'impériale; ladite défense comprenant même le conducteur, qui ne peut, à cet égard, prétendre aucun droit d'exception; le tout sous les peines portées auxdites lois, décrets et réglemens, et aux anciennes ordonnances.

Obs. Cet article est modifié par l'article 7 de l'Ordonnance du 4 février 1820, quant à la défense faite au conducteur de monter sur l'impériale. *V.* néanmoins sous quelle condition cette faculté lui est accordée.

23 décembre 1816.

Ordonnance du Roi relative à l'établissement des Barrières de dégel.

Louis, etc.

Sur le rapport de notre ministre secrétaire-d'état au département de l'intérieur ;

Vu l'article 6 de la Loi du 29 floréal an x, relative au poids des voitures employées au roulage et messageries ;

Considérant qu'il importe de fixer définitivement le chargement avec lequel ces voitures pourront circuler, en temps de dégel, dans les départemens du nord de notre royaume ;

Nous avons ordonné et ordonnons ce qui suit :

Notre conseil d'état entendu ;

ART. 1. Dans les départemens où il existe des routes pavées, il pourra être établi des barrières de dégel sous l'autorisation de notre directeur général des ponts et chaussées, et de la manière qui sera expliquée ci-après.

2. Aussitôt que le dégel sera déclaré, et que la nécessité d'interrompre la circulation se fera sentir, les ingénieurs en préviendront les sous-préfets, qui ordonneront sur-le-champ la fermeture des barrières. Les arrêtés que prendront, à cet effet, les sous-préfets seront

---

(1) Il faut ajouter 100 autres kilog. de tolérance à chacun de ces chargemens *si les voies sont inégales* (art. 4 et 7 du Décret du 23 juin 1806).

adressés sans délai aux maires des communes riveraines ou traversées par la route, pour être publiés et affichés au lieu le plus apparent.

3. Dès que les arrêtés ordonnant la fermeture des barrières auront été publiés, aucune voiture ne pourra plus sortir de la ville, bourg ou village dans lequel elle se trouvera; les voitures qui seraient en marche pourront toutefois continuer leur route jusqu'à la plus prochaine ville ou au plus prochain village, et seront tenus d'y rester jusqu'à l'ouverture des barrières. Dans le cas, néanmoins, où il ne se trouverait point dans les bourgs et villages d'auberges propres à les recevoir avec leurs attelages, elles pourront poursuivre leur marche jusqu'à la couchée ordinaire, ou tout autre lieu plus voisin qui leur sera désigné par le maire de la commune. Pour n'être point inquiétés dans leur trajet, les propriétaires ou conducteurs de ces voitures prendront un *laissez-passer* du maire; ce *laissez-passer* fera mention du motif qui aura porté à le délivrer, et ne vaudra que pour le même jour.

4. Toute voiture prise en contravention aux dispositions de la présente ordonnance, sera arrêtée, et les chevaux mis en fourrière dans l'auberge la plus prochaine : le tout sans préjudice de l'amende qui pourra être prononcée, conformément à l'article 7.

Obs. V., relativement aux chevaux mis en fourrière, l'*Obs.* insérée sous l'art. 44 du Décret du 23 juin 1806.

5. Pourront circuler sur les routes, pendant la fermeture des barrières de dégel, 1°. les courriers de malle et toutes les voitures qui en font le service; 2°. les voitures de toute espèce non chargées; 3°. les voitures de voyage suspendues, étrangères à toute entreprise publique de messageries; 4°. les voitures publiques destinées au transport des voyageurs, toutes les fois que leur poids n'excède pas la quotité fixée par l'article 6; 5°. toutes voitures attelées d'un ou plusieurs chevaux, pourvu que leur poids n'excède pas celui qui sera fixé ci-après.

6. Le poids des voitures publiques destinées au transport des voyageurs ne pourra être, pendant tout le cours de la fermeture des barrières de dégel, et dans la circonscription marquée par ces barrières, si les voitures sont à deux roues, que de huit cents kilogrammes, et pour les voitures à quatre roues, de dix-huit cents kilogrammes, chargement compris.

Le poids des voitures de roulage et autres non suspendues, allant au pas, pourra être, pour les charrettes, de neuf cents kilogrammes; pour les chariots et voitures à quatre roues, de quinze cents kilogrammes, y compris le chargement.

Les seules voitures chargées seront assujetties à la vérification et au pesage

Il n'est dérogé en rien par la présente aux lois et réglemens sur la largeur des jantes, qui continuera d'être fixée dans les proportions relatives au poids des voitures, conformément au Décret du 23 juin 1806.

7. Les contraventions pour excès de chargement en temps de dégel, dans la circonscription marquée par les barrières, entraînant la dégra-

dation des routes, donneront lieu à l'amende, à titre de dommage, en vertu des articles 4 et 5 de la Loi du 29 floréal an x.

Conformément à ladite loi, elle sera prononcée administrativement par le conseil de préfecture.

Obs. Ces amendes étant infligées à titre de *dommage*, les maîtres-voituriers en sont civilement responsables, dans le cas où la contravention serait imputable à leurs préposés, sauf leur recours contre ceux-ci. (*V.* le Traité de la Responsabilité.)

8. Indépendamment de ladite amende infligée à titre de dommage, le contrevenant sera traduit devant le tribunal de simple police, pour y être puni, s'il y a lieu, conformément à l'article 476 du Code pénal.

9. Les violences exercées contre tout agent de la force publique, ou autre, appelé à constater les contraventions à la police du roulage, seront poursuivies et punies selon qu'il est établi par le Code pénal, art. 230, 231, 232 et 233.

10. L'ordre de rouvrir les barrières sera délivré par le préfet, sur l'attestation de l'ingénieur en chef des ponts-et-chaussées, constatant que les routes sont suffisamment raffermies pour ne plus souffrir de la pression des voitures lourdement chargées.

Le jour déterminé pour cette ouverture, et le lendemain, les voitures ne pourront partir des lieux où elles étaient retenues, que deux à la fois et à une heure d'intervalle. L'ordre à suivre pour le départ sera fixé d'après celui de l'arrivée de chaque voiture, de manière à ce que les premières rendues partent aussi les premières : à cet effet, les propriétaires ou conducteurs de ces voitures devront se transporter à la mairie, pour y faire prendre note de leur arrivée dans la commune, le maire ou son adjoint présidera au départ : en conséquence, les préposés aux barrières de dégel ne laisseront passer, le jour de l'ouverture des barrières et le lendemain, que deux voitures à la fois et à une heure d'intervalle.

11. Le service des barrières de dégel sera fait par ceux des piqueurs des ponts-et-chaussées qui restent sans emploi pendant l'hiver, ou, à leur défaut, par les agens spéciaux désignés par l'ingénieur en chef.

25 mars 1817.

Loi relative au Droit du dixième du prix des places et du prix du transport des marchandises, et au droit fixe annuel imposé sur les Voitures publiques de terre et d'eau.

§. IV.

Des Voitures publiques.

Art. 112. Le droit du dixième du prix des places et du prix reçu pour le transport des marchandises, auquel sont assujettis les Entrepreneurs de voitures publiques de terre et d'eau à service régulier, continuera d'être perçu conformément aux lois en vigueur, sous la déduction, pour les places vides, d'un quart du prix total des places. Seront considérées comme voitures à service régulier, toutes les voitures qui feront le service d'une même route ou d'une ville à une autre, lors même que les jours et heures des départs varieraient.

Obs. Cet article est modifié par l'art. 4 de la Loi du 17 juillet 1819, ainsi conçu : « Le droit du dixième du prix des places, « auquel sont assujetties les voitures publiques de terre et d'eau « *à service régulier,* sera *indistinctement* perçu à l'avenir, « sous la déduction, pour les places vides, *d'un tiers* du prix « total des places, nonobstant les dispositions contraires des « articles 112 et 114 de la Loi du 25 mars 1817, qui sont « abrogés. »

Par ce mot *indistinctement,* il faut entendre sans exception pour les entreprises particulières de voitures à service régulier, chargées du transport des dépêches en vertu de traités avec l'administration des postes, lesquelles entreprises avaient prétendu se soustraire au dixième imposé sur les voitures à service régulier en général. (*V.* les *Obs.* 2 et 3 sous l'art. 68 de la Loi du 9 vendémiaire an VI, et l'art. 75 de la Loi du 5 ventose an XII, p. 22.)

Quant aux voitures à service *non régulier,* c'est-à-dire partant d'occasion ou à volonté, leur taxe est fixée par l'article suivant.

113. Tout Entrepreneur de voitures publiques *suspendues ou non suspendues,* partant d'occasion ou à volonté, sera tenu de payer, chaque année, pour tenir lieu du dixième imposé sur les voitures à service régulier ; savoir :

Pour une voiture
- à 2 roues, à 2 places. . . . . 40 fr.
- à 2 roues, à 4. 70
- à 2 roues, à 6. 90
- à 2 roues, à 8. 120
- à 2 roues, à 9. 140
- à 4 roues, à 4. 80
- à 4 roues, à 6. 100
- à 4 roues, à 8. 130
- à 4 roues, à 9 et au-dessus. 150

Obs. V. les *Obs.* relatives aux voitures partant d'occasion, insérées sous l'art. 70 de la Loi du 9 vendémiaire an VI, et l'*Obs.* 4 sous l'art. 75 de la Loi du 5 ventose an XII.

114. La remise pour places vides, fixée au quart par l'article 112 ci-dessus, sera portée à moitié pour les entreprises particulières de voitures à service régulier qui seront chargées du transport des dépêches, en vertu de traités avec l'administration des postes.

Obs. Cet article est abrogé par l'art. 4 de la Loi du 17 juillet 1819. *V.* cette Loi dans l'*Obs.* sous l'art. 112 ci-dessus.

115. Toute entreprise de Voitures publiques de terre ou d'eau à service régulier pourra désormais être formée ou continuée, moyen-

nant que l'Entrepreneur fasse une déclaration préalable et annuelle, et qu'il se munisse d'une licence, dont le prix est fixé à cinq francs par voiture à quatre roues et par voitures d'eau, et à deux francs par voiture à deux roues. Les Entrepreneurs de voitures partant d'occasion ou à volonté feront la même déclaration, mais sans être tenus au paiement de la licence.

Obs. Les Maîtres de poste, autorisés d'après les Réglemens particuliers à exploiter une chaise ou cabriolet d'occasion pour la commodité des courriers voyageant en poste, doivent se conformer exactement aux formalités et conditions prescrites par cet article, et par les articles 116, 117, 120, sous les peines portées par l'art. 122 de la même Loi. (Arrêt de la Cour de Cassation, du 22 janvier 1820.)

116. La déclaration énoncera l'espèce et le nombre des voitures, le nombre des places dans chaque voiture, dans l'intérieur et à l'extérieur, et, de plus, si l'entreprise est à service régulier, le prix de chaque place, la route que chaque voiture doit parcourir, et les jours et heures des départs.

En cas de variation dans les jours et heures des départs, les Entrepreneurs seront admis à rectifier leur déclaration toutes les fois qu'il sera nécessaire.

Si les voitures doivent faire un service d'occasion, les dernières indications ci-dessus seront remplacées par celle du genre de service auquel elles seront destinées.

Obs. 1. *V.* pour le cas de fausses déclarations, l'art. 72 de la Loi du 9 vendémiaire an VI, et les *Obs.* à la suite.

2. Cette déclaration doit être faite aux préposés de la régie, d'après l'art. 69 de la Loi du 9 vendémiaire an VI.

117. Avant que les voitures ainsi déclarées puissent être mises en circulation, il sera apposé sur chacune d'elles, par les préposés de la régie, et après vérification, une estampille, dont le coût, fixé à deux francs, sera remboursé par les Entrepreneurs. Il sera également délivré, pour chaque voiture, un laissez-passer conforme à la déclaration, dont les conducteurs devront toujours être porteurs.

Les voitures déclarées ne pourront être changées, ni les estampilles placées sur de nouvelles voitures, sans une déclaration préalable, auquel cas il ne sera point dû de nouvelle licence.

Obs. 1. *V.* le Réglement du 21 novembre 1817, qui développe cet article.

2. Il ne suffit pas, pour satisfaire à la première disposition de cet article, que le conducteur d'une voiture soit porteur d'une estampille détachée et mobile : il faut que la voiture en soit revêtue, et que l'estampille soit fixe et fasse corps avec elle. (Arrêt de la Cour de Cassation du 8 janvier 1819.)

3. Le conducteur d'une voiture publique mise en circulation et estampillée, doit encore être toujours porteur du laissez-passer qui lui a été délivré par la régie : l'absence seule de ce laissez-passer

le constitue en contravention. (Arrêt de Cassation des 24 juillet 1818, 11 février 1820, et 10 décembre 1825.)

4. Le laissez-passer doit être applicable à la voiture même qui circule : on n'admettrait pas pour excuse que le prévenu, par une erreur involontaire, aurait pris un laissez-passer pour un autre. Aucune considération, prise de *la bonne foi* du délinquant, ne peut écarter la contravention, et les tribunaux sont tenus dans tous les cas d'appliquer la peine. (Arrêt de Cass. du 13 août 1818.)

5. Si le laissez-passer est pour une voiture suspendue, il ne peut s'appliquer à une voiture appartenant au même maître, qui ne l'est pas. (Arrêt de Cassation des 7, 13 août et 11 septembre 1818.) *V*. l'art. 120 ci-dessous.

6. La disposition de cet article à l'égard du laissez-passer, est une mesure financière ; en conséquence, il n'appartient qu'à l'administration des contributions indirectes de faire constater par les procès-verbaux de ses employés, les contraventions commises en pareille matière : si le procès-verbal constatant cette contravention a été dressé par des gendarmes, il est nul. (Arrêt de Cassation du 26 août 1825.) Il n'en est pas de même de l'estampille, c'est une mesure de police, et tous les officiers de police sont appelés à en constater la contravention. (*V*. sur la force des procès-verbaux de ces derniers l'*Obs*. 1. sous l'art. 13 de l'Ordonnance du 4 février 1820.)

7. Tout conducteur de voiture non muni d'estampille, qui, sur la demande des employés de la régie des droits réunis, refuse de présenter son laissez-passer, est en contravention, et il ne saurait être excusé sur le prétexte que quelques heures plus tard il a offert la représentation de ce laissez-passer. (Arrêt de Cassation du 6 avril 1821.)

8. Tout cabriolet trouvé en circulation, chargé de voyageurs et dépourvu d'estampille, est en contravention : cette contravention ne peut être excusée sur le motif que l'estampille du cabriolet s'était perdue par accident depuis quelques jours, et que le propriétaire du cabriolet s'étant adressé aux préposés de la régie pour en obtenir une nouvelle, ceux-ci lui en avaient refusé, sous le prétexte qu'il n'y en avait point dans le bureau. (Arrêt de Cassation du 6 avril 1822.)

118. Le montant des droits dus par les Entrepreneurs pour les voitures à service régulier, sera établi, pour le dixième du prix des places, d'après la déclaration, et pour le dixième du prix du transport, sur le vu des registres que doivent tenir les Entrepreneurs, et des feuilles remises au conducteur. Le paiement pourra en être exigé tous les dix jours. A l'égard des voitures partant d'occasion ou à volonté, le droit fixe établi par l'article 113 sera exigible par trimestre et d'avance. Il sera toujours dû pour un trimestre entier au moins, à quelque époque que commence ou cesse le service.

119. Il pourra être consenti des abonnemens pour les voitures de terre ou d'eau à service régulier ; ces abonnemens auront pour unique base les recettes présumées de l'entreprise , pour le prix des places et le transport des marchandises.

Obs. V. l'art. 73 de la Loi du 9 vendémiaire an VI.

120. Toute voiture publique qui circulerait sans estampille ou sans laissez-passer, ou avec un laissez-passer qui ne serait pas applicable, sera saisie, ainsi que les chevaux et harnois. En cas de saisie de voitures en route , elles pourront continuer leur voyage, au moyen d'une main-levée qui en sera donnée sous suffisante caution , ou même sous la caution juratoire de l'Entrepreneur ou du conducteur.

Dans aucun cas , les employés ne pourront arrêter les voitures sur les grandes routes , ailleurs qu'aux entrées et sorties des villes ou aux relais. En cas de soupçon de fraude , ils ne pourront faire leur vérification qu'à la première halte.

Obs. V. l'art. 1er du Réglement du 21 novembre 1817.

121. Les Lois et Réglemens actuellement en vigueur, relatifs aux droits sur les Voitures publiques , continueront d'être exécutés en ce qui n'est pas contraire aux dispositions de la présente.

122. Toute contravention aux dispositions du présent paragraphe, ou à celle des Lois et Réglemens confirmés par l'article précédent , sera punie de la confiscation des objets saisis , et d'une amende de cent à mille francs ; en cas de récidive, l'amende sera toujours de cinq cents francs au moins.

Obs. V. à l'égard des procès-verbaux qui peuvent constater la contravention pour défaut de laissez-passer , l'*Obs.* 6. insérée sous l'art. 117 ci-dessus.

13 août 1817.

Ordonnance du Roi relative à l'exécution d'une des dispositions de la Loi du 15 ventose an XIII , concernant l'indemnité à payer par les Entrepreneurs de Voitures publiques aux Maîtres de poste.

Louis, etc. Il nous a été représenté que le sens des expressions *petite* et *grande journée*, employées dans la Loi du 15 ventose an XIII (6 mars 1805), qui détermine les droits respectifs des Maîtres de poste, des Loueurs de chevaux et Entrepreneurs de voitures publiques et Messageries, n'est point fixé, et donne lieu à de nombreuses contestations, sur lesquelles nos cours de justice n'ont pu prononcer uniformément ;

Vu l'article 1 de la Loi du 15 ventose an XIII (6 mars 1805), ainsi conçu :

« Art. 1. A compter du 20 juin prochain, tout Entrepreneur de » Voitures publiques et de Messageries qui ne se servira pas des che- « vaux de la poste , sera tenu de payer, par poste et par cheval attelé à

« chacune de ses voitures, vingt-cinq centimes au maître du relais
« dont il n'emploiera pas les chevaux.

« Sont exceptés de cette disposition les Loueurs allant à *petites jour-*
« *nées* et avec les mêmes chevaux, les voitures de place, allant égale-
« ment avec les mêmes chevaux et partant à volonté, et les voitures
« non suspendues.

« 2. Tous les contrevenans aux dispositions ci-dessus seront pour-
« suivis devant les tribunaux de police correctionnelle, et condamnés
« à une amende de cinq cents francs, dont moitié au profit des Maîtres
« de poste intéressés, et moitié à la disposition de l'administration des
« relais. »

Considérant qu'aucune disposition de cette loi n'ayant déterminé
l'étendue de la distance qui constitue la *petite journée*, il importe de
fixer le nombre des lieues dont elle doit se composer;

Que s'il est juste de conserver aux voyageurs la faculté que la Loi leur
laisse de voyager de toute autre manière qu'en poste, il ne l'est pas
moins de renfermer les Loueurs de chevaux, les Voiturins et les Entrepreneurs de Voitures publiques, dans les limites que les lois leur
prescrivent, sans porter atteinte au libre exercice de leur industrie
conformément à ces lois;

Qu'enfin il importe de fixer la jurisprudence des tribunaux sur le
silence de la loi à ce sujet;

A ces causes, et sur le rapport de notre ministre secrétaire d'état
des finances, avons ordonné et ordonnons ce qui suit :

Art. 1. L'étendue de la distance que l'on peut parcourir dans les
vingt-quatre heures, en marchant à petites journées, est fixée à dix
lieues de poste.

En conséquence, tout Entrepreneur de messageries, Loueur de chevaux et Voiturier qui parcourra dans les vingt-quatre heures *un espace
de plus de dix lieues de poste*, sera réputé marcher à grandes journées,
et, comme tel, obligé de payer aux Maîtres de poste l'indemnité de
vingt-cinq centimes établie par la Loi du 15 ventose an XIII (6 mars
1805), et, en cas de contravention, il encourra la condamnation à
l'amende prononcée par ladite Loi.

Obs. Une voiture est censée voyager à petites journées dans le
sens de cet article, lorsqu'il n'y a pas plus de dix lieues de poste
entre le lieu du départ et le lieu de l'arrivée; peu importe que
dans la même journée la voiture revienne au lieu du départ, et
que le chemin de retour, joint au chemin de l'aller, *excède dix
lieues.* (Arrêt de Cassation du 2 avril 1824.)

(*V.* d'ailleurs les *Obs.* sous l'art. 1 de la Loi du 15 ventose
an XIII.)

21 novembre 1817.

*Réglement pour assurer l'exécution de l'Ordonnance du 13
août 1817, et concernant le certificat de route.*

Art. 1er. Tous Entrepreneurs de Voitures publiques, suspendues
extérieurement ou intérieurement, partant d'occasion ou à volonté,

sera tenu de se munir d'un certificat de route, qui lui sera délivré sans frais et sur l'exhibition du laissez-passer dont il doit être porteur, aux termes des articles 117 et 120 de la Loi du 25 mars 1817, par le Maître de poste du lieu du départ, ou par celui qui en sera le plus voisin, dans le cas où il n'y aurait pas de relais.

Obs. V. les articles 117 et 120 de la Loi du 25 mars 1817.

2. Le Maître de poste ne pourra, sous aucun prétexte, refuser ce certificat sur l'exhibition d'un *laissez-passer.*

3. Tout Entrepreneur de voitures, partant d'occasion ou à volonté, sera tenu de faire viser son certificat de route au premier relais à partir du lieu de départ, comme aussi de le représenter aux Maîtres de poste des routes qu'il parcourra, sur leur simple réquisition; et en cas de refus, il sera censé voyager à grandes journées, et passible des dispositions énoncées dans l'Ordonnance du 13 août dernier.

4. Sont exceptées de cette disposition, les petites voitures faisant habituellement le service des environs des grandes villes, lorsqu'elles ne dépasseront pas leur destination ordinaire, ainsi que celles des Entrepreneurs de messageries qui font *un service régulier.*

4 février 1820.

Ordonnance du Roi contenant des mesures de police relatives aux Propriétaires ou Entrepreneurs de Diligences, de Messageries ou autres Voitures publiques.

Louis, etc.

Sur le rapport de notre ministre secrétaire d'état au département de l'intérieur;

Il nous a été représenté que, depuis quelque temps, les entreprises de Voitures publiques s'étant extrêmement multipliées, les mesures de police ordonnées par le Décret du 28 août 1808, et par notre Ordonnance du 24 décembre 1814, n'ont pas été exécutées avec soin, et qu'il en est résulté des accidens graves et fréquens;

Voulant pourvoir à la sûreté des voyageurs, en prescrivant la stricte exécution des Réglemens existans, et en y ajoutant les mesures dont l'expérience a fait reconnaître l'utilité;

Notre Conseil d'État entendu, nous avons ordonné et ordonnons ce qui suit:

ART. 1er. Les Propriétaires ou Entrepreneurs de Diligences, de Messageries ou autres Voitures publiques allant à destination fixe, se présenteront, dans la quinzaine de la publication de la présente Ordonnance, dans le département de la Seine, devant le préfet de police, et dans les autres départemens, devant les préfets ou sous-préfets, pour faire la déclaration du nombre de places qu'elles contiennent, du lieu de leur destination, du jour et de l'heure de leur départ, de leur arrivée et de leur retour, à peine de l'amende portée à l'art. 3 du titre III de la Loi du 29 août 1790.

Lorsqu'ils augmenteront ou diminueront le nombre de leurs voitures, qu'ils changeront le lieu de leur résidence ou transféreront leur entreprise dans une autre commune, ils en feront également la déclaration. (1)

Obs. 1. *V.* l'art. 3 de la Loi du 29 août 1790.

2. L'article ne fixant aucun délai pour faire la déclaration dans le cas où les entrepreneurs viendraient à changer de résidence, ou transférer leur entreprise dans une autre commune, il faut se reporter à l'art. 3 de la Loi du 29 août 1790, qui décide que la déclaration doit être faite dans les huit premiers jours de chaque année, à peine de cinquante francs d'amende.

3. La déclaration dont parle cet article n'est qu'une simple mesure de police : il ne faut pas la confondre avec la déclaration qui doit être faite à la régie pour le paiement des droits du dixième et qui est réglée par des dispositions particulières. (*V.* à cet égard les articles 69, 70, 71 et 72 de la Loi du 9 vendémiaire an VI, p. 15; les articles 112, 113, 114 et suiv. de la Loi du 25 mars 1817, p. 65, et les articles 74 et 75 de la Loi du 5 ventose an XII, p. 21.

4. Le certificat de la déclaration qui est remis à l'Entrepreneur, doit être visé par le commissaire de police du lieu de l'établissement. (Ordonnance de police du 12 septembre 1816. *V.* l'App.)

2. Aussitôt après ces déclarations, les préfets ou sous-préfets ordonneront la visite desdites voitures par des experts nommés par eux, afin de constater si elles sont entièrement conformes à ce qui est prescrit par la présente Ordonnance, et si elles n'offrent aucun vice susceptible de compromettre la sûreté des voyageurs. Aucune voiture nouvelle ne pourra être mise en circulation avant la décision du préfet, rendue sur le rapport des experts. Celles qui existent cesseront de circuler après la visite qui en sera faite, si elles sont reconnues défectueuses, jusqu'à ce que les défectuosités aient été corrigées, et que le préfet ait levé la défense.

Les Entrepreneurs auront la faculté de nommer de leur côté des experts qui opéreront conjointement avec ceux indiqués ci-dessus. Dans ce cas, les préfets ou sous-préfets prononceront sur les rapports contradictoires des experts respectifs.

Les visites d'experts ne pourront être faites qu'au chef-lieu de chaque établissement de Voitures publiques.

Obs. 1. *V.* l'art. 117 de la Loi du 25 mars 1817, p. 66.

2. A Paris, la visite doit être faite par un commissaire de police, assisté de deux experts nommés par la préfecture de police, et qui opèrent avec ceux qui ont été choisis par l'Entrepreneur. Le procès-verbal des experts est transmis au préfet de police. Il doit être fait en outre, par le commissaire de police du quartier, de fréquentes visites chez les Entrepreneurs pour

---

(1) Ils doivent faire aussi la déclaration en cas de changement dans la destination ou dans la capacité de leur voiture, ou des jour et heure de départ, d'arrivée et de retour. (Ordonnance de police du 12 septembre 1816, explicative de l'art. 3 de la Loi du 29 août 1790.)

assurer l'exécution de l'Ordonnance. (Ordonnance de police du 4 avril 1820. *V.* l'App.)

3. Chaque voiture portera, à l'extérieur, le nom du Propriétaire ou de l'Entrepreneur, et l'estampille prescrite par l'art. 117 de la Loi du 25 mars 1817.

Obs. A Paris l'estampille ne peut être effacée ni changée, sans l'autorisation du préfet de police. (Ordonnance de police du 4 avril 1820. *V.* l'App.) .

4. Elle portera dans l'intérieur l'indication du nombre de places qu'elle contient, ainsi que le numéro et le prix de chaque place, du lieu du départ au lieu de la destination.

5. Les Propriétaires et Entrepreneurs de Voitures publiques tiendront registre du nom des voyageurs qu'ils transporteront.

Ils enregistreront également les ballots, malles et paquets dont le transport leur sera confié ; ils donneront extrait de cet enregistrement aux voyageurs avec le numéro de leur place.

Les registres seront sur papier timbré, cotés et paraphés.

Obs. V. à l'égard de la responsabilité des Entrepreneurs, pour les paquets, ballots, malles, etc., qui sont *enregistrés* ou *non enregistrés,* le Traité de la Responsabilité, liv. V ; et à l'égard des registres, l'*Obs.* sous l'art. 3 du Décret du 1er sept. 1804 , p. 26.

6. Les conducteurs ne pourront prendre en route aucun voyageur, ni recevoir aucun paquet, sans en faire mention sur leur feuille en la forme indiquée par l'article précédent.

Obs. V. à l'égard de la responsabilité des Entrepreneurs, pour les paquets que les conducteurs reçoivent en route, le Traité de la Responsabilité , liv. V.

7. Il est défendu d'admettre dans les voitures un plus grand nombre de voyageurs que celui qui est énoncé dans la déclaration. Le conducteur aura seul la faculté de se placer dans le panier situé sur l'impériale, lorsque cela sera nécessaire pour surveiller le chargement de la voiture. .

Obs. La contravention à cet article doit être punie par l'art. 475 , §. 4, du Code Pénal. (*V.* l'observation insérée sous l'art. 6 du Décret du 28 août 1808.)

8. Le poids des paquets, ballots ou autres fardeaux placés sur l'impériale, pourra être d'autant de fois vingt-cinq kilogrammes qu'il y aura de places dans les voitures à quatre roues ; ce poids sera réduit à dix kilogrammes par place pour les voitures à deux roues. Jamais ces poids ne devront être dépassés.

L'élévation de la charge sera au plus de quarante centimètres sur les voitures à quatre roues, et de vingt-sept centimètres sur les voitures à deux roues.

Obs. 1. *V.* l'art. suivant qui diminue d'un cinquième le poids du chargement des objets placés dans le panier, dans le cas où il y a une banquette d'impériale.

2. La responsabilité des Entrepreneurs . à l'égard des

contraventions commises par leurs préposés, aux mesures de police prescrites par cet article, ne peut être étendue au-delà des limites d'*une responsabilité civile ;* en conséquence, aucune des peines d'amende et d'emprisonnement portées par les art. 475 et 476 du Code Pénal, et encourues par les préposés pour contravention à cet article et à l'art. 10, ne peut être appliquée aux Entrepreneurs eux-mêmes, si d'ailleurs il est établi que ces Entrepreneurs n'ont pris aucune part à la contravention, soit directement, soit indirectement. (Arrêt de Cassation du 18 novembre 1825.) Il existe cependant un Arrêt contraire de la même Cour, à la date du 31 juillet 1825, mais il nous paraît moins conforme aux principes.

3. Cet article ne règle que le poids du chargement de l'impériale ; le poids de la masse totale de la voiture est réglé par l'art. 6 du Décret du 23 juin 1806 ; il faut néanmoins coordonner ces deux articles, de manière que le poids du chargement de l'impériale, joint au poids de la voiture, n'excèdent pas, réunis, les différens modes de pesanteur établis suivant la largeur des bandes, par l'art. 6 du Décret du 23 juin. *V.* les *Obs.* sous cet article et sous l'art. 7 du même Décret.

9. Les voitures seront d'une construction solide, et pourvues de tout ce qui est nécessaire à la sûreté des voyageurs. Elles ne pourront avoir d'autres places extérieures, outre celles du cabriolet, que celles dite *banquettes d'impériale de devant :* ces places n'excéderont pas le nombre de trois. On ne pourra les adapter qu'aux voitures établies d'après le nouveau système avec des ressorts en acier et sans soupentes de cuir. Lorsqu'il y aura une banquette d'impériale, le poids des objets placés dans le panier, conformément à l'article précédent, sera diminué d'un cinquième. Toutes places d'impériale, autres que celles indiquées au présent article et dans l'article 7, sont rigoureusement défendues.

Les places de galeries situées derrière la caisse et au même niveau qu'elle, ne sont point considérées comme places extérieures, même quand elles ne sont fermées que par des rideaux.

Les voitures auront au moins un mètre soixante-deux centimètres de voie entre les jantes de la partie des roues passant sur le sol. La voie des roues de devant ne pourra être moindre d'un mètre cinquante-neuf centimètres.

Les essieux seront en fer corroyé, et fermés, à chaque extrémité, d'un écrou assujetti au moyen d'une clavette.

Obs. 1. Le droit du dixième du prix des places des voitures publiques, non exigible sur les places d'impériale, aux termes de l'art. 68 de la Loi du 9 vendémiaire an VI, ne peut être exigé sur les places dites banquettes de l'impériale, établies par cet article. (Arrêt de Cassation du 13 août 1820.)

2. La contravention relative au nombre de places sur l'impériale doit être jugée administrativement. (*V.* le *nota* qui suit

l'Ordonnance du 22 novembre 1820, p. 76; et celle du 15 mai 1822, p. 79.)

3. Des experts assistés d'un commissaire de police doivent faire, au moins quatre fois par an, la visite des voitures publiques : le commissaire de police peut interdire provisoirement l'usage des voitures reconnues hors d'état de service, et en rendre compte dans les vingt-quatre heures au préfet de police. (Ordonnance de police du 12 septembre 1816. *V*. l'App.)

4. Quoique cet article donne le droit de tenir la voie de devant moins large que celle de derrière, les jantes de devant et de derrière doivent toujours être *de la même largeur;* si elles sont établies de largeur inégale, le chargement ne peut être au-dessus du poids déterminé sur la dimension des jantes les plus étroites, d'après le tarif inséré dans l'art. 6 du Décret du 23 juin 1806, p. 35, et l'Ordonnance du 20 juin 1821, p. 77.

10. Les Propriétaires ou les Entrepreneurs sont garans de tous les accidens qui pourraient arriver par leur négligence.

La conduite des voitures ne pourra être confiée qu'à des hommes pourvus de livrets. (1)

Elles seront dirigées par deux postillons ou par un cocher et un postillon, toutes les fois qu'elles seront attelées de plus de cinq chevaux, ou de cinq chevaux dont le cinquième en arbalète.

Les voitures seront enrayées toutes les fois qu'elles parcourront une descente rapide. Le sabot d'enrayage sera placé par le conducteur. Les postillons ne pourront, sous aucun prétexte, descendre de leurs chevaux.

Il leur est expressément défendu de conduire les voitures au galop sur les routes, et autrement qu'au petit trot dans les villes ou communes rurales, et au pas dans les rues étroites.

Obs. 1. Les contraventions à cet article sont punies par les art. 475 et 476 du Code Pénal. (*V*. l'ext. du Code Pénal, liv. VI.)

2. Toutes les fois qu'il y a plus de cinq chevaux attelés à une voiture publique, *lors même qu'ils ne seraient attelés que sur deux files*, la voiture doit être dirigée par deux postillons. (Arrêt de Cassation du 13 décembre 1825.)

3. Quant à la garantie des Entrepreneurs à l'égard des contraventions aux §. 3 et 4 de cet art., commises par leurs préposés, elle ne doit point être étendue au-delà des limites d'*une responsabilité civile :* en conséquence, aucune peine d'amende ou d'emprisonnement encourue par les préposés, ne peut être appliquée aux maîtres comme responsables des accidens. (Arrêt de Cassation du 18 novembre 1825.) Ils ne peuvent être passibles que de dommages-intérêts proportionnés au préjudice causé. (*V*. l'*Obs.* 2 sous l'art. 8.)

---

(1) Ces livrets sont délivrés, à Paris, par le préfet de police, et, dans les autres départemens, par les préfets et sous-préfets. (*V*. l'App. Ordonnance du 14 janvier 1805, art. 14.)

4. Lorsqu'un accident dommageable est causé par la rivalité des postillons de deux diligences qui cherchaient à se dépasser, la responsabilité pèse également sur les Entrepreneurs des deux diligences, sans qu'il y ait lieu d'examiner si l'un des deux postillons a été la première cause de l'accident. (Arrêt de la Cour Royale de Rouen du 21 février 1821.) *V.* au surplus le Traité de la Responsabilité, liv. V.

5. Le conducteur doit être âgé de dix-huit ans au moins, à peine, contre les contrevenans, de trois cents francs d'amende, et d'être responsables. (Ordonnances de police des 12 avril 1779 et 14 janvier 1805, art. 14, App.)

11. Les employés aux ponts à bascule, soit aux barrières de Paris, soit ailleurs, seront tenus, sous peine de destitution, de peser, au moins une fois par trimestre, une des Voitures publiques par chaque route desservie, pour assurer l'exécution de l'article 6 du Décret du 23 juin 1806, et d'en justifier auprès des fonctionnaires désignés en l'art. 1er, qui en rendront compte à nos ministres de l'intérieur et des finances.

En cas de contravention, ils en dresseront procès-verbal, et il y sera statué par le maire du lieu où le procès-verbal aura été dressé, et à Paris, par le préfet de police, conformément aux Titres VII, VIII et IX du même Décret du 23 juin.

Obs. 1. *V.* les articles 6, 27 et 33 du Décret du 23 juin 1806.

2. *V.* relativement aux procès-verbaux, les observations sous l'art. 1er et 2 du Décret du 18 août 1810.

12. Conformément aux dispositions contenues dans l'art. 16 du Décret du 28 août 1808, les rouliers, voituriers, charretiers, continueront à être tenus de céder la moitié du pavé aux voitures des voyageurs, à peine de cinquante francs d'amende, et du double en cas de récidive, sans préjudice des peines personnelles portées aux Réglemens de police. Les conducteurs des diligences et postillons feront, en cas de contravention, leurs déclarations à l'officier de police du lieu le plus voisin, en faisant connaître le nom du roulier ou du voiturier d'après la plaque ; et nos procureurs généraux, sur l'envoi des procès-verbaux, seront tenus de poursuivre les délinquans.

Obs. Cet article, en ce qui concerne la quotité de l'amende, est modifié par l'art. 1er de l'Ordonnance du 15 mai 1822. *V.* p. 79.

13. Les maires et adjoints, la gendarmerie et tous les officiers de police sont chargés spécialement de veiller à l'exécution de la présente Ordonnance, de constater les contraventions et d'exercer les poursuites nécessaires à leur répression.

Obs. 1. Les procès-verbaux dressés par les maires pour contraventions prévues par ladite Loi, ne font pas foi jusqu'à inscription de faux : ainsi les conducteurs ou voituriers peuvent être admis à prouver par témoins contre les faits consignés dans ces procès-verbaux; il en est de même des procès-verbaux dressés par les commissaires de police, compris sous la désignation d'*officiers de police* (Arrêt de la Cour de Cassation du 26 août 1825); mais il est à remarquer que la *simple dénégation* du prévenu sur les faits à lui imputés, ne suffit pas pour détruire la foi due à ces procès-verbaux; il faut que la preuve des faits contraires à ceux consignés soit administrée. (Arrêt de Cassation du 21 décembre 1809.)

2. L'art. 1er du Décret du 18 août 1810, p. 60, porte que les préposés aux droits réunis et aux octrois, les conducteurs des ponts-et-chaussées, sont, conjointement avec les autres officiers de police, appelés à constater les contraventions en matière de grande voirie et de ponts à bascule. (*V*. l'*Obs*. 2 sous cet art.)

3. Tout gendarme de service a qualité pour dresser procès-verbal des contraventions aux réglemens sur le chargement des voitures publiques; mais ce procès-verbal, à la différence de ceux des maires, commissaires de police et même officiers de gendarmerie, ne fait pas foi *jusqu'à preuve contraire;* il ne peut être considéré que comme simple renseignement, et ne suffit point par lui-même pour motiver une condamnation. (Arrêt de Cass. du 3 février 1820.) La Loi du 28 germinal an vi, et l'Ordonnance du 29 octobre 1820, sur le service de la gendarmerie, n'ayant d'ailleurs prescrit aucune forme pour la régularité des procès-verbaux dressés par les gendarmes, ces procès-verbaux ne peuvent, sous le prétexte d'omission de forme (par exemple du défaut d'affirmation devant le maire ou l'adjoint), être déclarés nuls. (Arrêts de Cassation du 11 mars et du 8 avril 1825.)

14. Les Réglemens existans (1) continueront d'être exécutés en tout ce qui n'est pas contraire à la présente Ordonnance, qui sera insérée au Bulletin des Lois, et affichée dans tous les chefs-lieux et bureaux de Voitures publiques.

22 novembre 1820.

Ordonnance du Roi portant que les contraventions au Réglement du 23 juin 1806, concernant le poids des Voitures et la police du Roulage, doivent être jugées par les Conseils de préfecture.

Louis, etc.; sur le compte qui nous a été rendu des doutes élevés sur le sens de l'art. 38 du Décret du 23 juin 1806, portant réglement

---

(1) L'art. 30 de la Loi du 13 fructidor an v porte ce qui suit :

« Tout voyageur ou conducteur de voitures qui transportera plus de cinq kilogrammes (ou dix livres un quart) de poudre sans pouvoir justifier leur destination par un passe-port de l'autorité compétente, revêtu du visa de la municipalité du lieu du départ, sera arrêté et condamné à une amende de 20 francs 44 cent. par kilog. de saisie (ou 10 fr. par livre), avec confiscation de la poudre et des chevaux et voitures; mais si le conducteur n'a pas eu connaissance de la nature du chargement, il aura son recours contre le chargeur qui l'aurait trompé, et qui sera tenu de l'indemniser.

sur la police du roulage relatif à la nature du jugement sommaire que cet article charge les maires de prononcer sans frais et sans formalité ;

Considérant que cet article n'a pu vouloir donner aux maires une juridiction administrative, en matière de grande voirie, laquelle leur est étrangère ; qu'il n'a entendu les charger que d'un article d'exécution provisoire, à l'effet de pourvoir à la consignation de l'amende sur laquelle il appartient au conseil de préfecture, en vertu de ses attributions légales, de statuer, soit que le contrevenant exerce devant ce conseil le recours qui lui est réservé par ledit article, soit qu'il ne réclame pas ;

Voulant régler pour l'avenir par une disposition générale la marche à suivre sur l'application dudit article ;

Sur le rapport de notre ministre secrétaire d'état de l'intérieur ;

Notre Conseil d'État entendu, nous avons ordonné et ordonnons ce qui suit :

ART. 1. Toutes contraventions au Réglement du 23 juin 1806, concernant le poids des voitures et la police du roulage, doivent être dénoncées dans notre bonne ville de Paris, au préfet de police, et dans les autres communes du royaume, aux maires ; lesquels rendront sans frais et sans formalité une décision provisoirement exécutoire, et feront, s'il y a lieu, consigner l'amende encourue.

2. Il sera statué ultérieurement sur toutes lesdites contraventions par le conseil de préfecture du département, soit que les contrevenans exerceront ou n'en exerceront pas leur recours.

Nota. En vertu de cette Ordonnance, et indépendamment des cas prévus par l'art. 475 du Code Pénal, la surcharge des impériales, l'admission des voyageurs sur ces impériales contre les défenses expresses qui existent à cet égard, doivent être assimilés aux excès de chargement et autres contraventions qui doivent être jugées administrativement, en exécution de la Loi du 29 floréal an x et 23 juin 1806. (Avis du ministre de la justice, adopté par Arr. du Cons. d'Etat du 17 avril 1822.)

V., au surplus, le *nota* qui suit l'Ordonnance du 20 novembre 1822.

20 juin 1821.

Ordonnance du Roi relative au chargement des Voitures qui parcourent les Routes sur des roues dont les jantes seraient de largeur inégale.

LOUIS, etc. Sur le rapport de notre ministre secrétaire d'état de l'intérieur ;

Vu la Loi du 27 février 1804 (7 ventose an XII), la Loi du 19 mai 1802 (29 floréal an x), et le Décret du 23 juin 1806, qui ont réglé tant la largeur des jantes de roues que le chargement des voitures de roulage et des voitures publiques parcourant les routes, et autorisent la circulation des voitures à quatre roues, qui auraient des voies inégales, c'est-à-dire, dont la longueur de l'essieu de derrière excéderait celle de l'essieu de devant :

Vu notre Ordonnance du 4 février 1820, qui a déterminé ces voies ;

Considérant que cette différence dans la largeur des voies a servi de prétexte pour en établir une entre la largeur des jantes des roues de devant et la largeur des roues de derrière, et éluder ainsi les dispositions des Lois et Réglemens sur la police du roulage ;

Voulant prévenir les difficultés qui s'élèveraient relativement aux moyens de constater les contraventions résultant de l'emploi des roues à jantes inégales, et à l'application des peines encourues à raison de ces contraventions ;

Notre Conseil d'Etat entendu, nous avons ordonné et ordonnons ce qui suit :

Art. 1. Le chargement de toute voiture parcourant les routes sur des roues dont les jantes seraient de largeur inégale, ne pourra être au-dessus du poids déterminé sur la dimension des jantes les plus étroites par le tarif inséré dans le Décret du 23 juin 1806.

En conséquence, l'excédant de ce poids sera réputé surcharge, et les contrevenans seront passibles des amendes prononcées, pour excès de chargement, par la Loi du 19 mai 1802 (29 floréal an x) et par ledit Décret.

Obs. V. les observations insérées sous les art. 4 et 27 du Décret du 23 juin 1806.

17 avril 1822.

Ordonnance du Roi portant que les propriétaires de Voitures sont tenus, avant de commencer leur voyage, de déclarer s'ils veulent faire peser leurs Voitures, à peine de contravention dans le cas de surcharge.

Louis, etc., sur le rapport du comité du contentieux ;

Vu le pourvoi élevé par notre ministre de l'intérieur contre un Arrêté du conseil de préfecture du département de la Seine, du 9 mars 1821, qui déclare que le sieur *Jacques Chaland*, surpris en contravention aux Lois et Réglemens sur la police du roulage, pour excès de chargement, n'est pas passible d'amende ; ledit pourvoi enregistré au secrétariat général de notre Conseil d'Etat, le 5 décembre 1821, et tendant à l'annulation dudit Arrêté ;

Vu le mémoire en défense pour le sieur *Chaland*, voiturier, demeurant à Paris, rue Saint-Dominique au Gros-Caillou, n° 36 ; ledit mémoire enregistré audit secrétariat général, le 17 janvier 1822, et tendant à ce que, sans nous arrêter à l'appel interjeté par notredit ministre, lequel appel demeurera comme non avenu, il nous plaise confirmer l'Arrêté attaqué, et ordonner en conséquence qu'il recevra son exécution pleine et entière ;

Vu la lettre du préfet de police du département de la Seine, du 5 septembre 1821, contenant des observations sur l'objet de la contestation ;

Vu l'Arrêté attaqué du conseil de préfecture du département de la Seine, du 9 mars 1821. qui tend à établir que, lorsqu'un voiturier passe devant un pont à bascule, avant de commencer son voyage, on doit supposer qu'il a l'intention de vérifier le poids de sa voiture, pour éviter de s'exposer à la contravention ; que d'ailleurs c'est au préposé à avertir le conducteur de la faculté qui lui est accordée de faire vérifier son chargement, et que s'il ne le fait pas, le voiturier ne peut être en faute; qu'enfin, n'ayant pas encore emprunté la route, il ne l'a point dégradée, et ne peut être passible d'aucun dommage; que seulement il doit décharger l'excédant, s'il y en a, et payer au préposé la rétribution qui lui est allouée pour le pesage;

Vu la Loi du 29 floréal an x, celle du 7 ventose an xii, et le Décret du 23 juin 1806;

Vu toutes les pièces produites;

Considérant que c'est aux propriétaires de voitures et aux rouliers à déclarer s'ils veulent user de la faculté qui leur est réservée par l'art. 12 du Décret du 23 juin 1806, de faire peser leurs voitures avant de commencer un voyage; que les préposés n'ont point été assujettis à les avertir des précautions qu'ils doivent prendre en ce cas, et qu'en effet, quand une voiture passe devant un pont à bascule, le préposé ignore si c'est le commencement ou la continuation d'un voyage;

Considérant que les amendes fixées par ledit Décret sont encourues par le seul fait de la surcharge, sans qu'il soit nécessaire de faire constater si cette surcharge a plus ou moins dégradé la route; qu'aux termes dudit Décret il est expressément question d'amendes, et non de réparations de dommage;

Considérant que le pavé des villes, dans le prolongement des routes, fait essentiellement partie desdites routes, et est compris au budget des ponts et chaussées; qu'ainsi l'on ne peut pas dire qu'une route commence au pont à bascule qui serait placé à la barrière d'une ville; que d'ailleurs beaucoup de villes n'ont pas même de pont à bascule;

Considérant que le conseil de préfecture du département de la Seine a méconnu ces principes dans son Arrêté du 9 mars 1821;

Dans l'espèce, considérant que le sieur *Chaland* a agi de bonne foi; qu'il ne fait pas profession de roulage, et qu'il est dans un état constaté d'indigence;

Notre Conseil d'Etat entendu, nous avons ordonné et ordonnons ce qui suit:

Art. 1. L'Arrêté du conseil de préfecture du département de la Seine, du 9 mars 1821, est annulé.

2. L'amende encourue par le sieur *Chaland* est modérée à un franc.

15 mai 1822.

Ordonnance du Roi portant que la peine déterminée par l'article 475 du Code Pénal sera appliquée aux Voituriers et Charretiers contrevenant aux dispositions du troisième paragraphe de cet article.

Louis, etc.

Art. 1. La peine déterminée par l'art. 475 du Code Pénal sera appliquée aux Voituriers et Charretiers contrevenant aux dispositions du troisième paragraphe de cet article: en conséquence, l'art. 12 de notre Ordonnance du 4 février 1820, en ce qui concerne la quotité de l'amende, est rapporté.

Nota. Quoique la connaissance des contraventions en matière de police de roulage soit en général de la compétence des Conseils de Préfecture, cependant, lorsque la peine à infliger n'est plus une simple amende, mais un emprisonnement, le droit de prononcer n'appartient plus à l'autorité administrative. « Lorsqu'une contravention aux Lois de grande voirie, dit M. Merlin, emporte à la fois une amende et un emprisonnement, le Conseil de Préfecture ne peut prononcer que la première de ces peines, et il doit, pour l'application de la seconde, renvoyer devant le tribunal correctionnel (ou de police). Le Conseil d'État l'a ainsi décidé par Arrêt du 21 mars 1807. »

Si donc un Conseil de Préfecture jugeait une contravention de cette nature assez grave pour être punie, non seulement de l'amende portée par l'art. 475 du Code Pénal, mais encore de l'emprisonnement prononcé par l'art. 476 du même Code, il devrait s'abstenir d'appliquer cette seconde peine, car il violerait ouvertement sa compétence. (*V.*, au surplus, l'art. 8 de l'Ordonnance du 23 décembre 1816, qui confirme la doctrine ci-dessus établie.)

11 septembre 1822.

Ordonnance du Roi qui détermine d'une manière précise ce qu'on doit entendre par les expressions de Voitures *non suspendues, dont il est question dans l'article 1ᵉʳ de la Loi du 15 ventose an XIII (6 mars 1805).*

Louis, etc.

Il nous a été représenté que le deuxième paragraphe de l'article 1ᵉʳ de la Loi du 5 ventose an XIII (6 mars 1805), qui exempte du paiement de l'indemnité de vingt-cinq centimes les voitures non suspendues, n'ayant pas déterminé d'une manière assez précise le cas auquel cette exemption est applicable, donnait lieu à de nombreuses contestations ;

Vu l'article 1ᵉʳ de la Loi du 15 ventose an XIII (6 mars 1805), ainsi conçu :

Art. 1. « A compter du 20 juin prochain, tout Entrepreneur de voi-« tures publiques et de messageries, qui ne se servira pas de chevaux de « poste, sera tenu de payer, par poste et par cheval attelé à chacune de « ses voitures, vingt-cinq centimes au maître du relais dont il n'em-« ploiera pas les chevaux.

« Sont exceptés de cette disposition les Loueurs allant à petites jour-« nées et avec les mêmes chevaux et partant à volonté, et les voitures « non suspendues. »

Vu les arrêtés contradictoires rendus par nos cours de justice sur cette matière ; voulant faire cesser toute incertitude sur ce qui caractérise la *non suspension* des voitures publiques, et faciliter l'exécution de la loi ;

Sur le rapport de notre ministre secrétaire d'état des finances, notre Conseil d'État entendu, nous avons ordonné et ordonnons ce qui suit :

Art. 1. Par voitures *non suspendues*, on doit entendre celles dont la caisse est entièrement adhérente au train et au brancard, et n'est susceptible d'aucun jeu ni balancement.

2. Toute voiture publique dont la caisse sera supportée par des soupentes en cuir, fer, bois ou toute autre matière disposée de façon à rendre ladite caisse isolée ou détachée de son train ou brancard, ou *qui recevra du jeu ou du balancement par un moyen quelconque*, doit être considérée comme suspendue, et, par conséquent, assujettie au droit de vingt-cinq centimes établi en faveur des Maîtres de poste, par la Loi du 15 ventose an XIII (6 mars 1805).

Obs. Les voitures dont les siéges sont suspendus par des cuirs ou courroies, sont des voitures suspendues dans le sens de cet article. (*V*. l'art. 6 du Décret du 6 juillet 1806.)

20 novembre 1822.

Ordonnance du Roi portant que les contraventions en matière de police de Roulage doivent être jugées administrativement aux termes de l'art. 38 du Décret du 23 juin 1806.

Louis, etc.
Sur le rapport du comité du contentieux ;
Vu les procès-verbaux dressés les 15, 18, 20, 27 et 30 avril, 2 et 13 mai 1820, par le préposé du pont à bascule de Châteauroux, département de l'Indre, contre divers individus dont les voitures ont été rencontrées sur les routes royales nᵒˢ 23 et 171, sans être munies, conformément à l'article 34 du Décret du 23 juin 1806, d'une plaque indicative des noms, prénoms et domicile des propriétaires ;

. . . .

Considérant qu'aux termes de l'article 38 du Décret du 23 juin 1806, toutes contestations qui pourraient s'élever sur l'exécution dudit Décret, et notamment sur le poids des voitures, sur l'amende et sa quotité, seront portées devant le maire de la commune, et par lui jugées sommairement et sans frais ; que ces décisions seront exécutées provisoirement, sauf le recours au Conseil de préfecture, comme pour les matières de voirie, selon la Loi du 29 floréal an x ;

Considérant qu'il résulte de ces dispositions, que la répression des contraventions dont il s'agit aurait dû être jugée administrativement, et qu'ainsi le tribunal de Châteauroux s'est, avec raison, déclaré incompétent pour en connaître ; notre Conseil d'État entendu, nous avons ordonné et ordonnons ce qui suit :

ART. 1. L'Arrêté du Conseil de préfecture du département de l'Indre, du 16 août 1820, est annulé.

2. Le préfet du département de l'Indre continuera les poursuites commencées contre les contrevenans, en observant les formes prescrites par l'article 38 du Décret du 23 juin 1806.

Nota. M. Macarel, dans son Recueil des Arrêts du Conseil d'Etat, s'exprime ainsi, sur l'ordre des juridictions résultant de cette Ordonnance : « Le maire, dit-il, est le premier juge qu'il

6

faut saisir ; le Conseil de préfecture est le second ; le Conseil d'Etat est le dernier. Si les poursuites de cette nature sont portées *de plano* devant le Conseil de préfecture, il doit repousser la cause et les parties. »

9 juillet 1823.

Ordonnance du Roi, qui fixe le délai pour former opposition aux Jugemens non contradictoires des Conseils de préfecture, en matière de Roulage.

Louis, etc.

. . . .

Vu l'article 162 du Code de Procédure civile ;

Considérant que les Lois et Réglemens sur la police du roulage n'ont point fixé de délai pour l'opposition aux jugemens non contradictoires rendus en cette matière par les Conseils de préfecture ;

Considérant que le délai ordinaire de huitaine n'est pas applicable à des rouliers et conducteurs que leur état éloigne rapidement du lieu de la contravention et dont le domicile réel en est souvent aussi à une grande distance ;

Sur le rapport de notre ministre et secrétaire d'état au département de l'intérieur ; notre Conseil d'État entendu, nous avons ordonné et ordonnons ce qui suit :

Art. 1. Le délai pour former opposition aux jugemens non contradictoires des Conseils de préfecture en matière de roulage, sera de trois mois, à dater de la signification qui sera faite, à la diligence du préfet, au domicile du roulier ou conducteur saisi en contravention.

FIN DU LIVRE PREMIER.

APPENDICE DU LIVRE PREMIER.

ORDONNANCES, ARRÊTÉS ET RÉGLEMENS DE POLICE, CONCERNANT LES VOITURIERS PAR TERRE. (1)

1er juillet 1774.

Ordonnance de police concernant les Carrosses de place.

ART. 2. Enjoignons aux cochers qui conduisent lesdits carrosses de se comporter honnêtement, et de ne les exposer que dans les places, carrefours et rues marqués à cet effet, et non ailleurs, et de s'y tenir en leurs siéges bien rangés, en état de marcher lorsqu'ils en seront requis, de laisser le passage libre entre les maisons et les carrosses pour la commodité des gens de pied, et de mettre leurs carrosses à une distance convenable les uns des autres, en sorte qu'on puisse aisément passer, et que l'accès des maisons soit libre, ainsi que celui des boutiques ; leur défendons de s'y mettre à double rang, ni en plus grand nombre que celui prescrit par les arrêts, à peine de prison et de plus grande peine s'il y échoit.

Obs. Contravention punie par l'art. 471 , §. 4.

3. Leur défendons pareillement de se tenir dans les rues voisines (des places marquées), et notamment dans les rues qui sont aux environs de spectacles ; comme aussi d'aller au-devant de ceux qui leur demandent des carrosses, pour les exciter à les préférer à d'autres.

Obs. V. l'observation sous l'art. 2.

4. Leur enjoignons, *lorsque leurs carrosses sont exposés sur les places à ce destinées*, de mener et conduire ceux qui se proposeront les premiers, en leur payant (*V.* ci-après l'Ordonnance du 29 novembre 1825, contenant le tarif) . . . . . sans que, sous quelque prétexte que ce soit, ils puissent exiger davantage ; à peine d'amende et de prison contre les cochers, de laquelle amende les maîtres sont civilement responsables, et pourront être poursuivis après que les cochers auront été emprisonnés ou exécutés en leurs meubles, sur l'indication du nom et de la demeure desdits cochers, que les maîtres auront faite au receveur des amendes, et de plus grande peine s'il y échoit.

6. Et d'autant qu'il arrive souvent que lesdits cochers, pour s'exempter de servir et mener ceux qui se présentent les premiers pour les

------

(1) *V.* Liv. VI , l'Extrait du Code Pénal. art. 484.

louer, allèguent faussement qu'ils sont loués, par des gens qu'ils attirent pour cet effet, nous faisons défenses auxdits cochers de se servir de pareils prétextes, et de se tenir dans les places ni aux environs après qu'ils auront été loués, à peine de 5o fr. d'amende et de prison contre lesdits cochers, de laquelle amende les maîtres de carrosses seront responsables civilement comme dessus.

8. Défendons à tous loueurs de carrosses de confier la conduite d'iceux à d'autres qu'à des cochers qui aient acquis au moins l'âge de dix-huit à vingt ans, qui aient la force et l'expérience requises, sous peine de 3oo fr. d'amende, et d'être civilement responsables des torts et accidens qu'ils pourraient causer, et contre les cochers au-dessous de cet âge de dix-huit ans, de punition exemplaire.

9. Faisons pareillement défenses auxdits cochers de substituer en leur place d'autres cochers, sous prétexte de leur montrer à mener les chevaux, sous peine de prison et de punition exemplaire.

10. Et, pour engager davantage les cochers à servir le public et leurs maîtres avec la fidélité qu'ils leur doivent, faisons défenses à tous loueurs de carrosses de se servir d'aucuns cochers qui auront été condamnés à l'amende, ou mis en prison, ou contre lesquels il y aura eu de justes plaintes, à peine de 5o fr. d'amende pour la première fois, et de plus grande peine en cas de récidive. Défendons aux cochers qui se trouveront dans les cas énoncés au présent article, de se tenir sur lesdites places, à peine d'être réputés comme vagabonds et gens sans aveu ; pourront même lesdits cochers être emprisonnés en cas de contravention.

11. Défendons à tous cochers de place qui ne seront point employés par les propriétaires du privilége, ou par les loueurs de carrosses qui sont en leurs droits, et à toutes personnes de se tenir sur les places et endroits où sont exposés lesdits carrosses pour s'ingérer d'en procurer le louage, ni de s'entremettre à cet effet en quelque sorte et de quelque manière que ce soit, à peine de 1oo fr. d'amende, et de punition exemplaire s'il y échoit.

18. Faisons défenses à toutes personnes. . . . . de se servir des carrosses d'autorité et par violence, de maltraiter les cochers en aucune sorte, ni de monter plus de personnes que la voiture n'en peut contenir, ni sur leurs siéges pour mener lesdits carrosses, à peine de 1oo fr. d'amende, et de plus grande peine s'il y échoit.

19 Défendons pareillement aux cochers d'agir de menaces ni de voies de fait pour faire descendre ceux qui pourraient être dans lesdits carrosses, à peine de 3oo fr. d'amende et de punition exemplaire.

22. Attendu qu'il y a des cochers qui insultent, menacent et maltraitent leurs maîtres et retiennent l'argent de leursdits maîtres, faisons défenses à tous loueurs de carrosses d'employer aucuns cochers sans le consentement par écrit des maîtres d'où ils seront sortis, à peine de 1oo fr. d'amende ; faisons, par conséquent, défenses aux loueurs de carrosses de débaucher les cochers qui seront en condition pour les employer chez eux, sous les mêmes peines que dessus.

3o mars 1787.

Ordonnance de police concernant les Cochers de place et les Cochers de remise, confirmée par Arrêt du Parlement du 17 juillet suivant.

Art. 3. Aucun cocher ne pourra, sous peine de prison, quitter le loueur de carrosses au service duquel il sera, qu'après l'avoir averti trois jours avant sa sortie, duquel avertissement le loueur de carrosses sera tenu de faire mention sur le livret dudit cocher, en sa présence ; et, lors de sa sortie, le loueur de carrosses sera pareillement tenu de certifier, à la suite de ladite mention, que ledit cocher a observé ledit délai, et de déclarer s'il a été satisfait ou non de sa conduite.

6. Faisons défenses à tous cochers de se liguer pour quitter en même temps le loueur au service duquel ils seront, sous peine de prison. Ne pourront en aucun cas les loueurs être tenus d'accepter, dans la même semaine, les congés de plus de moitié du nombre des cochers qu'ils emploieront, sauf aux autres cochers à faire accepter leurs congés dans la semaine suivante.

Obs. La coalition, de la part des cochers, serait aujourd'hui punie d'un emprisonnement d'un mois au moins et de trois mois au plus, aux termes de l'art. 415 du Code Pénal : les chefs ou moteurs seraient punis d'un emprisonnement de deux ans à cinq ans.

3 novembre 1800. (11 vendémiaire an ix.)

Ordonnance de police concernant les Carrosses de place.

§. I. Des Loueurs de Carrosses sur place.

Art. 2. Tout loueur de carrosses de place convaincu d'avoir omis de faire la déclaration de ses carrosses (à la préfecture de police), ou d'en avoir fait une fausse, sera puni de la confiscation desdits carrosses et harnois, et d'une amende de 100 fr. au moins et de 1000 fr. au plus.

Obs. V. l'art. 72 de la Loi du 9 vendémiaire an vi, liv. I.

3. Les carrosses de place, déclarés ainsi qu'il est dit (en l'art. 72 de la Loi du 9 vendémiaire an vi), estampillés d'un numéro indiqué par le préfet de police, et qui sera peint en noir et à l'huile, en haut du panneau de derrière attenant à l'impériale, ainsi qu'au milieu de deux petits panneaux du bas à côté de la portière, et attenant le derrière de la voiture. — Le numéro sera aussi placé en dedans du carrosse, sur un ruban de fil blanc, attaché sur le devant, au-dessous de l'impériale.

5. Il est fait défenses expresses à tout loueur de voitures de faire stationner sur la voie publique, et à tous cochers de conduire aucuns carrosses de place qui ne seraient pas numérotés, ainsi qu'il est dit en l'article 3 ci-dessus, à peine de confiscation desdits carrosses et de 100 fr. d'amende, tant contre les propriétaires que contre les cochers solidairement.

6. Lorsqu'un loueur de carrosses de place voudra faire cesser de rouler un ou plusieurs de ses carrosses, il en fera préalablement sa déclaration à la préfecture de police, où il rapportera en même temps sa permission de stationnement ; lesdits carrosses seront à l'instant désestampillés, et certificat en sera délivré au déclarant. — Tout loueur qui, sans avoir rempli cette formalité, vendrait un carrosse, et toute personne qui l'aurait acheté, seront punis de 5o fr. d'amende.

7. Pour assurer d'autant mieux l'exécution de l'art. 6 ci-dessus, et pour éviter tout double numéro, les carrosses de place qui seront trouvés chez les selliers-carrossiers, dépeceurs, déchireurs de voitures, ferrailleurs, ou tous autres, sans déclaration préalable, ou sans avoir été désestampillés, seront saisis.

8. Il ne pourra être exposé sur les places que des carrosses bien conditionnés, garnis de bonnes soupentes et de tout ce qui est nécessaire pour la sûreté des personnes qui s'en servent, et attelés de bons chevaux, le tout à peine de confiscation des carrosses.

§. II. *Des Cochers de place.*

19. Il est expressément défendu aux cochers de place de laisser conduire leurs carrosses par quelque personne que ce soit, à peine de 5o fr. d'amende.

20. Il est enjoint aux cochers de visiter immédiatement, après chaque course, l'intérieur de leurs carrosses, et de remettre de suite à la personne qu'ils auront conduite les effets qu'elles auront pu y laisser.

21. A défaut de possibilité de la remise prescrite en l'article précédent, il est enjoint aux cochers de faire, dans le jour, à la préfecture de police, la déclaration, et la remise des effets qu'ils auront trouvés dans leurs carrosses, à peine, contre lesdits cochers, de 3oo francs d'amende, et d'être poursuivis comme recéleurs.

22. . . . . . . Il est enjoint aux cochers de ne faire stationner leurs carrosses que sur les places à ce affectées, de s'y tenir tout rangés, en état de marcher à la première réquisition ; comme aussi de laisser un passage libre entre les maisons et la file des carrosses, ainsi qu'entre chacun desdits carrosses ; de laisser également libre le débouché de toutes les rues, culs-de-sacs, issues et portes-cochères, *et de prendre toujours la queue de la file en arrivant sur la place.*

Obs. Contravention punie par l'art. 471, §. 4, du Code Pénal.

23. Tous cochers dont le carrosse sera stationné dans une des places à ce affectées, et ceux qui viendront se ranger sur les endroits de la voie publique, où il leur est permis de se placer pour la sortie des spectacles et fêtes publiques, ne pourront, sous aucun prétexte, refuser de marcher à toute réquisition.

25. Aucun cocher ne pourra faire stationner son carrosse sur les places à ce affectées, depuis minuit jusqu'à six heures du matin.

26. Sont exceptées des dispositions de l'article précédent les places : 1°. de la rue Royale ; 2°. de la rue Montmartre, côté de la rue du Croissant ; 3°. de la rue Saint-Denis ; 4°. de la rue Culture-Sainte-

Catherine ; 5°. du quai de la Grève ; 6°. de la rue de Sèvres près la Croix-Rouge ; 7°. du quai des Augustins ; 8°. de la place Maubert. Les cochers pourront y faire stationner leurs carrosses, depuis minuit jusqu'à six heures du matin. — Pour jouir des exceptions ci-dessus, les cochers seront tenus, avant de stationner sur lesdites places, de faire inscrire leurs noms et les numéros de leurs carrosses sur la feuille de rapport du commandant du poste le plus voisin de la place où ils stationnent.

27. Les personnes qui auront à se plaindre d'un cocher sont invités à en donner connaissance soit au préfet de police, soit aux commissaires de police, en indiquant le numéro du carrosse ainsi que le jour, le lieu et l'heure auxquels il aurait été pris et quitté, sans préjudice des poursuites qu'elles seront dans le cas d'exercer pour la réparation du tort qu'elles auront éprouvé.

Dans tous les cas de contravention aux dispositions de la présente Ordonnance, les carrosses seront conduits à la préfecture de police. Il sera pris contre les loueurs et contre les cochers telle mesure administrative qu'il appartiendra, sans préjudice des poursuites à exercer contre eux, par-devant les tribunaux, conformément aux lois.

14 janvier 1805. (24 nivose an XIII.)

Ordonnance de police concernant les Messageries et Voitures publiques à destination fixe, et faisant le service d'une même route.

Vu les Lois des 29 août 1790 et 9 vendémiaire an VIII, etc., ordonnons ce qui suit :

ART. 1. A Paris, les Entrepreneurs de Messageries et Voitures publiques, à destination fixe, et faisant le service d'une même route, seront tenus de faire, à la préfecture de police, dans la quinzaine de la publication de la présente, la déclaration de leurs voitures.

Cette déclaration énoncera la nature et l'espèce des voitures, le jour et l'heure de leur départ de Paris, le lieu de leur destination, le jour et l'heure du retour, et le nombre de personnes que chaque voiture peut contenir. — Le tout sous les peines portées par l'art. 3 du tit. 3 de la Loi du 29 août 1790. (*V.* Liv. I.)

2. Ceux qui à l'avenir voudront former une entreprise de Messageries ou Voitures publiques de même nature que celles désignées en l'article précédent, seront tenus de faire préalablement la même déclaration.

3. Cette déclaration sera renouvelée dans les huit premiers jours de chaque année, par les Entrepreneurs de Messageries ou Voitures publiques qui voudront continuer leur entreprise

4. Lorsqu'un Entrepreneur de Messageries ou Voitures publiques augmentera ou diminuera le nombre de ses voitures, changera le lieu de sa résidence, ou transférera son entreprise dans une autre division, il en fera la déclaration dans les trois jours.

5. Il sera remis aux Entrepreneurs un certificat de leur déclaration. Ce certificat sera visé par le commissaire de police de la division du lieu de l'établissement.

6. Chaque voiture portera intérieurement, sur une plaque de fer-blanc, le nom de l'Entrepreneur et l'indication du nombre de places qu'elle doit contenir. Les voitures dépendantes de la même entreprise, seront en outre distinguées les unes des autres par un numéro de série placé au-dessus du numéro indicatif du nombre de places.

7. Il est défendu de recevoir, dans les Messageries et Voitures publiques, un plus grand nombre de voyageurs que celui désigné dans la déclaration.

Obs. V. l'art. 7 de l'Ordonnance du Roi du 4 février 1820, liv. I.

8. Les Entrepreneurs de Messageries et Voitures publiques auront un registre en papier timbré, coté et paraphé par un commissaire de police. Ils y enregistreront, jour par jour, les noms et prénoms des voyageurs, leur profession et le lieu de leur domicile habituel, sans préjudice de l'exécution des lois et réglemens sur la police des passe-ports. (*V.* l'art. 5 de l'Ordonnance du Roi du 4 février 1820, liv. I.)

9. Ils y enregistreront également les ballots, malles et paquets dont le transport leur sera confié.

10. Un tableau, placé dans le lieu le plus apparent du bureau, indiquera le prix des places, et du transport des effets et marchandises. — Il sera délivré au voyageur ou propriétaire des effets et marchandises un bulletin sur lequel mention sera faite du lieu de la destination, du prix de la place ou du transport, et de la somme payée d'avance.

11. Les Entrepreneurs de Messageries ou Voitures publiques ne pourront employer que des voitures solides, en bon état, et pourvues de tout ce qui est nécessaire à la sûreté des voyageurs. — Ils seront garans et responsables de tous les accidens qui pourraient arriver par leur négligence, ou par la surcharge des ballots et marchandises.

14. Les conducteurs de Messageries et Voitures publiques devront être âgés de dix-huit ans au moins. . . . . . Ils seront tenus de se pourvoir d'un livret à la préfecture de police. . . . . . Il leur est défendu de prendre en route aucun voyageur ni de recevoir aucun paquet, sans en faire mention sur leur feuille, dans la forme prescrite par les art. 8 et 9.

25 juillet 1808.

Ordonnance de police concernant les Carrosses de louage.

Art. 10. Les conducteurs resteront à la tête de leurs chevaux, et attendront qu'on se présente pour louer leurs voitures.

21. Les voitures ne pourront arriver aux théâtres que par les rues désignées dans les consignes.

Il est défendu aux cochers de quitter, sous quelque prétexte que ce soit, les rênes de leurs chevaux pendant que descendront ou remonteront les personnes qu'ils auront amenées.

22. A la sortie du spectacle, les voitures de place ne pourront charger qu'après le défilé des autres voitures.

23. Les voitures ne pourront aller qu'au pas, et sur une seule file, jusqu'à ce qu'elles soient sorties des rues environnant les spectacles.

25 juillet 1808.

Ordonnance de police concernant les Cabriolets de louage.

Art. 2. Les loueurs qui voudront faire stationner des cabriolets sur les places, seront tenus d'en demander la permission au préfet de police.

Les loueurs de cabriolets, soit sous remise, soit dans les bureaux, devront faire, à la préfecture de police, la déclaration de leurs cabriolets.

7. Les cabriolets de l'intérieur, compris dans la première série (pour l'intérieur), ne pourront stationner sur la voie publique pour être loués que sur les places qui leur sont affectées.

Les cabriolets, pour les environs de Paris, compris dans la première série, ne pourront également stationner que sur les places qui leur sont affectées.

Il est défendu aux propriétaires de tous cabriolets de les faire stationner sur la voie publique pour être loués, sans en avoir fait la déclaration et obtenu la permission, sous les peines prononcées par les Lois et Réglemens.

Obs. La contravention au dernier §. est punie des peines portées par l'art. 2 de l'Ordonnance du 3 novembre 1800 qui précède. — Les contraventions aux deux premiers §. sont punies par l'art. 471, §. 4, du Code Pénal.

15. Les cochers sont autorisés à se faire payer d'avance, lorsqu'ils ameneront des personnes au spectacle ou au bal de l'Opéra.

21. Il est enjoint aux conducteurs de visiter immédiatement, après chaque course, l'intérieur de leurs voitures, et de remettre, aux personnes qu'ils auront conduites, les effets qu'elles auraient pu y laisser.

22. A défaut de possibilité de la remise prescrite par l'article précédent, il est enjoint aux conducteurs de cabriolets de louage de faire, dans le jour, à la préfecture de police, la déclaration et le dépôt des effets qu'ils auront trouvés dans leurs voitures, à peine de 300 francs d'amende.

25. Il est défendu aux conducteurs de cabriolets et autres voitures dites des environs de Paris, de monter et de laisser monter qui que ce soit sur l'impériale de leurs voitures.

26. Pendant la nuit les cabriolets, pour l'intérieur, seront garnis de deux lanternes allumées, adaptées à chaque côté de la caisse.

Obs. Contravention punie par l'art. 471, §. 3 , du Code Pénal.

28. Aucun cabriolet numéroté ne pourra être vendu sans une déclaration préalable à la préfecture de police, tant par le vendeur que par l'acheteur.

11 novembre 1808.

Ordonnance de police concernant les Rouliers, Voituriers et Charretiers.

Art. 5. Les Voituriers et charretiers ne pourront s'arrêter en route, ni stationner sur la voie publique que le temps strictement nécessaire pour le chargement et le déchargement.

Nota. Cette infraction est punie par l'art. 471, §. 4, du Code Pénal.

10 mai 1810.

Ordonnance de police concernant le placement des Cochers des carrosses et cabriolets de place et sous remise.

Art. 1. Il y aura à Paris un bureau de placement pour les cochers de carrosses et cabriolets de place sous remise.

2. Il est défendu à tout particulier de s'immiscer dans le placement des cochers des voitures de louage.

3. Il ne sera délivré de bulletin de placement à aucun cocher, s'il n'est pourvu d'un livret.

5. Les cochers qui sont placés sont tenus, sous la responsabilité du propriétaire loueur de voitures, de se présenter, dans un mois, au bureau, pour déclarer leur placement actuel et leur domicile.

6. . . . . . . Les registres (du préposé au placement) seront cotés et paraphés par le secrétaire général de la préfecture. Ils seront communiqués, sans déplacement, à toute réquisition de l'inspecteur général de la police, du commissaire de police de la division de la Cité, chargé de la surveillance dudit bureau, des chefs des deuxième et troisième divisions, et de l'inspecteur général des bureaux de placement des ouvriers.

4 mai 1813.

Ordonnance de police concernant les Fiacres et les Cabriolets de place de l'intérieur de Paris.

§. I. *Des Voitures de place.*

Art. 1. Avant le 1er juin prochain, les propriétaires de fiacres et de cabriolets de place de l'intérieur de Paris devront faire, à la préfecture de police, une nouvelle déclaration de leurs voitures.

2. Dans un mois, à compter du 1er juin, le numérotage des fiacres et cabriolets de place de l'intérieur et les permis de stationnement seront renouvelés.

4. Il est défendu aux loueurs et à tous autres de s'immiscer dans le numérotage des voitures en quelque temps et sous quelque prétexte que ce soit.

6. Ce délai passé, aucun loueur ne pourra faire stationner des voitures dont le numéro et le permis n'auront pas été renouvelés.

8. Les nouveaux numéros ne pourront être effacés ni changés sans notre autorisation.

17. Dans le cas où l'expert vétérinaire de la préfecture, en visitant les chevaux, trouverait, chez les loueurs, des chevaux atteints de maladies contagieuses, il requerra le commissaire de police de s'y transporter, et d'en dresser procès-verbal.

18. Si la maladie n'est pas certifiée, le cheval qui en sera atteint sera marqué pour être livré à l'équarrissage. En cas de contestation, il nous en sera référé. — Provisoirement, le cheval sera déposé dans un lieu séparé.

§. II. *Des Loueurs.*

23. Tout loueur est tenu de placer, au-dessus de la porte de son établissement, un tableau distinctif de ses noms et profession.

24. Aucun carrosse ou cabriolet ne pourra être vendu sans une déclaration préalable à la préfecture de police, tant par le vendeur que par l'acheteur.

25. Il est défendu aux loueurs de prêter leurs noms à qui que ce soit, pas même aux acquéreurs de leurs équipages et chevaux, pour faire stationner et circuler des carrosses ou cabriolets.

26. Les loueurs ne pourront mettre sur place que des voitures en bon état Il leur est défendu d'employer des chevaux vieux, trop faibles ou atteints de maladies.

27. Les loueurs ne pourront se servir que des cochers porteurs d'un livret délivré par la préfecture de police, et d'une carte de sûreté ou d'un permis de séjour.

28. Tout loueur de voitures, en prenant un cocher, est tenu d'inscrire, sur son livret, la date de son entrée à son service.

29. Chaque loueur tiendra un registre sur lequel il inscrira de suite les noms et domicile de chacun de ses cochers, et le numéro de la voiture qu'il lui aura donnée à conduire.

30. Les loueurs remettront à chacun de leurs cochers ou conducteurs, le livret de maître, contenant la présente Ordonnance, le numéro et le permis de stationnement de la voiture qu'ils leur auront confiée.

31. Tout cocher prévenu de délit, contravention ou dommage, doit être représenté par le loueur qui l'emploie, à la préfecture de police. S'il ne peut être représenté, le loueur sera tenu de faire, dans le jour, à la préfecture, le dépôt de son livret. Si le livret n'est pas déposé, il pourra être consigné une ou plusieurs voitures du loueur.

32. Les voitures et chevaux qui, pour raison de délit, contravention ou dommages, commis ou occasionnés par un cocher ou conducteur, auront été mis en fourrière, pourront être rendus au loueur auquel ils appartiennent, si la garantie civile est suffisamment assurée à son égard.

33. Lorsqu'un cocher quittera le service d'un loueur, celui-ci sera tenu d'inscrire sur le livret du cocher ou conducteur, un congé d'acquit, avec mention de la date de sa sortie. Le loueur est tenu d'envoyer le livret à la préfecture, dans les vingt-quatre heures.

34. Dans le cas où un loueur refuserait le congé d'acquit, il sera tenu de déposer, dans le jour, le livret du cocher à la préfecture, et d'y faire connaître le motif de son refus, pour être statué par nous.

§. 3. Des Cochers.

Nota. V. ci-après l'Ordonnance du 27 janvier 1815, qui renouvelle ce paragraphe.

§. 4. Stationnement, louage et conduite.

50. Il est défendu aux loueurs, cochers et conducteurs, de faire stationner leurs voitures, sous quelque prétexte que ce soit, ailleurs que sur les places à ce affectées, à moins que leurs voitures ne soient louées.

Obs. Contravention punie par l'art. 471, §. 4, du Code Pénal.

51. Il est défendu de faire stationner aucune voiture sur la place de la rue de la Ferronnerie, avant neuf heures du matin, du 1er avril au 1er octobre, et avant dix heures, du 1er octobre au 1er avril.

Obs. V. l'observation sous l'art. précédent.

52. Dans les rues et places de stationnement, il est enjoint aux cochers et conducteurs de laisser, entre les voitures et les maisons, un passage libre pour la circulation.

53. Les cochers et conducteurs se tiendront sur leurs siéges ou à la tête de leurs chevaux. Ils conserveront le rang de leur arrivée aux places de stationnement. Il leur est défendu d'interrompre la file de stationnement.

Obs. Contravention punie par l'art. 475, §. 3, du Code Pénal.

55. Il est défendu à tout cocher de carrosse de place, de laisser conduire par qui que ce soit, *même par un autre cocher.*

56. Il est défendu aux cochers de laisser monter qui que ce soit sur leur siége, à l'exception des apprentis autorisés.

58. Il est défendu à tout propriétaire de cabriolet, de laisser conduire par des femmes ou des enfans, à peine, contre le propriétaire du cabriolet, d'être privé de son permis de stationnement, et sans préjudice de la garantie civile, en cas de délit, contravention ou dommage.

Obs. V. l'observation sous l'art. 9 de l'Ordonnance du 2 avril 1819.

59. Il est défendu aux cochers et conducteurs de traverser les halles du centre, avant dix heures du matin ; ils ne doivent, en aucun temps, traverser la place des Innocens.

60. Les cochers et conducteurs, en traversant les halles et marchés, ne doivent conduire leurs chevaux qu'au pas.

61. Les loueurs et conducteurs de cabriolet sont tenus d'attacher au col de leurs chevaux un fort grelot mobile.

62. Il est enjoint aux cochers et conducteurs de visiter, immédiatement après chaque course, l'intérieur de leurs voitures, et de remettre aux personnes qu'ils auront conduites, les effets qu'elles y auront laissés.

Dans le cas où cette remise serait impossible, il leur est enjoint de faire, dans le jour, le dépôt de ces effets à la Préfecture de police.

Obs. V. l'art. 22 de l'Ordonnance du 25 juillet 1808 ci-dessus.

63. Il est défendu aux cochers et conducteurs de circuler à vide, soit de jour, soit de nuit, pour offrir leurs voitures.

§. V. *Tarif du Louage.*

Nota. V. l'Ordonnance du 29 novembre 1825 ci-après.

§. VI. *Dispositions générales.*

70. Tout cocher ou conducteur est tenu de représenter le livret contenant le numéro, le permis de stationnement et la présente Ordonnance, à toute réquisition des préposés de la police et de l'administration des droits réunis, ainsi que des personnes qui auront fait usage de sa voiture.

71. Les loueurs, cochers et conducteurs seront tenus, lorsqu'ils changeront de domicile, d'en faire, au moins huit jours d'avance, leur déclaration à la Préfecture de police.

14 novembre 1814 (renouvelée le 8 septembre 1816.)

Ordonnance concernant les Cabriolets sous remise.

Art. 2. Les propriétaires de cabriolets loués sous remise à des particuliers, pour la journée, au mois ou à l'année, seront tenus d'en faire la déclaration à l'administration de la police. — Il leur est défendu de les exposer et faire stationner sur aucun point de la voie publique pour être loués.

3. Il sera délivré, par ceux qui feront la déclaration prescrite par l'article précédent, des numéros pour être mis sur leurs cabriolets.

5. Les cabriolets loués sous remise continueront d'être numérotés par le préposé de l'administration de la police, qui est chargé de ce service. Les numéros seront de trois pouces de hauteur et de trois lignes de plein, sur un écusson fond blanc.

6. Les chevaux de cabriolets porteront au col un grelot mobile de cuivre battu, et dont le bruit puisse avertir les passans. Pendant la nuit, les cabriolets seront garnis de deux lanternes adaptées à chaque côté de la caisse, et allumées à la chute du jour.

7. Toute personne conduisant un cabriolet dans les rues de Paris, ne pourra mener son cheval qu'au petit trot; il ne sera conduit qu'au pas dans les marchés ainsi que dans les rues étroites où deux voitures ne peuvent passer de front.

8. Les propriétaires de cabriolets seront tenus, lorsqu'ils changeront de domicile, d'en faire préalablement la déclaration à l'administration de la police. En cas de vente de cabriolets, il en sera fait aussi la déclaration.

27 janvier 1815.

Ordonnance de police concernant les Cochers et les Voitures de louage.

Art. 2. Les cochers de fiacres et de cabriolets de place seront tenus de se pourvoir d'un nouveau livret et d'une médaille, avant le premier mars prochain.

3. Les propriétaires loueurs qui conduisent une de leurs voitures, sont également tenus de se pourvoir d'une médaille.

5. A compter du premier mars prochain, les cochers auxquels il n'aura pas été accordé de nouveaux livrets et une médaille, ne pourront continuer leur état.

6. Il est défendu aux cochers de prêter leur médaille à qui que ce soit, sous peine d'être privés irrévocablement de leur médaille et de leur livret. Les loueurs qui prêteront leur médaille seront privés du numéro de leur voiture.

7. Les livrets qui seront délivrés aux cochers désigneront l'espèce de voiture qu'ils pourront conduire. Il est défendu 1°. aux cochers de voitures à quatre roues, de conduire des cabriolets; 2°. aux cochers de cabriolets, de conduire des voitures à quatre roues.

8. Aucun livret ne sera délivré, si le cocher n'est âgé au moins de dix-huit ans.

13. Tout cocher ou conducteur conduisant une voiture, doit être muni 1°. du livret de maître, contenant le numéro, le permis de stationnement et la présente Ordonnance; 2°. de son permis de séjour, s'il n'est pas domicilié à Paris. Il portera sa médaille sur la poitrine, attachée à la boutonnière de son habit, d'une manière assez ostensible pour que les personnes qui l'emploieront puissent en prendre facilement connaissance.

14. Aucun cocher ne peut quitter le service d'un loueur, sans avoir prévenu cinq jours d'avance. Le loueur sera tenu d'en faire mention sur le livret du cocher.

15. Les loueurs ne peuvent être forcés à recevoir plus d'un congé le même jour.

17. Toute coalition tendante à imposer des conditions aux loueurs est défendue aux cochers, sous les peines de droit.

Obs. V. l'art. 6 de l'Ordonnance du 30 mars 1787 ci-dessus.

18. Tout apprenti devra être muni d'une permission délivrée par nous.

19. Les apprentis ne pourront jamais conduire seuls.

20. Les apprentis ne devront point monter sur le siége pendant la nuit.

21. Tout cocher ou conducteur est tenu de représenter le livret contenant le numéro, le permis de stationnement et la présente Ordonnance, à toute réquisition des préposés de la police et de l'administra-

tion des droits réunis, ainsi que des personnes qui auront fait usage de sa voiture.

22. Les loueurs, cochers et conducteurs sont tenus, lorsqu'ils changeront de domicile, d'en faire, au moins huit jours d'avance, leur déclaration au département de la police.

4 février 1815.

Arrêté du Directeur-général de la police sur le numérotage des cabriolets sous remise.

Art. 1. Les numéros des cabriolets sous remise seront en chiffres arabes, blancs, de quatre-vingt-un millimètres (trois pouces) de hauteur, et de neuf millimètres (quatre lignes) de plein, sur un écusson fond noir, broyé au vernis gras. A cet effet, les cabriolets sous remise seront appelés chaque jour successivement, par ordre de numéros, suivant leur inscription portée sur l'ancien registre de l'administration.

2. Les loueurs seront tenus de représenter les cabriolets déjà enregistrés, et, s'ils les ont vendus, de justifier qu'ils ont fait la déclaration de vente, voulu par l'art. 8 de l'Ordonnance du 14 novembre 1814, ou des motifs qui les en auraient empêchés.

4. Le numérotage sera fait aux frais du loueur, par le peintre de l'administration de la police.

7. Les conducteurs de cabriolets sous remise seront tenus d'avoir un livret à l'instar des cochers de remise ; ils seront dispensés de porter la médaille des conducteurs de cabriolets de louage.

8. Les loueurs devront tenir un registre-journal des cabriolets confiés aux conducteurs, pour y avoir recours en cas de plaintes, contestation ou contravention. Ce registre sera visé une fois par trimestre, par le commissaire de police du quartier.

28 août 1816.

Ordonnance de police concernant les Rouliers, Voituriers et Charretiers.

Art. 5. Il est défendu aux voituriers et charretiers de détourner ou laisser détourner aucune partie des marchandises chargées sur leurs voitures, à peine d'être poursuivis devant les tribunaux, comme coupables ou complices de vol.

Nota. Ce vol est puni de la réclusion, aux termes de l'art. 386, §. 4, du Code Pénal. (*V.* les observations sous cet article, Extrait du Code Pénal, liv. VI.)

12 septembre 1816.

Ordonnance de police concernant les Diligences, Messageries ou autres Voitures publiques.

Nota. Elle renouvelle les dispositions de l'Ordonnance du 14 janvier 1805, et ajoute :

Art. 8. Conformément au §. 3 de l'art. 475 du Code Pénal, les postillons et conducteurs de diligences, messageries et autres voitures quelconques, sont tenus de guider et de conduire leurs chevaux avec prudence.

En conséquence, il leur est défendu de les conduire au galop et au grand trot dans les rues de Paris et dans les communes du ressort de la Préfecture de police ; ils ne pourront mener leurs chevaux qu'*au petit trot* dans les rues larges, et seulement *au pas* dans les rues étroites ; le tout de manière à pouvoir éviter tout espèce d'embarras, et prévenir les accidens.

2 avril 1819.

Ordonnance de police concernant les Propriétaires et Conducteurs de Voitures.

Considérant qu'il arrive souvent des accidens occasionnés soit par la trop grande rapidité, soit par la mauvaise direction des voitures de roulage ou autres voitures de transport de toute espèce ;

Vu les Ordonnances des 17 juillet, 15 novembre 1781 et 21 décembre 1787, les Lois des 22 juillet 1791, et 3 nivose an VI ; le Décret du 23 juin 1806, les art. 1383, 1384 et 1385 du Code Civil, et les art. 319, 420, 471, 475, 476, 479 et 484 du Code Pénal,

Ordonnons ce qui suit :

Art. 4. Les voitures de roulage et autres voitures de transport doivent être bien conditionnées et entretenues en bon état.—Conformément à l'Ordonnance de police du 21 décembre 1787, les voitures qui servent au transport du bois, des planches, des pierres, des moellons, des gravois et autres objets qui, en tombant, peuvent occasionner des accidens, ne pourront être chargées au-dessus des ridelles ou des planches de clôture, sous les peines portées auxdits art. 475, §. 4, et 476 du Code Pénal.

Les ridelles ne pourront, dans aucun cas, être suppléées ni surélevées par des bûches ou piquets placés verticalement pour retenir le chargement.

5. Il est enjoint aux voituriers de conduire directement, à destination, les marchandises dont le transport leur est confié, sans qu'ils puissent s'arrêter en route.

Obs. Contravention punie par l'art. 471, §. 4, du Code Pénal.

6. Conformément aux §. 6, 3 et 4 de l'art. 475 du Code Pénal, les rouliers, charretiers et conducteurs de voitures ou de bêtes de charge, sont obligés de se tenir constamment à portée de leurs chevaux, bêtes de trait ou de charge, et de leurs voitures, et en état de les guider et conduire.—En conséquence, il est défendu aux rouliers et charretiers de faire *trotter et galoper* leurs chevaux, et de *monter dessus* ; ils se tiendront à pied, près la tête du limonier, pour être à portée de se servir des guides ou du cordeau, et de pouvoir diriger leurs chevaux.

7. Il est défendu aux charretiers de monter dans leurs voitures quand même elles ne seraient attelées que d'un cheval.

Obs. Contravention punie par l'art. 475, §. 3, du Code Pénal.

8. Toute voiture, de quelque espèce que ce soit, devra être conduite au pas en passant aux barrières.

Obs. V. l'observation sous l'art. précédent.

9. Il est défendu de confier des voitures à des enfans hors d'état de les conduire. Les conducteurs doivent avoir au moins dix-huit ans.

Obs. La contravention est punie de cent francs d'amende, par l'Ordonnance du 3o mars 1759. (*V*. la Législation antérieure à 1789, p. 4.)

10. Il est défendu de faire stationner *sans nécessité* sur la voie publique, aucune voiture attelée ou non attelée, sous les peines prononcées par l'art. 471 du Code Pénal.

11. Les aubergistes sont tenus de placer dans leurs cours les voitures des rouliers ou voyageurs qui logeront chez eux. — Néanmoins, dans les communes rurales, lorsque les cours des aubergistes ne sont pas assez spacieuses pour contenir toutes les voitures, ils peuvent en faire stationner le long de leurs maisons, en obtenant préalablement la permission du maire de la commune. Dans ce cas, les aubergistes doivent ranger les voitures de manière que la circulation soit libre, et placer une lanterne allumée pendant la nuit, pour que les voitures laissées sur la voie publique soient aperçues des voyageurs, à peine d'amende. (Art. 471, §. 3, du Code Pénal.)

13. Il est défendu de conduire ou faire conduire sur la voie publique et aux abreuvoirs, plus de trois chevaux ou mulets non attelés, y compris celui sur lequel le conducteur sera monté, comme aussi de confier la conduite de ces chevaux ou mulets à des enfans âgés de moins de dix-huit ans, ou à des femmes, et de les faire courir ou trotter dans les rues, à peine d'amende ou d'emprisonnement. (Art. 475 et 476 du Code Pénal.)

Obs. Les Maîtres de poste sont autorisés, par une Déclaration du Roi du 28 avril 1782, maintenue par la Loi du 22 juillet 1791, à faire conduire à l'abreuvoir, dans le lieu de leurs relais, *quatre chevaux par un seul postillon.*

14. Il est défendu d'entrer avec de la lumière dans les écuries et dans les lieux qui renferment des fourrages, à moins que cette lumière ne soit contenue dans une lanterne close, à peine de 200 francs d'amende. — Il est enjoint d'avoir dans les écuries des lanternes sourdes, de manière à prévenir les accidens du feu.

Obs. V. le *nota* qui suit l'Ordonnance du 15 novembre 1781.

22 juin 1820.

Ordonnance concernant le stationnement des Voitures publiques autres que les Voitures de louage.

Art. 1. Il est défendu à tout Entrepreneur de voitures publiques de faire stationner ses voitures sur aucune partie de la voie publique, pour y opérer le chargement et le déchargement des voyageurs et des marchandises.

7

Ne sont pas comprises dans cette défense les voitures de louage, telles que les fiacres et les cabriolets de l'intérieur et des environs de Paris, stationnant sur les places à ce affectées.

2. Toute tolérance accordée jusqu'à ce jour aux Entrepreneurs ou aux Propriétaires de voitures publiques désignées au 1er paragraphe de l'article précédent, est et demeure révoquée, et cessera d'avoir son effet à partir du 1er avril 1821 pour tout délai.

3. Les contraventions au présent arrêté seront constatées par des procès-verbaux ou rapports qui nous seront adressés, pour être déférées au tribunal compétent.

Nota. Les contraventions à cette Ordonnance sont punies d'un franc à 5 fr. d'amende, par l'art. 471, §. 4, du Code Pénal, et d'un emprisonnement de trois jours au plus en cas de récidive. (Art. 474 du même Code.)

13 mai 1822.

Ordonnance concernant les Carrosses-calèches.

ART. 1. Les Entrepreneurs qui voudront faire circuler dans Paris des carrosses-calèches publiques, seront tenus d'obtenir préalablement un permis du préfet de police.

À cet effet il sera ouvert une série particulière de numéros commençant à 901.

2. Les carrosses-calèches seront assimilés aux fiacres, tant en ce qui concerne le paiement du droit de stationnement déterminé par le Décret du 19 juin 1808, que pour le tarif du prix des courses et de l'heure dans Paris. (1)

Pour tout ce qui n'est pas explicitement déterminé par le présent Arrêté, les Propriétaires de carrosses-calèches et leurs cochers seront soumis à toutes les Ordonnances et Réglemens concernant les voitures de place, et notamment à l'Ordonnance de police du 4 mai 1813, et à celle du 23 août 1821, relatives à la masse des cochers.

3. Il ne sera délivré de numéros qu'aux personnes présentant les garanties et la solvabilité convenables, et seulement pour des calèches bien confectionnées et bien attelées.

4. Les carrosses-calèches de place devront réunir les conditions suivantes :

1°. Être à quatre roues avec train à col de cygne et avant-train ;

2°. Être constamment attelées de deux bons chevaux.

3°. Pouvoir contenir commodément au moins quatre personnes, non compris le cocher.

4°. N'être garnis d'aucun appareil, tels que volets, jalousies, glaces, etc., qui pourraient les convertir en carrosses fermés.

On tolérera seulement le soufflet et des rideaux de cuir pour mettre les voyageurs à l'abri.

L'usage des landaus est formellement interdit.

---

(1) *V.* ci-après l'Ordonnance du 29 novembre 1825, qui règle le dernier état de choses sur ce point.

5. Les places ci-après désignées sont spécialement et exclusivement affectées au stationnement des carrosses-calèches.

Savoir :

Nombre déterminé provisoirement pour chaque place.	
10.	Quai d'Orsay, au-delà du pont Louis XVI, du côté du parapet.
4.	Rue de Grenelle, au Gros-Caillou, à l'entrée à gauche, le long des balustrades.
6.	Rue de la Bourdonnaye, le long du nouveau mur des écuries en construction.
4.	Rue des Capucins, le long d'un mur sans boutiques.
6.	Rue du Val-de-Grâce, le long d'un mur également sans ouverture.
5.	Rue de Fourcy, au coin de celle de l'Estrapade, le long du mur du jardin de la Bibliothèque Sainte-Geneviève.
8.	Rue des Fossés-Saint-Bernard, le long des murs d'un chantier.
10.	Rue de Picpus, barrière du Trône.
6.	Rue de Montreuil, du n°. 133 au n°. 137.
4.	Barrière de Charonne, le long du mur de la maison n°. 201.
20.	Rue Saint-Maur, à l'endroit de la place des cabriolets, qui demeure supprimée.
8.	Barrière du Combat, le long d'un marais.
10.	Barrière de Pantin, le long du mur de la rue de Pantin.
8.	Barrière Saint-Denis.
6.	Barrière de Rochechouart, le long de l'abattoir.
8.	Barrière des Martyrs, le long du mur à gauche.
4.	Barrière de Clichy, le long du mur jusqu'au n°. 54.
6.	Barrière du Roule.
10.	Rue des Blanchisseuses, à Chaillot, le long du mur de la pompe à feu.

Il est expressément défendu aux cochers des carrosses-calèches de stationner sur les places de fiacres et de cabriolets, ni sur aucun point de la voie publique, à moins que leurs voitures ne soient louées.

14 août 1824.

Ordonnance concernant les Diligences et les Voitures publiques.

Art. 2. Indépendamment de la surveillance générale à exercer pour assurer l'exécution de toutes les dispositions de l'Ordonnance du Roi du 4 février 1820, les commissaires de police, à Paris, et les maires, dans les communes rurales, feront de fréquentes visites chez les Entrepreneurs de voitures publiques, à l'effet de vérifier si les registres destinés à l'inscription des voyageurs sont tenus exactement.

Ils s'y rendront au moment des départs et des arrivées pour reconnaître si le poids des paquets, ballots, la hauteur du chargement et le nombre des voyageurs sont conformes aux Réglemens, et si les conducteurs de voitures sont pourvus de livrets.

3. A compter du 1er octobre prochain, il sera fixé dans l'intérieur de chaque caisse, et dans le lieu le plus convenable et le plus apparent, une plaque sur laquelle seront inscrits les art. 7 et 8, le premier paragraphe de l'art. 9, et les trois derniers paragraphes de l'art. 10 de l'Ordonnance du Roi, qui renferment les dispositions dont il importe principalement que les voyageurs aient connaissance.

4. Les maires, les commissaires de police, la gendarmerie, les officiers de police et les agens de l'administration à ce préposés qui reconnaîtraient, soit dans l'intérieur des établissemens, soit sur la voie publique, qu'une diligence est en contravention de quelque manière que ce soit, devront l'arrêter à l'instant même, dresser des procès-verbaux qui nous seront transmis immédiatement en double expédition, et ne pas laisser repartir la voiture que le conducteur se soit conformé aux dispositions de l'Ordonnance. Ils pourront, au besoin, requérir la force publique ou même l'assistance des habitans pour empêcher la diligence de passer outre.

Obs. V. sur les procès-verbaux dont parle cet article, les *Obs.* sous l'art. 13 de l'Ordonnance du Roi du 4 février 1820, Liv. I.

5. Un exemplaire de la présente Ordonnance restera continuellement placardé dans chaque bureau de voitures publiques.

Les sous-préfets des arrondissemens de Saint-Denis et de Sceaux, les maires des communes du ressort de la préfecture de police, le chef de la police centrale, les commissaires de police, les officiers de paix et inspecteurs, les préposés aux ponts à bascule, et tous les autres préposés de la préfecture de police, sont chargés de tenir la main à son exécution.

Elle sera adressée à M. le colonel de la gendarmerie royale de Paris, et à M. le commandant de la gendarmerie du département de la Seine, pour en assurer l'exécution par tous les moyens qui sont à leur disposition.

Ampliation en sera envoyée à M. le directeur des droits d'entrée et d'octroi de Paris.

29 novembre 1825.

Ordonnance concernant les *Voitures de place.*

Art. 1. A compter du 8 décembre prochain, le prix des courses des voitures de place, dans Paris, sera réglé ainsi qu'il suit :

CARROSSES.

De six heures du matin à minuit.

Pour chaque course.	1	50
Pour la première heure.	2	25
Pour chacune des autres heures.	1	75

De minuit à six heures du matin.

Pour chaque course.	2	»
Pour chaque heure.	3	»

CABRIOLETS.

De six heures du matin à minuit.

Pour chaque course..	1	25
Pour la première heure..	1	75
Pour chacune des autres heures..	1	5o

De minuit à six heures du matin.

Pour chaque course.	1	65
Pour chaque heure.	2	5o

2. Tout cocher pris avant minuit, et qui arrivera à destination après minuit, n'aura droit qu'au prix du tarif du jour, mais seulement pour la première course ou la première heure.

Celui qui aura été pris avant six heures du matin, et qui n'arrivera à destination qu'après six heures, aura droit au tarif de nuit, mais seulement pour la première course ou la première heure.

3. Lorsqu'une voiture est sur place, le cocher doit marcher à toute réquisition, même pour aller charger à domicile.

4. Tout cocher qui aura été appelé sur place pour aller à domicile, et qui sera renvoyé sans être employé, recevra seulement le prix d'une demi-course, à titre d'indemnité de déplacement.

5. Tout cocher qui, dans une course, est détourné de son chemin par la volonté de la personne qui l'emploie, est censé avoir été pris à l'heure, et sera payé en conséquence.

6. Les cochers pourront se faire payer d'avance lorsqu'ils conduiront des personnes aux spectacles, bals et lieux de réunion, et divertissemens publics.

Ils pourront aussi demander à être payés lorsqu'ils descendront quelqu'un à l'entrée d'un jardin public ou de tel autre lieu où il est notoire qu'il existe plusieurs issues.

7. Le cocher qui consent à charger pendant qu'il se rend à une place de stationnement ou lorsqu'il se trouve hors de place, est censé avoir été pris sur place.

8. Les cochers doivent marcher à toute réquisition et à toute heure, quel que soit le rang que leurs voitures occupent dans la file de la place.

Les trois premiers en tête ne doivent, sous aucun prétexte, même momentanément, quitter leurs voitures.

9. Les cochers doivent toujours conduire leurs chevaux au trot et d'une manière loyale.

Il leur est enjoint d'aller modérément dans les descentes et au détour des rues.

Il leur est expressément défendu de surmener leurs chevaux ou de les faire galoper.

10. Tout cocher qui refusera de marcher à l'heure, qui exigera des prix excédant le tarif, ou qui contreviendra en quelque manière que ce

soit aux réglemens, sera, suivant les circonstances, mis à pied, rayé des contrôles des cochers, ou traduit devant les tribunaux.

Obs. V. les art. 4 et 6 de l'Ordonnance du 1er juillet 1774, qui fixent les peines pour ces contraventions.

11. Il y aura sur chaque place de stationnement un inspecteur permanent chargé d'y maintenir l'ordre, d'assurer l'exécution des Réglemens, d'écouter les plaintes du public, et de donner à tous ceux qui en auraient besoin des renseignemens sur le service de place.

12. Ces inspecteurs porteront une marque distinctive.

13. A son arrivée sur la place et à son départ, chaque cocher devra avertir l'inspecteur, afin que ce dernier en prenne note sur sa feuille de mouvement.

14. Les Réglemens relatifs au service de place, et auxquels il n'est pas textuellement dérogé ou innové par la présente Ordonnance, continueront à recevoir leur exécution.

15. Un exemplaire de la présente Ordonnance devra être toujours déposé dans chaque voiture de place, pour que le cocher puisse le représenter à toute réquisition du public ou des agens de l'administration.

La gendarmerie royale de Paris, le chef de la police centrale, les commissaires de police et les agens de police sont chargés d'en assurer l'exécution.

15 mars 1826.

Ordonnance de police concernant les Diligences, Messageries et autres Voitures publiques.

Nous, etc., vu l'Ordonnance du Roi du 4 février 1820, et notamment l'art. 2, en exécution duquel lesdites voitures doivent être visitées par des experts, afin qu'il soit constaté si elles n'offrent aucun vice *susceptible de compromettre la sûreté des voyageurs;*

Considérant que l'expérience a démontré que les voitures publiques dont les caisses ont une seule portière offrent un vice de construction, qui peut compromettre la sûreté des voyageurs, lorsqu'une voiture verse, ou même dans le cas où elle serait arrêtée par des malfaiteurs;

Que déjà, et conformément aux Instructions de S. Exc. le ministre de l'intérieur (du 20 juillet 1824), les entrepreneurs de voitures publiques, qui ont le chef-lieu de leur établissement, ou seulement un bureau à Paris, ont reçu l'ordre de corriger ce vice de construction; que néanmoins plusieurs voitures, qui sont encore défectueuses sous ce rapport, continuent de circuler, mais qu'il importe de prévenir les accidens;

Art. 1. Les diligences, messageries et autres voitures publiques ne pourront circuler dans le ressort de la préfecture de police, qu'autant que chacune des caisses de ces voitures aura au moins une portière de chaque côté, à l'exception toutefois de la caisse de derrière, lorsque la portière de celle-ci sera placée à son extrémité.

2. Les contraventions seront constatées par des procès-verbaux, pour être déférées aux tribunaux de police.

Toute diligence ou autre voiture publique partant de Paris, et dont les portières ne seraient pas disposées conformément à l'article ci-dessus, sera arrêtée à l'instant même, et le conducteur contraint de la ramener dans l'établissement d'où elle serait partie.

3. Les dispositions de notre Ordonnance du 14 août 1824 sont d'ailleurs maintenues, et continueront d'être observées dans le but d'empêcher la circulation des différentes voitures publiques qui ne seraient pas conformes en tous points à l'Ordonnance royale du 4 février 1820.

4. Il sera remis un exemplaire de la présente Ordonnance dans chaque établissement ou bureau de voitures publiques, pour y être constamment placardé.

5. Les sous-préfets des arrondissemens de Saint-Denis et de Sceaux, les maires et adjoints des communes du ressort de la préfecture de police, les commissaires de police, le chef de la police centrale, les officiers de paix et inspecteurs, les préposés aux ponts à bascule, et tous préposés de la préfecture de police, seront chargés de tenir la main à son exécution.

Elle sera adressée à M. le colonel de la gendarmerie royale de Paris, et à M. le commandant de la gendarmerie du département de la Seine, pour en assurer l'exécution par tous les moyens mis à leur disposition.

FIN DE L'APPENDICE DU LIVRE PREMIER

LIVRE DEUXIÈME.

LOIS, DÉCRETS, ARRÊTÉS, ORDONNANCES ET RÉGLEMENS, CONCERNANT LES DEVOIRS ET LES OBLIGATIONS DES VOITURIERS PAR EAU DANS LA CONDUITE DES PERSONNES ET MARCHANDISES; LE RÉGIME ET LA POLICE DES BACS, COCHES, TRAINS ET BATEAUX SUR LES FLEUVES, RIVIÈRES ET CANAUX NAVIGABLES; LES DIFFÉRENS TARIFS DES DROITS ÉTABLIS SUR LA NAVIGATION INTÉRIEURE (BASSINS ET CANAUX).

CHAPITRE PREMIER.

Lois, Décrets, Arrêtés, Ordonnances et Réglemens, concernant les obligations des Voituriers par eau dans la conduite des personnes et marchandises; le régime et la police des Bacs, Coches, Trains et Bateaux sur les Fleuves, Rivières et Canaux navigables.

Décembre 1672.

Ordonnance du Roi, dite Ordonnance de la Ville, concernant la navigation en général, et la conduite par eau des personnes et des marchandises. (1)

CHAPITRE PREMIER.

Concernant les Rivières et bords d'icelles, pour la commodité de la navigation.

Ne détourner le cours de l'eau.

ART. 1. Pour faciliter le commerce par les rivières, et le transport des provisions nécessaires à la ville de Paris, défenses sont faites à toutes personnes de détourner l'eau des ruisseaux et des rivières navigables et flottables, affluentes dans la Seine, ou d'en affaiblir ou d'en altérer le cours par des tranchées, fossés, canaux ou autrement, et en cas de contravention, seront les ouvrages détruits réellement et de fait, et les choses réparées incessamment, aux frais des contrevenans.

Ne tirer aucuns matériaux à six toises des bords de la rivière.

2. Ne sera loisible de tirer ou faire tirer terres, sables ou autres matériaux, à six toises près du rivage des rivières navigables, à peine de cent livres d'amende.

Quel espace faut laisser ès-bords des rivières, pour le trait des chevaux.

3. Seront, tous propriétaires d'héritages aboutissant aux rivières navigables, tenus laisser, le long des bords, vingt-quatre pieds pour le trait des chevaux, sans pouvoir planter arbres, ne tirer clôture ou haies

____

(1) Les articles de cette Ordonnance qui nous ont paru trop étrangers à l'ouvrage, ou qui sont aujourd'hui sans application, ont été retranchés.

plus près du bord qu'à trente pieds ; et, en cas de contravention, seront les fossés comblés, les arbres arrachés et les murs démolis, aux frais des contrevenans.

Obs. 1. *V.* le Décret du 22 janvier 1808, et l'art. 2 de l'Arrêt du Conseil du 24 juin 1777, ci-après.

2. Les contraventions relatives à l'interruption du marche-pied des rivières, sont dans les attributions de l'autorité admi-nistrative. (Arr. du Conseil d'État du 22 janvier 1823.)

Ne sera mis empêchement sur les rivières.

4. Ne seront pareillement mis ès-rivières de Seine, Marne, Oise, Yonne, Loing et autres y affluentes, aucuns empêchemens aux pas-sages des bateaux et trains de bois montans et avalans ; et si aucuns se trouvent, seront incessamment ôtés et démolis, et les contrevenans tenus de tous dépens, dommages et intérêts des marchands et Voituriers.

A quoi sont tenus les meuniers et gardes pertuis.

5. Enjoint à ceux qui, par concessions bien et dûment obtenues, auront droit d'avoir arches, gares, moulins et pertuis, construits sur les rivières, de donner auxdits arches, gares, pertuis et passages, vingt-quatre pieds au moins de largeur ; enjoint aussi aux meuniers et gardes des pertuis, de les tenir ouverts en tous temps, et la barre d'iceux tournée en sorte que le passage soit libre aux Voituriers montans et avalans leurs bateaux et trains, lorsqu'il y aura deux pieds d'eau en rivière, et, quand les eaux seront plus basses, de faire l'ouverture de leurs pertuis toutes fois et quantes qu'ils en seront requis, laquelle ouverture ils feront lorsque les bateaux et trains seront proches de leursdits pertuis, qui ne pourront être refermés, ni les aiguilles re-mises, que lesdits bateaux et trains ne soient passés ; et seront lesdits meuniers tenus de laisser couler l'eau en telle quantité, que la voiture desdits bateaux et trains puisse être facilement faite d'un pertuis à un autre ; défense auxdits meuniers, gardes desdits pertuis et à leurs gar-çons, de prendre aucuns deniers (1) ou marchandises des marchands ou Voituriers, pour l'ouverture et fermeture desdits pertuis, *à peine du fouet* (2), et de restitution du quadruple de ce qui aura été exigé.

Obs. 1. Une Sentence du bureau de la ville, du 25 mai 1742, a condamné le meunier et le garde du pertuis du Bouchet, sur la rivière d'Yonne, en 500 francs d'amende, pour avoir refusé à un voiturier chargé de la conduite de six trains de bois flottés, de tirer les aiguilles et de déboucher son pertuis pour faire écouler lesdits trains par les éclusées, et avoir fait perdre les eaux.

2. *V.* l'art. 13 du Réglement du 17 février 1784, ci-après.

Ne sera travaillé aux pertuis sans dénonciation préalable.

6. Lorsqu'il conviendra faire quelques ouvrages aux pertuis, vannes, gares, écluses et moulins, sur la rivière de Seine et autres navigables

---

(1) *V.* les art. 29 et 30 de la Loi du 28 mai 1803 ci-après.
(2) Inutile de dire que la peine du fouet est abolie, pour l'honneur de la législation et de l'humanité.

et flottables, et y affluentes, qui pourraient empêcher la navigation et conduite de marchandises, seront les propriétaires d'iceux tenus d'en faire faire, aux paroisses voisines, la publication un mois auparavant que de commencer lesdits ouvrages et rétablissemens. Sera aussi déclaré le temps auquel lesdits ouvrages seront rendus parfaits et la navigation rétablie; à quoi les propriétaires seront tenus de satisfaire ponctuellement, à peine de demeurer responsables des dommages-intérêts et retards des marchands et Voituriers.

Ne laisser bateaux à fond d'eau, ni débris sur les ports.

10. Enjoint aux marchands et Voituriers de faire incessamment enlever de la rivière les bateaux étant en fond d'eau, et de faire ôter de la rivière et de dessus les ports et quais, les débris desdits bateaux, et ce à peine d'amende et de confiscation. A cet effet, seront lesdits bateaux et débris marqués du marteau de la marchandise, pour être vendus dans la huitaine, sans autre formalité de justice, et les deniers en provenant appliqués aux hôpitaux.

CHAPITRE II.
Concernant la conduite des marchandises par eau.

Permis de voiturer tous les jours, excepté ceux des quatre fêtes solennelles.

Art. 1. Pourront les Voituriers aller par les rivières, et conduire les bateaux chargés de marchandises..... aux jours fériés et non fériés, à l'exception seulement des quatre fêtes solennelles de Noël, Pâques, Pentecôte et Toussaint.....

On ne doit voiturer de nuit.

2. Défenses à tous Voituriers d'aller par rivière qu'entre le soleil levant et couchant, et de se mettre en chemin en temps de vents ou tempête, à peine de demeurer responsables de la perte des marchandises et dommages-intérêts des marchands, sans qu'il soit loisible aux Voituriers de contrevenir au présent Réglement, sous prétexte de jour nommé, ou d'avoir ordre du marchand de venir en diligence, sauf à eux, en ce cas, à renforcer les courbes des chevaux poussant la voiture, pour qu'elle se puisse faire sans risques ni périls.

Aux passages des ponts et pertuis, l'avalant doit céder au montant.

3. Pour éviter les naufrages qui pourraient arriver aux passages des ponts et pertuis, les Voituriers conduisant bateaux et trains aval la rivière, seront tenus, avant que de passer les pertuis, d'envoyer un de leurs compagnons pour reconnaître s'il n'y a point quelques bateaux ou trains montans embouchés dans les arches desdits ponts ou dans lesdits pertuis, et si les cordes ne sont point portées pour les monter au-dessus desdits ponts, auquel cas l'avalant sera tenu de se garer, jusqu'à ce que le montant soit passé, et que les arches et pertuis soient entièrement libres, à peine de répondre, par le Voiturier avalant, du dommage qui pourrait arriver aux bateaux et trains montans.

Obs. V. la Sentence de police du 31 janv. 1777, App. de ce Liv.

Les Voituriers tenus de découpler les bateaux, et les compagnons de rivière tenus de se joindre et prêter la main aux passages difficiles.

4. Quand aucuns Voituriers seront chargés de la conduite de plusieurs bateaux, et que, pour plus grande commodité, ils les auront ac-

couplés, arrivant nécessité de les découpler, soit au passage des ponts et pertuis ou autres endroits difficiles, sera le principal Voiturier tenu de les passer séparément, et les compagnons de rivière aussi tenus de faire le travail, et se joindre ensemble à cet effet, à peine de demeurer, les uns et les autres, responsables de la perte desdites marchandises, dommages et intérêts des marchands.

Obs. Une Sentence du bureau de la ville, du 7 décembre 1783, a condamné en 300 livres d'amende plusieurs Voituriers par eau, pour avoir passé et fait passer sans le secours d'aucunes *billes* (1), et les avoir refusées ; comme aussi à payer le salaire des compagnons de rivière, préposés au passage dudit pont, comme s'ils avaient fait le travail.

En pleine rivière, le montant doit céder à l'avalant.

5. Voituriers de bateaux montans, venant à rencontrer en pleine rivière des bateaux avalans, seront tenus se retirer vers terre pour laisser passer lesdits avalans, à peine de demeurer responsables du dommage causé, tant aux bateaux qu'aux marchandises.

En cas de rencontre des bateaux et coches montans et avalans, ou traits de bateaux montans.

6. Pour prévenir les accidens qui peuvent arriver par la rencontre des bateaux descendans, avec les coches et traits des bateaux montans, seront tenus tous conducteurs de traits de bateaux montans, pour faciliter le passage desdits coches et bateaux descendans, faire voler par-dessus lesdits bateaux montans la corde appelée *cincenelle*, et empêcher que les bacules accouplés enfin de traits ne s'écartent et empêchent le passage desdits coches et autres bateaux ; et seront tenus les conducteurs desdits coches descendans, pour faciliter le passage desdits coches et bateaux montans, de lâcher leur cincenelle, en sorte qu'elle passe par-dessous le bateau montant, à peine aussi de toutes pertes, dommages et intérêts. (*V.* la Sentence de police du 31 janv. 1777, App. de ce Livre.)

Le Voiturier reçu à cession de son bateau et ustensiles en cas de naufrage.

7. Naufrage arrivant par fortune de temps d'aucun bateau chargé de marchandises, sera le Voiturier reçu, dans les trois jours, à faire abandonnement de son bateau et ustensiles ; quoi faisant il ne pourra être plus avant poursuivi pour la perte de la marchandise qui sera cependant pêchée et tenue en justice à la conservation et aux frais de qui il appartiendra ; et où ledit naufrage serait arrivé par le fait et faute dudit Voiturier, ou qu'il eut disposé à son profit particulier de sondit bateau et ustensiles depuis le naufrage, en ce cas, demeurera ledit Voiturier déchu des bénéfices et tenu de toutes pertes, dommages et intérêts du marchand.

Obs. Le droit accordé par cet article aux Voituriers, d'abandonner le bateau échoué par fortune de temps, est implicitement maintenu par l'art. 103 du Code de Commerce, qui décharge le Voiturier de toute responsabilité en cas de perte par force majeure. Mais, comme on le verra au Traité de la Responsabilité,

____

(1) C'est-à-dire de chevaux attelés pour tirer et passer un bateau.

il faut que le fait du naufrage *soit prouvé* par le voiturier. — Au reste, il est à remarquer que cette formalité de l'abandonnement n'est plus en usage ; il suffit aux Voituriers de faire constater l'événement dans le plus bref délai, et de faire vérifier par experts l'état des marchandises avariées : si la perte ne peut leur être imputée, non seulement ils sont à l'abri de toute poursuite, mais ils ont même le droit de retenir les débris de leur bateau s'il n'est point entièrement péri. Quant à cette autre disposition de l'article, qui déclare le Maître du bateau déchu de son droit d'abandonnement, *s'il a disposé à son profit des débris du bateau et de ses ustensiles depuis le naufrage*, elle ne pourrait être aujourd'hui justement appliquée, qu'autant que l'événement du naufrage n'aurait point été légalement constaté.

Le Voiturier ne partira du port sans lettre de voiture ou sommation faite au marchand de lui en fournir.

8. Défenses aux Voituriers de partir des ports de charge sans avoir lettres de voitures, à peine d'être déchus du prix d'icelles ; et si le Voiturier allègue que le marchand a fait refus, en ce cas, justifiant par ledit voiturier de sommation en bonne forme, par lui faite au marchand ou commissionnaire de lui fournir lettres avant son départ, sera ledit Voiturier cru, tant sur le prix des marchandises que sur le prix de la voiture d'icelles.

Obs. V. l'Arrêté du ministre de l'intérieur du 20 décembre 1801 ci-après, qui rappelle cette disposition.

Comment doit être la lettre de voiture.

9. Les lettres de voiture contiendront la quantité et qualité des marchandises et le prix fixé de la voiture d'icelles ; et feront mention, tant du lieu où les marchandises auront été chargées, que du lieu de la destination et du temps du départ.

Obs. V. l'Ext. du Code de Comm., art. 101, et les *Obs.* à la suite, et l'Arrêté du ministre de l'intérieur du 20 décembre 1801, qui rappelle et développe cet article.

Les marchandises seront amenées nonobstant toutes saisies.

10. Les marchandises destinées pour la provision de Paris ne pourront être arrêtées sur les lieux ni en chemin, sous quelque prétexte que ce soit, même de saisies faites d'icelles, soit par les propriétaires ou créanciers particuliers du marchand, soit aussi pour salaires et prix de la voiture ; nonobstant lesquelles saisies lesdites marchandises seront incessamment voiturées et amenées à la garde des gardiens établis à icelles, pour être vendues et débitées sur les ports, et les deniers de la vente tenus en justice, à la conservation de qui il appartiendra ; à cet effet, les saisissans seront aussi tenus d'avancer les frais de gardes, sauf à les répéter ; faute de quoi seront lesdites saisies déclarées nulles.

Obs. Aujourd'hui une saisie serait valablement pratiquée sur des marchandises prêtes à partir ; mais ce serait un cas d'urgence qui devrait être décidé par la voie du référé, aux termes de l'art. 806 du Code de Procédure; le devoir du juge serait en conséquence de statuer à l'instant sur la demande en main-levée de la saisie.

CHAPITRE III.

Concernant l'arrivée des bateaux et marchandises aux ports de Paris.

De n'embarrasser les ports d'avirons et de gouvernails.

Art. 3. Pour débarrasser les ports et les rendre capables de contenir plus grande quantité de bateaux et marchandises, enjoint aux Voituriers et marchands, aussitôt que leurs bateaux auront été fermés, d'en ôter les gouvernails, lesquels ils seront tenus mettre dans leurs bateaux ou le long des bords d'iceux, à peine d'amende.

Les Voituriers doivent donner avis aux Marchands de l'arrivée de leurs marchandises.

6. Les bateaux et marchandises étant arrêtés au port de leur destination, seront les Voituriers tenus d'en donner avis, dans vingt-quatre heures au plus tard, aux marchands-propriétaires d'icelles ou à leurs commissionnaires, et leur exhiber leurs lettres de voiture, en marge desquelles les marchands et commissionnaires seront obligés de coter le jour de l'exhibition; et, en cas de refus, leur sera fait sommation à la requête des Voituriers; et à l'égard des marchandises qui ne doivent tenir port, les marchands les feront incessamment conduire en leurs maisons et magasins, sans que les Voituriers soient tenus à autre chose, sinon à l'égard de celles qui arrivent au port du Guichet et Saint-Thomas-du-Louvre, que de délivrer les marchandises de la quantité et qualité portées par la lettre de voiture, sans être tenus de payer la décharge qui sera faite par les compagnons de rivière, pour le prix que les marchands ont accoutumé d'en donner, et sans que les Voituriers demeurent garans de la conduite et enlèvement desdites marchandises ès maisons desdits marchands; et, à l'égard de ceux qui arriveront au port Saint-Paul, délivrer les marchandises des quantités et qualités portées par ladite lettre de voiture, pour être déchargées par les officiers-forts, ainsi qu'il se pratique.

Obs. Cet article déclare que les Voituriers par eau ne sont point garans de la conduite et de l'enlèvement des marchandises au domicile ou magasin des marchands : cette garantie pèse en effet sur les propriétaires de Voitures employées au service des ports, qui sont responsables du fait de leurs charretiers ou préposés. (*V.* l'art. 22, du chap. 4 de cette Ordonnance, inséré sous l'art. 11 de l'Ordonnance de police du 13 janvier 1812, Append. de ce Livre.)

Les Voituriers peuvent décharger les marchandises après sommation au marchand.

7. En cas de négligence par les marchands ou commissionnaires de faire enlever leurs marchandises, pourront les voituriers, après une sommation bien et dûment faite aux marchands ou commissionnaires, auxquels la lettre de voiture sera adressante, faire décharger ladite marchandise du bateau à terre, par les officiers-forts ou compagnons de rivière, en faisant néanmoins, par ledit voiturier, mention par

écrit, sur leur registre de voiture, des quantités et qualités desdites marchandises ainsi déchargées, et faisant attester ledit registre par lesdits officiers-forts ou par deux personnes dignes de foi ; et demeureront, ce faisant, lesdits Voituriers, ensemble lesdits officiers-forts et compagnons de rivière, déchargés desdites marchandises.

Obs. « Des bois avaient été stipulés livrables sur le port, et « payables au 1er avril. A cette époque, l'acheteur a refusé d'en « prendre livraison : mis en demeure par une sommation, il a « fait défaut ; procès-verbal constatant la quantité de marchan- « dises déposées et prêtes à être livrées, a été dressé par le juge « de paix du lieu, en présence du garde-port. Depuis, les mar- « chandises ont été incendiées par cas fortuit. La cour a jugé que « cette perte était pour le compte de l'acheteur. » (Arrêt de la Cour Royale de Paris, du 16 décembre 1816, rapporté par M. Dupin dans son Code des Bois et Charbons.)

A quoi est tenu le Voiturier en cas de refus par le marchand d'accepter les marchandises.

8. *V.* l'art. 106 du Code de Commerce, et les *Obs.* à la suite, Ext. du Code de Commerce, Liv. VI.

Les marchandises ne seront déchargées sans l'aveu des propriétaires, ou sommation préalable.

9. Défense aux officiers-forts qui déchargent les marchandises, et aux compagnons de rivière qui ont accoutumé de décharger celles qui arrivent au port, de s'entremettre à la décharge desdites marchandises, avant qu'ils en soient requis et préposés par lesdits marchands-propriétaires, ou leurs commissionnaires, sous peine..... de tous dépens, dommages et intérêts, si ce n'était que le Voiturier leur eût fait apparoir de sommation bien et dûment faite au marchand ou commissionnaire, de faire faire la décharge desdites marchandises, ou qu'elle eût été ordonnée par justice.

Du temps que les marchandises doivent tenir port.

11. Les Voituriers qui auront amené en cette ville des marchandises de grains, vins, foins, bois, charbons et autres qui doivent tenir port, seront tenus, après avoir donné avis de leur arrivée au port de destination, et exhibé leurs lettres de voiture, de laisser leurs bateaux sur les ports pendant quinze jours au moins, à compter du jour que les bateaux seront à port, et pour le vin un mois ; et où la vente desdites marchandises ne serait faite pendant ledit temps, seront, lesdits Voituriers, payés des loyers et semaines de leurs bateaux, par les marchands ou leurs commissionnaires, jusqu'à la restitution du bateau en bon état, eu égard à sa grandeur et qualité, au dire de gens à ce connaissant, ou qui seront nommés d'office s'il n'y a convention.

Le Voiturier n'est tenu du compte de la marchandise s'il n'en a mésusé.

12. Le Voiturier qui aura amené des marchandises ne sera obligé de les rendre par compte ou mesure, si ce n'est que par lettre de voiture *il soit fait mention que la marchandise a été livrée au voiturier par compte et mesure*, et que le Voiturier soit chargé par icelle de rendre la marchandise aussi par compte, ou que le marchand mette en fait

que le Voiturier a mésusé; et si le marchand a mis gourmet ou garde
sur le bateau pour la conservation de la marchandise, le Voiturier ne
sera tenu de la rendre par compte.

Obs. V. l'Extrait du Code de Commerce, art. 101, relatif à
la lettre de voiture, Liv. VI.

Les compagnons de rivière préférés sur la marchandise.

13. Si le propriétaire-voiturier est en demeure de payer les compagnons de rivière, pourront lesdits compagnons s'adresser aux marchands, et à leur refus à la marchandise, même au bateau dans lequel
elle aura été voiturée, qu'ils pourront faire saisir et vendre pour leurs
salaires, frais, dépens et séjours, sauf le recours du marchand contre
le propriétaire-voiturier.

Obs. Ce privilége est maintenu par l'art. 106 du Code de Comm.
(*V.* Extrait du Code de Commerce, Liv. VI), et par l'art. 2102,
§. 6, du Code Civil, ainsi conçu : Les créances privilégiées sur
certains meubles sont : « Les frais de voiture et les dépenses accessoires sur la chose voiturée. » On appelle *dépenses accessoires*
tout ce que le Voiturier a dépensé pour la chose même, par
exemple, pour avaries, pour les droits de douanes, octrois ou
autres semblables ; par *frais de voiture*, il faut entendre ce qui
peut être dû au Voiturier ou à ses préposés (compagnons de rivière),
pour leurs salaires.

Le marchand chargé du bateau depuis qu'il a été mis à port.

14. Demeure tout marchand responsable des bateaux qui auront
servi à la voiture de ses marchandises, dès l'instant qu'ils auront été mis
à port, et tant qu'il restera de ses marchandises dans lesdits bateaux.

Obs. Une Sentence du bureau de la ville, du 18 mars 1766, a
jugé que le marchand n'est pas garant du bateau dans lequel il
lui a été voituré de la marchandise, lorsqu'il périt par les glaces.
C'est un cas de force majeure.

Le bateau est affecté à la marchandise.

15. Le bateau répond de la marchandise, de sorte que si le Voiturier
défaut au marchand en livraison de quantité dont il a été chargé, ou si
la marchandise se trouve endommagée par le défaut du soustrait, ou
faute par le Voiturier d'avoir couvert les marchandises de qualité, à
périr par l'injure du temps, en tous ces cas, le marchand peut procéder par voie de saisie et vente du bateau.

Obs. Ce droit attribué au marchand comme privilége, est
aboli; le propriétaire des marchandises peut, il est vrai, faire
saisir le bateau en cas de dommage provenant du fait du Voiturier, mais le produit du bateau vendu sur saisie ne lui sera pas
affecté exclusivement, si le Voiturier a d'autres créanciers saisissans : ce prix sera distribué au marc le franc, en cas d'insuffisance.

A qui doit appartenir le bon de mesure.

16. S'il se trouve dans les bateaux plus grande quantité de marchandises que celle portée par lettres de voitures, elle appartiendra au mar-

chand , en augmentant le prix de la voiture à proportion de ce qu'il s'est trouvé bon.

Ne seront enlevés des ports les marchandises et bateaux saisis.

17. Arrivant que les marchandises estant sur les ports soient saisis sur le marchand , et les bateaux sur le Voiturier , ne pourront lesdites marchandises être enlevées desdits ports par lesdits propriétaires ou saisissans, sous quelque prétexte que ce soit, au préjudice de ladite saisie , ni les bateaux emmenés , à peine, contre les contrevenans , d'amende arbitraire (1) et d'emprisonnement de leurs personnes.

Obs. En cas de saisie faite sur le Voiturier, le propriétaire des marchandises devrait se conformer à l'art. 608 du Code de Procédure, ainsi conçu : « Celui qui se prétendra propriétaire des « objets saisis ou de partie d'iceux, pourra s'opposer à la vente « par exploit signifié au gardien , et dénoncé au saisissant et au « saisi, contenant assignation libellée, et l'énonciation des preuves « de propriété , à peine de nullité : il sera statué par le tribunal « du lieu de la saisie comme en matière sommaire : le réclamant « qui succombera sera condamné, s'il y a chef, aux dommages « et intérêts du saisissant. » En cas de saisie faite sur le marchand , et qui frapperait indûment sur le bateau, le Voiturier devrait remplir les mêmes formalités pour revendiquer son bateau.

Quant à la peine prononcée par cet article, pour l'enlèvement des objets saisis, elle est changée par la législation nouvelle : si l'enlèvement procède du fait du propriétaire des marchandises saisies, celui-ci n'est passible que de simples dommages-intérêts envers les créanciers saisissans; si l'enlèvement provient d'un tiers, c'est un vol punissable aux termes de l'art. 379 du Code Pénal.

Saisie n'empêchera le débit de la marchandise.

18. Ne sera néanmoins sursis, sous prétexte de ladite saisie, à la vente desdites marchandises. Mais seront celles sujettes à taxe , vendues au prix de ladie taxe ; et à l'égard de celles dont le prix n'est point fixé , seront vendues au prix courant, et les deniers provenant desdites ventes , reçus par les gardiens établis auxdites saisies , ou tenus en justice, à la conservation de qui il appartiendra.

Obs. Les formalités relatives à la vente des marchandises saisies, sont consignées dans les articles 613 et suivans du Code de Procédure civile.

Celles relatives à la vente des bateaux saisis, sont ainsi réglées par l'art. 620 du même Code : « S'il s'agit de bacs, galiotes, « bateaux et autres bâtimens de rivière...., il sera procédé à leur « adjudication sur les ports, gares ou quais où ils se trouvent : il « sera affiché quatre placards au moins, conformément à l'article « précédent, et il sera fait à trois divers jours consécutifs, trois « publications au lieu où sont lesdits objets; la première publica-

---

(1) *V.* l'Extrait du Code Pénal , art. 484 , *Obs.* 2 , Liv. VI.

« tion ne sera faite que huit jours au moins après la signification
« de la saisie. Dans les villes où il s'imprime des journaux, il sera
« suppléé à ces trois publications par l'insertion qui sera faite au
« journal de l'annonce de ladite vente, laquelle annonce sera
« répétée trois fois dans le cours du mois pendant la vente. »

CHAPITRE IV.

*Concernant les fonctions des Maîtres des ponts, leurs aides, cha-
bleurs, Maîtres des pertuis, etc., etc.*

*Les Maîtres des pertuis et ponts et chableurs doivent résidence sur les lieux et travail
personnel.*

Art. 1. Enjoint aux maîtres des ponts, chableurs et maîtres de pertuis,
de faire résidence sur les lieux, de travailler en personne, et d'avoir, à
cet effet, flettes, cordes et autres équipages nécessaires pour passer les
bateaux sous lesdits ponts et par les pertuis, avec la diligence requise,
faute de quoi et en cas de retard, seront lesdits maîtres de ponts et pertuis et chableurs tenus des dommages-intérêts des marchands et voituriers, même demeureront responsables de la perte des bateaux et marchandises, naufrage arrivant auxdits ponts et pertuis, faute de bon travail.

*Les voituriers n'entreprendront de passer eux-mêmes les bateaux sous les ponts et
les pertuis où il y a des maîtres établis.*

2. Défenses à tous marchands ou voituriers, sous quelque prétexte que ce soit, de passer eux-mêmes les bateaux sous les ponts,
ou par lesdits pertuis, où il y a des Maîtres établis, à peine de 100 liv.
d'amende, et seront, les marchands et Voituriers, tenus s'arrêter aux
gares ordinaires et d'avertir les Maîtres des ponts; lesquels seront
tenus passer lesdits bateaux, suivant l'ordre de leur arrivée, sans user
de préférence, à peine de dommages et intérêts des marchands et Voituriers, et d'amende arbitraire. (1)

Obs. 1. Cette défense est renouvelée par un Arrêté du
19 floréal an IX, ainsi conçu : « Conformément à l'art. 2 du
chap. IV de l'Ordonnance de 1672, il est défendu aux mariniers
fréquentant la basse Seine, de se passer eux-mêmes, soit de jour,
soit de nuit, dans les lieux où il y a des chefs de pont et pertuis
établis, sous les peines portées par lesdits articles.

2. « L'inspecteur de la navigation est chargé de réprimer la
contravention. »

3. *V.* aussi l'Arrêté du ministre de l'intérieur, du 26 décembre
1801, qui confirme cet article, et l'art. 7 de l'Arrêt du Conseil
du 24 juin 1777, ci-après.

*Salaires des Maîtres des ponts et pertuis et chableurs seront inscrits sur une plaque
de fer-blanc, laquelle sera posée au lieu le plus évident desdits ports et gares.*

4. Seront les droits attribués aux Maîtres des ponts, pertuis
et chableurs, inscrits sur une plaque de fer-blanc, laquelle sera posée
au lieu le plus éminent des ponts et gares ordinaires.

---

(1) *V.* l'Ext. du Code Pénal, art. 484, *Obs.* 2, à la fin du volume.

Obs. V. ci-après l'Arrêté du ministre de l'intérieur du 26 décembre 1801, qui rappelle cet article.

Les aides des Maîtres de ponts..., tenus à la résidence.

6. Enjoint aux aides des maîtres des ponts de faire résidence actuelle au lieu de leur établissement, et d'obéir ponctuellement aux ordres qui leur seront donnés par le maître des ponts, à peine de demeurer responsables de toutes pertes commises par leur désobéissance.

Obs. V. l'Arrêté du ministre de l'intérieur, du 26 décembre 1801, qui rappelle cet article.

Des gardes de nuit et de leurs fonctions.

7. Enjoint aux gardes de nuit de faire leurs fonctions en personne, et de faire sur les ports bonne et sûre garde pour la conservation des marchandises y étant, à peine d'en répondre en leurs propres et privés noms, et d'interdiction de leurs charges; à l'effet de quoi, par chacun jour, après l'heure de vente, leur seront donnés par comptes, les marchandises qui se pourront compter; et les autres marchandises qui ne se pourront compter leur seront confiées au même état qu'elles auront été reconnues le soir par deux marchands qui en auront au lieu le plus proche, pour être lesdites marchandises le lendemain rendues au même compte et état qu'elles leur auront été données en garde; et, en cas de contestation sur la quantité desdites marchandises, en seront crus les deux marchands qui auront été présens à la reconnaissance faite le soir précédent; et, sur leur déclaration, lesdits gardes de nuit condamnés à indemniser les marchands de la perte de leurs marchandises, au dire d'experts; et où les gardes de nuit seraient accusés d'avoir abusé de la garde desdites marchandises, et icelles appliquées à leur profit, en ce cas, pourront les marchands intenter leur action dans les 24 heures, pour être contre lesdits gardes de nuit procédé extraordinairement, après lequel temps les marchands déclarés non recevables.

Des fonctions des débâcleurs.

(*V*. dans l'Appendice qui suit ce livre l'Ordonnance de police du 27 octobre 1812, concernant la Police de la rivière et des ports, pendant l'hiver, et dans les temps de glaces, grosses eaux et débâcles.)

22. (*V*. la note sous l'art. 11 de l'Ordonnance de police du 13 janvier 1812, Append. du Liv. II.)

25. (*V*. la note sous l'art. 8 de la même Ordonnance.)

CHAPITRE V.

Concernant les Bateaux-Coches par eau et les Maîtres passeurs d'eau.

A quoi sont obligés les Maîtres de coches par eau.

ART. 1. Seront, les Maîtres des bateaux-coches, tenus aux jours de leur départ d'avoir leurs bateaux prêts..... pour y recevoir les personnes qui voudraient y entrer..... et auront planches suffisantes portées sur bateaux, depuis le bord de la rivière jusqu'en leursdits bateaux, à peine de 100 livres d'amende.

Tiendront registres.

2. Seront, lesdits maîtres et conducteurs de coches par eau, tenus d'avoir des registres en bonne forme, sur lesquels ils se chargeront des marchandises ou hardes qui leur seront données à voiturer, et en demeureront responsables en cas de perte.

Obs. V. l'*Obs.* sous l'art. 3 du Décret du 14 fructidor an XII, Liv. I; l'art. 5 de l'Ordonnance du 4 février 1820, même Livre; le Traité de la Responsabilité et les *Obs.* sous les articles 1783, 1784 et 1785 du Code Civil, relatives à la responsabilité en cas de perte, Liv. V.

De la taxe pour personnes ou hardes.

3. Ne sera pris par les maîtres des coches par eau, plus grand droit que la taxe faite par les prévots des marchands et échevins sur la voiture des personnes, hardes et marchandises, eu égard à la distance des lieux et prix desdites marchandises; laquelle taxe sera inscrite sur une plaque de fer-blanc, et attachée au mât du bateau.

... Seront aussi lesdits maîtres de bateaux-coches tenus avoir en iceux des fléaux pour peser les hardes, sans qu'ils puissent rien prétendre pour le sac et hardes que chaque personne voudra porter avec soi, qui n'excéderont point le poids de six livres; le tout à peine de 100 livres (d'amende).

Obs. Le prix du transport est aujourd'hui fixé par les Maîtres de coches eux-mêmes, suivant la nature des marchandises et la distance des lieux. Les Voituriers par eau sont, comme les Voituriers par terre, responsables, d'une *manière indéfinie* (*V.* le Traité de la Responsabilité), de la perte des objets inscrits sur leurs registres; mais il est à remarquer qu'à l'égard des sacs de nuit ou autres paquets destinés aux besoins journaliers des passagers, l'usage n'est point de les inscrire : en conséquence, les Maîtres de coches sont responsables de leur perte, s'il y a faute ou négligence de leur part ou de celle de leurs préposés, lors même que lesdits paquets n'auraient point été portés sur le registre, mais seulement sur la feuille de départ. (*V.* l'*Obs.* sous l'art. 54 de la Loi du 24 juillet 1793, Liv. I.)

De l'entrée et sortie des bateaux-coches sur la route.

4. Pour prévenir les accidens qui sont souvent arrivés à l'abord des petits bateaux qui apportent ceux qui veulent entrer dans les coches, ou reçoivent ceux qui veulent en sortir : enjoint aux maîtres et conducteurs desdits coches et défenses de recevoir ou laisser sortir personne en pleine rivière, et pendant que les chevaux tirent.

N'aller au-devant des coches.

5. .... Défenses sont faites à tous compagnons de rivières et gagnedeniers d'aller au-devant des coches pour descendre des personnes ou hardes y étant, sous quelque prétexte que ce soit, à peine d'amende.... et aux Maîtres de coches ou Voituriers, conducteurs d'iceux, de s'arrêter en chemin pour faire lesdites descentes : ains seront lesdits maîtres de coches tenus de continuer leur chemin, et se rendre aux

ports de leur descente ordinaire, à peine d'amende arbitraire. (*V*. la note p. 113.)

Nota. Une Ordonnance de police, du 14 janvier 1805, dispose que des experts, en présence de l'inspecteur général de la navigation et des ports, doivent faire, au moins quatre fois par an, la visite des coches et galiotes, pour constater leur solidité ; que l'inspecteur peut interdire provisoirement l'usage de ceux reconnus hors de service, sauf à en rendre compte dans les vingt-quatre heures. Ils sont amarrés dans la partie du port qu'il désigne. (*V*. cette Ordonnance, *Appendice* du Livre II.)

CHAPITRE XVII.

Concernant le flottage des bois. (1)

Sera loisible aux marchands de faire passer leurs bois sur les terres et héritages étant depuis les forêts jusqu'aux ports flottables et navigables des rivières et ruisseaux.

Art. 4. Pourront les marchands fabricant desdites marchandises (bois) faire tirer et sortir des forêts, passer les charrettes et harnois sur les terres et chemins étant depuis lesdites forêts jusqu'aux ports flottables et navigables, en dédommageant les propriétaires desdites terres, au dire d'experts et gens à ce connaissant, dont les parties conviendront ; sans que, pour raison desdits dommages, les propriétaires desdits héritages puissent faire saisir lesdits bois, chevaux et charrettes, et empêcher la voiture sur lesdits ports ; en faisant, par les marchands, leurs soumissions de payer lesdits dommages, tels que de raison.

Permis aux marchands de bois de faire des canaux et de prendre les eaux des étangs pour le flottage des bois.

5. Et d'autant que les marchands de bois flottés ne pourraient souvent exploiter lesdits bois sans faire de nouveaux canaux, et se servir des eaux des étangs, sera permis auxdits marchands de bois de faire lesdits canaux, et de se servir des eaux desdits étangs, en dédomma-

---

(1) Une Ordonnance de la ville, du 30 novembre 1787, porte que le flottage à *buches perdues* ne peut avoir lieu qu'au préalable les marchands n'aient fait constater que l'état de la rivière et la saison seront favorables au flottage.

Le flottage à *flot particulier* est réglé par un Arrêté du ministre de l'intérieur du 16 vendémiaire an XI, ainsi conçu :

« Art. 3. Les marchands qui feront couler leurs bois en flot particulier ne pourront les embarquer avant d'avoir prévenu le commis général qui leur indiquera la place où ils devront les faire tirer ; ils ne pourront les placer que dans les lieux qui leur auront été ainsi désignés.

« 4. Les flots particuliers n'auront lieu qu'avant ou après les flots de communauté ; en sorte que si, au moment de l'embarquement d'un flot particulier, il se trouvait un flot de communauté en cours de tricage et mis en état, le flot particulier serait suspendu jusqu'à ce que le flot de communauté ait été totalement fini et reçu.

« 5. L'inspecteur de la navigation, les commis généraux du commerce et les jurés compteurs assureront, chacun en ce qui le concerne, l'exécution du présent Arrêté. »

Une Sentence du bureau de la ville, du 8 février 1740, a condamné un manouvrier en 200 fr. d'amende, pour avoir abandonné le flot de bois confié à sa conduite, avec défense de récidiver sous plus grandes peines.

geant lesdits propriétaires desdites terres et desdits étangs, au dire d'experts et gens à ce connaissant, dont les parties conviendront.

Que les marchands pourront jeter leurs bois à bois perdu.

6. Les marchands de bois flottés pourront faire jeter leurs bois à bois perdu sur les rivières et ruisseaux, en avertissant les propriétaires intéressés, par publications, qui seront faites dix jours avant que de jeter lesdits bois, aux prônes des messes de paroisses étant depuis le lieu où les bois seront jetés, jusques à celui de l'arrêt, et à la charge de dédommager les propriétaires des dégradations, si aucunes étaient faites aux ouvrages et édifices construits sur lesdits rivières et ruisseaux.

Obs. V. le *Nota* qui suit cette Ordonnance.

Du chemin qui sera laissé le long des ruisseaux servant au flottage des bois.

7. Afin que le flottage des bois puisse être plus commodément fait, seront tenus les propriétaires des deux côtés desdits ruisseaux de laisser un chemin de quatre pieds pour le passage des ouvriers préposés par les marchands pour pousser aval-l'eau lesdits bois.

Obs. V. l'*Obs.* 2 sous l'art. 3 du chap. Ier.

Les marchands pourront faire passer leurs bois dans les étangs et fossés appartenant aux gentilshommes et autres (propriétaires).

8. Pourront aussi les marchands de bois les faire passer par les étangs et fossés appartenant aux gentilshommes et autres (propriétaires), lesquels seront tenus, à cet effet, de faire faire ouverture de leurs basses-cours et parcs aux ouvriers préposés par lesdits marchands, à la charge de dédommager lesdits propriétaires, s'il y échet.

De la pêche des bois-canards.

9. Sera loisible auxdits marchands de faire pêcher par telles personnes que bon leur semblera les bois de leur flot qui auront été à fond d'eau, pendant quarante jours après que ledit flot sera passé; et si durant les quarante jours autres marchands jettent un autre flot, lesdits quarante jours ne commenceront de courir que du jour que le dernier flot sera entièrement passé; et ne pourront, ceux qui se prétendent seigneurs des rivières et ruisseaux, se faire payer aucune chose, sous prétexte de dédommagement de la pêche, ou autrement, pour raison desdits bois-canards.

Les seigneurs (propriétaires), après les quarante jours, pourront faire pêcher les bois-canards.

10. Si les marchands sont négligens de faire pêcher lesdits bois-canards durant les quarante jours, les seigneurs (propriétaires), ou autres ayant droit sur les rivières, le pourront faire après lesdits quarante jours, à la charge toutefois de laisser lesdits bois sur les bords desdites rivières, pour les frais de laquelle pêche, et occupation des terres, leur sera payé par les marchands à qui les bois se trouveront appartenir ce qui sera arbitré par gens à ce connaissant, dont les parties conviendront, eu égard aux lieux et revenus desdits héritages et temps d'occupation. Fait défenses auxdits seigneurs et autres de faire enlever en leurs châteaux et maisons lesdits bois, à peine d'être déchus de tous remboursemens pour ladite pêche, et de restitution du quadruple du

prix desdits bois qu'ils auront ainsi enlevés, dont lesdits marchands pourront faire leurs recherches.

Les marchands feront visiter les vannes, écluses, pertuis et moulins, avant que de jeter leur bois à bois perdu.

11. Pour prévenir les contestations fréquentes d'entre les marchands et les seigneurs, et autres propriétaires des moulins, vannes, écluses et pertuis établis et construits sur lesdites rivières et ruisseaux, pour prétendues dégradations causées par le passage des bois, seront lesdits marchands tenus, avant que de jeter leur flot, de faire visiter par le premier juge ou sergent sur ce requis, partie présente, ou dûment appelée aux domiciles de leurs meuniers, lesdits vannes, écluses, pertuis et moulins, et de faire faire le récolement de ladite visite, après le flot passé, par le même juge ou sergent, à peine d'être tenus de toutes les dégradations qui se trouveront auxdits vannes, écluses, moulins et pertuis.

Les propriétaires des vannes, écluses, pertuis et moulins, tenus de les entretenir en bon état.

12. Si, sur la visite faite avant le flot, il paraît qu'il y ait aucune réparation à faire auxdits vannes, écluses, pertuis et moulins, les propriétaires seront tenus de les faire incessamment rétablir, après une simple sommation faite auxdits propriétaires, à leurs personnes ou domicile de leurs meuniers; sinon permis auxdits marchands d'y mettre ouvriers, et d'avancer pour ce les deniers nécessaires qui leur seront déduits et précomptés sur ce qu'ils pourront devoir pour le chômage desdits moulins causé par le passage de leurs bois, et le surplus sera porté par lesdits propriétaires, et pris par préférence sur le revenu des moulins, qui demeurera par privilége affecté auxdites avances.

Des droits qui seront payés pour le chômage des moulins.

13. Quand aucuns moulins construits par titres authentiques sur les rivières et ruisseaux flottables, tournans et travaillans actuellement, chômeront au sujet du passage des bois flottés, sera payé pour le chômage d'un moulin pendant vingt-quatre heures, de quelque nombre de roues que le corps du moulin soit composé, la somme de 40 sous, si ce n'est que les marchands ne soient en possession de payer moindre somme auxdits propriétaires desdits moulins ou leurs meuniers, auquel cas sera payé suivant l'ancien usage. Défenses auxdits meuniers de se faire payer aucune autre somme, si ce n'était pour leur travail particulier, et dont ils seront convenus de gré à gré avec les marchands ou leurs facteurs.

Obs. V. l'art. 29 de l'Arrêté du 28 mai 1803, ci-après.

Permis aux marchands de prendre des terres pour faire l'amas de leurs bois, sur les ports des rivières navigables et flottables.

14. Pourront, lesdits marchands de bois, se servir des terres proche des rivières navigables et flottables pour y faire les amas de leurs bois, soit pour les charger en bateaux, soit pour les mettre en trains, en payant pour l'occupation desdits héritages : savoir, 18 deniers (1 sol et demi) par chacune corde qui sera empilée sur les terres étant en pré, et 1 sol pour chacune corde empilée sur les terres étant en labour, lesquelles sommes seront payées pour chacune année que lesdits bois demeureront empilés sur les lieux d'entrepôt, et moyennant lesdites sommes, seront tenus lesdits

propriétaires de souffrir le passage des ouvriers sur leurs héritages, tant pour faire lesdits empilages que pour façonner les trains ; ensemble laisser passer harnois et chevaux portant les rouettes, chantiers et autres choses nécessaires pour la construction desdits trains.

Obs. 1. A propos des indemnités établies par cet article en faveur des propriétaires riverains, M. Dupin, dans son Code du Commerce de Bois et Charbon, fait l'observation suivante : « Quoi-« qu'il soit certain que les riverains ne puissent pas exiger d'autres « droits que ceux fixés par l'Ordonnance de 1672, jusqu'à ce que « sa disposition à cet égard ait été changée, cependant on ne peut « se dissimuler qu'il serait juste d'augmenter la fixation de ces « droits, parce qu'ils se trouvent aujourd'hui hors de toute pro-« portion, soit avec le prix des bois, soit avec la valeur des fruits « que pourrait produire le terrain occupé, soit avec le montant « des impôts. Tout cela a triplé depuis 1672, et cependant l'in-« demnité des propriétaires est restée la même. »

2. Les contestations qui peuvent s'élever entre les flotteurs et les propriétaires riverains, relativement à des dommages que ceux-ci prétendraient avoir été commis sur leur propriété, sont dans les attributions de l'autorité administrative. (Arrêt du Conseil-d'État, du 4 février 1824.)

3. Un Réglement de police du 12 février 1784, porte, chap. 3, art. 12 : Seront tenus les gardes, jurés compteurs, de délivrer aux propriétaires des terrains sur lesquels se font les amas et dépôts de bois, leurs certificats détaillés de l'occupation desdits terrains, à l'effet par eux de se faire payer par les marchands du droit de posage qui leur appartient.

De la hauteur et longueur des piles.

15. Et afin que les propriétaires puissent être payés par chacun desdits marchands qui auront du bois dans un flot, seront tenus lesdits marchands de faire marquer leur bois de leur marque particulière, de les faire triquer et empiler séparément sur lesdits ports flottables, et de faire faire les piles de huit pieds de haut sur la longueur de quinze toises, ne laissant entre les piles que deux pieds de distance ; et ne pourront lesdits marchands faire travailler à la confection de leurs trains qu'après avoir payé ladite occupation ; à l'effet de quoi seront tenus de faire compter et mesurer lesdites piles par les compteurs des ports, en présence des propriétaires desdits héritages et prés, ou eux dûment appelés.

Les bois neufs seront chargés dans les bateaux séparément suivant leurs qualités.

19. Pour éviter un mélange de bois de différentes qualités qui en pourrait causer la survente, les marchands qui feront arriver des bois neufs de différentes qualités en même bateau, sont tenus de les y faire mettre par piles séparées, à peine de confiscation.

Nota. Le directeur général des ponts-et-chaussées a adressé, le 29 octobre 1807, une lettre au préfet de la Nièvre, par laquelle il rappelle les dommages-intérêts auxquels s'exposent envers les propriétaires, à qui le flot cause préjudice, les marchands de bois qui, en flottant, ne se conforment pas aux règles prescrites par l'Ordonnance de 1672, telles que de faire visiter les vannes, écluses, pertuis et moulins, en présence des parties intéressées; de ne se servir des eaux des étangs qu'en dédommageant les propriétaires à dire d'experts; de ne se permettre aucun embarquement de flot qu'au préalable, publication n'en ait été faite dix jours à l'avance.... En négligeant toutes ces formalités, dit M. le directeur, les contrevenans se sont mis à la discrétion des propriétaires d'usines; ils se sont rendus passibles des dommages-intérêts que le propriétaire a droit d'exiger d'eux; ils se sont exposés enfin à ce que ces mêmes propriétaires leur refusent le passage dans leurs vannes et gautiers. Le directeur général termine en émettant son opinion sur le flottage des merrains (planches de chêne); il pense que ce flottage peut être accordé toutes les fois que les formalités ci-dessus ont été remplies, et que l'administration a d'ailleurs reconnu que ce flottage ne nuira point à celui qui a pour objet le service public. En conséquence, il importe de l'assujettir à une permission spéciale, et de tenir à cet égard les propriétaires intéressés sous la dépendance de l'administration.

— Outre les dispositions générales de ce chapitre, il existe des lois particulières qui règlent le flottage sur certaines rivières : nous citerons notamment le Décret du 29 mai 1808, sur la police générale de la rivière de Sèvres; la Décision du ministre de l'intérieur, du 29 juin 1813, contenant réglement pour la police du flottage sur les ruisseaux de Vendy et de Sainte-Clotilde, affluens à la rivière d'Aisne, etc., etc.

24 juin 1777.

Arrêt du Conseil portant Réglement pour la Navigation de la rivière de Marne, et autres rivières et canaux navigables.

Art. 1. Les Ordonnances rendues sur le fait de la navigation, notamment celles des eaux et forêts de 1669, et du bureau de la Ville, de 1672, et tous autres Réglemens sur cette partie, seront exécutés selon leur forme et teneur. S. M. fait, en conséquence, défense à toutes personnes de quelque qualité ou condition qu'elles soient, de faire aucuns moulins, pertuis, vannes, écluses, arches, bouches, gares ou pêcheries, ni autres constructions ou autres empêchemens quelconques sur ou au long des rivières et canaux navigables, à peine de 1000 francs d'amende, et de démolition desdits ouvrages; et, où il se trouverait sur la rivière de Marne et autres rivières, aucuns desdits ouvrages nuisibles à la navigation, ordonne S. M. aux propriétaires de les enlever et les détruire dans le délai de deux mois, du jour de la signification du présent arrêt, qui leur sera fait à cet effet............

2. Enjoint S. M. à tous propriétaires riverains de livrer vingt-quatre pieds de largeur pour le hallage des bateaux et traits de chevaux le long des

bords de la rivière de Marne, et autres fleuves et rivières navigables, ainsi que sur les îles où il en serait besoin, sans pouvoir planter arbres ni haies, tirer fossé ni clôture plus près des bords que de trente pieds; et où il se trouverait aucuns bâtimens, arbres, haies, clôtures ou fossés dans ladite largeur prescrite pour les chemins de hallage d'un ou d'autre bord, ordonne S. M. que lesdits bâtimens, arbres, haies et clôtures, seront abattus, démolis et enlevés, et les fossés comblés par les propriétaires, dans le terme d'un mois, à compter de la publication du présent arrêt, à peine, par lesdits riverains, de demeurer garans et responsables des événemens et retards, de 5oo francs d'amende, et d'être contraints, à leurs dépens, aux démolitions. Autorise S. M. tous Voituriers par eau et mariniers fréquentant lesdites rivières, ledit délai expiré, d'abattre et enlever lesdits obstacles sur la permission des juges qui en doivent connaître, auxquels lesdits Voituriers et mariniers seront tenus de dénoncer les ouvrages nuisibles à la navigation; et, pour dédommager lesdits Voituriers et mariniers de leurs peines et de leurs dépenses, les objets qu'ils auront démolis ou abattus leur appartiendront, pour en disposer comme bon leur semblera.

3. Ordonne pareillement S. M. à tous riverains, mariniers ou autres, de faire enlever les pierres, terres, bois, pieux, débris de bateaux et autres empêchemens étant de leur fait ou à leur charge, dans le lit desdites rivières ou sur leurs bords, à peine de 5oo francs d'amende, confiscation desdits matériaux et débris, et d'être en outre contraints au paiement des ouvriers qui seront employés auxdits enlèvemens et nettoyemens, lesquels, après ledit délai passé, pourront être faits en vertu du présent Arrêt, par tous Voituriers par eau et mariniers.

4. Défend S. M., sous les mêmes peines, à tous riverains et autres, de jeter dans le lit desdites rivières et canaux, ni sur leurs bords, aucuns immondices, pierres, graviers, bois, paille ou fumier, ni rien qui puisse en embarrasser et altérer le lit, ni d'en affaiblir et changer le cours par aucunes tranchées ou autrement, ainsi que d'y planter aucuns pieux, mettre rouir des chanvres, comme aussi d'y tirer aucunes pierres, terres, sables et autres matériaux, plus près des bords que de six toises.

5. Enjoint S. M. à tous propriétaires et fermiers des bacs établis sur lesdites rivières, de rendre les abords et chaussées desdits bacs faciles et praticables pour la navigation et les passagers. d'entretenir leurs bacs et nacelles en bon état, de les pourvoir de gens habiles à la manœuvre, et d'avoir toujours un tarif de leurs droits affiché sur une plaque exposée à la vue du public; et, où le service des bacs se ferait à corde tendue, S. M. entend que ceux qui les exploitent livrent le passage aux coches, diligences et bateaux, sans leur faire éprouver le moindre retard ou empêchement, à peine d'en demeurer garans et responsables.

Obs. V. ci-après les art. 35 et suiv. de la Loi du 26 novembre 1798, sur les bacs.

7. S. M. enjoint à tous maîtres et chableurs de ponts, pertuis et écluses, leurs aides et préposés, d'être munis de tous les équipages et agrès nécessaires pour faire leur service en personne, sans risques ni retards, de passer les bateaux suivant l'ordre de leur arrivée, et les *coches et diligences par préférence à tous autres.*

Obs. V. ci-après l'Arrêté du ministre de l'intérieur, du 26 décembre 1801, qui rappelle cette disposition.

8. Fait S. M. très expresses inhibitions et défenses à tous Voituriers par eau, mariniers, meuniers et compagnons de rivière, de troubler et retarder le service desdits coches et diligences, d'embarrasser les bords des ports et gares qui leur sont affectés, de laisser vaguer les soupentes de leurs traits de bateaux, de garer leursdits bateaux du côté du halage, et avec les mâts, fourchettes ou gouvernaux dressés, de monter ou descendre lesdits bateaux et trains couplés en double dans les ponts, pertuis, goulettes et autres passages étroits, ni de les y emboucher avant que d'avoir été reconnaître s'il n'y a point de coches ou autres bateaux présentés pour y passer, ainsi que de fermer leursdits bateaux à l'entrée ou dans lesdits passages étroits, de manière à intercepter ou gêner la navigation, à peine de demeurer responsables de toutes pertes, dépens, dommages et retards, même de punitions corporelles, si le cas y échoit.

9. Défend très expressément S. M., aux propriétaires ou meuniers, d'exiger ou recevoir des mariniers ou marchands qui auront causé le chômage des moulins autres et plus forts droits que ceux fixés par les Ordonnances, et de retarder en aucune façon la navigation et le flottage. Leur ordonne S. M. de tenir les passages de leurs pertuis et bouchis ouverts en tout temps, quand il y aura deux pieds d'eau en rivière; et lorsque, les eaux étant plus basses, lesdits passages seront bouchés, de les ouvrir toutes les fois qu'ils en seront requis; de les laisser ouverts pendant un temps suffisant pour que les bateaux ou trains de bois puissent profiter du flot pour arriver à un autre bouchis, sans pouvoir pour ce exiger aucuns deniers ou marchandises, à peine de 1000 francs d'amende, même de punition exemplaire.

Obs. V. l'art. 13, chap. 17, de l'Ordonnance de 1672.

15-28 mars 1790.

Loi qui abolit les anciens Droits de péage, halage, etc., etc.

TITRE II.

Art. 13. Les droits de péage, de long et de travers, passage, halage, pontonnage, barrage, chômage, grande et petite coutume, tonlieu, et tous autres droits quelconques, ou en tenant lieu, sont supprimés sans indemnité. Il sera pourvu par les assemblées administratives à l'entretien des ouvrages, dont quelques-uns desdits droits sont grevés.

Sont exceptés, les octrois autorisés, perçus au profit de la nation, des provinces, des communes ou des hôpitaux.

Les droits de bac et de voiture d'eau. . . . .

Obs. Les droits de péage, de long et de travers, etc., se payaient par les marchands et autres, pour leurs marchandises, en passant sur certains ponts et rivières. Ils étaient perçus par les seigneurs sur les terres desquels ces ponts et rivières étaient situés. La peine contre ceux qui refusaient d'acquitter ces droits, était une amende arbitraire et la confiscation des marchandises.

Les seigneurs ne pouvaient imposer un nouveau péage sans la

permission du Roi; mais dans cette matière, comme dans beaucoup d'autres, la plupart d'entre eux se prétendaient souverains et maîtres.

On appelait ces droits *barrage*, à cause de la barre placée sur le chemin pour marque du péage; *travers*, pour désigner qu'ils se percevaient lorsqu'on traversait la terre du seigneur, etc.

26 novembre 1798. (6 frimaire an VII.)

Loi relative au régime, à la police et à l'administration des Bacs et Bateaux sur les fleuves, rivières et canaux navigables.

§. I. *Des bacs existans.*

ART. 1. Les dispositions des Lois du 25 août 1792, sur les bacs et bateaux établis pour la traverse des fleuves, rivières ou canaux navigables, et du 25 thermidor an III, sur les droits à percevoir auxdits passages, ainsi que toutes autres lois, tous usages, concordats, engagemens, droits communs, franchises, qui pourraient y être relatifs ou en dépendre, sont abrogés.

Obs. Une Loi du 4 mai 1802 (14 floréal an X) porte :

« ART. 9. Le gouvernement, pendant la durée de dix années, déterminera, pour chaque département, le nombre et la situation des bacs et bateaux de passage, établis ou à établir sur les fleuves, rivières et canaux.

« 10. Le tarif de chaque bac sera fixé par le gouvernement. »

§. IV. *Des adjudications et fermes.*

25. Aussitôt que les tarifs déterminés par le Corps législatif seront parvenus aux administrations centrales, il sera procédé, suivant les formes prescrites pour la location des domaines nationaux, à l'adjudication des droits de passage, bacs, bateaux, passe-cheval, établis sur les fleuves, rivières et canaux navigables, pour trois, six ou neuf années.

26. Le procès-verbal d'adjudication contiendra les clauses, charges et conditions qui, conformément à la présente Loi, auront par le Directoire été jugées les plus convenables à l'intérêt public, les plus utiles à la nation et aux localités; il fixera également le nombre des mariniers nécessaires à chaque bateau, celui des bateaux utiles au service de chaque passage, leur forme, leur dimension, leur construction, ainsi que la quantité et la nature des agrès dont ils devront être pourvus.

30. Aussitôt l'entrée en jouissance des adjudicataires, les tarifs provisoires établis conformément à l'art. 13 cesseront, et le fermier sera tenu de faire placer les nouveaux sur un poteau, en lieu apparent, de l'un et de l'autre côté de la rivière, fleuve ou canal, sur lequel sera aussi tracé le niveau d'eau au-delà duquel le supplément de taxe sera exigible.

§. V. *De la Police.*

31. Les opérations relatives à l'administration, la police et la perception des droits de passage sur les fleuves, rivières et canaux navigables, appartiendront aux administrations centrales de département dans

l'étendue desquelles se trouvera situé le passage, sans préjudice de la surveillance de l'administration municipale de chaque lieu : la poursuite des délits criminels et de police continuera, conformément au code des délits et des peines, à être de la compétence des tribunaux.

32. Lorsque les passages seront communs à deux départemens limitrophes, l'administration et la police desdits passages appartiendront à l'administration centrale dans l'arrondissement de laquelle se trouvera située la commune la plus prochaine du passage; en cas d'égalité de distance, la population la plus forte déterminera : en conséquence, la gare, le logement et le domicile de droit du passager seront toujours établis de ce côté.

33. L'attribution donnée par l'article précédent aux administrations centrales dans l'arrondissement desquelles se trouve située la commune la plus prochaine du passage, déterminera également celle des tribunaux civils, criminels, de police et de justice de paix, chacun suivant leur compétence.

34. Dans le cours de vendémiaire et de germinal de chaque année, sans préjudice des autres visites qui pourraient être jugées nécessaires, les administrations centrales prescriront aux ingénieurs des ponts et chaussées de faire, en présence des administrations centrales ou d'un commissaire nommé par elles, la visite des bacs, bateaux et autres objets dépendans de leur service, afin de juger s'ils sont régulièrement entretenus.

35. S'il se trouve des réparations ou des reconstructions à faire auxquelles les adjudicataires soient assujettis, ils y seront contraints par les administrations centrales, ainsi et par les mêmes voies que pour les autres entreprises nationales.

Dans le cas contraire, il y sera pourvu, et le paiement s'en fera ainsi qu'il sera ci-après expliqué.

36. Les ingénieurs constateront également la situation des travaux construits dans le lit des rivières, sur les cales, ports, abordages et chemins nécessaires pour y arriver. Ils observeront les changemens qui pourraient être survenus dans leur cours, soit à raison des débordemens, éboulis, glaces, ensablement, soit à raison de toute autre cause.

Ils indiqueront ensuite les travaux à faire; et si, pour leur confection, il était utile de changer le cours de l'eau, le concours de l'agence des eaux et forêts sera nécessaire, et son avis annexé au procès-verbal.

37. Si aucun des événemens prévus par l'article précédent, ou tous autres, survenaient dans l'intervalle d'une visite à l'autre, et qu'il fût indispensable d'y pourvoir sans délai, l'administration municipale, sur l'avis que lui en donnera l'adjudicataire, fera faire provisoirement tout ce qui sera utile au service.

38. L'administration municipale en informera de suite l'administration centrale, qui ordonnera une visite extraordinaire, à laquelle il sera procédé ainsi qu'il est dit art. 36.

39. Si, par l'effet des événemens prévus par les art. 36 et 37, les changemens à faire aux cales, ports, abordages et chemins, il fallait

en ouvrir de nouveaux sur des propriétés particulières, la nécessité en sera constatée par procès-verbal dressé en présence des parties intéressées, qui pourront y faire insérer leurs dires et réquisitions : l'indemnité sera fixée conformément à l'art. 358 de l'acte constitutionnel.

40. Si cependant le changement de chemin, port et abordage, n'était qu'accidentel et momentané à cause du gonflement des rivières, fleuves et canaux, les administrations centrales, sur l'avis des administrations municipales, et à dire d'experts, pourvoiront aux indemnités, qui seront acquittées sur le droit de bac, après l'approbation du Directoire exécutif.

41. Le Directoire exécutif se fera rendre compte de la situation des passages, et prononcera sur la nécessité d'établir des bacs et bateaux alternant sur les deux rives, lorsque la communication exigera cette mesure.

42. Il désignera aussi les passages dont la communication devra être suspendue depuis le coucher du soleil jusqu'à son lever ; et pendant cette suspension, les bacs, bateaux et agrès devront être fermés avec chaînes et cadenas solides.

43. Aux passages où le service public, les intérêts du commerce, et les usages particuliers résultant de la nature du climat et de la hauteur des marées, exigeront une communication non interrompue, le Directoire fera régler par les administrateurs (eu égard aux temps et aux lieux) le service des veilleurs ou quarts qui devront être établis pour ces passages.

44. Le Directoire déterminera également les mesures de police et de sûreté relatives à chaque passage : en conséquence, il désignera les lieux, les circonstances dans lesquelles le bac ou bateau devra avoir attaché à sa suite un batelet ou canot, et celles dans lesquelles les batelets ou canots devront être disposés à la rive, à l'effet de porter secours à ceux des passagers auxquels un accident imprévu ferait courir quelques risques.

Il prescrira le mode le plus convenable d'amarrer les bacs et bateaux lors de l'embarquement et du débarquement, afin d'éviter les dangers que le recul du bateau pourrait occasionner.

Il fixera aussi le nombre de passagers et la quantité de chargement que chaque bac ou bateau devra contenir en raison de sa grandeur.

45. Les adjudicataires et nautonniers maintiendront le bon ordre dans leurs bacs et bateaux pendant le passage, et seront tenus de désigner aux officiers de police ceux qui s'y comporteraient mal, ou qui, par leur imprudence, compromettraient la sûreté des passagers.

Obs. V. l'art. 5 de l'Arrêt du Conseil du 24 juin 1777.

46. Dans les lieux où les passages de nuit sont autorisés, les veilleurs ou quarts exigeront des voyageurs autres que les domiciliés, la représentation de leurs passe-ports, qui devront être visés par l'administration municipale ou l'officier de police des lieux.

Les conducteurs de Voitures publiques, courriers des malles et porteurs d'ordres du gouvernement, seront dispensés de cette dernière formalité.

47. Les adjudicataires ne pourront se servir que de gens de rivière

ou mariniers reconnus capables de conduire sur les fleuves, rivières et canaux : à cet effet, les employés devront, avant que d'entrer en exercice, être munis de certificats des commissaires civils de la marine, dans les lieux où ces sortes d'emplois sont établis, ou de l'attestation de quatre anciens mariniers conducteurs, donnée devant l'administration municipale de leur résidence, dans les autres lieux.

Obs. Les fermiers de bacs et bateaux, comme les Voituriers par eau en général, sont responsables des choses qui leur sont confiées pour transporter ; ainsi, lorsqu'une caisse de marchandises est avariée, parce que la diligence sur laquelle cette caisse était chargée a roulé dans la rivière au moment d'être embarquée dans le bateau, les fermiers du bac sont responsables de l'avarie envers le conducteur de la voiture, encore bien qu'ils allèguent que l'accident est provenu de ce que, par complaisance pour ledit conducteur, et pour lui faire perdre moins de temps, ils ont bien voulu, contrairement à l'usage, ne pas embarquer divisément les caisses et la voiture. (Arrêt de la Cour royale de Paris, du 31 août 1808.) V. *Traité de la Responsabilité*, Liv. V.

§. VI. *De l'acquit des droits de bac, et des exceptions y relatives.*

48. Tous individus voyageurs, conducteurs de voitures, chevaux, bœufs ou autres animaux et marchandises passant dans les bacs, bateaux, passe-cheval, seront tenus d'acquitter les sommes portées aux tarifs.

49. Ne sont point dispensés du paiement desdits droits, les entrepreneurs d'ouvrages et fournitures faits pour le compte de la République, ni ceux des charrois à la suite des troupes.

50. Ne seront point toutefois assujettis au paiement des droits compris auxdits tarifs, les juges, les juges de paix, administrateurs, commissaires du Directoire, ingénieurs des ponts et chaussées, lorsqu'ils se transporteront pour raison de leurs fonctions respectives ; les cavaliers et officiers de gendarmerie, les militaires en marche, les officiers lors de la durée et dans l'étendue de leur commandement.

§. VII. *Dispositions pénales.*

51. Il est enjoint aux adjudicataires, mariniers et autres personnes employées au service des bacs, de se conformer aux dispositions de police administrative et de sûreté contenues dans la présente Loi, ou qui pourraient leur être imposées par le Directoire et les administrations pour son exécution, à peine d'être responsables, en leur propre et privé nom, des suites de leur négligence, et, en outre, être condamnés pour chaque contravention, en une amende de trois journées de travail ; le tout à la diligence des commissaires du Directoire exécutif près les administrations centrales et municipales.

52. Il est expressément défendu aux adjudicataires, mariniers et autres personnes employées au service des bacs et bateaux, d'exiger, dans aucun temps, autres et plus fortes sommes que celles portées aux tarifs, à peine d'être condamnés par le juge de paix du canton, soit sur la réquisition des parties plaignantes, soit sur celle des commissaires du Directoire (proc. du Roi), à la restitution des sommes

indûment perçues, et, en outre, par forme de simple police, à une amende qui ne pourra être moindre de la valeur d'une journée de travail et d'un jour d'emprisonnement, ni excéder la valeur de trois journées de travail et trois jours d'emprisonnement : le jugement de condamnation sera imprimé et affiché aux frais du contrevenant.

En cas de récidive, la condamnation sera prononcée par le tribunal de police correctionnelle, conformément à l'art. 607 du Code des Délits et des Peines. (*V.* l'Ext. du Code Pénal, art. 174, et les *Obs.*)

53. Si l'exaction est accompagnée d'injures, menaces, violences ou voies de fait, les prévenus seront traduits devant le tribunal de police correctionnelle, et, en cas de conviction, condamnés, outre les réparations civiles et dommages et intérêts, à une amende qui pourra être de cent francs, et un emprisonnement qui ne pourra excéder trois mois. (*V.* l'Extrait du Code Pénal, art. 186.)

54. Les adjudicataires seront, dans tous les cas, civilement responsables des restitutions, dommages et intérêts, amendes et condamnations pécuniaires, prononcées contre leurs préposés et mariniers.

55. Ils pourront même, dans le cas de récidive légalement prononcée par un jugement, être destitués par les administrations centrales, sur l'avis des administrations municipales ; et alors leurs baux demeureront résiliés sans indemnité.

56. Toute personne qui se soustrairait au paiement des sommes portées auxdits tarifs, sera condamnée par le juge de paix du canton, outre la restitution des droits, à une amende qui ne pourra être moindre de la valeur d'une journée de travail, ni excéder trois jours.

En cas de récidive, le juge de paix prononcera, outre l'amende, un emprisonnement qui ne pourra être moindre d'un jour, ni être plus de trois ; et l'affiche du jugement sera aux frais du contrevenant.

57. Si le refus de payer était accompagné d'injures, menaces, violences ou voies de fait, les coupables seront traduits devant le tribunal de police correctionnelle, et condamnés, outre les réparations civiles et dommages et intérêts, en une amende qui pourra être de cent francs, et un emprisonnement qui ne pourra excéder trois mois. (*V.* l'Extrait du Code Pénal, art. 211.)

58. Toute personne qui aura aidé ou favorisé la fraude, ou concouru à des contraventions aux lois sur la police des baes, sera condamnée aux mêmes peines que les auteurs des fraudes ou contraventions.

59. Toute personne qui aurait encouru quelques unes des condamnations prononcées par les articles précédens, sera tenue d'en consigner le montant au greffe du juge de paix du canton, ou de donner caution solvable, laquelle sera reçue par le juge de paix ou l'un de ses assesseurs ;

Sinon, seront ses voitures et chevaux mis en fourrière, et ses marchandises déposées à ses frais jusqu'au paiement, jusqu'à la consignation, ou jusqu'à la réception de la caution.

60. Toute consignation ou dépôt sera restitué immédiatement après l'exécution du jugement qui aura prononcé sur le délit pour raison duquel les consignations ou dépôts auront été faits.

61. Les délits plus graves et non prévus par la présente, ou qui se compliqueraient avec ceux qui y sont énoncés, continueront d'être jugés suivant les dispositions des lois pénales existantes, auxquelles il n'est point dérogé.

§. IX. *Dispositions générales.*

70. Le Directoire exécutif fera passer aux administrations centrales toutes les instructions convenables pour le maintien du bon ordre et de la police à exercer envers les adjudicataires des bacs et bateaux, ainsi que pour tout ce qui sera relatif à l'exécution de la présente loi.

71. Les dispositions de la présente Loi ne sont point applicables au département de la Seine, dans lequel la Loi du 16 brumaire an v, sur les bacs, bateaux et batelets, continuera d'être exécutée.

Cependant sont abrogées les dispositions pénales prononcées par ladite Loi : celles énoncées en la présente seront appliquées aux contrevenans dans l'étendue du département de la Seine comme dans toute l'étendue de la France.

26 décembre 1801 (5 nivose an x).

Arrêté du Ministre de l'Intérieur qui homologue l'acte du Commissaire général de la navigation, du 11 vendémiaire an x, relatif à la réorganisation du service au passage des Ponts de Corbeil, Melun et Montereau, et au passage de l'ancien Pont de Samois. (1)

Le service des ponts de Corbeil, Melun, Samois et Montereau, pour les bateaux, traits et coches montans, sera fait par un chef de pont chableur. Le service des chefs de ponts chableurs demeure établi en conformité du tableau général ci-annexé; les prix seront inscrits sur une plaque de fer-blanc, qui sera posée au lieu le plus apparent du pont ou de la gare, conformément à l'art. 6 du chap. 4 de l'Ordonnance de 1672. (*V.* cet article.)

Toute perception qui serait exigée d'une manière contraire audit tarif, sera punie de la destitution, et le délinquant traduit devant les tribunaux en restitution. S'il y avait lieu par suite à ordonner quelques changemens ou modifications dans les prix, on ne le pourra que d'après une décision du ministre de l'intérieur, prise sur les informations nécessaires.

Les chefs de ponts chableurs sont responsables des manœuvres envers les citoyens dont les bateaux et les marchandises leur sont confiés, conformément aux art. 1 et 6 du chap. 4 de l'Ordonnance de 1672. (*V.* ces articles.) S'ils étaient fortement inculpés d'avoir, à dessein, mis en péril les bateaux et marchandises qu'ils doivent remonter les ponts, ou causé quelques dommages auxdits bateaux, marchandises, cordages et agrès, ils pourront être destitués, et, selon l'exigence des cas, traduits devant les tribunaux.

Les chefs de ponts sont tenus de passer les bateaux à leur tour, selon l'ancien ordre; ils sont responsables des retards qu'ils feront éprouver

---

(1) Nous donnons cet Arrêté, quoique local, vu l'étendue de ses rapports.

aux marchands et mariniers : les coches, comme les voitures publiques, auront toujours la préférence. (*V.* l'art. 7 de l'Arrêt du Conseil du 24 juin 1777.)

Les chefs de ponts seront tenus de faire le service depuis l'aurore jusqu'au crépuscule pour les traits et bateaux montans ; et pour les coches, à toute heure de nuit.

Les chefs de ponts chableurs, sous leur responsabilité, sont tenus de prévenir l'inspecteur de la navigation de tout ce qu'ils croiront contraire au bien du service ; l'inspecteur surveillera à son tour la conduite desdits chefs, et rendra du tout un compte exact au ministre de l'intérieur et au commissaire général de la navigation. Lesdits chefs de ponts sont également tenus, conformément aux art. 5 et 6 du chap. 4 de l'Ordonnance précitée, de donner avis de toutes les entreprises qui pourraient être faites sur le lit de la rivière, et qui seraient parvenues à leur connaissance.

Service du pont de Corbeil.

Le chef du pont prendra les bateaux, traits et coches en place au port Saint-Gueneau, dans les eaux hautes, et, dans les basses eaux, soixante-douze mètres au-dessous. Il les rendra d'eaux basses à l'Arquebuse ; et, dans les eaux hautes, il montera les traits deux longueurs de bateau plus loin, de manière que le bateau du mât et la supente seront montés au-dessus de l'Arquebuse, et le pont toujours vidé.

Les hunes nécessaires au montage seront toujours lâchées à l'arrivée en place des traits, coches et bateaux, de manière à ce que le service n'éprouve jamais de retard ; et, en cas de montage par le grand pont, le chef du pont, indépendamment des hunes, fournira la corde d'épart.

Le chef du pont fournira pour ces manœuvres quatre hommes expérimentés et un gareur.

Pour assurer le service d'une manière plus particulière, le chef du pont sera tenu d'avoir toujours en réserve le double des équipages nécessaires au montage des bateaux, traits et coches ; il sera tenu d'en faire la représentation à toute réquisition à l'inspecteur de la navigation, qui en fera la reconnaissance, et constatera, outre l'existence, l'état dans lequel les équipages seront trouvés. Le chef du pont sera également tenu d'en faire la représentation à tous les propriétaires de bateaux et coches, et aux monteurs de traits.

Tableau des prix pour la remonte des bateaux, traits et coches.

Le chef de pont percevra, pour le salaire des hommes employés au montage, le gareur compris, fourniture de hunes et cordes d'épart, lorsqu'il en sera besoin, 2 fr. par courbe (attelage) de chevaux employés au tirage, ci. . . . . 2 »

Lorsqu'on fera du trait à plusieurs fois, il sera payé, pour le second tirage, par courbe, ... 1 50

Pour le troisième et suivans, par courbe, ... 1 25

Et par courbe, à raison du nombre de chevaux qui auront amarré le coche en place, ... 1 90

Le chef de pont n'ayant aucune manœuvre à faire sur les bateaux et coches avalans, il ne lui sera rien payé, sauf le cas où par suite il serait chargé des retouriers ; alors les prix en seront fixés.

Service du pont de Melun.

Le chef du pont prendra les bateaux à deux longueurs de bateau (soixante-douze mètres) au-dessus de la Tour, et les rendra à la maison Noël au-dessous du Moteau, de manière que le point soit vide.

Les hunes nécessaires au montage seront toujours lâchées à l'arrivée en place des traits, coches et bateaux, de manière que le service n'éprouve jamais de retard; et, en cas de montage par le grand pont, le chef du pont, indépendamment des hunes, fournira la corde d'épart. Le chef du pont fournira, outre les hunes nécessaires, trois hommes pour les manœuvres et un garçon.

Pour assurer le service d'une manière plus particulière, le chef du pont sera tenu d'avoir toujours en réserve le double des équipages nécessaires au remontage des bateaux, traits et coches. Il sera tenu d'en faire la représentation, à toute réquisition, à l'inspecteur de la navigation, qui en fera la reconnaissance, et constatera, outre l'existence, l'état dans lequel les équipages seront trouvés. Le chef du pont sera également tenu d'en faire la représentation à tous les propriétaires de bateaux et coches, et aux monteurs de traits. Il aura toujours, en activité de service, outre la réserve ci-dessus déterminée, trois hunes, une à huit chevaux, une à douze, et une à dix-huit.

Taxe du montage.

Le salaire du chef du pont, main-d'œuvre, fourniture de hunes et gareur compris, est fixé à 2 fr. 50 cent. par courbe, ci 2 fr. 50 c.

Lorsqu'on fera du trait à plusieurs fois, la taxe sera la même pour chaque tirage.

Il pourra en être fait à deux fois sur un trait à huit chevaux, trois fois sur un trait à douze, lorsque les bateaux seront vides, et à quatre fois à charge; et pour un trait à dix-huit chevaux, il en sera fait à quatre fois.

Par courbe de chevaux qui auront amené en place les coches de Briare, Montereau, Sens et Nogent, compris un homme seulement à fournir pour les manœuvres et un gareur . . . . 2 fr. 35 c.

Et pour le coche d'Auxerre, compris les bateaux qui le suivent ordinairement, il sera payé la même taxe par courbe; mais les courbes seront comptées à raison des chevaux employés au tirage sur la hune.

Le chef du pont n'ayant aucune manœuvre à faire sur les bateaux et coches avalans, il ne lui sera rien payé, sauf le cas où, par suite, il serait chargé des retouriers; alors les prix en seront fixés.

Service du pont de Samois.

Le chef du pont aura toujours en magasin une hune à douze chevaux pour les cas où elle deviendrait nécessaire. Il sera toujours pourvu d'un bachot.

Le chef du pont fournira un gareur, que le montage se fasse, soit du côté de Samois, soit du côté d'Héricy. Dans l'un ou l'autre cas il ira au-devant des traits jusqu'à Barbeau et il aidera aux manœuvres à faire dans la traverse au-dessus des îles, et au besoin jusqu'à Valvizy.

Le chef du pont n'aura aucun service à faire sur les coches, soit qu'ils montent du côté de Samois, soit qu'ils montent par Héricy.

Taxe du montage.

Il sera payé au chef du pont, par courbe de chevaux employés au tirage, sur les traits et bateaux montans (le service des coches excepté), et pour toutes manœuvres, compris le gareur. . . . . . . 75 c.

Le chef du pont n'ayant aucune manœuvre à faire sur les bateaux et coches avalans, il ne lui sera rien payé, sauf le cas où, par suite, il serait chargé des retouriers ; alors les prix en seront fixés.

Service du pont de Montereau.

Les hunes nécessaires au montage seront toujours lâchées à l'arrivée en place des traits, coches et bateaux, de manière à ce que le service n'éprouve jamais de retard ; et, en cas de montage par le grand pont, le chef du pont, indépendamment des hunes, fournira la corde d'épart.

Le chef chableur fournira un homme pour les manœuvres et un gareur, outre les hunes au besoin. Pour assurer le service d'une manière plus particulière, le chef des ponts sera tenu d'avoir toujours en réserve le double des équipages nécessaires au remontage des bateaux, traits et coches. Il sera tenu d'en faire la représentation, à toute réquisition, à l'inspecteur de la navigation, qui en fera la reconnaissance et constatera, outre l'existence, l'état dans lequel ces équipages seront trouvés. Le chef des ponts sera également tenu d'en faire la représentation à tous les propriétaires des bateaux et coches, et aux monteurs de traits.

Le coche passant par le pont de Seine avec la corde du mât et ses mariniers, le chef du pont n'aura aucun service à faire sur cette voiture pour le montage du coche de Nogent par ledit pont.

Taxe du montage des traits, coches et bateaux au pont de Montereau.

Il sera payé par courbe de chevaux, l'homme de renfort, le gareur, et fourniture de hunes au besoin compris. . . . . 1 fr. 00 c.

Si l'on fait du trait à plusieurs fois, la taxe sera la même pour chaque tirage.

Par chaque courbe de chevaux employés sur les coches . . . 90 c.

Pont de Seine.

Par chaque courbe de chevaux, lorsque le chef du pont fournira la hune . . . . 1 fr.

Et lorsqu'il ne fournira pas de hune. . . . . 60 c.

Les chefs de pont n'ayant aucune manœuvre à faire sur les bateaux et coches avalans, il ne leur sera rien payé, sauf les cas où, par suite, ils seraient chargés des retouriers ; alors les prix en seront fixés.

En conséquence de la Décision du ministre de l'intérieur, du 19 floréal an 9, et conformément à l'art. 2 du chap. IV de l'Ordonnance non abrogée de 1672, il est défendu aux mariniers fréquentant la rivière de Seine, au-dessus de Paris, de se passer eux-mêmes, soit de jour, soit de nuit, dans les lieux où il y a des chefs de pont établis, sous les peines portées par ledit article ; il leur est enjoint de se ranger aux approches des ponts, dans les gares ordinaires, et de se conformer au tarif ci-dessus pour le paiement du droit. L'inspecteur de la navigation qui aura eu connaissance d'une contravention aux dispositions de l'article sus-énoncé, s'il se trouve sur les lieux, sera tenu de la réprimer sur-le-champ ; et, dans le cas contraire, il prescrira au chef du pont le plus voisin de tenir en consignation les bateaux dont les conducteurs auront donné lieu à des plaintes, jusqu'à ce qu'il ait été pris des mesures propres à assurer la responsabilité de la contravention ou du délit.

Tous marchands ou propriétaires de bateaux doivent être porteurs de lettres de voitures, constatant, en conformité des art. 8 et 9 du chap. II de l'Ordonnance de 1672, la quantité et la qualité, etc. (*V.* ces articles.)..... Il pourra être pris, selon les cas, des mesures de sûreté contre ceux qui seraient trouvés sans papiers, refuseraient d'exhiber ceux dont ils sont porteurs, ou se permettraient des injures ou voies de fait à l'égard des agens de la navigation.

Le ministre de l'intérieur, vu l'Acte du commissaire-général de la navigation d'approvisionnement, du 11 vendémiaire an x, relatif à la réorganisation du service au passage des ponts de Corbeil, Melun et Montereau, et au passage de l'ancien pont de Samois, homologue ledit acte, pour être exécuté selon sa forme et teneur......

20 mai 1802 (30 floréal an x).

Loi qui établit un droit de navigation sur les Fleuves et Rivières navigables.

ART. 1. Il sera perçu, dans toute l'étendue de la république, sur les fleuves et rivières navigables, un droit de navigation intérieure, dont les produits seront spécialement et limitativement affectés au halayage, à l'entretien des chemins et ponts de halage, à celui des pertuis, écluses, barrages et autres ouvrages d'art établis pour l'avantage de la navigation.

Ce droit sera aussi établi sur les canaux navigables qui n'y sont point encore assujettis, et sur ceux dont la perception des anciennes taxes serait actuellement suspendue.

2. Les produits des droits formeront des masses distinctes, et l'emploi sera fait limitativement sur chaque canal, fleuve et rivière navigable, sur lesquels la perception aura été faite.

3. Il sera arrêté par le gouvernement, dans la forme des réglemens d'administration publique, un tarif des droits de chaque navigation pour chaque fleuve, rivière ou canal, après avoir consulté les principaux négocians, marchands et mariniers qui les fréquentent.

A cet effet, les négocians, marchands ou mariniers, seront appelés au nombre de douze pour chaque fleuve, rivière ou canal ; ils seront réunis en conseil auprès du préfet qui sera désigné par le gouvernement : ils donneront leur avis sur la réformation ou le maintien des tarifs pour les fleuves, rivières ou canaux, où il y en a, et sur leur formation pour les fleuves, rivières ou canaux, où il n'y en a pas.

4. Les contestations qui pourront s'élever sur la perception des droits de navigation seront décidées administrativement par les conseils de préfecture.

Obs. Le recours contre les décisions du Conseil de préfecture se porte au Conseil d'État.

Nota. Cette Loi et celle du 2 mai 1802, relative au demi-droit de tonnage, ont été modifiées par une Loi du 24 mars 1825, ainsi conçue :

ART. unique. Sur les rivières navigables et dans les ports de commerce où le gouvernement jugera nécessaire d'entreprendre des travaux extraordinaires, et où il établira des droits de péage pour subvenir aux frais de ces travaux, le *droit de navigation* et le demi-droit de tonnage, créés, l'un par la Loi du 20 mai 1802, l'autre par la Loi du 4 mai de la même année, cesseront d'être perçus pendant tout le temps que devront durer les nouvelles perceptions.

28 mai 1803 (8 prairial an xi).

Arrêté relatif à la Navigation intérieure de la France.

ART. 1. La navigation intérieure de la France sera divisée en bassins, dont les limites seront déterminées par les montagnes ou coteaux qui versent les eaux dans le fleuve principal ; et chaque bassin sera subdivisé en arrondissemens de navigation.

2. Les portions de fleuves et rivières faisant partie de départemens autres que celui dans lequel sera placé le chef-lieu d'arrondissement de navigation intérieure, seront mises dans les attributions administratives du préfet de ce chef-lieu ; et ce, seulement, en ce qui concerne les travaux à exécuter dans le lit et sur les bords de la rivière ou du fleuve : le surplus de l'administration continuera à être exercé par le préfet du territoire.

4. L'octroi de navigation sera régi, sauf le cas où, sur l'avis des préfets et sur le rapport du ministre, la mise en ferme ou régie intéressée aura été ordonnée par le gouvernement.

5. Les tarifs en vertu desquels devra se faire la perception, et les points sur lesquels les bureaux devront être fixés, seront déterminés par des arrêtés spéciaux pour chaque arrondissement. (1)

6. La perception se fera au moyen d'un receveur et d'un contrôleur dans chaque bureau.

14. Il sera, dans chaque bureau de perception, délivré aux conducteurs de bateaux, trains, etc., une quittance du montant du droit d'octroi par eux acquitté, et un laissez-passer.

Les conducteurs seront tenus, lorsqu'ils en seront requis, de justifier de leurs quittances et laissez-passer aux receveurs des bureaux qui suivront celui où ils auront acquitté le droit, ainsi qu'à tous autres préposés à l'octroi de navigation ; et, si leur destination est pour Paris, au bureau de l'octroi municipal de cette ville.

15. Les contestations relatives au paiement de l'octroi, seront, conformément à la Loi du 30 floréal an x, portées devant le sous-préfet dans l'arrondissement duquel le bureau de perception sera situé, sauf

---

(1) *V*. Chap. 2 les différens tarifs des bassins de navigation.

le recours au préfet, qui prononcera en conseil de préfecture. (*V.* l'art. 4 de la Loi du 20 mai 1802.)

22. Les receveurs ne pourront, sous peine de destitution, traiter ou transiger sur la quotité du droit : il leur est défendu de recevoir d'autres droits que ceux portés aux tarifs, sous peine d'être destitués et poursuivis comme concussionnaires.

23. Il est défendu à tout conducteur de bateaux, trains, etc., de passer les bureaux sans payer, à peine de 5o francs d'amende.

24. En cas d'insulte ou de violence, l'amende sera de 100 francs, indépendamment des dommages et intérêts, et de peines plus graves si le cas y échet ; et ce, conformément aux dispositions du titre 2 de la Loi du 3 nivose an VI sur la taxe d'entretien des routes.

Obs. V. l'art. 11 de la Loi du 3 nivose an VI, liv. Ier, et l'*Obs.* 2 sous l'art. 35 du Décret du 23 juin 1806, même Livre.

25. Les autorités civiles et militaires seront tenues, sur la réquisition écrite des préposés au droit de navigation, de requérir et de prêter main-forte pour l'exécution des lois et réglemens relatifs à leurs fonctions. Les commissaires du gouvernement feront poursuivre, même d'office, devant les tribunaux, les auteurs des insultes ou violences qui pourraient être commises ; et ce, tant sur la clameur publique que sur les procès-verbaux dressés et affirmés par les préposés à l'octroi.

26. Tout procès-verbal devra être affirmé devant le juge-de-paix du canton ou son assesseur, dans les trois jours, sous peine de nullité, conformément à l'article 26 de la Loi sur la taxe des routes, du 14 brumaire an VII.

27. Il sera placé sur le port, en face de chaque bureau de perception, un poteau et une plaque sur laquelle sera inscrit le tarif.

28. Défenses sont faites à tout maître de pont ou de pertuis, de monter ou descendre aucun bateau avant de s'être fait représenter la quittance des droits de navigation ; et ce, à peine d'être contraint personnellement au remboursement de ces droits, par les voies prescrites pour le paiement des contributions.

29. Aucun particulier ne pourra percevoir aux pertuis, vannes et écluses dans les rivières navigables des divers bassins, aucun droit de quelque nature qu'il soit ; le tout conformément aux articles 13 et 14 du titre 2 de la Loi du 28 mars 1790, et des articles 7 et 8 de la Loi du 25 août 1792.

3o. Le service des pertuis, vannes et écluses, s'exécutera par des individus à ce commis, et dont le salaire sera pris sur les produits de l'octroi de navigation.

Les préfets d'arrondissement de navigation feront préalablement constater la situation desdits pertuis, vannes ou écluses, par les ingénieurs en chef ; lesquels en dresseront procès-verbal en présence des détenteurs actuels, ou eux dûment appelés.

22 janvier 1808.

*Décret qui déclare l'art. 7, tit. 28, de l'Ordonnance de 1669,
applicable à toutes les rivières navigables. (1)*

ART. 1. Les dispositions de l'art. 7, tit. 28, de l'Ordonnance de 1669,
sont applicables à toutes les rivières navigables du royaume, soit que
la navigation y fût établie à cette époque, soit que le gouvernement se
soit déterminé depuis ou se détermine aujourd'hui et à l'avenir à les
rendre navigables.

2. En conséquence, les propriétaires riverains, en quelque temps
que la navigation ait été ou soit établie, sont tenus de laisser le passage
pour le chemin de halage.

3. Il sera payé aux riverains des fleuves ou rivières où la navigation
n'existait pas, et où elle s'établira, une indemnité proportionnée au
dommage qu'ils éprouveront, et cette indemnité sera évaluée conformément aux dispositions de la Loi du 16 septembre 1817.

4. L'administration pourra, lorsque le service n'en souffrira pas, restreindre la largeur des chemins de halage, notamment quand il y aura
antérieurement des clôtures en haies vives, murailles ou travaux d'art,
ou des maisons à détruire.

28 janvier 1811.

*Décret relatif au service de la Navigation sous les Ponts de
Paris. (2)*

TITRE Ier.

Institution des Chefs de pont pour la ville de Paris.

ART. 1. Le service de la navigation sous les ponts de Paris sera fait
en deux chefs de pont.

2. Il est défendu à tous autres de passer les bateaux sous les ponts.
Sont exceptés de cette disposition les margotats, bachots et doubles
bachots.

3. Les chefs de pont fourniront un cautionnement de *vingt-quatre
mille francs en numéraire*, et de *cinquante mille francs* soit en immeubles, soit en cinq pour cent consolidés ou en actions immobilisées de
la banque de France.

---

(1) Cet article est ainsi conçu : « Les propriétaires des héritages aboutissant aux rivières navigables laisseront, le long du bord, vingt-quatre pieds
au moins de place en largeur pour chemin royal et trait des chevaux, sans
qu'ils puissent planter arbres ni tenir clôture ou haie plus près de trente
pieds du côté que les bateaux se tirent, et dix pieds de l'autre bord, à peine
de 500 liv. d'amende, confiscation des arbres, et d'être les contrevenans contraints à réparer et remettre les chemins en état à leurs frais.
V. l'*Obs.* 2 sous l'art. 3 de l'Ordonnance de 1672.

(2) *V.*, dans l'Appendice de ce Livre, les Ordonnances de police des 22 mai
1811, 13 décembre 1811, 13 janvier 1812, 15 octobre 1812, qui expliquent
et développent ce Décret.

Le cautionnement en numéraire sera versé à la caisse d'amortissement.

TITRE II.

Droits et obligations des Chefs de pont.

4. Le salaire des chefs de pont demeure établi tant pour la descente que pour le remontage, conformément au tarif annexé au présent.

5. Les chefs de pont tiendront un registre sur lequel ils inscriront, jour par jour, les déclarations qui leur seront faites à fin de lâchage.

6. Les chefs de pont seront tenus de descendre les bateaux selon l'ordre de date des déclarations.

Néanmoins les bateaux chargés pour le compte du Gouvernement seront descendus à la première réquisition.

7. Les bateaux seront pris à la pointe de l'île Louviers, ou à la gare de la Femme-sans-Tête, au choix des propriétaires, qui en feront mention dans leur déclaration.

8. Lorsque la descente des bateaux chargés de bois ne pourra avoir lieu sans allège, l'allège sera descendue sans frais.

9. Les propriétaires qui entendront faire remonter leurs bateaux vides, en feront la déclaration, 1°. aux chefs de pont, 2°. à l'inspecteur de la navigation sur le port, aussitôt après la vidange.

Cette déclaration sera inscrite sur un registre.

10. Les chefs de pont sont tenus de remonter les bateaux déclarés, dans les trois jours au plus tard de la déclaration.

11. Lorsqu'il y aura plus de trois bateaux vides dans les ports du bas, les chefs de pont seront tenus de les remonter sans délai, quand même il n'aurait pas été fait de déclaration à fin de remontage.

Deux toues ou barguettes compteront pour un bateau.

Les chefs de pont sont responsables envers le commerce, 1°. de leurs manœuvres, 2°. des retards qu'ils apporteraient à la descente ou au remontage des bateaux.

TITRE III.

De la manière dont les Chefs de pont seront désignés.

13. Dans le mois qui suivra la publication du présent Décret, le préfet du département de la Seine recevra toutes les soumissions qui lui seront faites pour le service du lâchage et du remontage des bateaux.

14. Ces soumissions contiendront, 1°. l'obligation de se conformer aux dispositions du titre II ci-dessus, et des autres réglemens existans sur le même service; 2°. l'offre de payer, au profit de notre bonne ville de Paris, telle somme que les soumissionnaires jugeront pouvoir rendre, comme prix du droit exclusif qui est attribué aux chefs de pont par l'art. 2 du présent Décret.

15. Ces soumissions seront ouvertes par le préfet de la Seine, en présence du préfet de police, du maître des requêtes chargé du service des ponts et chaussées, et du conseil de préfecture.

16. Il y sera statué comme sur les soumissions pour travaux publics, en prenant en considération, outre la somme offerte, la capacité des soumissionnaires.

17. Le tout sera soumis à l'approbation de notre ministre de l'intérieur.

TITRE IV.

Dispositions générales.

18. Le préfet de police est autorisé à faire rendre, pour l'exécution du présent Réglement, des Ordonnances de police particulière pour le service de la navigation au passage des ponts, à la charge de l'approbation préalable de notre ministre de l'intérieur. (1)

____

(1) *V.* la note 2, p. 135.

TARIF DES PRIX FIXÉS POUR LE SERVICE DES CHEFS DE PONT DE PARIS.

GARES où les Bateaux seront pris.	PORTS où les Bateaux seront conduits.	OBJETS du service.	TOUES de charbon de terre.	BARGUETTES au-dessous de vingt mètres, et Toues de bois.		BARGUETTES au-dessus de 20 mètres, et Toues de charbon de bois et marchandises.	BATEAUX de 20 à 28 mètres.	BATEAUX de 28 à 38 mètres.
Ile Louviers.......	La Tournelle..............	Lâchage....	10 fr.	6 fr. 66 c. $\frac{4}{6}\frac{2}{6}\frac{6}{6}$		12 fr.	15 fr.	18 fr.
		Remontage..	8	5	33	8	9	10
	Saint-Paul...:......	Lâchage....	12	8	»	18	18	21
		Remontage..	9	6	»	9	10	11
	Miramiones.............	Lâchage....	12	8	»	15	21	24
		Remontage..	9	6	»	9	16	15
	Grève ou place aux Veaux....	Lâchage....	12	8	»	18	24	30
		Remontage..	12	8	»	12	15	20
	Bassin du Pont-Neuf........	Lâchage....	21	14	»	30	55	66
		Remontage..	12	8	»	12	15	24
	La Grenouillère ou la Confé-rence au-dessus du pont...	Lâchage....	24	16	»	34	60	74
		Remontage..	18	12	»	18	20	26
	Invalides, ou la Conférence au-dessous du pont..........	Lâchage....	27	18	»	40	65	90
		Remontage..	20	13	»	20	25	28
	Ile des Cygnes, ou la grille de la Conférence.............	Lâchage....	30	20	»	42	70	95
		Remontage..	20	13	»	21	30	33
La Femme-sans-Tête.	Bassin du Pont-Neuf........	Lâchage....	21	14	»	30	50	60
		Remontage..	12	8	»	12	15	24
	La Grenouillère, ou la Confé-rence au-dessus du pont....	Lâchage ...	24	16	»	34	55	64
		Remontage..	18	12	»	18	20	26
	Invalides, ou la Conférence au-dessous du pont..........	Lâchage....	27	18	»	40	60	85
		Remontage..	20	13	»	20	25	28
	Ile des Cygnes, ou la grille de la Conférence.............	Lâchage....	30	20	»	42	65	90
		Remontage..	20	13	»	21	30	33

Pour les bateaux de bois seulement qui seront descendus à fausse charge, il sera payé, savoir :

DE L'ÎLE LOUVIERS A LA CONFÉRENCE. au-dessus du pont.	DE LA FEMME SANS TÊTE A LA CONFÉRENCE. au-dessus du pont.
Pour une Toue.. 19 fr. } Remontage... 15 } 34 fr.	Pour une Toue.. 19 fr. } Remontage... 15 } 34 fr.
Pour un Bateau de 28 à 30 mètres.. 64 } Remontage.... 26 } 90	Pour un Bateau de 28 à 38 mètres.. 54 } Remontage... 26 } 80

11 décembre 1822.

Ordonnance du Roi concernant le mode de mesurage et de perception pour les Bateaux à vapeur qui sont ou seront établis sur les différens bassins de navigation et canaux appartenant à l'Etat.

ART. 1. Le mesurage des bateaux à vapeur qui sont ou seront établis sur les différens bassins de navigation et canaux appartenant à l'État, sera calculé d'après l'espace uniquement destiné au placement des voyageurs et des marchandises, et déduction faite de l'espace nécessaire des combustibles, à celui des agrès et à celui des employés des équipages.

2, La même distraction aura lieu pour les bateaux à vapeur naviguant sur les bassins et canaux où le droit est perçu d'après le chargement possible du bateau.

3. Les droits actuellement établis sur la nature du chargement seront perçus pour les bateaux à vapeur comme pour les bateaux ordinaires.

2 avril 1823.

Ordonnance du Roi concernant le mode de constater l'état de situation des Bateaux à vapeur avant leur entrée en navigation.

ART. 1. Dans les départemens où il existe des fleuves, rivières ou côtes, sur lesquels seront ou pourront être établis des bateaux à vapeur, le préfet formera une ou plusieurs commissions, composées de personnes expérimentées, et présidées, soit par un ingénieur en chef des ponts et chaussées et des mines, soit, à son défaut, par un ingénieur ordinaire. Cette commission sera chargée, sous la direction du préfet, de s'assurer que les bateaux à vapeur sont construits avec solidité, particulièrement en ce qui concerne l'appareil moteur ; que cet appareil est soigneusement entretenu dans toutes ses parties, et ne présente aucune probabilité d'effraction, ni aucune détérioration dangereuse.

2. Aucun bateau à vapeur ne pourra entrer en navigation qu'après que la commission aura constaté la solidité de construction et le bon état de la machine, et que le préfet aura notifié aux propriétaires qu'il a reçu et approuvé le procès-verbal de la commission.

3. La commission fera chaque trimestre une visite des bateaux à vapeur, et en adressera au préfet le procès-verbal, où seront consignées ses propositions sur les mesures à prendre dans le cas où l'état de l'appareil présenterait des dangers probables. Indépendamment de cette visite trimestrielle, la commission devra en faire d'autres toutes les fois qu'elle en recevra l'ordre du préfet.

4. Les bateaux à vapeur sont assujettis, pour ce qui concerne le nombre des passagers, les heures du départ, la composition de l'équipage et l'état des bâtimens, aux Lois et Réglemens, pour la navigation, qui sont en vigueur, soit sur les côtes, soit sur les fleuves et rivières.

En conséquence, quand ces bateaux seront dans le cas de naviguer dans la circonscription des arrondissemens maritimes, les capitaines devront être munis d'un permis de navigation ou d'un rôle d'équipage, et lorsqu'ils navigueront seulement dans l'intérieur, ils seront assujettis à la surveillance des officiers du port, ainsi qu'aux Réglemens particuliers du préfet, pour tout ce qui se rapporte à la police du départ et à la sûreté des embarcations.

CHAPITRE II.

Lois, Décrets, Ordonnances concernant les différens tarifs établis sur les Bassins de navigation.

BASSIN DE LA SEINE.

8 juillet 1803 (19 messidor an XI).

Arrêté contenant. Réglement pour la perception de l'octroi de navigation sur le Bassin de la Seine.

PREMIER ARRONDISSEMENT. — Chef-lieu, Troyes.

BUREAUX DE PERCEPTION.

ART. 1. Il sera établi, dans l'étendue du premier arrondissement du bassin de la Seine, deux bureaux de perception pour l'octroi de navigation créé par la Loi du 30 floréal an x.

Premier Bureau.

2. Le premier bureau sera placé à Nogent-sur-Seine.

L'octroi de navigation sera perçu à ce bureau pour toute la navigation supérieure descendante, et pour la même navigation en remontant, sans avoir égard au point de départ ni à celui de débarquement.

La perception s'y fera conformément au tarif qui suit; savoir :

En descendant,

Par petit couplage passant au canal de Nogent	3 f. 50 c.
Par grand couplage	4 50
Par barguette, toue et boutique de poisson	6
Par demi-bateau marnois	7 50
Par bateau marnois	10
Par train de bois de charpente et bois à brûler	6

Chaque bateau chargé ou à vide paiera le tiers en remontant.

En cas de fraction, le centime entier sera perçu.

Deuxième Bureau.

3. Le second bureau sera placé à Montereau.

L'octroi de navigation sera perçu à ce bureau pour la navigation descendante, de Nogent à Montereau, et pour la même navigation en remontant, sans avoir égard au point de départ ni à celui de débarquement.

La perception s'y fera conformément au tarif qui suit; savoir :

En descendant,

Par petit couplage passant sous le pont de Montereau	2 f. 50 c.
Par grand couplage	3 50
Par petit bateau, toue et barguette	5

Par demi-bateau marnois.. 6
Par bateau marnois.. 9
Par coche.. 12
Par train de bois de charpente ou à brûler..................... 6

Chaque bateau chargé ou à vide paiera le tiers en remontant.

En cas de fraction, le centime entier sera perçu.

Les bateaux qui chargeront au port de Courbeton, ne paieront rien en passant à Montereau.

Suppression des Droits de vieille coutume, avalage, chômage, etc.

4. Les droits de navigation perçus sur la rivière de l'Aube, aux moulins de Plancy et d'Anglure, et ceux perçus sur la Seine au canal de Nogent, ne pourront être perçus ainsi qu'il est dit à l'art. 29 du Réglement du 8 prairial dernier. (*V.* ce Réglement, chap. 1ᵉʳ.)

5. A compter de la cessation de la perception aux deux pertuis et sur le canal désignés en l'article précédent, le service de ces pertuis, ainsi que le service et l'entretien de la rivière, s'exécuteront sur les produits de l'octroi de navigation, suivant l'art. 30 du même arrêté du 8 prairial.

Le préfet de l'Aube fera préalablement constater leur situation par l'ingénieur en chef du département, lequel en dressera procès-verbal en présence des détenteurs actuels, ou eux dûment appelés.

DEUXIÈME ARRONDISSEMENT. — Chef-lieu, AUXERRE.

BUREAU DE PERCEPTION.

ART. 1. Il sera établi, dans l'étendue du deuxième arrondissement du bassin de la Seine, un bureau de perception pour l'octroi de navigation créé par la Loi du 30 floréal an x.

2. Ce bureau sera placé à Montereau. L'octroi de navigation sera perçu à ce bureau pour toute la navigation supérieure descendante, et pour toute la navigation en remontant, sans avoir égard au point de départ ni à celui de débarquement.

La perception s'y fera conformément au tarif qui suit; savoir :

En descendant,

Par train de dix-huit coupons, passant sous le pont de Montereau, et entrant en Seine.. 7 f. 50 c.
Par coche.. 12
Par bateau de trente mètres de longueur et au-dessus........... 12
Par bateau de vingt à trente mètres.............................. 9
Par bateau de dix à vingt mètres................................. 6
Tout bateau porté-hune et boisot au-dessous de dix mètres paiera. 3

Chaque bateau chargé ou à vide paiera le tiers en remontant.

En cas de fraction, le centime entier sera perçu.

Suppression des Droits de vieille coutume, avalage, chômage, etc.

3. Les droits de navigation perçus sur l'Yonne, aux pertuis de Crain, Coulanges, la Forêt, Clamecy et Armes-sur-Yonne, ainsi que ceux existans sur les rivières de la Cure et de l'Armançon, ne pourront être perçus, ainsi qu'il est dit à l'art. 29 de l'Arrêté du 8 prairial.

TROISIÈME ARRONDISSEMENT. — Chef-lieu, CHALONS.

BUREAUX DE PERCEPTION.

ART. 1. Il sera établi, dans l'étendue du troisième arrondissement du bassin de la Seine, deux bureaux de perception pour l'octroi de navigation créé par la Loi du 30 floréal an x.

Premier Bureau.

2. Le premier bureau sera placé à Châlons.

L'octroi de navigation sera perçu à ce bureau pour toute la navigation supérieure descendante, et pour la même navigation en remontant, sans avoir égard au point de départ ni à celui de débarquement.

La perception s'y fera conformément au tarif qui suit ; savoir :

En descendant,

Par bateau de vingt-quatre à trente-six mètres et au-dessus...... 19 f. 50 c.
Par bateau au-dessous de vingt-quatre mètres.................... 9 75
Par bachot de huit mètres de longueur sur un mètre soixante
  centimètres de largeur....................................... 2
Les bachots d'une plus grande dimension paieront comme les bateaux
  au-dessous de vingt-quatre mètres.
Par train de bois chargé, de quatre-vingts mètres de longueur sur
  sept mètres de largeur....................................... 19 50
Par train de bois non chargé, même dimension.................. 9 75
Par coche.. 12

Chaque bateau chargé ou à vide paiera le quart en remontant.
En cas de fraction, le centime entier sera perçu.

Deuxième Bureau.

3. Le second bureau sera placé à la Ferté.

L'octroi de navigation sera perçu à ce bureau pour toute la navigation descendante, depuis Châlons jusqu'à la Ferté, et pour la même navigation en remontant, sans avoir égard au point de départ ni à celui de débarquement.

La perception s'y fera conformément au tarif qui suit ; savoir :

En descendant,

Par bateau de vingt-quatre à vingt-six mètres de longueur........ 30 f.
Par bateau au-dessous de vingt-quatre mètres.................... 12
Par bachot de huit mètres de longueur sur un mètre soixante cen-
  timètres de largeur.. 4
Par train de bois de charpente et sciage chargé................. 27
Par train de bois de charpente et sciage non chargé............. 12
Par train de bois à brûler.................................... 4
Par coche.. 12

Chaque bateau chargé ou à vide paiera le quart en remontant.
En cas de fraction, le centime entier sera perçu.

Suppression des Droits de vieille coutume, avalage, chômage, etc.

4. Les droits de pertuis, vannes ou écluses, qui auraient pu être perçus jusqu'ici par des particuliers sur les rivières de la Marne, de la Saulx et de l'Ornain, ne pourront être perçus désormais, ainsi qu'il est dit en l'art. 29 de l'Arrêté du 8 prairial.

5. A compter de la cessation de la perception desdits droits, le service des pertuis désignés en l'article précédent s'exécutera sur les produits de l'octroi de navigation.

Le préfet de la Marne fera préalablement constater leur situation par l'ingénieur en chef du département, lequel en dressera procès-verbal en présence des détenteurs actuels, ou eux dûment appelés.

QUATRIÈME ARRONDISSEMENT. — Chef-lieu, MELUN.

BUREAUX DE PERCEPTION.

ART. 1. Il sera établi, dans l'étendue du quatrième arrondissement du bassin de la Seine, deux bureaux de perception pour l'octroi de navigation créé par la Loi du 30 floréal an x.

Premier Bureau.

2. Le premier bureau sera placé à Alfort-Charenton. L'octroi de navigation sera perçu à ce bureau, pour toute la navigation descendante, depuis la Ferté jusqu'à Alfort, et pour la même navigation en remontant, sans avoir égard au point de départ ni à celui de débarquement ; savoir :

En descendant,

Par bateau de vingt-quatre à vingt-six mètres de longueur........	30 f.	00 c.
Par bateau au-dessous de vingt-quatre mètres..................	18	
Par bachot de huit mètres de longueur sur un mètre soixante centimètres de largeur	6	
Par train de bois de charpente et de sciage chargé...............	32	50
Par train de bois de charpente et de sciage non chargé..........	17	50
Par train de bois à brûler..................................	8	
Par coche..	12	

Chaque bateau chargé ou à vide paiera le quart en remontant.
En cas de fraction, le centime entier sera perçu.

Deuxième Bureau.

3. Le second bureau sera placé à Choisy.

L'octroi de navigation sera perçu à ce bureau pour toute la navigation descendante, depuis Montereau jusqu'à Choisy, et pour la même navigation en remontant, sans avoir égard au point de départ ni à celui de débarquement ; savoir :

En descendant,

Pour un bateau de vingt-six mètres et au dessus...............	8 f.	00 c.
Pour le même bateau chargé de plus de vingt-cinq pièces ou cinquante feuillettes de vin ou eau-de-vie......................	24	
Pour un bateau de vingt à vingt-cinq mètres..................	5	
Pour le même, chargé de plus de quinze pièces ou trente feuillettes de vin ou eau-de-vie.................................	15	
Pour un bateau de quinze à dix-neuf mètres..................	3	
Pour le même, chargé de dix pièces ou vingt feuillettes de vin ou eau-de-vie...	9	
Pour une toue..	4	50
Pour une toue chargée de vingt-cinq pièces ou cinquante feuillettes de vin ou eau-de-vie...............................	13	50
Pour chaque grand ou petit couplage......................	1	50
Pour chaque margotat et batelet...........................		75

Par train de bois à brûler, et par train de bois de sciage, charpente
ou charronage.. 3
Par coche.. 12

Chaque bateau chargé ou à vide paiera le tiers en remontant.

Le ministre de l'intérieur pourra, s'il le juge convenable, faire percevoir à Montereau le droit de trois francs par train, payable à Choisy; et, en ce cas, il sera compté du produit du droit par le receveur de Montereau à celui de Choisy.

En cas de fraction, le centime entier sera perçu.

CINQUIÈME ARRONDISSEMENT. — Chef-lieu, PARIS.

BUREAUX DE PERCEPTION.

ART. 1. Il sera établi, dans l'étendue du cinquième arrondissement du bassin de la Seine, cinq bureaux de perception pour l'octroi de navigation créé par la Loi du 30 floréal an x.

Premier Bureau.

2. Le premier bureau sera placé à Choisy. L'octroi de navigation sera perçu à ce bureau pour toute la navigation descendante, depuis Choisy jusqu'à Paris, et pour la même navigation en remontant, sans avoir égard au point de départ ni au point de débarquement.

La perception s'y fera conformément au tarif qui suit; savoir :

En descendant,

Par bateau de vingt-six mètres de longueur et au-dessus........... 5 f.   c.
Par bateau de vingt à vingt-cinq mètres inclusivement........... 2
Par bateau de quinze à dix-neuf mètres inclusivement........... 1   50
Par tone et bascule à poisson................................. 2   25
Par bateau margotat et batelet............................... 1
Par train de dix-huit coupons et de bois de sciage ou de charpente. 3
Par coche.. 12

Chaque bateau chargé ou à vide paiera le tiers en remontant.
En cas de fraction, le centime entier sera perçu.

Deuxième Bureau.

3. Le second bureau sera placé à Charenton ou Alfort.

L'octroi de navigation sera perçu à ce bureau pour la navigation descendante, depuis Charenton jusqu'à Paris, et pour la même navigation en remontant, sans avoir égard au point de départ ni à celui de débarquement.

La perception s'y fera conformément au tarif qui suit; savoir :

En descendant,

Par bateau de vingt-six mètres de longueur et au-dessus.......... 4 f.   c.
Par bateau de vingt à vingt-cinq mètres inclusivement........... 1   50
Par bateau de quinze à dix-neuf mètres inclusivement........... 1
Par chaque tone et bascule à poisson......................... 1   75
Par bateau margotat et batelet...............................   75
Par train de dix-huit coupons et de bois de sciage ou de charpente. 2
Par coche.. 12

Chaque bateau chargé ou à vide paiera le tiers en remontant.
En cas de fraction, le centime entier sera perçu.

Troisième Bureau.

4. Le troisième bureau sera placé à Sèvres. (1)

L'octroi de navigation sera perçu à ce bureau pour la navigation remontante, depuis Sèvres jusqu'à Paris, et pour la même navigation en descendant, sans avoir égard au point de départ ni à celui de débarquement.

La perception s'y fera conformément au tarif qui suit ; savoir :

Par bateau foncet de cinquante à soixante-quatre mètres de longueur	7 f.	c.
Par bateau foncet de trente-six à quarante-huit-mètres	6	
Par bateau de vingt-six mètres de longueur et au-dessus	5	
Par bateau de vingt à vingt-cinq mètres........................	2	
Par bateau de quinze à dix-neuf mètres........................	1	50
Par toue et bascule à poisson...............................	2	25
Par bateau margotat et batelet.............................	1	
Par train de dix-huit coupons et de bois de sciage et de charpente.	3	
Par galiote ou coche....................................	3	

Les bateaux non chargés paieront le tiers.

En cas de fraction, le centime entier sera perçu.

Quatrième Bureau.

5. Le quatrième bureau sera placé à Neuilly.

L'octroi de navigation sera perçu à ce bureau pour la navigation remontante, depuis Neuilly jusqu'à Sèvres, et pour la même navigation en descendant, sans avoir égard au point de départ ni à celui de débarquement.

La perception s'y fera conformément au tarif qui suit ; savoir :

Par bateau foncet de cinquante à soixante-quatre mètres de longueur	3 f.	50 c.
Par bateau foncet de trente-six à quarante-huit mètres..........	3	
Par bateau de trente-six mètres de longueur et au-dessus.........	2	50
Par bateau de vingt à vingt-cinq mètres.......................	1	
Par bateau de quinze à dix-mètres...........................		75
Par chaque toue et bascule à poisson.........................	1	
Par bateau margotat et batelet.............................		50
Par train de dix-huit coupons et de bois de sciage et de charpente.	1	50

Les bateaux non chargés paieront le tiers.

En cas de fraction, le centime entier sera perçu.

Cinquième Bureau.

6. Le cinquième bureau sera placé au Pecq.

L'octroi de navigation sera perçu à ce bureau, 1°. pour la navigation

---

(1) Ce bureau a été transféré à Passy, par un Décret du 8 janvier 1813, ainsi conçu :

« Art. 1. Le bureau de perception de l'octroi de navigation établi à Sèvres, est transporté à la barrière de Passy, où cette perception s'opérera concurremment avec celle de l'octroi municipal de notre bonne ville de Paris.

« 2. Le bureau de Passy percevra le tarif de la distance de Paris à Sèvres, et celui de Sèvres à Neuilly, en descendant.

« Le bureau de Neuilly percevra, en remontant, le tarif de la distance de Neuilly à Sèvres, avec celui de Sèvres à Paris.

« 3. Les bateliers qui, par leurs lettres de voiture, justifieront de leur destination pour le port de Sèvres, ne paieront, en descendant, que le tarif de Paris à Sèvres, et en remontant, que le tarif de Neuilly à Sèvres. »

remontante, du Pecq à Neuilly ; 2°. pour la même navigation en descendant.

La perception s'y fera conformément au tarif qui suit ; savoir :

Par bateau foncet de cinquante à soixante-quatre mètres de longueur 15 f.   c.
Par bateau de trente-six à quarante mètres...................... 13
Par bateau de vingt-six mètres de longueur et au-dessus........... 11
Par bateau de vingt à vingt-cinq mètres..................... 4   50
Par bateau de quinze à dix-neuf mètres..................... 3   50
Par chaque tone et bascule à poisson....................... 5   25
Par chaque bateau margotat et batelet...................... 2
Par train de dix-huit coupons et de bois de sciage et de charpente.. 7

Les bateaux non chargés paieront le tiers.

En cas de fraction, le centime entier sera perçu. (1)

Nota. V. la note sous l'art. 13 du Décret suivant, p. 150.

SIXIÈME ARRONDISSEMENT. — Chef-lieu, ROUEN.

BUREAUX DE PERCEPTION.

ART. 1. Il sera établi, dans l'étendue du sixième arrondissement du bassin de la Seine, quatre bureaux de perception pour l'octroi de navigation créé par la Loi du 30 floréal an X.

Premier Bureau.

2. Le premier bureau sera placé au Pecq.

L'octroi de navigation sera perçu à ce bureau pour la navigation remontante, depuis Mantes jusqu'au Pecq, sans avoir égard au point de départ, et pour les bateaux de l'Oise venant de Pontoise au Pecq.

La perception s'y fera conformément au tarif qui suit ; savoir :

Pour la navigation de Mantes au Pecq,

Chaque bateau foncet et autre, de trente mètres de longueur, chargé,
  paiera, par mètre de longueur............................ 2 f.   c.
Chaque bateau chargé, de trente-deux à quarante-huit mètres de
  longueur, paiera, par mètre de longueur.................... 2   25
Chaque bateau chargé, de cinquante à soixante-quatre mètres de
  longueur, paiera, par mètre de longueur.................... 2   50
Les flettes chargées paieront, par mètre de longueur............   50
Les galiotes paieront par voyage........................... 3

Et pour la navigation de l'Oise, venant de Pontoise au Pecq ; savoir :

Par bateau de trente-huit mètres et au-dessus.................. 10 f.
Par bateau de trente-deux à trente huit mètres exclusivement..... 8
Par bateau de trente mètres et au-dessous.................... 6

Les bateaux non chargés paieront le tiers.

En cas de fraction, le centime entier sera perçu.

Deuxième Bureau.

3. Le second bureau sera placé à Mantes.

L'octroi de navigation sera perçu à ce bureau, 1°. pour la navigation remontante, depuis Pont-de-l'Arche et l'Eure jusqu'à Mantes ; 2°. pour la navigation descendante, depuis le Pecq jusqu'à Mantes; 3°. pour les bateaux venant de l'Oise, depuis Pontoise jusqu'à Mantes.

La perception s'y fera conformément au tarif qui suit; savoir :

De Pont-de-l'Arche à Mantes,

Chaque bateau foncet et autre, de trente mètres de longueur, chargé, paiera par mètre de longueur.................................. 2 f. c.

Chaque bateau chargé, de trente-deux à quarante-huit mètres de longueur, paiera, par mètre de longueur........................ 2 25

Chaque bateau chargé, de cinquante à soixante-quatre mètres de longueur, paiera, par mètre de longueur........................ 2 50

Les flettes chargées paieront, par mètre de longueur........... 50

Les galiotes paieront par voyage.................................. 3

Du Pecq à Mantes,

Les bateaux de toute grandeur paieront, par mètre de longueur.... f. 50 c.

Chaque toue chargée de charbon de terre paiera en totalité....... 6

Chaque toue chargée de vin paiera en totalité................... 20

Chaque bateau foncet et autre, chargé de vin, paiera en totalité... 40

Chaque train de bois de charpente et de bois à brûler paiera...... 6

Chaque galiote de Poissy paiera par voyage....................... 6

Chaque batelet par voyage... 1

De Pontoise à Mantes,

Par bateau de trente-huit mètres et au-dessus.................... 16 f.

Par bateau de trente-deux à trente-huit mètres.................. 13

Par bateau de trente mètres et au-dessus........................ 11

Par train de bois de charpente, sciage et charronage............ 16

Par train de bois à brûler...................................... 13

Par batelet... 1

Par toue chargée de charbon de terre............................ 6

Par toue chargée de vin... 20

Par bateau chargé de vin.. 40

Les bateaux non chargés paieront le tiers.

En cas de fraction, le centime entier sera perçu.

Troisième Bureau.

4. Le troisième bureau sera placé à Pont-de-l'Arche.

L'octroi de navigation sera perçu à ce bureau, 1°. pour la navigation remontante, de Rouen à Pont-de-l'Arche; 2°. pour la navigation descendante, de Mantes à Pont-de-l'Arche; 3°. pour les bateaux venant de l'Eure à Pont-de-l'Arche.

La perception s'y fera conformément au tarif qui suit; savoir :

De Rouen à Pont-de-l'Arche,

Chaque bateau foncet et autre, de trente mètres de longueur, chargé, paiera, par mètre de longueur........................... 2 f. c

Chaque bateau chargé, de trente-deux à quarante-huit mètres de longueur, paiera, par mètre de longueur........................ 2 25

Chaque bateau chargé, de cinquante à soixante-quatre mètres de longueur, paiera, par mètre de longueur........................ 2 50

Les flettes chargées, par mètre de longueur..................... 50

Les galiotes paieront par voyage................................ 3

De Mantes à Pont-de-l'Arche,

Les bateaux de toute grandeur paieront par mètre de longueur.... 1 f.

Chaque toue chargée de charbon de terre paiera en totalité...... 6

Chaque toue chargée de vin paiera en totalité...................... 20
Chaque bateau foncet et autre, chargé de vin, paiera en totalité.... 40
Chaque train de bois de charpente, sciage, charronage, et de bois à
    brûler, paiera.. 6
Chaque batelet paiera.. 1

Les bateaux non chargés paieront le tiers.
En cas de fraction, le centime entier sera perçu.

Quatrième Bureau.

5. Le quatrième bureau sera placé à Rouen.

L'octroi de navigation sera perçu à ce bureau, 1°. pour la navigation descendante, de Pont-de-l'Arche à Rouen ; 2°. pour la navigation remontante, de la mer à Rouen ; 3°. pour la même navigation descendante, de Rouen à la mer.

La perception s'y fera conformément au tarif qui suit ; savoir :

De Pont-de-l'Arche à Rouen ,

Les bateaux de toute longueur paieront, par mètre de longueur... f. 50 c.
Chaque toue chargée de charbon de terre paiera en totalité........ 6
Chaque toue chargée de vin....................................... 20
Chaque bateau foncet et autre, chargé de vin, paiera en totalité... 40
Chaque train de bois de charpente et de bois à brûler paiera....... 6
La voiture et les bateaux d'Elbeuf paieront par chaque voyage..... 3
Les bateaux d'Oissel, d'Orival, du port Saint-Ouen, ou autres, de
    sept mètres de longueur et au-dessus, paieront par voyage. (1).. 50

De la mer à Rouen ,

Les bâtimens étrangers venant de la mer paieront par tonneau.... f. 15 c.
Les bâtimens français venant de l'étranger, des colonies, ou de la
    pêche de Terre-Neuve, paieront également par tonneau........ 15
Les bâtimens français venant de France paieront par tonneau..... 5
Les bâtimens pontés ou non pontés, naviguant sur la Seine, venant
    des ports entre Rouen et l'embouchure de ce fleuve, au-dessus
    du port de cinq tonneaux, paieront par tonneau.............. 3
Les bateaux servant au transport des passagers, entre Rouen et la
    Bouille, paieront par voyage................................ 1 50

Le droit sur les navires sera perçu conformément à la jauge réglée par les douanes.

De Rouen à la mer et ports de France, le même tarif que ci-dessus.

Les bateaux et bâtimens non chargés paieront le tiers.

En cas de fraction, le centime entier sera perçu.

---

(1) Ce droit a été modifié par un Décret du 30 janvier 1809, dont la teneur suit :

« Les bateaux d'Oissel, d'Orival, du port Saint-Ouen et autres qui, par l'art. 5 de l'Arrêté du 19 messidor an XI, portant Réglement pour la perception du droit de navigation sur la Seine, sixième arrondissement, sont imposés à un droit de 50 centimes par voyage, et qui, indépendamment de leur charge ordinaire, contiendront plus de dix fûts de vin, ou onze hectolitres seize litres, paieront à l'avenir, savoir :

« Les bateaux descendant la Seine entre Pont-de-l'Arche et Rouen, 5 fr. par voyage ;

« Et les bateaux descendant de Rouen aux communes inférieures, 3 fr. par voyage. »

Déclaration à faire par les Propriétaires de bateaux.

12. Dans le mois qui suivra la publication du présent Arrêté, tout propriétaire de bateaux faisant la navigation de Rouen à Paris, et de Paris à Rouen, déclarera distinctement et séparément, à l'inspecteur de la navigation, tous ceux qui lui appartiennent.

13. Cette déclaration indiquera le nom et la plus grande longueur de chaque bateau, l'année de sa construction et le domicile du propriétaire; elle sera passée au bureau de recette dans l'arrondissement duquel résidera le déclarant. (1)

14. L'inspecteur se transportera à bord pour vérifier les déclarations qui lui seront passées, et en constater l'exactitude sur sa responsabilité.

15. Les bateaux employés à la navigation porteront sur l'arrière un numéro, un nom, et l'indication du port auquel ils appartiennent : cette inscription sera faite aux frais du propriétaire, en lettres blanches, sur un fond noir.

16. Le propriétaire du bateau sera responsable de l'inscription, qui ne pourra être effacée, couverte ou changée, sous quelque prétexte que ce soit : dans le cas de contravention à cette disposition, le propriétaire sera puni d'une amende de 25 francs.

17. Il sera délivré chaque année, et pour chaque bateau, un congé *gratis*, sauf le coût du papier, qui contiendra le numéro, le nom du propriétaire, l'indication du port dont il dépend, et la signature de l'inspecteur qui aura vérifié la déclaration prescrite par l'article 13.

18. Les propriétaires de bateaux venant des rivières affluentes pour parcourir la Seine, sont tenus aux mêmes formalités que ceux des bâtimens qui naviguent sur ce dernier fleuve : dans le cas où ils ne les rempliraient pas, ils seront punis d'une amende de 5o francs.

19. Les congés à délivrer en vertu de l'article 17, seront extraits du registre des déclarations passées par les propriétaires, conformément à l'article 12 : ils porteront en tête le numéro de l'enregistrement.

20. Dans le cas où un bateau serait perdu ou dépéri, le propriétaire sera tenu de le déclarer dans la quinzaine au bureau de son arrondissement, et d'y rapporter le congé relatif à ce bateau.

SEPTIÈME ARRONDISSEMENT. — Chef-lieu, BEAUVAIS.

BUREAUX DE PERCEPTION.

ART. 1. Il sera établi, dans l'étendue du septième arrondissement du bassin de la Seine, deux bureaux de perception pour l'octroi de navigation créé par la Loi du 3o floréal an x.

----

(1) Ces dispositions ont été rappelées dans le département de la Seine, par un Arrêté du préfet de Police, en date du 4 janvier 18o3, lequel porte, « Art. 3 : la déclaration prévue par les art. 12 et 13 ci-dessus sera faite par les propriétaires domiciliés à Paris, dans les bureaux de la Direction générale des droits réunis, et par les propriétaires domiciliés dans les communes rurales, aux bureaux de la navigation établis à Alfort, Choisy, Sèvres (Passy) et Neuilly. »

Premier Bureau.

2. Le premier bureau sera placé à Compiègne. L'octroi de navigation sera perçu à ce bureau pour toute la navigation supérieure descendante, et pour la même navigation en remontant, sans avoir égard au point de départ ni à celui de débarquement.

La perception s'y fera conformément au tarif qui suit ; savoir :

En descendant,

Par bateau de trente-huit mètres de longueur et au-dessus......... 10 f.
Par bateau de trente-deux à trente-huit mètres exclusivement...... 8
Par bateau de trente mètres et au-dessous...................... 6
Par train de bois de charpente, sciage et charronage............ 9
Par train de bois à brûler.................................... 8

Le tiers du droit sera payé en remontant à vide ou chargé.
En cas de fraction, le centime entier sera perçu.

Deuxième Bureau.

3. Le second bureau sera placé à Pontoise.

L'octroi de navigation sera perçu à ce bureau, 1°. pour toute la navigation descendante, depuis Compiègne jusqu'à Pontoise, et pour la même navigation en remontant, de Pontoise à Compiègne ; 2°. pour la navigation existante du Pecq à Pontoise ; 3°. pour la navigation existante de Mantes à Pontoise ; et ce, sans avoir égard au point de départ ni à celui de débarquement ;

De Compiègne à Pontoise, en descendant,

Par bateau de trente-huit mètres de longueur et au-dessus......... 16 f.
Par bateau de trente-deux à trente-huit mètres exclusivement...... 13
Par bateau de trente mètres et au-dessous.(1)................... 11
Par train de bois de charpente, sciage et charronage............ 16
Par train de bois à brûler.................................... 13

Le tiers du droit sera payé en remontant à vide ou chargé.
En cas de fraction, le centime entier sera perçu.

Du Pecq à Pontoise,

Par bateau de trente-huit mètres et au-dessus , chargé ou non
   chargé........ .... 10 f.
Par bateau de trente-deux à trente-huit mètres exclusivement..... 8
Par bateau de trente mètres et au-dessous...................... 6

De Mantes à Pontoise,

Par bateau de trente-huit mètres et au-dessus , chargé ou non
   chargé........ .... 10 f.
Par bateau de trente-deux à trente-huit mètres exclusivement..... 8
Par bateau de trente mètres et au-dessous...................... 6

---

(1) Par suite d'une Décision du ministre de l'intérieur, du 8 octobre 1803, les bateaux de 15 mètres et au-dessous ne doivent payer au bureau de Pontoise, en descendant, qu'un droit de navigation de 5 f. 50 c.

HUITIÈME ARRONDISSEMENT. — Chef-lieu, Laon.

BUREAUX DE PERCEPTION.

Art. 1. Il sera établi dans l'étendue du huitième arrondissement du bassin de la Seine, deux bureaux de perception pour l'octroi de navigation créé par la Loi du 30 floréal an x.

Premier Bureau.

2. Le premier bureau sera placé à Soissons.

L'octroi de navigation sera perçu à ce bureau pour toute la navigation supérieure descendante, depuis Neufchâtel et Pontavert jusqu'à Soissons, et pour la même navigation en remontant, de Soissons à Pontavert et Neufchâtel, sans avoir égard au point de départ ni à celui de débarquement.

La perception s'y fera, en descendant et en remontant, conformément au tarif qui suit ; savoir :

Par bateau de trente-huit mètres de longueur et au-dessus........ 6 f.
Par bateau de trente-deux à trente-huit mètres exclusivement..... 5
Par bateau de trente-deux mètres et au-dessous................. 4
Par train de Neufchâtel et Pontavert........................ 3

Chaque bateau non chargé paiera le tiers.
En cas de fraction, le centime entier sera perçu.

Deuxième Bureau.

3. Le second bureau sera placé à Compiègne.

L'octroi de navigation sera perçu à ce bureau pour la navigation descendante, de Soissons à Compiègne, et pour la même navigation en remontant, de Compiègne à Soissons, sans avoir égard au point de départ ni à celui de débarquement.

La perception s'y fera, en descendant et en remontant, conformément au tarif qui suit ; savoir :

Par bateau de trente-huit mètres de longueur et au-dessus........ 10 f.
Par bateau de trente-deux à trente-huit mètres exclusivement...... 8
Par bateau de trente-deux mètres et au-dessous................. 6
Par train de bois de charpente et de chauffage................. 9

Chaque bateau non chargé paiera le tiers.
En cas de fraction, le centime entier sera perçu.

NEUVIÈME ARRONDISSEMENT. — Chef-lieu, Évreux.

BUREAU DE PERCEPTION.

Art. 1. Il sera établi, dans l'étendue du neuvième arrondissement du bassin de la Seine, un bureau de perception pour l'octroi de navigation créé par la Loi du 30 floréal an x.

2. Ce bureau sera placé à Vaudreuil.

L'octroi de navigation sera perçu à ce bureau pour toute la navigation supérieure descendante, depuis Louviers jusqu'au confluent de la Seine, sans avoir égard au point de départ ni à celui de débarquement.

La perception s'y fera conformément au tarif qui suit ; savoir :

Pour les bateaux chargés de toute espèce de marchandises........ 7 f. 75 c.
Pour les bateaux chargés de futailles......................... 7   50
Pour les bateaux vides.. 3   25
Pour chaque train.. 7   50

Les bateaux remontans ne paieront aucun droit.

Suppression des Droits de vieille coutume, avalage, chómage, etc.

3. Les droits de pertuis, vannes ou écluses, qui auraient pu être perçus par des particuliers sur la rivière de l'Eure, cesseront d'être perçus, selon l'article 29 de l'Arrêté du 8 prairial dernier.

BASSIN DE LA CHARENTE.

20 octobre 1803 (27 vendémiaire an XII).

Arrêté qui divise en trois Arrondissemens le Bassin de navigation formé des fleuves de la Charente, de la Seudre et de la Sèvre-Niortaise.

ART. 1er. Les fleuves de la Charente, de la Seudre, de la Sèvre-Niortaise, et les rivières y affluentes, formeront un seul bassin de navigation, sous le nom de *Bassin de la Charente, Seudre et Sèvre-Niortaise.*

2. Le bassin de la Charente, Seudre et Sèvre-Niortaise, sera divisé en trois arrondissemens, ainsi qu'il suit :

Premier arrondissement, comprenant la Charente depuis le point navigable jusqu'aux limites du département de la Charente : chef-lieu, Angoulême.

Deuxième arrondissement, 1°. la Charente, depuis les limites du département de la Charente jusqu'à la mer ; 2°. la Boutonne dans toute son étendue ; 3°. la Seudre dans toute son étendue : chef-lieu, Saintes.

Troisième et dernier arrondissement, 1°. la Sèvre-Niortaise, depuis le point navigable jusqu'à la mer ; 2°. les rivières du Mignon, de l'Authise et de la Vendée, dans toute leur étendue : chef-lieu, Niort.

3. Les tarifs en vertu desquels devra se faire la perception, et les lieux où les bureaux devront être établis, seront déterminés par des Arrêtés spéciaux pour chaque arrondissement de navigation.

4. Il y aura, pour tout le bassin de la Charente, de la Seudre et de la Sèvre-Niortaise, un inspecteur dont la résidence sera dans le département de la Charente-Inférieure.

PREMIER ARRONDISSEMENT. — Chef-lieu, ANGOULÊME.

BUREAUX DE PERCEPTION.

ART. 1. Il sera établi dans l'étendue du premier arrondissement de la Charente, Seudre et Sèvre-Niortaise, quatre bureaux de perception pour l'octroi de navigation créé par la Loi du 30 floréal an X.

Premier Bureau.

2. Le premier bureau sera placé à Angoulême, au lieu dit le port de *l'Houmeau.*

L'octroi de navigation sera perçu à ce bureau pour toute la navigation supérieure descendante, depuis Montignac ; et pour la même navigation en remontant, à raison du point de départ ou de débarquement, et proportionnément ; savoir, en descendant, aux distances parcourues, et en remontant, aux distances à parcourir.

3. Chaque distance comprendra un espace de cinq kilomètres.

4. La quotité du droit est fixée à 15 centimes par tonneau et par distance, quels que soient le nom et la forme de chaque bâtiment.

Les trains paieront par distance, et par vingt-cinq mètres de longueur . . . . 2 f.

5. Chaque propriétaire de bateau descendant au port de l'Houmeau, soit de Montignac, soit d'un point intermédiaire, fera, au point de départ, et par-devant le maire du lieu, qui lui en donnera certificat sur papier non timbré, la déclaration du départ et du port de son bâtiment : ce certificat servira au percepteur du port de l'Houmeau pour établir les distances parcourues, et fixer la quotité du droit à payer.

En remontant du port de l'Houmeau à Montignac ou lieux intermédiaires, le propriétaire du bateau fera au percepteur la déclaration du lieu où il va débarquer, et paiera l'octroi de navigation à raison des distances à parcourir.

6. En cas de fausses déclarations, il y aura lieu à l'amende de 50 francs, ordonnée par l'art. 23 de l'Arrêté du 8 prairial an XI.

7. Aucun droit ne sera dû pour un espace moindre d'une demi-distance : lorsqu'il y aura plus de demi-distance, le droit sera dû pour distance entière.

8. Les bateaux à vide paieront le tiers du droit ; en cas de fractions, le centime entier sera perçu.

Les bateaux pêcheurs, lorsqu'ils seront uniquement chargés d'objets relatifs à la pêche, ne paieront aucun droit.

Deuxième Bureau.

9. Le second bureau sera placé à Châteauneuf.

L'octroi de navigation sera perçu à ce bureau, pour la navigation descendante, du port de l'Houmeau à Châteauneuf ; et pour la même navigation en remontant, sans avoir égard au point de départ ni à celui de débarquement.

10. La perception s'y fera conformément au tarif qui suit ; savoir :

En descendant,

Chaque bateau, quels que soient son nom et sa forme, paiera par tonneau . . . . 1 f. 5 c.

Chaque train paiera, par vingt-cinq mètres de longueur 14

Le même droit sera payé en remontant, et toujours pour l'espace entier compris entre Châteauneuf et le port de l'Houmeau, sans avoir égard au point de débarquement.

11. Les bateaux à vide paieront le tiers du droit ; en cas de fractions, le centime entier sera perçu.

Les bateaux pêcheurs, lorsqu'ils ne seront chargés que d'objets relatifs à la pêche, ne paieront aucun droit.

Troisième Bureau.

12. Le troisième bureau sera placé à Jarnac.

L'octroi de navigation sera perçu à ce bureau, pour la navigation descendante, depuis Châteauneuf jusqu'à Jarnac ; et pour la même navigation en remontant, sans avoir égard au point de départ ni à celui de débarquement.

13. La perception s'y fera conformément au tarif qui suit ; savoir :

En descendant,

Chaque bateau, quels que soient son nom et sa forme, paiera par tonneau.. 60

Chaque train paiera, par vingt-cinq mètres de longueur......... 8

Le même droit sera payé en remontant, et toujours pour la distance entière comprise entre Jarnac et Châteauneuf, sans avoir égard au point de débarquement.

14. Les bateaux à vide paieront le tiers du droit ; en cas de fractions, le centime entier sera perçu.

Les bateaux pêcheurs, lorsqu'ils seront uniquement chargés d'objets relatifs à la pêche, ne paieront aucun droit.

Quatrième Bureau.

15. Le quatrième bureau sera placé à Cognac.

L'octroi de navigation sera perçu à ce bureau,

1°. Pour la navigation descendante, depuis Jarnac jusqu'à Cognac ; et pour la même navigation en remontant, sans avoir égard au point de départ ou de débarquement ;

2°. Pour la navigation descendante, depuis Cognac jusqu'aux limites du département ; et pour la même navigation en remontant, sans avoir égard au point de départ ou de débarquement.

16. La perception s'y fera conformément au tarif qui suit ; savoir :

En descendant de Jarnac à Cognac,

Chaque bateau, quels que soient son nom et sa forme, paiera par tonneau.. 35 c.

Chaque train paiera, par vingt cinq mètres de longueur........... 5 f.

Le même droit sera payé en remontant, et toujours pour la distance entière comprise entre Cognac et Jarnac, sans avoir égard au point de débarquement.

17. Les bateaux à vide paieront le tiers du droit ; en cas de fractions, le centime entier sera perçu.

Les bateaux pêcheurs, lorsqu'ils seront uniquement chargés d'objets relatifs à la pêche, ne paieront aucun droit.

18. En descendant de Cognac, jusqu'aux limites du département,

Chaque bateau, quels que soient son nom et sa forme, paiera par tonneau.. 30 c.

Chaque train paiera, par vingt-cinq mètres de longueur......... 4 f.

Le même droit sera payé en remontant.

19. Les bateaux à vide paieront le tiers du droit ; en cas de fractions, le centime entier sera perçu.

Les bateaux pêcheurs, lorsqu'ils seront uniquement chargés d'objets relatifs à la pêche, ne paieront aucun droit.

Jauge.

20. Chaque propriétaire de bâtiment de dix tonneaux et au-dessus, sera tenu d'avoir, sur le flanc de son bâtiment, une jauge en fer, placée par des gens de l'art, et qui indiquera ostensiblement le port du bâtiment.

DEUXIÈME ARRONDISSEMENT. — Chef-lieu, SAINTES.

BUREAUX DE PERCEPTION.

ART. 1er. Il sera établi dans l'étendue du deuxième arrondissement du bassin de la Charente, Seudre et Sèvre-Niortaise, six bureaux de perception pour l'octroi de navigation créé par la Loi du 30 floréal an X.

Premier Bureau.

2. Le premier bureau sera placé à Saintes.

L'octroi de navigation sera perçu à ce bureau pour la navigation descendante, des limites du département de la Charente-Inférieure à Saintes ; et pour la même navigation en remontant, sans avoir égard au point de départ ni à celui de débarquement.

3. La perception s'y fera conformément au tarif qui suit ; savoir :
En descendant,

Chaque bateau, quels que soient son nom et sa forme, paiera par
tonneau.. 30 c.

Le même droit sera payé en remontant, et toujours pour l'espace entier compris entre Saintes et les limites du département, sans avoir égard au point de débarquement.

4. Les bateaux à vide paieront le tiers du droit ; en cas de fractions, le centime entier sera perçu.

Les bateaux pêcheurs, lorsqu'ils seront uniquement chargés d'objets relatifs à la pêche, ne paieront aucun droit.

Deuxième Bureau.

5. Le second bureau sera placé à Taillebourg,

L'octroi de navigation sera perçu à ce bureau pour la navigation descendante, de Saintes à Taillebourg ; et pour la même navigation en remontant, sans avoir égard au point de départ ni à celui de débarquement.

6. La perception s'y fera conformément au tarif qui suit ; savoir :
En descendant,

Chaque bateau ou bâtiment, quels que soient son nom et sa forme,
paiera par tonneau.. 10 c.

Le même droit sera payé en remontant, et toujours pour l'espace entier compris entre Taillebourg et Saintes, sans avoir égard au point de débarquement.

7. Les bateaux ou bâtimens à vide paieront le tiers du droit ; en cas de fractions, le centime entier sera perçu.

Les bâteaux pêcheurs, lorsqu'ils seront uniquement chargés d'objets relatifs à la pêche, ne paieront aucun droit.

Troisième Bureau.

8. Le troisième bureau sera placé à Saint-Savinien.

L'octroi de navigation sera perçu à ce bureau pour la navigation descendante, de Taillebourg à Saint-Savinien ; et pour la même navigation en remontant, sans avoir égard au point de départ ni à celui de débarquement.

9. La perception s'y fera conformément au tarif qui suit ; savoir :
En descendant de Taillebourg à Saint-Savinien,
Chaque bateau ou bâtiment, quels que soient son nom et sa forme,
paiera par tonneau.. 5 c.

Le même droit sera payé en remontant, et toujours pour l'espace entier compris entre Saint-Savinien et Taillebourg, sans avoir égard au point de débarquement.

10. Les bateaux ou bâtimens à vide paieront le tiers du droit ; en cas de fractions, le centime entier sera perçu.

Les bateaux pêcheurs, lorsqu'ils seront uniquement chargés d'objets relatifs à la pêche, ne paieront aucun droit.

Quatrième Bureau.

11, Le quatrième bureau sera placé à Carillon.

L'octroi de navigation sera perçu à ce bureau,

1°. Pour la navigation descendante, de Saint-Savinien à Carillon ; et pour la même navigation en remontant, sans avoir égard au point de départ ou de débarquement ;

2°. Pour la navigation descendante, de Saint-Jean-d'Angely à Carillon ; et pour la même navigation en remontant, sans avoir égard au point de départ ou de débarquement.

12. La perception s'y fera conformément au tarif qui suit ; savoir :
En descendant de Saint-Savinien à Carillon,
Chaque bateau ou bâtiment, quels que soient son nom et sa forme,
paiera par tonneau.. 15 c.

Le même droit sera payé en remontant, et toujours pour l'espace entier compris entre Carillon et Saint-Savinien, sans avoir égard au point de débarquement.

13. Les bateaux ou bâtimens à vide paieront le tiers du droit ; en cas de fractions, le centime entier sera perçu.

Les bateaux pêcheurs, lorsqu'ils seront uniquement chargés d'objets relatifs à la pêche, ne paieront aucun droit.

14. Pour la navigation descendante, de Saint-Jean-d'Angely à Carillon, la perception se fera conformément au tarif qui suit : savoir :
Une gabare chargée paiera par chaque tonneau de jaugeage, sans
avoir égard au plus ou moins de chargement................. 70 c.

Lorsque les gabares seront uniquement chargées de pierres de taille, elles ne paieront alors que la moitié du droit ; les gabares uniquement chargées de fumier ou engrais ne seront assujetties à aucun droit.

Le même droit sera payé en remontant la Boutonne, et toujours pour l'espace entier compris entre Carillon et la source de la Boutonne, sans avoir égard au point de débarquement.

15. Les gabares à vide paieront le tiers du droit ; en cas de fractions, le centime entier sera perçu.

Cinquième Bureau.

16. Le cinquième bureau sera placé à Tonnai-Charente.

L'octroi de navigation sera perçu à ce bureau pour la navigation descendante, de Carillon à Tonnai-Charente ; et pour la même navigation en remontant, sans avoir égard au point de départ ou de débarquement.

17. La perception s'y fera conformément au tarif qui suit ; savoir :
En descendant,

Chaque bateau ou bâtiment, quels que soient son nom et sa forme,
    paiera par tonneau.. 10 c.

Le même droit sera payé en remontant, et toujours pour l'espace entier compris entre Tonnai-Charente et Carillon, sans avoir égard au point de débarquement.

18. Les bateaux ou bâtimens à vide paieront le tiers du droit ; en cas de fractions, le centime entier sera perçu.

Les bateaux pêcheurs, lorsqu'ils seront uniquement chargés d'objets relatifs à la pêche, ne paieront aucun droit.

Sixième Bureau. (1)

19. Le sixième bureau sera placé à Rochefort.

L'octroi de navigation sera perçu à ce bureau,

1°. Pour la navigation descendante, de Tonnai-Charente à Rochefort ; et pour la même navigation en remontant, sans avoir égard au point de départ ni à celui de débarquement.

2°. Pour la navigation descendante, de Rochefort à la mer ; et pour la même navigation en remontant, sans avoir égard au point de départ ni à celui de débarquement.

20. La perception s'y fera conformément au tarif qui suit ; savoir :
En descendant de Tonnai-Charente à Rochefort,

Chaque bâtiment ou bateau, quels que soient son nom et sa forme,
    paiera par tonneau.. 10 c.

Le même droit sera payé en remontant, et toujours pour l'espace entier compris entre Rochefort et Tonnai-Charente, sans avoir égard au point de débarquement.

---

(1) Un Décret du 5 mars 1813 a établi un nouveau bureau à Charras pour la perception des droits de navigation. Il porte : « Art. 1. Il sera établi à Charras un nouveau bureau de perception des droits de navigation.

« 2. A cet effet, les droits fixés pour la navigation entière de Rochefort à la mer seront divisés en deux parties égales ; la première moitié se percevra au bureau de Charras, et la seconde à celui de Rochefort.

21. Les bâtimens ou bateaux à vide paieront le tiers du droit ; en cas de fractions, le centime entier sera perçu.

Les bateaux pêcheurs, lorsqu'ils seront uniquement chargés d'objets relatifs à la pêche, ne paieront aucun droit.

22. Pour la navigation descendante, de Rochefort à la mer, la perception se fera conformément au tarif qui suit : savoir :

Chaque bâtiment ou bateau, quels que soient son nom et sa forme, paiera par tonneau. . . . . 25 c.

Le même droit sera payé en remontant, et toujours pour l'espace entier compris entre la mer et Rochefort, sans avoir égard au point de départ.

23. Les bateaux ou bâtimens à vide paieront le tiers du droit ; en cas de fractions, le centime entier sera perçu.

Les bateaux pêcheurs, lorsqu'ils seront uniquement chargés d'objets relatifs à la pêche, ne paieront aucun droit.

24. Les bâtimens de l'État, ou ceux chargés pour le compte direct du département de la marine, ne paieront rien ; mais il leur sera délivré un acquit à caution, qu'ils seront tenus de rapporter, déchargé par le commissaire de la marine chargé du détail auquel se rapportera leur chargement, et visé par le préfet maritime.

Jauge.

25. Chaque propriétaire de bâtiment ou bateau, quelle que soit sa forme, sera tenu d'avoir sur le flanc de son bâtiment une jauge en fer, placée par des gens de l'art, et qui indiquera ostensiblement le port du bâtiment : à défaut, le jaugeage sera fait à ses frais, s'il y a lieu.

SEUDRE.

27. Attendu le peu d'étendue de la rivière de la Seudre, et les différens bureaux de douanes déjà existans sur cette rivière, il n'y sera pas établi de bureau particulier pour la perception de l'octroi de navigation ; et il est en cela dérogé à l'article 6 de l'Arrêté du 8 prairial an XI.

L'octroi de navigation sera, sur cette rivière, perçu ainsi qu'il suit :

Tout bâtiment susceptible et obligé de prendre un passe-port, paiera, dans les divers bureaux de douanes où il se mettra en déclaration, 15 centimes par chaque tonneau indiqué sur le passe-port.

28. Il sera alloué à chaque bureau de douane, à titre de remise, 7 centimes par franc sur le produit qui sera perçu dans ce bureau.

TROISIÈME ARRONDISSEMENT. — Chef-lieu, NIORT.

BUREAUX DE PERCEPTION.

ART. 1. Il sera établi dans l'étendue du troisième arrondissement du bassin de la Charente, Seudre et Sèvre-Niortaise, dix bureaux de perception pour l'octroi de navigation créé par la Loi du 30 floréal an X.

2. Les premier, deuxième, troisième et quatrième bureaux, seront placés à la Roussille, Sevreau, Coulon et la Garette sur la Sèvre ; le cinquième, au Moulin-Neuf sur le Mignon ; le sixième, à l'Aqueduc sur l'Authise ; les septième et huitième, à Valvire et au Gouffre sur la Vendée ; les neuvième et dixième, à Marans sur la Sèvre.

3. Tout bateau prenant la rivière avec chargement, paiera au bureau le plus voisin du lieu de son départ, et proportionnément à la quantité de son chargement, par tonneau. . . . . 25 c.

4. Pour justifier du paiement de ce droit, le conducteur du bateau se munira d'un acquit énonciatif de son chargement, du lieu, du jour et de l'heure de son départ.

Muni de cet acquit, il pourra circuler librement sur les quatre rivières de la Sèvre, du Mignon, de l'Authise et de la Vendée, et canaux y affluens, jusqu'à Marans exclusivement.

Il sera tenu de représenter son acquit à toute réquisition des percepteurs de l'octroi de navigation, à quelque point des quatre rivières qu'ils se présentent à lui.

5. Les bateaux à vide ne paieront aucun droit ; en cas de fractions, le centime entier sera perçu.

6. Indépendamment du droit de 25 centimes par tonneau, payé au bureau le plus voisin du point du départ, tout bateau, de quelque point des quatre rivières qu'il soit parti, paiera en entrant à Marans, par chaque tonneau. . . . . 25 c.

Ne sont point assujettis à cette disposition, les bateaux chargés de bois de chauffage, lesquels ne paieront qu'un simple droit de 25 centimes par tonneau, à raison de tout l'espace à parcourir pour descendre jusqu'à Marans inclusivement, ou remonter la rivière à partir de ce point.

7. Tout bâtiment venant de la mer, chargé en tout ou en partie, paiera par tonneau, en entrant à Marans. . - . . . . 1 fr.

En sortant de Marans pour aller à la mer, le même droit sera perçu.

8. Tout bâtiment remontant de la mer à Marans, ou descendant de Marans à la mer, sur son lest, ne paiera qu'un demi-droit de. . 50 c.

9. Tout bâtiment chargé de bois de chauffage, remontant de la mer à Marans, ou descendant de Marans à la mer, paiera par tonneau. . 40 c.

10. Toute allège naviguant au-dessous ou au-dessus de Marans, dans les canaux affluens à la Sèvre, paiera par tonneau. . . . . 50 c.

11. Les allèges remontant la rivière sur leur lest, ne seront assujetties à aucun droit ; celles qui la descendront au lest, paieront pour la totalité de leur tonnage.

Sera considérée comme étant sur son lest, toute allège qui remontera uniquement chargée de sable.

Franchises.

12. Tout propriétaire ou cultivateur pourra librement, et sans payer aucun droit, voiturer par eau ses engrais, récoltes, denrées et grains en gerbes seulement, dans l'étendue de chacune de ses exploitations exclusivement.

Cette franchise n'aura pas lieu, lorsqu'il s'agira de transporter les récoltes ou denrées d'un ferme ou exploitation dans une autre, et lorsque le bateau ne sera pas uniquement chargé des objets mentionnés au présent article.

13. La même franchise aura lieu pour tous les bateaux uniquement

chargés de matériaux destinés au service ou à l'entretien des rivières et digues de la Sèvre, de la Vendée, de l'Authise, du Mignon, et des canaux y affluens.

Elle aura lieu également en faveur des pêcheurs, chasseurs ou voituriers de fourrages verts, pour leur pêche, chasse ou fourrage, lorsque les bateaux seront uniquement chargés de ces objets.

14. Les fraudes qui pourraient s'exercer sous prétexte de l'application des deux articles précédens, et, en général, toute contravention aux dispositions du présent Arrêté, seront punies de l'amende de 5o francs, ordonnée par l'Article 23 de l'arrêté du 8 prairial an XI.

Jauge.

15. Le préfet du département des Deux-Sèvres fera procéder ainsi qu'il suit à la fixation du tonnage des bateaux et allèges naviguant sur la Sèvre, la Vendée, et les rivières et canaux qui y sont affluens.

Tous bateaux, depuis le port de six tonneaux jusqu'à ceux de la plus petite dimension, seront tenus de porter, attachée à la traverse de leur partie postérieure, une plaque de fer-blanc énonciative du tonnage.

Tout bateau d'un port supérieur à six tonneaux, portera, au lieu de cette plaque, une échelle hydraulique sur chaque flanc, laquelle sera graduée par tonneaux.

Les bateaux d'un tonneau et au-dessous seront marqués pour leur tonnage entier.

Ceux de quatre tonneaux seront marqués pour trois.

Ceux de six seront marqués pour quatre.

Le tonnage des allèges sera fixé d'après le mode suivi pour celui des bateaux.

Pour les barques qui ne sont pas du département, et dont le tonnage ne serait point connu, le jaugeage sera fait, s'l y a lieu, aux frais du capitaine ou patron, et il paiera pour son port entier.

Nota. Les tarifs du droit de navigation qui se perçoit sur la Charente, ont été modifiés à l'égard des bateaux à vide et des bateaux chargés d'engrais, par une Ordonnance du Roi du 7 juillet 1819, dont la teneur suit :

« ART. 1er. Les bateaux ou gabares naviguant à vide sur la Charente, et dont le chargement n'excède pas un dixième du tonnage, soit en remontant, soit en descendant, ne paieront plus que le dixième du droit de navigation qui se perçoit pour les bateaux à pleine charge, en vertu des Arrêtés du gouvernement du 27 vendémiaire an XII.

« 2. Les bateaux ou gabares chargés de fumiers et engrais pour les terres, sont affranchis de tous droits, tant pour la remonte que pour la descente. »

BASSIN DE LA LOIRE.

21 avril 1804 (1er floréal an XII).

Arrêtés contenant Réglement pour la perception de l'octroi de navigation dans les onze Arrondissemens du bassin de la Loire.

PREMIER ARRONDISSEMENT. — Chef-lieu, MONTBRISON.

BUREAUX DE PERCEPTION.

ART. 1. Il sera établi, dans l'étendue du premier arrondissement du bassin de la Loire, deux bureaux de perception pour l'octroi de navigation créé par la Loi du 30 floréal an x.

Premier Bureau.

2. Le premier bureau sera placé à Feurs.

L'octroi de navigation sera perçu à ce bureau pour toute la navigation descendante, et pour la même navigation en remontant, sans avoir égard au point de départ ni à celui de débarquement.

La perception s'y fera conformément au tarif qui suit ; savoir :

En descendant,

Les grands bateaux ayant vingt-deux mètres de longueur et au-dessus, paieront.. 6 f. 30 c.

Les mêmes bateaux, chargés en tout ou en partie de sel, d'eau-de-vie, de vin, sucre ou épiceries, de fers fondus ou forgés, paieront.. 9 45

Les bateaux moyens ayant quinze à vingt-deux mètres de longueur, paieront.. 3 50

Les mêmes bateaux, chargés et tout ou en partie de sel, d'eau-de-vie, de vin, sucre ou épiceries, de fers fondus ou forgés, paieront. 5 25

Les bateaux de dix à quinze mètres de longueur paieront......... 1 40

Les mêmes bateaux, chargés en tout ou en partie de sel, d'eau-de-vie, de vin, sucre ou épiceries, fers fondus ou forgés, paieront. 2 10

Les bateaux, petites tones et batelets au-dessous de dix mètres, paieront, quelle que soit la nature de leur chargement........ 35

Le même droit sera payé en remontant.

Ne sont assujettis à aucun droit les bateaux pêcheurs et ceux employés pour traverser la rivière d'un bord à l'autre.

Les bateaux à vide paieront le tiers du droit.

En cas de fraction, le centime entier sera perçu.

Chaque train de bois, toisé sur sa longueur, paiera par mètre...... 35 c.

Deuxième Bureau.

3. Le second bureau sera placé à Roanne.

L'octroi de navigation sera perçu à ce bureau, pour la navigation descendante, de Feurs à Roanne, et pour la même navigation en remontant, sans avoir égard au point de départ ni à celui de débarquement.

La perception s'y fera conformément au tarif qui suit ; savoir :

En descendant,

Les grands bateaux ayant vingt-deux mètres de longueur et au-dessus, paieront.. 9 1.

Les mêmes bateaux, chargés en tout ou en partie de sel, d'eau-de-vie,
de vin, sucre ou épiceries, de fers fondus ou forgés, paieront... 13 f. 50 c.
Les bateaux moyens ayant quinze à vingt-deux mètres de longueur,
paieront... 5
Les mêmes bateaux, chargés en tout ou en partie de sel, d'eau-de-
vie, de vin, sucre ou épiceries, de fers forgés ou fondus, paieront. 7   50
Les bateaux ayant dix à quinze mètres de longueur, paieront.... 2
Les mêmes bateaux, chargés en tout ou en partie de sel, d'eau-de-vie,
de vin, sucre ou épiceries, de fers fondus ou forgés, paieront... 3
Les bateaux, petites toues et batelets au-dessous de dix mètres,
paieront, quelle que soit la nature de leur chargement.........   50

Le même droit sera payé en remontant.

Ne sont assujettis à aucun droit les bateaux pêcheurs, et ceux employés pour traverser la rivière d'un bord à l'autre.

Les bateaux à vide paieront le tiers du droit.

En cas de fraction, le centime entier sera perçu.

Chaque train de bois, toisé sur sa longueur, paiera par mètre ......   50 c.

DEUXIÈME ARRONDISSEMENT. — Chef-lieu, NEVERS.

BUREAUX DE PERCEPTION.

ART. 1. Il sera établi, dans l'étendue du deuxième arrondissement du bassin de la Loire, quatre bureaux de perception pour l'octroi de navigation créé par la Loi du 30 floréal an x.

Premier Bureau.

2. Le premier bureau sera placé à Digoin.

L'octroi de navigation sera perçu à ce bureau, pour la navigation descendante depuis Roanne jusqu'à Digoin, et pour la même navigation en remontant, sans avoir égard au point de départ ni à celui de débarquement.

La perception s'y fera conformément au tarif qui suit ; savoir :

En descendant,

Les grands bateaux ayant vingt-deux mètres de longueur et au-dessus, paieront.. 10 f. 80 c.
Les mêmes bateaux, chargés en tout ou en partie de sel, d'eau-de-
vie, de vin, sucre ou épiceries, de fers fondus ou forgés, paieront 16   20
Les bateaux moyens ayant quinze à vingt-deux mètres de longueur,
paieront... 6
Les mêmes bateaux, chargés en tout ou en partie de sel, d'eau-de-
vie, de vin, sucre ou épiceries, de fers fondus ou forgés, paieront 9
Les bateaux ayant dix à quinze mètres de longueur, paieront..... 2   40
Les mêmes bateaux, chargés en tout ou en partie de sel, d'eau-de-vie,
de vin, sucre ou épiceries, de fers fondus ou forgés, paieront... 3   60
Les bateaux, petites toues et batelets au-dessous de dix mètres,
paieront, quelle que soit la nature de leur chargement.........   60

Le même droit sera payé en remontant.

Ne sont assujettis à aucun droit les bateaux pêcheurs, et ceux employés pour traverser la rivière d'un bord à l'autre.

Les bateaux à vide paieront le tiers du droit.

En cas de fraction, le centime entier sera perçu.

Chaque train de bois, toisé sur sa longueur, paiera, par mètre....   60 c.

Deuxième Bureau.

3. Le deuxième bureau sera placé à Décise.

L'octroi de navigation sera perçu à ce bureau, pour la navigation descendante de Digoin à Décise, et pour la même navigation en remontant, sans avoir égard au point de départ ni à celui de débarquement.

La perception s'y fera conformément au tarif qui suit ; savoir :

En descendant,

Les grands bateaux ayant vingt-deux mètres de longueur et au-dessus, paieront.. 12 f. 60 c.

Les mêmes bateaux, chargés en tout ou en partie de sel, d'eau-de-vie, de vin, sucre ou épiceries, de fers fondus ou forgés, paieront 18　90

Les bateaux moyens ayant quinze à vingt-deux mètres de longueur, paieront... 7

Les mêmes bateaux, chargés en tout ou en partie de sel, d'eau-de-vie, de vin, sucre ou épiceries, de fers fondus ou forgés, paieront 10　50

Les bateaux ayant dix à quinze mètres de longueur, paieront...... 2　80

Les mêmes bateaux, chargés en tout ou en partie de sel, d'eau-de-vie, de sucre ou épiceries, de fers fondus ou forgés, paieront.... 4　20

Les bateaux, petites toues et batelets, au-dessous de dix mètres, paieront, quelle que soit la nature de leur chargement........ 70

Le même droit sera payé en remontant.

Ne sont assujettis à aucun droit les bateaux pêcheurs et ceux employés pour traverser la rivière d'un bord à l'autre.

Les bateaux à vide paieront le tiers du droit.

En cas de fraction, le centime entier sera perçu.

Chaque train de bois, toisé sur la longueur, paiera par mètre...... 70 c

Troisième Bureau.

4. Le troisième bureau sera placé à Nevers.

L'octroi de navigation sera perçu à ce bureau pour la navigation descendante de Décise à Nevers, et pour la même destination en remontant, sans avoir égard au point de départ ni à celui de débarquement.

La perception s'y fera conformément au tarif qui suit ; savoir :

En descendant,

Les grands bateaux ayant vingt-deux mètres de longueur et au-dessus, paieront.. 6 f. 30 c.

Les mêmes bateaux, chargés en tout ou en partie de sel, d'eau-de-vie, de vin, sucre ou épiceries, de fers fondus ou forgés, paieront 9　45

Les bateaux moyens ayant quinze à vingt-deux mètres de longueur, paieront.. 3　50

Les mêmes bateaux, chargés en tout ou en partie de sel, d'eau-de-vie, de vin, sucre ou épiceries, de fers fondus ou forgés, paieront 5　25

Les bateaux ayant dix à quinze mètres de longueur, paieront..... 1　40

Les mêmes bateaux, chargés en tout ou en partie de sel, d'eau-de-vie, de vin, de sucre ou épiceries, de fers fondus ou forgés, paieront.. 2　10

Les bateaux, petites toues et batelets au-dessous de dix mètres, paieront, quelle que soit la nature de leur chargement........... 35

Le même droit sera payé en remontant.

Ne sont assujettis à aucun droit les bateaux pêcheurs et ceux employés pour traverser la rivière d'un bord à l'autre.

Les bateaux à vide paieront le tiers du droit.

En cas de fraction, le centime entier sera perçu.

Chaque train de bois, toisé sur la longueur, paiera par mètre....... 35 c.

Quatrième Bureau.

5. Le quatrième bureau sera placé à l'embouchure du canal de Briare. (1)

L'octroi de navigation sera perçu à ce bureau, pour la navigation descendante de Nevers à Briare, et pour la même navigation en remontant, sans avoir égard au point de départ ni à celui de débarquement.

La perception s'y fera conformément au tarif qui suit ; savoir :

En descendant,

Les grands bateaux ayant vingt-deux mètres de longueur et au-dessus, paieront.................................... 18 f.

Les mêmes bateaux, chargés en tout ou en partie de sel, d'eau-de-vie, de vin, sucre ou épiceries, de fers fondus ou forgés, paieront. 27

Les bateaux moyens ayant quinze à vingt-deux mètres de longueur, paieront...... 10

Les mêmes bateaux, chargés en tout ou en partie de sel, d'eau-de-vie, de vin, sucre ou épiceries, de fers fondus ou forgés, paieront. 15

Les bateaux ayant dix à quinze mètres de longueur, paieront..... 4

Les mêmes bateaux, chargés en tout ou en partie de sel, d'eau-de-vie, de vin, sucre ou épiceries, de fers fondus ou forgés, paieront. 6

Les bateaux, petites toues et batelets au-dessous de 10 mètres, paieront, quelle que soit la nature de leur chargement............ 1

Le même droit sera payé en remontant.

Ne sont assujettis à aucun droit les bateaux pêcheurs, et ceux employés pour traverser la rivière d'un bord à l'autre.

Les bateaux à vide paieront le tiers du droit.

En cas de fraction, le centime entier sera perçu.

Chaque train de bois, toisé sur la longueur, paiera par mètre...... 1 f.

TROISIÈME ARRONDISSEMENT. — Chef-lieu, MOULINS.

BUREAUX DE PERCEPTION.

ART. 1. Il sera établi, dans l'étendue du troisième arrondissement du bassin de la Loire, deux bureaux de perception pour l'octroi de navigation créé par la Loi du 30 floréal an x.

---

(1) Un Décret du 10 mars 1805 (19 ventose an XIII) porte ce qui suit :

« ART. 1. Le droit de navigation à percevoir sur les trains de bois à brûler qui flottent sur le deuxième arrondissement du bassin de la Loire, depuis Décise jusqu'à Briare, est fixé ainsi qu'il suit :

« 2. Il sera perçu au bureau de Nevers, sans avoir égard au point de départ, par chaque train de bois à brûler de dix-huit coupons, 2 f. 50 c.

« Les mêmes trains paieront au bureau de Briare, sans avoir égard au point de départ, 5 f.

« 3. Il n'est rien dérogé, par le présent Décret, à l'Arrêté du 1er floréal an XII, portant tarif du droit à percevoir sur les trains autres que les bois à brûler, qui flottent dans l'étendue du deuxième arrondissement du bassin de la Loire. »

Premier Bureau.

2. Le premier bureau sera placé à Moulins.

L'octroi de navigation sera perçu à ce bureau, pour toute la navigation supérieure descendante depuis le point où l'Allier commence à être navigable jusqu'à Moulins, et pour la même navigation en remontant, sans avoir égard au point de départ ni à celui de débarquement.

La perception s'y fera conformément au tarif qui suit ; savoir :

En descendant,

Les grands bateaux ayant 22 mètres de longueur et au-dessus, paieront . . . . 18 f.

Les mêmes bateaux, chargés en tout ou en partie de sel, d'eau-de-vie, de vin, sucre ou épiceries, de fers fondus ou forgés, paieront. 27

Les bateaux moyens ayant quinze à vingt-deux mètres de longueur, paieront 10

Les mêmes bateaux, chargés en tout ou en partie de sel, d'eau-de-vie, de vin, sucre ou épiceries, de fers fondus ou forgés, paieront. 15

Les bateaux ayant dix à quinze mètres de longueur, paieront 4

Les mêmes bateaux, chargés en tout ou en partie de sel, d'eau-de-vie, de vin, sucre ou épiceries, de fers fondus ou forgés, paieront. 6

Les bateaux, petites toues et batelets au-dessous de dix mètres, paieront, quelle que soit la nature de leur chargement 1

Le même droit sera payé en remontant.

Ne sont assujettis à aucun droit les bateaux pêcheurs et ceux employés à traverser la rivière d'un bord à l'autre.

Les bateaux à vide paieront le tiers du droit.

En cas de fraction, le centime entier sera perçu.

Chaque train de bois, toisé sur la longueur, paiera par mètre . . . . . . 1 f.

Deuxième Bureau.

3. Le second bureau sera placé au Bec-d'Allier.

L'octroi de navigation sera placé à ce bureau, pour la navigation descendante depuis Moulins jusqu'au Bec-d'Allier, et pour la même navigation en remontant, sans avoir égard au point de départ ni à celui de débarquement.

La perception s'y fera conformément au tarif qui suit ; savoir :

En descendant.

Les grands bateaux ayant vingt-deux mètres de longueur et au-dessus, paieront . . . . 10 f. 80 c

Les mêmes bateaux, chargés en tout ou en partie de sel, d'eau-de-vie, de vin, sucre ou épiceries, de fers fondus ou forgés, paieront. 16 20

Les bateaux moyens ayant quinze à vingt-deux mètres de longueur, paieront 6

Les mêmes bateaux, chargés en tout ou en partie de sel, d'eau-de-vie, de vin, sucre ou épiceries, de fers fondus ou forgés, paieront. 9

Les bateaux ayant dix à quinze mètres de longueur, paieront 2 40

Les mêmes bateaux, chargés en tout ou en partie de sel, d'eau-de-vie, de vin, sucre ou épiceries, de fers fondus ou forgés, paieront. 3 60

Les bateaux, petites toues et batelets au-dessous de dix mètres, paieront, quelle que soit la nature de leur chargement 60

Le même droit sera payé en remontant.

Ne sont assujettis à aucun droit les bateaux pêcheurs et ceux employés pour traverser la rivière d'un bord à l'autre.

Les bateaux à vide paieront le tiers du droit.

En cas de fraction, le centime entier sera perçu

Chaque train de bois, toisé sur la longueur, paiera par mètre   60 c

QUATRIÈME ARRONDISSEMENT. — Chef-lieu, ORLÉANS.

BUREAUX DE PERCEPTION.

ART. 1. Il sera établi, dans l'étendue du quatrième arrondissement du bassin de la Loire, deux bureaux de perception pour l'octroi de navigation créé par la Loi du 30 floréal an x.

Premier Bureau.

2. Le premier bureau sera placé à Orléans.

L'octroi de navigation sera perçu à ce bureau, pour la navigation descendante depuis l'embouchure du canal de Briare jusqu'à Orléans, et pour la même navigation en remontant, sans avoir égard au point de départ ni à celui de débarquement.

La perception s'y fera conformément au tarif qui suit ; savoir :

En descendant,

Les grands bateaux ayant vingt-deux mètres de longueur et au-dessus, paieront.	14 f.	40 c.
Les mêmes bateaux, chargés en tout ou en partie de sel, d'eau-de-vie, de vin, sucre ou épiceries, de fers fondus ou forgés, paieront.	21	60
Les bateaux moyens ayant quinze à vingt-deux mètres de longueur, paieront.	8	
Les mêmes bateaux, chargés en tout ou en partie de sel, d'eau-de-vie, de vin, sucre ou épiceries, de fers fondus ou forgés, paieront.	12	
Les bateaux ayant dix à quinze mètres de longueur, paieront.	3	20
Les mêmes bateaux, chargés en tout ou en partie de sel, d'eau-de-vie, de vin, sucre ou épiceries, de fers fondus ou forgés, paieront.	4	80
Les bateaux, petites tones et batelets au-dessous de dix mètres, paieront, quelle que soit la nature de leur chargement.		80

Le même droit sera payé en remontant.

Les bateaux dont les conducteurs déclareront aller dans le canal d'Orléans, ne seront assujettis à aucun droit ; en conséquence, le receveur du bureau d'Orléans fera exercer un contrôle à l'embouchure de ce canal, pour vérifier l'exactitude des déclarations.

En cas de fausses déclarations, il y aura lieu à l'amende de cinquante francs, ordonnée par l'art. 23 de l'Arrêté du 8 prairial an xi.

Ne sont assujettis à aucun droit les bateaux pêcheurs et ceux employés pour traverser la rivière d'un bord à l'autre.

Les bateaux à vide paieront le tiers du droit.

En cas de fraction, le centime entier sera perçu.

Chaque train de bois, toisé sur la longueur, paiera par mètre. . . .	80

Deuxième Bureau

3. Le deuxième bureau sera placé à Blois. (1)

------

(1) Un Décret du 14 juillet 1811 porte ce qui suit :

« Le receveur du droit de navigation au bureau de Blois percevra sur tous les bateaux remontant la Loire, entre Tours et Blois, quel que soit le point d'où ces bateaux soient partis, le droit de navigation dû pour la remonte entière depuis Blois jusqu'à Tours.

« Seront en conséquence assujettis à cette perception tous les bateaux qui ne justifieront pas avoir acquitté ce droit au bureau de Tours. »

L'octroi de navigation sera perçu à ce bureau, pour la navigation descendante d'Orléans à Blois, et pour la même navigation en remontant, sans avoir égard au point de départ ni à celui de débarquement.

La perception s'y fera conformément au tarif qui suit ; savoir :

En descendant,

Les grands bateaux ayant vingt-deux mètres de longueur et au-dessus, paieront.. 10 f. 80 c.

Les mêmes bateaux, chargés en tout ou en partie de sel, d'eau-de-vie, de vin, sucre ou épiceries, de fers fondus ou forgés, paieront. 16   20

Les bateaux moyens ayant quinze à vingt-deux mètres de longueur, paieront.. 6

Les mêmes bateaux, chargés en tout ou en partie de sel, d'eau-de-vie, de vin, sucre ou épiceries, de fers fondus ou forgés, paieront. 9

Les bateaux ayant dix à quinze mètres de longueur, paieront...... 2   40

Les mêmes bateaux, chargés en tout ou en partie de sel, d'eau-de-vie, de vin, sucre ou épiceries, de fers fondus ou forgés, paieront. 3   60

Les bateaux, petites toues ou batelets au-dessous de dix mètres, qeulle que soit la nature de leur chargement................ 60

Le même droit sera payé en remontant.

Ne sont assujettis à aucun droit les bateaux pêcheurs et ceux employés pour traverser la rivière d'un bord à l'autre.

Les bateaux à vide paieront le tiers du droit.

En cas de fraction, le centime entier sera perçu.

Chaque train de bois, toisé sur la longueur, paiera par mètre..... 60 c.

CINQUIÈME ARRONDISSEMENT. — Chef-lieu, BOURGES.

BUREAUX DE PERCEPTION.

ART. 1. Il sera établi, dans l'étendue du cinquième arrondissement du bassin de la Loire, deux bureaux de perception pour l'octroi de navigation créé par la Loi du 30 floréal an x.

Premier Bureau.

2. Le premier bureau sera placé à Tours.

L'octroi de navigation sera perçu à ce bureau, pour la navigation descendante depuis Blois jusqu'à Tours, et pour la même navigation en remontant, sans avoir égard au point de départ ni à celui de débarquement.

La perception s'y fera conformément au tarif qui suit ; savoir :

En descendant,

Les grands bateaux ayant vingt-deux mètres de longueur et au-dessus, paieront.. 10 f. 80 c.

Les mêmes bateaux, chargés en tout ou en partie de sel, d'eau-de-vie, de vin, sucre ou épiceries, de fers fondus ou forgés, paieront 16   20

Les bateaux moyens ayant quinze à vingt-deux mètres de longueur, paieront.. 6

Les mêmes bateaux, chargés en tout ou en partie de sel, d'eau-de-vie, de vin, sucre ou épiceries, de fers fondus ou forgés, paieront 9

Les bateaux ayant dix à quinze mètres de longueur, paieront..... 2   40

Les mêmes bateaux, chargés en tout ou en partie de sel, d'eau-de-vie, de vin, sucre ou épiceries, de fers fondus ou forgés, paieront 3   60

Les bateaux , petites tones et batelets au-dessous de dix mètres ,
   paieront , quelle que soit la nature de leur chargement........   60 c.
   Le même droit sera payé en remontant.
   Ne sont assujettis à aucun droit les bateaux pêcheurs et ceux em-
ployés pour traverser la rivière d'un bord à l'autre.
   Les bateaux à vide paieront le tiers du droit.
   En cas de fraction , le centime entier sera perçu.
Chaque train de bois, toisé sur la longueur, paiera par mètre......   60 c.

Deuxième Bureau.

3. Le deuxième bureau sera placé à Candes.
   L'octroi de navigation sera placé à ce bureau, pour la navigation descendante de Tours et de Saint-Sauveur (sur le Cher) à Candes , et pour
la même navigation en remontant, sans avoir égard au point de départ
ni à celui de débarquement.
   La perception s'y fera conformément au tarif qui suit ; savoir :
   En descendant ,

	f.	c.
Les grands bateaux ayant vingt-deux mètres de longueur et an-dessus, paieront...	9	
Les mêmes bateaux , chargés en tout ou en partie de sel , d'eau-de-vie , de vin, sucre ou épiceries, de fers fondus ou forgés , paieront	13	50
Les bateaux moyens ayant quinze à vingt-deux mètres de longueur, paieront	5	
Les mêmes bateaux , chargés en tout ou en partie de sel , d'eau-de-vie , de vin, sucre ou épiceries, de fers fondus ou forgés , paieront	7	50
Les bateaux ayant dix à quinze mètres de longueur, paieront...... ..	2	
Les mêmes bateaux , chargés en tout ou en partie de sel , d'eau-de-vie , de vin, sucre ou épiceries, de fers fondus ou forgés , paieront	3	

Les bateaux, petites tones et batelets au-dessous de dix mètres ,
   paieront , quelle que soit la nature de leur chargement........   50 c.
   Le même droit sera payé en remontant.
   Ne sont assujettis à aucun droit les bateaux pêcheurs et ceux em-
ployés pour traverser la rivière d'un bord à l'autre.
   Les bateaux à vide paieront le tiers du droit.
   En cas de fraction , le centime entier sera perçu.
Chaque train de bois , toisé sur la longueur, paiera par mètre......   50 c.

SIXIÈME ARRONDISSEMENT. — Chef-lieu , VIERZON.

BUREAUX DE PERCEPTION.

ART. 1. Il sera établi, dans l'étendue du sixième arrondissement du
bassin de la Loire , quatre bureaux de perception pour l'octroi de navigation créé par la Loi du 30 floréal an x.

Premier Bureau.

2. Le premier bureau sera placé à Vierzon. (1)

____

(1) Un Décret du 22 mars 1805 (21 ventose an XIII) a transféré ce bureau à
Thénioux ; il est ainsi conçu :
   « ART. 1. Le premier bureau de perception du sixième arrondissement du

L'octroi de navigation sera perçu à ce bureau, pour la navigation supérieure descendante, et pour la même navigation en remontant, sans avoir égard au point de départ ni à celui de débarquement.

La perception s'y fera conformément au tarif qui suit ; savoir :

En descendant,

Les grands bateaux ayant vingt-deux mètres de longueur et au-dessus, paieront..	5 f.	40 c.
Les mêmes bateaux, chargés en tout ou en partie de sel, d'eau-de-vie, de sucre ou épiceries, de fers fondus ou forgés, paieront	8	10
Les bateaux moyens ayant quinze à vingt-deux mètres de longueur, paieront	3	
Les mêmes bateaux, chargés en tout ou en partie de sel, d'eau-de-vie, de vin, sucre ou épiceries, de fers fondus ou forgés, paieront	4	50
Les bateaux ayant dix à quinze mètres de longueur, paieront	1	20
Les mêmes bateaux, chargés en tout ou en partie de sel, d'eau-de-vie, de vin, sucre ou épiceries, de fers fondus ou forgés, paieront	1	80
Les bateaux, petites toues et batelets au-dessous de dix mètres, paieront, quelle que soit la nature de leur chargement.........		30

Le même droit sera payé en remontant.

Ne sont assujettis à aucun droit les bateaux pêcheurs et ceux employés pour traverser la rivière d'un bord à l'autre.

Les bateaux à vide paieront le tiers du droit.

En cas de fraction, le centime entier sera perçu.

Chaque train de bois, toisé sur la longueur, paiera par mètre...	30 c.

Deuxième Bureau.

3. Le deuxième bureau sera placé à Selles.

L'octroi de navigation sera perçu à ce bureau, pour la navigation descendante de Vierzon à Selles, et pour la même navigation en remontant, sans avoir égard au point de départ ni à celui de débarquement.

La perception s'y fera conformément au tarif qui suit ; savoir :

En descendant,

Les grands bateaux ayant vingt-deux mètres de longueur et au-dessus, paieront	8 f.	10 c.
Les mêmes bateaux, chargés en tout ou en partie de sel, d'eau-de-vie, de vin, sucre ou épiceries, de fers fondus ou forgés, paieront	12	15
Les bateaux moyens ayant quinze à vingt-deux mètres de longueur, paieront	4	50
Les mêmes bateaux, chargés en tout ou en partie de sel, d'eau-de-vie, de vin, sucre ou épiceries, de fers fondus ou forgés, paieront	6	75
Les bateaux ayant dix à quinze mètres de longueur, paieront.....	1	80
Les mêmes bateaux, chargés en tout ou en partie de sel, d'eau-de-vie, de vin, sucre ou épiceries, de fers fondus ou forgés, paieront	2	70

---

bassin de la Loire, fixé à Vierzon par l'Arrêté du Gouvernement du 1er floréal an XII, est transféré à Thénioux.

« 2. La perception se fera au bureau de Thénioux, suivant le tarif indiqué par l'Arrêté du 1er floréal an XII, pour le bureau de Vierzon.

« 3. La translation ordonnée par le présent Décret n'opère aucun changement dans le tarif du droit qui se perçoit au deuxième bureau, lequel demeure toujours fixé à Selles, conformément à l'Arrêté du 1er floréal an XII. »

Les bateaux, petites toues et batelets au-dessous de dix mètres, paieront, quelle que soit la nature de leur chargement........   45 c.

Le même droit sera payé en remontant.

Ne sont assujettis à aucun droit les bateaux pêcheurs et ceux employés pour traverser la rivière d'un bord à l'autre.

Les bateaux à vide paieront le tiers du droit.

En cas de fraction, le centime entier sera perçu.

Chaque train de bois, toisé sur la longueur, paiera par mètre ...   45 c

Troisième Bureau.

4. Le troisième bureau sera placé à Montrichard.

L'octroi de navigation sera perçu à ce bureau, pour la navigation descendante de Selles à Montrichard, et pour la même navigation en remontant, sans avoir égard au point de départ ni à celui de débarquement.

La perception s'y fera conformément au tarif qui suit ; savoir :

En descendant,

Les grands bateaux ayant vingt-deux mètres de longueur et au-dessus, paieront ....   6 f. 30 c.

Les mêmes bateaux, chargés en tout ou en partie de sel, d'eau-de-vie, de vin, sucre ou épiceries, de fers fondus ou forgés, paieront   9   45

Les bateaux moyens ayant quinze à vingt-deux mètres de longueur, paieront   3   50

Les mêmes bateaux, chargés en tout ou en partie de sel, d'eau-de-vie, de vin, sucre ou épiceries, de fers fondus ou forgés, paieront   5   25

Les bateaux ayant de dix à quinze mètres de longueur, paieront...   1   40

Les mêmes bateaux, chargés en tout ou en partie de sel, d'eau-de-vie, de vin, sucre ou épiceries, de fers fondus ou forgés, paieront   2   10

Les bateaux, petites toues et batelets au-dessous de dix mètres, paieront, quelle que soit la nature de leur chargement........   35

Le même droit sera payé en remontant.

Ne sont assujettis à aucun droit les bateaux pêcheurs, et ceux employés pour traverser la rivière d'un bord à l'autre.

Les bateaux à vide paieront le tiers du droit.

En cas de fraction, le centime entier sera perçu.

Chaque train de bois, toisé sur la longueur, paiera par mètre ....   35 c.

Quatrième Bureau.

5. Le quatrième bureau sera placé à Saint-Sauveur. (1)

L'octroi de navigation sera perçu à ce bureau, pour la navigation descendante de Montrichard à Saint-Sauveur, et pour la même navigation en remontant, sans avoir égard au point de départ ni à celui de débarquement

______

(1) Un Décret du 30 juin 1813 a transféré ce bureau à Saint-Avertin. Il est ainsi conçu :

« Art. 1. Le quatrième bureau de perception du sixième arrondissement du bassin de la Loire, fixé à Saint-Sauveur par l'Arrêté du Gouvernement du 1er floréal an XII, est transféré au bourg Saint-Avertin.

« 2. La perception du droit de navigation se fera au bureau de Saint-Avertin, suivant le tarif fixé par l'Arrêté du Gouvernement, du 1er floréal an XII pour le bureau de Saint-Sauveur.

La perception s'y fera conformément au tarif qui suit ; savoir :

En descendant,

Les grands bateaux ayant vingt-deux mètres de longueur et au-dessus, paieront .... 7 f. 20 c.

Les mêmes bateaux, chargés en tout ou en partie de sel, d'eau-de-vie, de vin, sucre ou épiceries, de fers fondus ou forgés, paieront 10   80

Les bateaux moyens ayant quinze à vingt-deux mètres de longueur, paieront 4

Les mêmes bateaux, chargés en tout ou en partie de sel, d'eau-de-vie, de vin, sucre ou épiceries, de fers fondus ou forgés, paieront 6

Les bateaux ayant dix à quinze mètres de longueur, paieront...... 1   60

Les mêmes bateaux, chargés en tout ou en partie de sel, d'eau-de-vie, de vin, sucre ou épiceries, de fers fondus ou forgés, paieront 2   40

Les bateaux, petites tones et batelets au-dessous de dix mètres, paieront 40

Le même droit sera payé en remontant.

Ne sont assujettis à aucun droit les bateaux pêcheurs, et ceux traversant la rivière d'un bord à l'autre.

Les bateaux à vide paieront le tiers du droit.

En cas de fraction, le centime entier sera perçu.

Chaque train de bois, toisé sur la longueur, paiera par mètre ... 40 c.

SEPTIÈME ARRONDISSEMENT. — Chef-lieu, POITIERS.

BUREAU DE PERCEPTION.

Art. 1. Il sera établi, dans l'étendue du septième arrondissement du bassin de la Loire, un seul bureau de perception pour l'octroi de navigation créé par la Loi du 30 floréal an x.

2. Ce bureau sera placé à Candes.

L'octroi de navigation y sera perçu, pour toute la navigation supérieure descendante des rivières de la Creuse, de la Vienne et du Clain, et pour la même navigation en remontant, sans avoir égard au point de départ ni à celui de débarquement.

La perception s'y fera conformément au tarif qui suit ; savoir :

En descendant,

Les grands bateaux et sapines paieront .... 3 f.   c.

Les mêmes bateaux, chargés en tout ou en partie de sel, d'eau-de-vie, de vin, sucre ou épiceries, de fers fondus ou forgés, paieront 4   50

Les bateaux, dits *pillards* ou *demi-bateaux*, paieront 1   50

Les mêmes bateaux, chargés en tout ou en partie de sel, d'eau-de-vie, de vin, sucre ou épiceries, de fers fondus ou forgés, paieront 2   25

Les toues paieront.. 75

Les toues chargées en tout ou en partie de sel, d'eau-de-vie, de vin, sucre ou épiceries, de fers fondus ou forgés, paieront........ 1   13

Le même droit sera payé en remontant.

Ne sont assujettis à aucun droit les bateaux pêcheurs, et ceux employés pour traverser la rivière d'un bord à l'autre.

Les bateaux à vide paieront le tiers du droit.

En cas de fraction, le centime entier sera perçu.

Les trains de bois de charpente ou à brûler paieront........ ... 6 f.

HUITIÈME ARRONDISSEMENT. — Chef-lieu, Angers.

BUREAUX DE PERCEPTION.

Art. 1. Il sera établi, dans l'étendue du huitième arrondissement du bassin de la Loire, cinq bureaux de perception pour l'octroi de navigation créé par la Loi du 30 floréal an x.

Premier Bureau.

2. Le premier bureau sera placé au Pont-de-Cé.

L'octroi de navigation sera perçu à ce bureau, pour la navigation descendante de Candes au Pont-de-Cé, et pour la même navigation en remontant, sans avoir égard au point de départ ni à celui de débarquement.

La perception s'y fera conformément au tarif qui suit; savoir :

En descendant,

Les grands bateaux ayant vingt-deux mètres de longueur et au-dessus, paieront .... 11 f. 70 c.

Les mêmes bateaux, chargés en tout ou en partie de sel, d'eau-de-vie, de vin, sucre ou épiceries, de fers fondus ou forgés, paieront 17   55

Les bateaux moyens ayant quinze à vingt-deux mètres de longueur, paieront... 6   50

Les mêmes bateaux, chargés en tout ou en partie de sel, d'eau-de-vie, de vin, sucre ou épiceries, de fers fondus ou forgés, paieront 9   75

Les bateaux ayant dix à quinze mètres de longueur, paieront 2   60

Les mêmes bateaux, chargés en tout ou en partie de sel, d'eau-de-vie, de vin, sucre ou épiceries, de fers fondus ou forgés, paieront 3   90

Les bateaux, petites tones et batelets au-dessous de dix mètres, paieront, quelle que soit la nature de leur chargement   65

Le même droit sera payé en remontant.

Ne sont assujettis à aucun droit les bateaux pêcheurs, et ceux employés pour traverser la rivière d'un bord à l'autre.

Les bateaux à vide paieront le tiers du droit.

En cas de fraction, le centime entier sera perçu.

Chaque train de bois, toisé sur la longueur, paiera par mètre.....   65 c.

Deuxième Bureau.

3. Le second bureau sera placé à Ancenis.

L'octroi de navigation sera perçu à ce bureau, pour la navigation descendante du Pont-de-Cé à Ancenis, et pour la même navigation en remontant, sans avoir égard au point de départ ni à celui de débarquement.

La perception s'y fera conformément au tarif qui suit; savoir :

En descendant,

Les grands bateaux ayant vingt-deux mètres de longueur et au-dessus, paieront .... 9 f.   c.

Les mêmes bateaux, chargés en tout ou en partie de sel, d'eau-de-vie, de vin, sucre ou épiceries, de fers fondus ou forgés, paieront 13   50

Les bateaux moyens ayant quinze à vingt-deux mètres de longueur, paieront 5

Les mêmes bateaux, chargés en tout ou en partie de sel, d'eau-de-vie, de vin, sucre ou épiceries, de fers fondus ou forgés, paieront 7   50

Les bateaux ayant de dix à quinze mètres de longueur, paieront 2 f.   c.

Les mêmes bateaux, chargés en tout ou en partie de sel, d'eau-de-vie, de vin, sucre ou épiceries, de fers fondus ou forgés, paieront 3

Les bateaux et batelets au-dessous de dix mètres, paieront, quelle que soit la nature de leur chargement   50

Le même droit sera payé en remontant.

Ne sont assujettis à aucun droit les bateaux pêcheurs, et ceux employés pour traverser la rivière d'un bord à l'autre.

Les bateaux à vide paieront le tiers du droit.

En cas de fraction, le centime entier sera perçu.

Chaque train de bois, toisé sur la longueur, paiera par mètre . . . . . .   50 c.

Troisième Bureau.

4. Le troisième bureau fera la perception sur le Thouet, et il sera placé à Saint-Florent.

L'octroi de navigation sera perçu à ce bureau pour la navigation descendante de Montreuil à Saint-Florent, et pour la même navigation en remontant, sans avoir égard au point de départ ni à celui de débarquement.

La perception s'y fera conformément au tarif qui suit ; savoir :

En descendant,

Chaque bateau chargé, quelles que soient la nature et la quantité de son chargement, paiera . . . . 15 f.

Le même droit sera payé en remontant.

Ne sont assujettis à aucun droit les bâteaux pêcheurs, et ceux employés pour traverser la rivière d'un bord à l'autre.

Les bateaux à vide paieront le tiers du droit.

En cas de fraction, le centime entier sera perçu.

Quatrième Bureau.

5. Le quatrième bureau fera la perception sur le Loir ; il sera placé à La Flèche.

L'octroi de navigation sera perçu à ce bureau, pour la navigation descendante depuis le point navigable jusqu'à La Flèche, et pour la même navigation en remontant, sans avoir égard au point de départ ni à celui de débarquement.

La perception s'y fera conformément au tarif qui suit ; savoir :

En descendant,

Chaque bateau chargé, quelles que soient la nature et la quantité de son chargement, paiera . . . . 5 f.

Le même droit sera payé en remontant.

Ne sont assujettis à aucun droit les bateaux pêcheurs, et ceux employés à traverser la rivière d'un bord à l'autre.

Les bateaux à vide paieront le tiers du droit.

En cas de fraction, le centime entier sera perçu.

Les trains de bois de charpente, merrain ou autres, quelle que soit leur longueur, paieront par coupon . . . . 2 f. 50 c.

Cinquième Bureau.

6. Le cinquième bureau sera placé à Ville-l'Évêque.

L'octroi de navigation sera perçu à ce bureau, 1º Pour la navigation descendante de La Flèche à Ville-l'Évêque, et pour la même navigation en remontant, sans avoir égard au point de départ ni à celui de débarquement; 2°. Pour la navigation descendante de Ville-l'Évêque à l'embouchure du Loir, et pour la même navigation en remontant, sans avoir égard au point de départ ni à celui de débarquement.

La perception s'y fera conformément au tarif qui suit; savoir :

En descendant de La Flèche à Ville-l'Évêque,

Chaque bateau chargé, quelles que soient la nature et la quantité de son chargement, paiera.. 5 f.

Le même droit sera payé en remontant.

Ne sont assujettis à aucun droit les bateaux pêcheurs, et ceux employés à traverser la rivière d'un bord à l'autre.

Les bateaux à vide paieront le tiers du droit.

En cas de fraction, le centime entier sera perçu.

Les trains de bois de charpente, merrain ou autres, quelle que soit leur longueur, paieront par coupon........................... 2 f. 50 c.

En descendant de Ville-l'Évêque à l'embouchure du Loir,

Chaque bateau chargé, quelles que soient la nature et la quantité de son chargement, paiera.. 1 f.

Le même droit sera payé en remontant.

Ne sont assujettis à aucun droit les bateaux pêcheurs, et ceux employés à traverser la rivière d'un bord à l'autre.

Les bateaux à vide paieront le tiers du droit.

En cas de fraction, le centime entier sera perçu.

Les trains de bois de charpente, merrain ou autres, quelle que soit leur longueur, paieront par coupon........................... 10 c.

NEUVIÈME ARRONDISSEMENT. — Chef-lieu, LE MANS.

BUREAUX DE PERCEPTION.

ART. 1. Il sera établi, dans l'étendue du neuvième arrondissement du bassin de la Loire, deux bureaux pour la perception de l'octroi de navigation créé par la Loi du 30 floréal an x.

Premier Bureau.

2. Le premier bureau sera placé à Malicorne.

L'octroi de navigation sera perçu à ce bureau, pour la navigation descendante d'Arnage à Malicorne, et pour la même navigation en remontant, sans avoir égard au point de départ ni à celui de débarquement.

La perception s'y fera conformément au tarif qui suit; savoir :

En descendant,

Les grandes gabares de soixante-quinze tonneaux paieront, quelle que soit la nature de leur chargement........................ 30 f.

Les petites gabares de quarante tonneaux paieront, quelle que soit la nature de leur chargement........................ 15

Les grands futreaux de trente tonneaux paieront, quelle que soit la nature de leur chargement........................ 12

Les petits futreaux de quinze tonneaux et au-dessous paieront...... 6

Le même droit sera payé en remontant.

Ne sont assujettis à aucun droit les bateaux pêcheurs, et ceux employés pour traverser la rivière d'un bord à l'autre.

Les bateaux à vide paieront le tiers du droit.

En cas de fraction, le centime entier sera perçu.

Chaque train de bois, toisé sur sa longueur, paiera, par mètre.....   60 c.

Deuxième Bureau.

3. Le deuxième bureau sera placé à Moranne.

L'octroi de navigation sera perçu à ce bureau, 1°. Pour la navigation descendante de Malicorne à Moranne, et pour la même navigation en remontant, sans avoir égard au point de départ ni à celui de débarquement ; 2°. Pour la navigation descendante de Moranne à l'embouchure de la Sarthe, et pour la même navigation en remontant, sans avoir égard au point de départ ni à celui de débarquement.

La perception s'y fera conformément au tarif qui suit ; savoir :

En descendant de Malicorne à Moranne,

Les grandes gabares de soixante-quinze tonneaux paieront, quelle que soit la nature de leur chargement........................ 35 f.   c.

Les petites gabares de quarante tonneaux paieront, quelle que soit la nature de leur chargement............................. 17   50

Les grands futreaux de trente tonneaux paieront, quelle que soit la nature de leur chargement............................... 14

Les petits futreaux de quinze tonneaux et au-dessous, paieront.... 7

Le même droit sera payé en remontant.

Ne sont assujettis à aucun droit les bateaux pêcheurs, et ceux employés pour traverser la rivière d'un bord à l'autre.

Les bateaux à vide paieront le tiers du droit.

En cas de fraction, le centime entier sera perçu.

Chaque train de bois, toisé sur la longueur, paiera par mètre....... 70 c.

En descendant de Moranne à l'embouchure de la Sarthe, et en remontant de l'embouchure à Moranne, le tarif sera le même, en tout point, que celui qui vient d'être établi pour la descente de Malicorne à Moranne et pour la remonte.

DIXIÈME ARRONDISSEMENT. — Chef-lieu, LAVAL.

BUREAUX DE PERCEPTION.

ART. 1. Il sera établi, dans l'étendue du dixième arrondissement du bassin de la Loire, trois bureaux de perception pour l'octroi de navigation créé par la Loi du 30 floréal an x.

Premier Bureau.

2. Le premier bureau sera placé à Château-Gontier.

L'octroi de navigation sera perçu à ce bureau, pour la navigation descendante de Laval à Château-Gontier, et pour la même navigation en remontant, sans avoir égard au point de départ ni à celui de débarquement.

La perception s'y fera conformément au tarif qui suit ; savoir :

En descendant,

Les grands bateaux de vingt-huit mètres de longueur et au-dessus, paieront.. 14 f.

Les bateaux dits *gabares*, ayant vingt à vingt-huit mètres de longueur, paieront.. 10 f. 50 c.
Les bateaux ou futreaux de quinze à vingt mètres de longueur, paieront... 3   5o

Le même droit sera perçu en remontant.

Ne sont assujettis à aucun droit les bateaux pêcheurs, et ceux employés pour traverser la rivière d'un bord à l'autre.

Les bateaux à vide paieront le tiers du droit.

En cas de fraction, le centime entier sera perçu.

Chaque train de bois, toisé sur la longueur, paiera par mètre...... 70 c.

Second Bureau.

3. Le deuxième bureau sera placé à Greneuville, près l'embouchure
de l'Oudon.

L'octroi de navigation sera perçu à ce bureau, pour la navigation
descendante de Château-Gontier à Greneuville, et pour la même navigation en remontant, sans avoir égard au point de départ ni à celui
de débarquement.

La perception s'y fera conformément au tarif qui suit ; savoir :

En descendant,

Les grands bateaux de vingt-huit mètres de longueur et au-dessus,
paieront.. 12 f.
Les bateaux dits *gabares*, ayant vingt à vingt-huit mètres de longueur, paieront.. 9
Les bateaux ou futreaux de quinze à vingt mètres de longueur, et
au-dessous, paieront... 3

Le même droit sera payé en remontant.

Ne sont assujettis à aucun droit les bateaux pêcheurs, et ceux employés pour traverser la rivière d'un bord à l'autre.

Les bateaux à vide paieront le tiers du droit.

En cas de fraction, le centime entier sera perçu.

Chaque train de bois, toisé sur la longueur, paiera par mètre..... 60 c.

Troisième Bureau.

4. Le troisième bureau sera placé à Angers.

L'octroi de navigation sera perçu à ce bureau, 1°. Pour la navigation
descendante de Greneuville à Angers, et pour la même navigation en
remontant, sans avoir égard au point de départ ni à celui de débarquement ; 2°. Pour la navigation descendante d'Angers à l'embouchure
de la Mayenne, et pour la même navigation en remontant, sans avoir
égard au point de départ ni à celui de débarquement.

La perception s'y fera conformément au tarif qui suit ; savoir :

En descendant de Greneuville à Angers,

Les grands bateaux de vingt-huit mètres de longueur et au-dessus,
paieront.. 8 f.
Les bateaux dits *gabares*, ayant de vingt à vingt-huit mètres de longueur, paieront.. 6
Les bateaux ou futreaux de quinze à vingt mètres de longueur, et
au-dessous, paieront... 3

Le même droit sera payé en remontant.

Ne sont assujettis à aucun droit les bateaux pêcheurs, et ceux employés pour traverser la rivière d'un bord à l'autre.

Les bateaux à vide paieront le tiers du droit.

En cas de fraction, le centime entier sera perçu.

Chaque train de bois, toisé sur la longueur, paiera par mètre......   40 c.

5. Les Bateaux ou Trains dont les conducteurs, en arrivant à Angers, déclareront venir de Ville-l'Évêque sur le Loir, ou de Moranne sur la Sarthe, ne paieront aucun droit, à la charge, par les conducteurs, de représenter les quittances qu'ils se feront délivrer au bureau de Ville-l'Évêque ou à celui de Moranne.

6. Ne seront également assujettis à aucun droit les bateaux dont les conducteurs, en partant d'Angers, déclareront remonter le Loir ou la Sarthe, attendu que le droit dû pour la remonte de ces deux rivières est payable aux bureaux de Ville-l'Évêque et de Moranne.

En cas de fausses déclarations, les conducteurs des bateaux seront condamnés à une amende de cinquante francs, conformément à l'art. 23 de l'Arrêté du 8 prairial an XI.

En descendant d'Angers à l'embouchure de la Mayenne, et en remontant de l'embouchure à Angers, la perception s'y fera conformément au tarif qui suit; savoir :

En descendant,

Les grands bateaux de vingt-huit mètres de longueur et au-dessus,
   paieront...   4 f.
Les bateaux dits *gabares*, de vingt à vingt-huit mètres de longueur,
   paieront..   3
Les bateaux ou futreaux de quinze à vingt mètres de longueur, et
   au-dessous, paieront.....................................   1

Le même droit sera payé en remontant.

Ne sont assujettis à aucun droit les bateaux pêcheurs, et ceux employés pour traverser la rivière d'un bord à l'autre.

Les bateaux à vide paieront le tiers du droit.

En cas de fraction, le centime entier sera perçu.

Chaque train de bois, toisé sur la longueur, paiera par mètre.....   20 c.

ONZIÈME ARRONDISSEMENT. — Chef-lieu, NANTES.

BUREAU DE PERCEPTION.

ART. 1. Il sera établi, dans l'étendue du onzième arrondissement du bassin de la Loire, un bureau de perception pour l'octroi de navigation créé par la Loi du 30 floréal an X.

2. Ce bureau sera placé à Nantes.

L'octroi de navigation sera perçu à ce bureau, 1°. Pour la navigation descendante d'Ancenis à Nantes, et pour la même navigation en remontant, sans avoir égard au point de départ ni à celui de débarquement; 2°. Pour la navigation descendante de Nantes à la mer, et pour la même navigation en remontant, sans avoir égard au point de départ ni à celui de débarquement; 3°. Pour la navigation descendante de la Sèvre-Nantaise à son embouchure dans la Loire, et pour la même navigation en remontant, sans avoir égard au point de départ ni à celui de débarquement.

La perception s'y fera conformément au tarif qui suit ; savoir :

En descendant d'Ancenis à Nantes,

Les grands bateaux ayant vingt-deux mètres de longueur et au-dessus, paieront .... 9 f.   c.
Les mêmes bateaux, chargés en tout ou en partie de sel, d'eau-de-
vie, de vin, sucre ou épiceries, fers fondus ou forgés, paieront... 13   5o
Les bateaux moyens ayant quinze à vingt-deux mètres de longueur,
paieront.. 5
Les mêmes bateaux, chargés en tout ou en partie de sel, d'eau-de-
vie, de vin, sucre ou épiceries, fers fondus ou forgés, paieront.. 7   5o
Les bateaux ayant dix à quinze mètres de longueur, paieront...... 2
Les mêmes bateaux, chargés en tout ou en partie de sel, d'eau-de-
vie, de vin, sucre ou épiceries, de fers fondus ou forgés, paieront 3
Les bateaux ou batelets au-dessous de dix mètres, paieront, quelle
que soit la nature de leur chargement 5o

Le même droit sera payé en remontant.

Ne sont assujettis à aucun droit les bateaux pêcheurs, et ceux employés pour traverser la rivière d'un bord à l'autre.

Les bateaux à vide paieront le tiers du droit.

En cas de fraction, le centime entier sera perçu.

Chaque train de bois, toisé sur la longueur, paiera par mètre..... 5o c.

Pour la navigation descendante de Nantes à la mer, la perception se
fera conformément au tarif qui suit ; savoir :

Les navires chasse-marées, chaloupes, barques, gabarres, et en général tous les bâtimens, quelle que soit la nature de leur chargement, paieront par tonneau.................................. 7 c.
Les bâtimens étrangers paieront................................. 14

Le même droit sera payé en remontant.

Ne sont assujettis à aucun droit les bateaux pêcheurs, et ceux employés pour traverser la rivière d'un bord à l'autre.

Les bateaux à vide paieront le tiers du droit.

En cas de fraction, le centime entier sera perçu.

Pour la navigation descendante du point navigable de la Sèvre-Nantaise à son embouchure dans la Loire, la perception se fera conformément au tarif qui suit :

Les toues, gabares, et en général tous les bateaux et bâtimens, quelle
que soit la nature de leur chargement, paieront par tonneau..... 15 c.

Le même droit sera payé en remontant.

Ne sont assujettis à aucun droit les bateaux pêcheurs, et ceux employés pour traverser la rivière d'un bord à l'autre.

Les bateaux à vide paieront le tiers du droit.

En cas de fraction, le centime entier sera perçu.

BASSIN DU RHONE.

21 avril 1804 (1er floréal an xii).

Arrêtés contenant Réglement pour la perception de l'octroi de navigation dans les sept Arrondissemens du bassin du Rhône.

PREMIER ARRONDISSEMENT. — Chef-lieu, MACON.

BUREAUX DE PERCEPTION.

ART. 1. Il sera établi, dans l'étendue du premier arrondissement du bassin du Rhône, quatre bureaux de perception pour l'octroi de navigation créé par la Loi du 30 floréal an x.

Premier Bureau.

2. Le premier bureau sera établi à Saint-Jean-de-Losne. (1)

L'octroi de navigation sera perçu à ce bureau, pour toute la navigation supérieure descendante depuis Gray, et pour la même navigation, en remontant, à raison du point du départ ou du débarquement, et proportionnément, savoir, en descendant, aux distances parcourues ou censées parcourues, et en remontant, aux distances à parcourir, ou censées telles.

La perception s'y fera conformément au tarif qui suit ; savoir :

En descendant,

Les bateaux dits *penelles, chénes, savoyardes, gabeures, barques* et *cizelandes*, paieront, savoir :

Ceux venant de Gray..	14 f.
Ceux venant de Pontœilier.................................	8
Ceux venant d'Auxonne.....................................	5

Les mêmes bateaux, chargés en tout ou en partie de sel, d'eau-de-vie, de vin, de sucre ou épiceries, de fers fondus ou forgés, paieront *moitié en sus.*

Les bateaux dits *savoyardeaux, baches, corents* et *pontons*, paieront, savoir :

Ceux venant de Gray..	10 f.	50 c.
Ceux venant de Pontœilier.................................	6	
Ceux venant d'Auxonne.....................................	3	75

Les mêmes bateaux, chargés en tout ou en partie de sel, d'eau-de-vie, de vin, de sucre ou épiceries, de fers fondus ou forgés, paieront *moitié en sus.*

Les coupons de merrain, bois de construction, et autres objets de cette nature, paieront, savoir :

Ceux venant de Gray..	7 f.	
Ceux venant de Pontœilier.................................	4	
Ceux venant d'Auxonne.....................................	2	50

Les bateaux chargés uniquement de pierres, paieront, savoir :

Ceux venant de Gray..	5 f.	60 c.
Ceux venant de Pontœilier.................................	3	20
Ceux venant d'Auxonne.....................................	2	

______

(1) *V.* ci-après le Décret du 21 février 1808, art. 4.

Tous les bateaux qui partiront d'un point quelconque entre Gray et Pontœilier, paieront comme s'ils étaient partis de Gray.

Ceux qui partiront d'un point quelconque entre Pontœilier et Auxonne, paieront comme s'ils étaient partis de Pontœilier.

Ceux qui partiront d'un point au-dessous d'Auxonne, paieront comme s'ils étaient partis d'Auxonne.

Chaque propriétaire de bateau descendant à Saint-Jean-de-Losne, soit de Gray, de Pontœilier ou d'Auxonne, soit d'un point intermédiaire, fera, au point de départ, et pardevant le maire du lieu, qui lui en donnera certificat, la déclaration du départ et du port de son bâtiment ; ce certificat servira au percepteur de Saint-Jean-de-Losne, pour établir les distances parcourues ou censées parcourues.

En remontant de Saint-Jean-de-Losne à Auxonne, Pontœilier, Gray, ou points intermédiaires, le propriétaire du bateau fera, au percepteur de Saint-Jean-de-Losne, la déclaration du lieu où il va débarquer, et paiera l'octroi de navigation à raison des distances à parcourir, ou censées telles.

En cas de fausses déclarations, il y a lieu à l'amende de 50 francs ordonnée par l'article 23 de l'Arrêté du 8 prairial an XI.

Le même droit sera perçu, tant à la remonte qu'à la descente.

Les bateaux qui s'arrêteront à un point intermédiaire entre Saint-Jean-de-Losne et Auxonne, paieront le droit jusqu'à Auxonne.

Ceux qui s'arrêteront à un point intermédiaire entre Auxonne et Pontœilier, paieront jusqu'à Pontœilier.

Ceux qui s'arrêteront à un point intermédiaire entre Pontœilier et Gray, paieront jusqu'à Gray

Les bateaux à vide paieront le tiers du droit.

En cas de fraction, le centime entier sera perçu.

Ne sont assujettis à aucun droit les bateaux pêcheurs, et ceux employés à traverser la rivière d'un bord à l'autre

Ne sont également assujettis à aucun droit, tant à la remonte qu'à la descente, les bateaux accompagnant les équipages, ou qui contiendront seulement les agrès nécessaires à la navigation, les coursiers, passe-chevaux et bateaux servant au pontonnage des chevaux ou bœufs de montée et de descente.

Les bateaux naviguant sur le grand canal de Bourgogne et sur celui du Doubs, acquitteront les droits particuliers à ces canaux.

Ceux venant du canal du Doubs paieront sur la Saône, pour l'espace parcouru sur cette rivière, savoir :

En descendant à Saint-Jean-de-Losne, le tiers du prix fixé pour les bateaux venant d'Auxonne ; et en remontant à Auxonne, les deux tiers du prix fixé pour les bateaux remontant de Saint-Jean-de-Losne à Auxonne.

En cas de fraction, le centime entier sera perçu.

Deuxième Bureau.

3. Le deuxième bureau sera placé à Châlons.

L'octroi de navigation sera perçu à ce bureau, pour toute la navigation supérieure descendante depuis Saint-Jean de-Losne jusqu'à Châlons, et pour la même navigation en remontant, sans avoir égard au point de départ ni à celui de débarquement.

La perception s'y fera conformément au tarif qui suit ; savoir :

En descendant,

Les bateaux dits *penelles, chénes, barques* et *cizelandes*, paieront. .   11 f.

Les mêmes bateaux, chargés en tout ou en partie de sel, d'eau-de-vie, de vin, de sucre ou épiceries, de fers fondus ou forgés, paieront *moitié en sus.*

Les bateaux dits *savoyardeaux, baches, corents* et *pontons*, paieront. .   8 f. 25 c.

Les mêmes bateaux, chargés en tout ou en partie de sel, d'eau-de-vie, de vin, de sucre ou épiceries, de fers fondus ou forgés, paieront *moitié en sus.*

Les coupons de merrain, bois de construction, et autres objets de cette nature, paieront . . . .   5 f. 50 c.

Les bateaux chargés uniquement de pierres paieront.   4   40

Le même droit sera payé en remontant.

Les bateaux à vide paieront le tiers du droit.

En cas de fraction, le centime entier sera perçu.

Ne sont assujettis à aucun droit les bateaux pêcheurs, et ceux employés pour traverser la rivière d'un bord à l'autre.

Ne sont également assujettis à aucun droit, tant à la remonte qu'à la descente, les bateaux accompagnant les équipages, ou qui contiendront seulement les agrès nécessaires à la navigation, les coursiers, passe-chevaux et bateaux servant aux pontonnages des chevaux de montée et de descente.

Les bateaux faisant la navigation du canal du Centre, acquitteront les droits particuliers à ce canal.

Troisième Bureau.

4. Le troisième bureau sera placé à Mâcon.

L'octroi de navigation sera perçu à ce bureau, pour la navigation supérieure descendante de Châlons à Mâcon, et pour la même navigation en remontant, à raison du point de départ ou de débarquement, et proportionnément, savoir, en descendant, aux distances parcourues ou ceusées parcourues, et en remontant, aux distances à parcourir ou censées telles.

La perception s'y fera conformément au tarif qui suit ; savoir :

En descendant,

Les bateaux dits *penelles, chénes, savoyardes, gabeures, barques* et *cizelandes*, paieront,

Ceux venant de Châlons . . . .   12 f.

Ceux venant de Tournus   6

Les mêmes bateaux, chargés en tout ou en partie de sel, d'eau-de-vie, de vin, de sucre ou épiceries, de fers fondus ou forgés, paieront *moitié en sus.*

Les bateaux dits *savoyardeaux, baches, corents* et *pontons*, paieront,

Ceux venant de Châlons . . . .   9 f.   c.

Ceux venant de Tournus   4   50

Les mêmes bateaux, chargés en tout ou en partie de sel, d'eau-de-vie, de vin, de sucre ou épiceries, de fers fondus ou forgés, paieront *moitié en sus.*

Les coupons de merrain, bois de construction, et autres objets de cette nature, paieront,

Ceux venant de Châlons... 6 f.
Ceux venant de Tournus... 3

Les bateaux chargés uniquement de pierres, paieront, savoir :

Ceux venant de Châlons .... 4 f. 80 c.
Ceux venant de Tournus 2   40

Tous les bateaux qui partiront d'un point quelconque entre Châlons et Tournus, paieront comme s'ils étaient partis de Châlons.

Ceux qui partiront d'un point au-dessous de Tournus, paieront comme s'ils étaient partis de Tournus.

Chaque propriétaire de bateau descendant à Mâcon, soit de Châlons ou de Tournus, soit d'un point intermédiaire, fera, au point de départ, et pardevant le maire du lieu, qui lui en donnera certificat, la déclaration du départ et du port de son bâtiment; ce certificat servira au percepteur de Mâcon pour établir les distances parcourues ou censées parcourues.

En remontant de Mâcon à Tournus, Châlons ou points intermédiaires, le propriétaire du bateau fera au percepteur de Mâcon la déclaration du lieu où il va débarquer, et paiera l'octroi de navigation à raison des distances à parcourir ou censées telles.

En cas de fausses déclarations, il y a lieu à l'amende de 50 francs, ordonnée par l'article 20 de l'Arrêté du 8 prairial an XI.

Le même droit sera perçu tant à la remonte qu'à la descente.

Les bateaux qui s'arrêteront à un point intermédiaire entre Mâcon et Tournus, paieront le droit jusqu'à Tournus ; ceux qui s'arrêteront à un point intermédiaire entre Tournus et Châlons, paieront le droit jusqu'à Châlons.

Les bateaux à vide paieront le tiers du droit.

En cas de fraction, le centime entier sera perçu.

Ne sont assujettis à aucun droit les bateaux pêcheurs, et ceux employés pour traverser la rivière d'un bord à l'autre.

Ne sont également assujettis à aucun droit, tant à la remonte qu'à la descente, les bateaux accompagnant les équipages, ou qui contiendront seulement les agrès nécessaires à la navigation, les coursiers, passe-chevaux, et bateaux servant au pontonnage des chevaux de montée et de descente.

Quatrième Bureau.

5. Le quatrième bureau sera placé à Lyon.

L'octroi de navigation sera perçu à ce bureau, pour la navigation supérieure descendante de Mâcon à Lyon, et pour la même navigation en remontant, à raison du point de départ et de débarquement, et proportionnément, savoir, en descendant, aux distances parcourues ou censées parcourues, et en remontant, aux distances à parcourir ou censées telles.

La perception s'y fera conformément au tarif qui suit ; savoir :

En descendant,

Les bateaux dits *penelles*, *chénes*, *savoyardes*, *gabeures*, *barques* et *cizelandes*, paieront,

Ceux venant de Mâcon.................................... 16 f.

Ceux venant de Trévoux . . . . 5 f.
Les mêmes bateaux, chargés en tout ou en partie de sel, d'eau-de-
vie, de vin, de sucre ou épiceries, de fers fondus ou forgés, paieront *moitié en sus.*

Les bateaux dits *savoyardeaux, baches, corents* et *pontons,* paieront,

Ceux venant de Mâcon. . . . . 12 f.   c.
Ceux venant de Trévoux 3   75
Les mêmes bateaux, chargés en tout ou en partie de sel, d'eau-de-
vie, de vin, de sucre ou épiceries, de fers fondus ou forgés, paieront *moitié en sus.*

Les coupons de merrain, bois de construction et autres objets de
cette nature, paieront,

Ceux venant de Mâcon. . . . . 8 f.   c.
Ceux venant de Trévoux 2   50

Les bateaux chargés uniquement de pierres, paieront, savoir :

Ceux venant de Mâcon. . . . . 6 f. 40 c.
Ceux venant de Trévoux 2

Tous les bateaux qui partiront d'un point quelconque entre Mâcon
et Trévoux, paieront comme s'ils étaient partis de Mâcon.

Ceux qui partiront d'un point au-dessous de Trévoux, paieront
comme s'ils étaient partis de Trévoux.

Chaque propriétaire de bateaux descendant à Lyon, soit de Mâcon
ou de Trévoux, soit d'un point intermédiaire, fera, au point de départ,
et pardevant le maire du lieu, qui lui en donnera certificat, la déclaration du départ et du port de son bâtiment ; ce certificat servira au
percepteur de Mâcon pour établir les distances parcourues ou censées
parcourues.

En remontant de Lyon à Trévoux, Mâcon ou points intermédiaires,
le propriétaire du bateau fera au percepteur de Lyon la déclaration du
lieu où il va débarquer, et paiera l'octroi de navigation à raison des
distances à parcourir ou censées telles.

En cas de fausse déclaration, il y a lieu à l'amende de 50 francs
ordonnée par l'article 23 de l'Arrêté du 8 prairial an XI.

Le même droit sera perçu, tant à la remonte qu'à la descente.

Les bateaux qui s'arrêteront à un point intermédiaire entre Lyon et
Trévoux, paieront le droit jusqu'à Trévoux.

Ceux qui s'arrêteront à un point intermédiaire entre Trévoux et
Mâcon, paieront le droit jusqu'à Mâcon.

Les bateaux vides paieront le tiers du droit.

En cas de fraction, le centime entier sera perçu.

Ne sont assujettis à aucun droit les bateaux pêcheurs, et ceux employés à traverser la rivière d'un bord à l'autre.

Ne sont également assujettis à aucun droit, tant à la remonte qu'à
la descente, les bateaux accompagnant les équipages, ou qui contiendront seulement les agrès nécessaires à la navigation, les coursiers,
passe-chevaux et bateaux servant au pontonnage des chevaux de montée
et de descente.

Nota. Plusieurs Décrets sont intervenus depuis le 21 avril 1804, concernant la navigation dans le premier arrondissement. Les voici par ordre de dates :

21 février 1808.

Décret portant qu'il sera placé un bureau à Gray pour la perception de l'octroi de navigation.

ART. 1. Il sera établi dans l'étendue du premier arrondissement du bassin du Rhône, un cinquième bureau de perception de l'octroi de navigation, créé par la Loi du 30 floréal an x.

Ce bureau sera placé à Gray.

2. L'octroi de navigation sera perçu à ce bureau,

1º. Pour la navigation supérieure descendante depuis Port-sur-Saône jusqu'à Gray, et pour la même navigation en remontant, à raison du point de départ et de débarquement, et proportionnellement, savoir : en descendant, aux distances parcourues ou censées parcourues, et en remontant, aux distances à parcourir ou censées telles.

2º. Pour la navigation descendante de Gray à Pontœilier, et pour la même navigation en remontant.

La perception s'y fera conformément au tarif qui suit ; savoir :

En descendant de Port-sur-Saône à Gray,

Les bateaux dits *penelles, chénes, savoyardes, gabares, barques* et *cizelandes*, paieront, savoir :

	f.	c.
Ceux venant de Port-sur-Saône.........................	9	
Ceux venant de Charentenay...........................	5	
Ceux venant de Port-d'Autel...........................	3	

Les mêmes bateaux, chargés en tout ou en partie de sel, d'eau-de-vie, de vin, de sucre ou épiceries, de fers fondus ou forgés, paieront *moitié en sus.*

Les bateaux dits *savoyardeaux, baches, corents* et *pontons*, paieront, savoir :

	f.	c.
Ceux venant de Port-sur-Saône.........................	6	
Ceux venant de Charentenay...........................	4	
Ceux venant de Port-d'Autel...........................	2	

Les mêmes bateaux, chargés en tout ou en partie de sel, d'eau-de-vie, de vin, de sucre ou épiceries, de fers fondus ou forgés, paieront *moitié en sus.*

Les coupons de merrain, bois de construction, et autres objets de cette nature, paieront, savoir :

	f.	c.
Ceux venant de Port-sur-Saône.........................	4	
Ceux venant de Charentenay...........................	3	
Ceux venant de Port-d'Autel...........................	2	

Les bateaux uniquement chargés de pierres ne paieront que moitié du droit.

Tous les bateaux ou trains de bois qui partiront d'un lieu quelconque entre Port-sur-Saône et Charentenay, paieront comme s'ils étaient partis de Port-sur-Saône.

Ceux qui partiront d'un point quelconque entre Charentenay et Port-d'Autel, paieront comme s'ils étaient partis de Charentenay.

Ceux qui partiront d'un point au-dessous de Port-d'Autel, paieront comme s'ils étaient partis de Port-d'Autel.

Chaque propriétaire de bateau descendant à Gray, soit de Port-sur-Saône, de Charentenay ou de Port-d'Autel, soit d'un point intermédiaire, fera, au point de départ, et pardevant le maire du lieu, qui lui en donnera certificat, la déclaration du départ et du port de son bâtiment. Ce certificat servira au percepteur de Gray, pour établir les distances parcourues ou censées parcourues.

En remontant de Gray à Port-d'Autel, Charentenay, Port-sur-Saône ou points intermédiaires, le propriétaire de bateau fera, au percepteur de Gray, la déclaration du lieu où il va débarquer, et paiera l'octroi de navigation à raison des distances parcourues ou censées telles. En cas de fausses déclarations, il y a lieu à l'amende de 50 francs ordonnée par l'article 23 de l'Arrêté du 8 prairial an XI.

Le même droit sera perçu tant à la remonte qu'à la descente.

Les bateaux à la remonte, qui s'arrêteront à un point intermédiaire entre Gray et Port-d'Autel, paieront le droit jusqu'à Port-d'Autel.

Ceux qui s'arrêteront à un point intermédiaire entre Port-d'Autel et Charentenay, paieront le droit jusqu'à Charentenay.

Ceux qui s'arrêteront à un point intermédiaire entre Charentenay et Port-sur-Saône, paieront le droit jusqu'à Port-sur-Saône.

Les bateaux à vide paieront le tiers du droit.

En cas de fraction, le centime entier sera perçu.

3. Pour la navigation descendante de Gray à Pontœilier, la perception se fera conformément au tarif qui suit ; savoir :

Les bateaux dits *penelles*, *chênes*, *savoyardes*, *gabares*, *barques* et *cizelandes*, paieront . . . . 6 f.

Les mêmes bateaux, chargés en tout ou en partie de sel, d'eau-de-vie, de vin, de sucre ou épiceries, de fers fondus ou forgés, paieront *moitié en sus*.

Les bateaux dits *savoyardeaux*, *baches*, *corents* et *pontons*, paieront 4 f. 50 c.

Les mêmes bateaux, chargés en tout ou en partie de sel, d'eau-de-vie, de vin, de sucre ou épiceries, de fers fondus ou forgés, paieront *moitié en sus*.

Les coupons de merrain, bois de construction, et autres objets de cette nature, paieront . . . . 3 f.

Les bateaux uniquement chargés de pierres ne paieront que moitié du droit.

Les bateaux à vide paieront le tiers du droit.

En cas de fraction, le centime entier sera perçu.

Pour la remonte de Pontœilier à Gray, il sera perçu le même droit que pour la descente de Gray à Pontœilier.

Ne sont assujettis à aucun droit, tant à la remonte qu'à la descente, les bateaux accompagnant les équipages, ou qui contiendront seulement les agrès nécessaires à la navigation, les coursiers, passe-chevaux et bateaux servant au pontonnage des chevaux de montée et de descente.

Ne sont assujettis à aucun droit les bateaux pêcheurs, et ceux employés pour traverser la rivière d'un bord à l'autre.

4. Au moyen des dispositions prescrites par le présent Décret, la perception établie au bureau de Saint-Jean-de-Losne, par Arrêté du Gouvernement du 1ᵉʳ floréal an XII, n'aura plus lieu à ce bureau que

pour la navigation descendante de Pontœilier à Saint-Jean-de-Losne, et pour la même navigation en remontant, le tout conformément au tarif résultant de l'Arrêté susdaté, lequel continuera d'être exécuté en tout ce qui n'est pas contraire au présent Décret.

8 octobre 1811.

Décret concernant le droit de navigation à percevoir sur les Coches ou Diligences d'eau naviguant dans l'étendue du premier Arrondissement du bassin du Rhône.

Art. 1. Les Coches ou Diligences d'eau naviguant dans l'étendue du premier arrondissement du bassin du Rhône, sont assimilés, pour le paiement du droit de navigation, aux bateaux dits *penelles*, *chénes*, *savoyardes*, *gabares*, *barques* et *cizelandes*.

2. Les Coches de la compagnie Richard, n'étant destinés qu'au transport des voyageurs, paieront le droit que paient à vide les bateaux dénommés à l'art. 1er, lorsque leur charge n'excédera pas cent dix quintaux métriques.

3. La ligne de flottaison desdits coches à la charge de cent dix quintaux, sera constatée par les agens de la direction des droits réunis, aux frais de la compagnie propriétaire, par le moyen de deux marques ou estampillages bien apparentes, placées à l'amont et à l'aval de chaque côté du bateau.

4. Lorsque lesdites marques seront submergées, le droit sera perçu comme sur un bateau chargé, conformément à l'art. 1er du présent Décret.

22 septembre 1812.

Décret qui assujettit, sans exception, au paiement du droit de navigation tous les Coches ou Diligences d'eau naviguant dans l'étendue du premier Arrondissement du bassin du Rhône.

A compter de la publication du présent Décret, tous les Coches ou Diligences d'eau naviguant dans l'étendue du premier arrondissement du bassin du Rhône, seront tenus d'acquitter sans exception le droit de navigation.

6 février 1818.

Ordonnance du Roi relative aux droits à percevoir sur les Voitures d'eau, entre Trévoux et Lyon.

Les Voitures d'eau actuellement établies, et celles qui pourront s'établir sur la Saône entre Trévoux et Lyon, paieront, tant en descendant qu'en remontant, par chaque distance de cinq kilomètres, le *quart* du tarif fixé par l'art. 5 de l'Arrêté du Gouvernement du 1er floréal an XII, pour la distance de Trévoux à Lyon, qui est de deux myriamètres.

Cette taxe n'est applicable qu'aux voitures qui font un service réglé, à jours et à heures fixes, et pour des points déterminés.

29 novembre 1815.

Ordonnance du Roi qui établit les droits de navigation à percevoir sur la rivière de Seille.

Art. 1. Il sera perçu un droit de navigation sur la partie de la rivière de Seille rendue navigable, et comprise entre Louhans et l'embouchure de cette rivière dans la Saône, département de Saône-et-Loire.

2. Il sera établi à cet effet deux bureaux de perception ; le premier à Louhans, et le second à Cuisery.

3. Le droit de navigation sera perçu au bureau de Louhans sur les bateaux qui descendront de Louhans à Cuisery, ou lieux intermédiaires, conformément au tarif qui suit :

	f.	c.
Pour un kilolitre de blé, orge ou seigle	1	17
Idem d'avoine et autres menues graines		74
Idem de farine de blé, orge ou seigle		95
Idem de son drêche		74
Idem de légumes	1	11
Idem de fruits de toute espèce	1	11
Idem de sel	1	33
Idem de cendres neuves	1	6
Idem de charbon de bois		32
Le dizain de myriagrammes de cristaux et porcelaines		32
Idem de faïence, verre à vitre et verre blanc		16
Idem de bouteilles		11
Idem de fer et autres matières ouvrées		16
Idem non ouvrées		13
Idem de scories de métaux		10
Idem de paille et autres fourrages		11
Pour le mètre cube de mines et minéraux	1	86
Idem de marbre	1	86
Idem de pierre de taille		58
Idem de moellons, plâtre non cuit et pierre à chaux		42
Idem de plâtre cuit, chaux et briques, tuiles, cendres lessivées		48
Idem de houille ou charbon de terre et ardoises		48
Idem de terre argileuse, sable, sablon et gravier		37
Idem de fumier		37
Idem de bois d'équarrissage, sciage et autres		58
Idem de bois à brûler		37
Idem de fagots et charbonnette		37
Idem écorce et tan		37
Un bateau en vidange, quel qu'il soit	3	45
Une bascule à poisson, par mètre carré de tillac et chaque centimètre d'enfoncement, déduction faite de six centimètres pour son tirant d'eau	1	6
Un poinçon vide de 228 litres		5
Idem de vin de la capacité de 228 litres		64
Idem de vinaigre et autres boissons		64
Idem d'eau-de-vie et autres liqueurs		95
Idem de lie		37

4. Le bureau de Cuisery aura la perception, 1°. sur les bateaux qui descendront de Cuisery à l'embouchure de la Seille ; 2°. sur les bateaux

remontant de l'embouchure de la Seille au port de Cuisery ; 3°. sur les bateaux remontant de Cuisery à Louhans ou lieux intermédiaires.

La perception se fera sur les bateaux naviguant de Cuisery à l'embouchure, ou de l'embouchure à Cuisery, conformément au tarif qui suit :

Pour un kilolitre de blé, orge ou seigle............................	57 c.
Idem de son drèche..	36
Idem d'avoine et autres menues graines.................	36
Idem de farine de blé, orge ou seigle......................	47
Idem de légumes...	55
Idem de fruits de toute espèce...........................	55
Idem de sel..	65
Idem de cendres neuves....................................	52
Idem de charbon de bois..................................	16
Le dizain de myriagrammes de cristaux et porcelaines.........	16
Idem de faïence, verre à vitre et verre blanc............	8
Idem de bouteilles..	5
Idem de fer et autres métaux ouvrés....................	8
Idem non ouvrés...	6
Idem de scories de métaux.................................	5
Idem de foin, paille et autres fourrages...............	5
Pour le mètre cube de mines et minéraux....................	91
Idem de marbre...	91
Idem de pierre de taille.....................................	29
Idem de moellons, plâtre non cuit et pierre à chaux.....	21
Idem de plâtre cuit, chaux, briques, tuiles, cendres lessivées.......	23
Idem de houille ou charbon de terre et ardoises........	23
Idem de terre argileuse, sable, sablon, gravier.........	18
Idem de fumier..	18
Idem de bois d'équarrissage, sciage et autres.........	29
Idem à brûler..	18
Idem de fagots et de charbonnette......................	18
Idem d'écorce, tan...	18
Un bateau en vidange, quel qu'il soit.......................	1 69
Une bascule à poisson, par mètre carré de tillac et chaque centimètre d'enfoncement, déduction faite de six centimètres de tirant d'eau.	52
Un poinçon vide de 228 litres................................	3
Un poinçon de vin de la capacité de 228 litres..........	31
Idem de vinaigre et autres boissons....................	31
Idem d'eau-de-vie et autres liqueurs..................	47
Idem de lie..	18

Les bateaux remontant de Cuisery à Louhans ou lieux intermédiaires, seront assujettis au tarif fixé pour le bureau de Louhans.

5. Les droits à percevoir sur les objets non compris aux présens tarifs seront les mêmes que ceux du tarif du canal du Centre.

En cas de fraction, le centime entier sera perçu.

Le droit de navigation sera perçu à chaque bureau pour tout l'espace compris entre ce bureau et le bureau qui suit ou celui qui précède, et toujours sans avoir égard au point de départ ou de débarquement. Les poids ne seront pas comptés au-dessous de dix myriagrammes, et les cubes au-dessous du kilolitre et du dixième du mètre cube.

6. L'administration des contributions indirectes sera chargée de pourvoir à la perception des droits dont il s'agit, au moyen de taxa-

tions ou d'appointemens qui seront ultérieurement réglés par notre ministre des finances.

DEUXIÈME ARRONDISSEMENT. — Chef-lieu, Lyon.

BUREAUX DE PERCEPTION.

ART. 1. Il sera établi, dans l'étendue du deuxième arrondissement du bassin du Rhône, quatre bureaux de perception pour l'octroi de navigation créé par la Loi du 30 floréal an x.

Premier Bureau.

2. Le premier bureau sera placé au Saut du Rhône.

L'octroi de navigation sera perçu à ce bureau, pour toute la navigation supérieure descendante, et pour la même navigation en remontant, sans avoir égard au point de départ ni à celui de débarquement.

La perception s'y fera conformément au tarif qui suit; savoir :

En descendant,

Les bateaux dits *barques*, *penelles*, *grands-chénes*, *grands-radeaux*, *savoyardes*, *cizelandes*, *courtes*, *bateaux de poste* couverts ou découverts portant voitures, *barquettes*, *coches* et *diligences*, paieront. 15 f.

Les mêmes bateaux, chargés en tout ou en partie de sel, d'eau-de-vie, de vin, sucre ou épiceries, de fers fondus ou forgés, paieront *moitié en sus.*

Les bateaux dits *gabeures*, *petits-radeaux*, *bateaux de poste* couverts ou découverts sans voitures, *savoyardeaux*, *lizerons*, *petits-chénes*, *coursiers* et *petits bateaux de poste* couverts ou découverts, non susceptibles de porter voitures, paieront................. 11   25

Les mêmes bateaux, chargés en tout ou en partie de sel, d'eau-de-vie, de vin, sucre ou épiceries, de fers fondus ou forgés, paieront *moitié en sus.*

Le même droit sera payé en remontant.

Les bateaux à vide paieront le tiers du droit.

En cas de fraction, le centime entier sera perçu.

Ne sont assujettis à aucun droit les bateaux pêcheurs, et ceux employés pour traverser le fleuve d'un bord à l'autre.

Ne sont également assujettis à aucun droit les barquets, pillavoines et coursiers servant à la manœuvre des trains, non plus que les bateaux servant au pontonnage des chevaux ou bœufs de montée ou de descente.

Deuxième Bureau.

3. Le deuxième bureau sera placé à Lyon.

L'octroi de navigation sera perçu à ce bureau, pour la navigation descendante du Saut du Rhône à Lyon, et pour la même navigation en remontant, sans avoir égard au point de départ ou de débarquement.

La perception s'y fera conformément au tarif qui suit; savoir :

En descendant,

Les bateaux dits *barques*, *penelles*, *grands-chénes*, *grands-radeaux*, *savoyardes*, *cizelandes*, *courtes*, *bateaux de poste* couverts ou découverts portant voitures, *barquettes*, *coches* et *diligences*, paieront.. 13 f.

Les mêmes bateaux, chargés en tout ou en partie de sel, d'eau-de-vie, de vin, sucre ou épiceries, de fers fondus ou forgés, paieront *moitié en sus.*

Les bateaux dits *gabeures, petits-radeaux, bateaux de poste* couverts ou découverts sans voitures, *savoyardeaux, lizerons, petits-chênes, coursiers* et *petits bateaux de poste* couverts ou découverts, non susceptibles de porter voitures, paieront................. 9 f. 75 c.

Les mêmes bateaux, chargés en tout ou en partie de sel, d'eau-de-vie, de vin, sucre ou épiceries, de fers fondus ou forgés, paieront *moitié en sus.*

Le même droit sera payé en remontant.

Les bateaux à vide paieront le tiers du droit.

En cas de fraction, le centime entier sera perçu.

Ne sont assujettis à aucun droit les bateaux pêcheurs, et ceux employés à traverser le fleuve d'un bord à l'autre.

Ne sont également assujettis à aucun droit les barquets, pillavoines et coursiers servant à la manœuvre des trains, non plus que les bateaux servant au pontonnage des chevaux ou bœufs de montée ou de descente.

Il ne sera perçu, pour le parcours du Port-Galant à Lyon, aucun droit sur les bateaux venant de l'Ain, lorsque les conducteurs justifieront des quittances à eux délivrées au bureau du Port-Galant : faute de justifier de ces quittances, ils paieront le droit comme venant du Saut du Rhône.

Troisième Bureau.

4. Le troisième bureau sera placé à Givors.

L'octroi de navigation sera perçu à ce bureau, pour la navigation descendante de Lyon à Givors, et pour la même navigation en remontant, sans avoir égard au point de départ ou de débarquement.

La perception s'y fera conformément au tarif qui suit ; savoir :

En descendant,

Les bateaux dits *barques, penelles* et *grands-chênes, grands-radeaux, savoyardes, cizelandes, courtes, bateaux de poste* couverts ou découverts portant voitures, *barquettes, coches* et *diligences,* paieront.. 5 f.   c.

Les mêmes bateaux, chargés en tout ou en partie de sel, d'eau-de-vie, de vin, de sucre ou épiceries, de fers fondus ou forgés, paieront *moitié en sus.*

Les bateaux dits *gabeures, petits-radeaux, bateaux de poste* couverts ou découverts sans voitures, *savoyardeaux, lizerons, petits-chênes, coursiers* et *petit bateaux de poste* couverts ou découverts, non susceptibles de porter voitures, paieront..................... 3 75

Les mêmes bateaux, chargés en tout ou en partie de sel, d'eau-de-vie, de vin, de sucre ou épiceries, de fers fondus ou forgés, paieront *moitié en sus.*

Le même droit sera payé en remontant.

Les bateaux à vide paieront le tiers du droit.

En cas de fraction, le centime entier sera perçu.

Ne sont assujettis à aucun droit les bateaux pêcheurs, et ceux employés à traverser le fleuve d'un bord à l'autre.

Ne sont également assujettis à aucun droit les barquets, pillavoines et coursiers servant à la manœuvre des trains, non plus que les bateaux servant au pontonnage des chevaux ou bœufs de montée ou de descente.

Quatrième Bureau.

5. Le quatrième bureau sera placé à Condrieux.

L'octroi de navigation sera perçu à ce bureau, pour toute la navigation descendante depuis Givors jusqu'à Condrieux, et pour la même navigation en remontant, sans avoir égard au point de départ ni à celui de débarquement.

La perception s'y fera conformément au tarif qui suit ; savoir :

En descendant,

Les bateaux dits *barques, penelles, grands-chênes, grands-radeaux, savoyardes, cizelandes, courtes, bateaux de poste* couverts ou découverts portant voitures, *barquettes, coches* et *diligences*, paieront 5 f. c.

Les mêmes bateaux, chargés en tout ou en partie de sel, d'eau-de-vie, de vin, de sucre ou épiceries, de fers fondus ou forgés, paieront *moitié en sus.*

Les bateaux dits *gabeures, petits-radeaux, bateaux de poste* couverts ou découverts sans voitures, *savoyardeaux, lizerons, petits-chênes, coursiers* et *petits bateaux de poste* couverts ou découverts, non susceptibles de porter voitures, paieront.................... 3 .75

Les mêmes bateaux, chargés en tout ou en partie de sel, d'eau-de-vie, de vin, de sucre ou épiceries, de fers fondus ou forgés, paieront *moitié en sus.*

Le même droit sera perçu en remontant.

Les bateaux à vide paieront le tiers du droit.

En cas de fraction, le centime entier sera perçu.

Ne sont assujettis à aucun droit les bateaux pêcheurs, et ceux employés pour traverser le fleuve d'un bord à l'autre.

Ne sont également assujettis à aucun droit les barquets, pillavoines et coursiers servant à la manœuvre des trains, non plus que les bateaux servant au pontonnage des chevaux de montée ou de descente.

TROISIÈME ARRONDISSEMENT. — Chef-lieu, BOURG-EN-BRESSE.

BUREAU DE PERCEPTION.

ART. 1. Il ne sera établi, dans le troisième arrondissement du bassin du Rhône, qu'un seul bureau pour la perception de l'octroi de navigation créé par la Loi du 30 floréal an x.

2. Ce bureau sera placé au Port-Galant.

L'octroi de navigation sera perçu à ce bureau, pour la totalité de la navigation de la rivière de l'Ain, depuis l'endroit où elle commence à être navigable, jusqu'à celui où elle se jette dans le Rhône, sans avoir égard au point de départ ni à celui de débarquement.

La perception s'y fera conformément au tarif qui suit :

Les radeaux de *dix navettes*, ayant trente-trois mètres de longueur et au-dessus, paieront .... 24 f. c.

Les mêmes radeaux, ayant de vingt cinq à trente-deux mètres de longueur, paieront 18

Les mêmes radeaux, ayant de seize à vingt-quatre mètres de longueur, paieront 10

Les mêmes, ayant de neuf à quinze mètres de longueur, paieront... 5

Les penelles et savoyardes, ayant vingt-quatre mètres de longueur et au-dessus, paieront 9

Les mêmes, ayant de vingt-un à vingt-trois mètres, paieront 6

Les barques dites *cizelandes* ou *courtes*, ayant 19 mètres et au-dessus,
  paieront . . . .   4 f. 5o c.
Les bateaux dits *savoyardeaux*, ayant 14 mètres et au-dessus, paieront   5
Les mêmes, ayant de 11 à 13 mètres de longueur, paieront   2
Les mêmes, ayant de 9 à 10 mètres de longueur, paieront   1
Tout bateau au-dessous de 9 mètres de longueur paiera   75

Le même droit sera perçu pour chaque bateau accouplé.

Tous les bateaux, radeaux, etc., ci-dessus désignés, ne paieront que
le tiers du droit lorsqu'ils descendront à vide.

Ne sont assujettis à aucun droit les bateaux pêcheurs, ceux employés
à traverser la rivière d'un bord à l'autre, et ceux dits de secours,
destinés à faire le service des radeaux, grands bateaux et équipages.

Les bateaux venant de la Brienne paieront le même droit, et dans
les mêmes proportions que ceux faisant la navigation de la rivière
de l'Ain.

QUATRIÈME ARRONDISSEMENT. — Chef-lieu, Grenoble.

BUREAUX DE PERCEPTION.

Art. 1. Il sera établi, dans le quatrième arrondissement du bassin du
Rhône, deux bureaux pour la perception de l'octroi de navigation
créé par la Loi du 3o floréal an x.

Premier Bureau.

2. Le premier bureau sera placé à Grenoble.

L'octroi de navigation sera perçu à ce bureau, pour toute la navigation supérieure et descendante, et pour la même navigation en remontant, sans avoir égard au point de départ ni à celui de débarquement.

La perception s'y fera conformément au tarif qui suit, savoir :

En descendant,

Les bateaux dits *penelles*, *barques avec timon*, *courtes*, *savoyardes*
  et grands radeaux à double rang (1), paieront . . . .   8 f. 25 c.
Les cizelandes et barquettes sans timon paieront   4   4o
Les savoyardeaux, lizerons et bateaux chargés de bœufs ou de che-
  vaux, les bateaux de poste, paieront   3   3o

Le même droit sera payé en remontant.

Les bateaux à vide paieront le tiers du droit.

En cas de fraction, le centime entier sera perçu.

Ne sont assujettis à aucun droit les bateaux pêcheurs, ceux employés pour traverser la rivière d'un bord à l'autre, et ceux destinés
uniquement au transport des agrès nécessaires à la navigation, et des
chevaux ou bœufs de tirage.

Deuxième Bureau.

3. Le deuxième bureau sera placé à Beaudière.

L'octroi de navigation sera perçu à ce bureau, savoir :

1°. Pour la navigation supérieure descendante de Grenoble à Beau-

---

(1) Le préfet du département de l'Isère a pris un Arrêté le 3o janvier 18o5
(10 pluviose an xiii), approuvé par le ministre des finances le 20 avril suivant,
par lequel les petits radeaux simples ne sont assujettis au bureau de Grenoble
qu'à un droit de navigation de 4 f.

dière, et pour la même navigation en remontant, sans avoir égard au point de départ ni à celui de débarquement ;

2°. Pour la navigation descendante depuis Beaudière jusqu'à l'embouchure de l'Isère, et pour la même navigation en remontant, sans avoir égard au point de départ ou de débarquement.

La perception s'y fera conformément au tarif qui suit, savoir :

1°. En descendant de Grenoble,

Les bateaux dits *penelles, barques avec timon, courtes, savoyardes et grands radeaux à double rang* (1), paieront................. 10 f. 50 c.
Les cizelandes et barquettes sans timon paieront................ 5   60
Les savoyardeaux, lizerons, les bateaux chargés de bœufs ou de chevaux, et les bateaux de poste, paieront...................... 4   20

Le même droit sera payé en remontant.
Les bateaux à vide paieront le tiers du droit.
En cas de fraction, le centime entier sera perçu.

Il sera payé au bureau de Beaudière, par chaque petit radeau sortant de la Bourne, en descendant l'Isère jusqu'à Romans....... 50 c.

2°. En descendant de Beaudière jusqu'à l'embouchure,

Les bateaux dits *penelles, barques avec timon, courtes, savoyardes et grands radeaux à double rang*, paieront.................. 6 f. 75 c.
Les cizelandes et barquettes sans timon paieront................ 3   60
Les savoyardeaux, lizerons, les bateaux chargés de bœufs ou de chevaux, les bateaux de poste, paieront.................. 2   70

Le même droit sera payé en remontant, depuis l'embouchure de l'Isère jusqu'à Beaudière.
Les bateaux à vide paieront le tiers du droit.
En cas de fraction, le centime entier sera perçu.
Les bateaux venant de Valence ne paieront que le droit fixé pour la remonte de l'Isère.
Ceux venant de Condrieux ou points intermédiaires sur le Rhône, paieront double droit.
Les propriétaires ou conducteurs des bateaux venant de Valence, seront tenus de justifier du laissez-passer délivré par le receveur de Valence ; faute de justifier de ce laissez-passer, ils paieront le droit comme venant de Condrieux.
Ne sont assujettis à aucun droit les bateaux pêcheurs, ceux employés pour traverser la rivière d'un bord à l'autre, et ceux destinés uniquement au transport des agrès nécessaires à la navigation, et des chevaux ou bœufs de tirage.

CINQUIÈME ARRONDISSEMENT. — Chef-lieu, VALENCE.

BUREAUX DE PERCEPTION.

ART. 1. Il sera établi, dans le cinquième arrondissement du bassin

---

(1) Le préfet du département de l'Isère a pris, le 16 février 1805, un Arrêté concernant les petits radeaux simples, dont voici la teneur :
Les petits radeaux simples paieront au bureau de Beaudière,
1°. En descendant de Grenoble, 5 f. ;
2°. En descendant de Beaudière jusqu'à l'embouchure, 3 f.
Cet Arrêté a été approuvé par le ministre des finances le 24 février 1816.

du Rhône, deux bureaux pour la perception de l'octroi de navigation créé par la Loi du 30 floréal an x.

Premier Bureau.

2. Le premier bureau sera placé à Valence.

L'octroi de navigation sera perçu à ce bureau, pour toute la navigation descendante depuis Condrieux exclusivement jusqu'à Valence, et pour la même navigation en remontant, sans avoir égard au point de départ ou de débarquement.

La perception s'y fera conformément au tarif qui suit, savoir :

En descendant,

Les bateaux dits *barques*, *penelles*, *grands-chénes*, *grands-radeaux*, *savoyardes*, *cizelandes*, *courtes*, *bateaux de poste* couverts ou découverts portant voitures, *barquettes*, *coches* et *diligences*, paieront . . . . 14 f.   c.

Les mêmes bateaux, chargés en tout ou en partie de sel, d'eau-de-vie, de vin, de sucre ou épiceries, de fers fondus ou forgés, paieront *moitié en sus.*

Les bateaux dits *gabeures*, *petits-radeaux*, *bateaux de poste* couverts ou découverts sans voiture, *savoyardeaux*, *lizerons*, *petits-chênes*, *coursiers* et *petits bateaux de poste* couverts ou découverts non susceptibles de porter voiture, paieront 10   50

Les mêmes bateaux, chargés en tout ou en partie de sel, d'eau-de-vie, de vin, de sucre ou épiceries, de fers fondus ou forgés, paieront *moitié en sus.*

Le même droit sera payé en remontant.

Les bateaux à vide paieront le tiers du droit.

En cas de fraction, le centime entier sera perçu.

Ne sont assujettis à aucun droit les bateaux pêcheurs, et ceux employés pour traverser le fleuve d'un bord à l'autre.

Ne sont également assujettis à aucun droit, les barquets, pillavoines et coursiers servant à la remonte des trains, non plus que les bateaux servant au pontonnage des chevaux de montée et de descente.

Il ne sera perçu aucun droit sur les bateaux dont les conducteurs, en arrivant à Valence, déclareront que leur destination est pour l'Isère. Le receveur de Valence délivrera à ces conducteurs un laissez-passer dont ils justifieront au bureau de Beaudière.

Il ne sera perçu aucun droit sur les bateaux venant de l'Isère, lorsque les conducteurs justifieront des quittances à eux délivrées au bureau de Beaudière, sur l'Isère (quatrième arrondissement) : faute de justifier de ces quittances, ils paieront le droit comme venant de Condrieux.

Les propriétaires et conducteurs de bateaux, qui ne justifieront pas au bureau de Condrieux de la quittance à eux délivrée par le receveur de Valence, seront censés venir de l'Isère, et paieront au bureau de Condrieux, pour la remonte du Rhône depuis l'embouchure de l'Isère, le droit fixé pour la navigation remontante du Rhône depuis Valence jusqu'à Condrieux.

Cette perception sera faite au nom du receveur de Valence, et pour être réunie au produit de ce dernier bureau : le receveur de Condrieux tiendra compte de cette perception au receveur de Valence, et opérera une retenue de la moitié des remises accordées au receveur de Valence, lequel, pour la partie de son service fait à Condrieux, n'aura plus droit qu'à l'autre moitié de la remise fixée.

Deuxième Bureau.

3. Le deuxième bureau sera placé au bourg Saint-Andéol.

L'octroi de navigation sera perçu à ce bureau, pour toute la navigation descendante depuis Valence jusqu'au bourg Saint-Andéol, et pour la même navigation en remontant, sans avoir égard au point de départ ou de débarquement.

La perception s'y fera conformément au tarif qui suit, savoir :

En descendant,

Les bateaux dits *barques, penelles, grands-chênes, grands-radeaux, savoyardes, cizelandes, courtes, bateaux de poste* couverts ou découverts portant voiture, *barquettes, coches* et *diligences*, paieront 15 f.   c.

Les mêmes bateaux, chargés en tout ou en partie de sel, d'eau-de-vie, de vin, de sucre ou épiceries, de fers fondus ou forgés, paieront *moitié en sus.*

Les bateaux dits *gabeures, petits radeaux, bateaux de poste* couverts ou découverts sans voiture, *savoyardeaux, lizerons, petits-chênes, coursiers* et *petits bateaux de poste* couverts ou découverts, non susceptibles de porter voiture, paieront...................... 11   25

Les mêmes bateaux, chargés en tout ou en partie de sel, d'eau-de-vie, de vin, de sucre ou épiceries, de fers fondus ou forgés, paieront *moitié en sus.*

Le même droit sera payé en remontant.

Les bateaux à vide paieront le tiers du droit.

En cas de fraction, le centime entier sera perçu.

Ne sont assujettis à aucun droit les bateaux pêcheurs et ceux employés pour traverser le fleuve d'un bord à l'autre.

Ne sont également assujettis à aucun droit les barquets, pillavoines et coursiers servant à la remonte des trains, non plus que les bateaux servant au pontonnage des chevaux de montée et de descente.

SIXIÈME ARRONDISSEMENT. — Chef-lieu, AVIGNON.

BUREAUX DE PERCEPTION.

ART. 1. Il sera établi, dans le sixième arrondissement du bassin du Rhône, trois bureaux pour la perception de l'octroi de navigation créé par la Loi du 30 floréal an x.

Premier Bureau.

2. Le premier bureau sera placé à Roquemaure.

L'octroi de navigation sera perçu à ce bureau, pour toute la navigation descendante depuis le bourg Saint-Andéol jusqu'à Roquemaure, et pour la même navigation en remontant, sans avoir égard au point de départ ou de débarquement.

La perception s'y fera conformément au tarif qui suit, savoir :

En descendant,

Les bateaux dits *barques, penelles, grands-chênes, grands-radeaux, savoyardes, cizelandes, courtes, bateaux de poste* couverts ou découverts portant voiture, *barquettes, coches* et *diligences*, paieront 10 f.

Les mêmes bateaux, chargés en tout ou en partie de sel, d'eau-de-
vie, de vin, de sucre ou épiceries, de fers fondus ou forgés,
paieront *moitié en sus*.

Les bateaux dits *gabeures*, *petits-radeaux*, *bateaux de poste* couverts
ou découverts sans voiture, *savoyardeaux*, *lizerons*, *petits-chênes*,
coursiers et *petits bateaux de poste* couverts ou découverts, non
susceptibles de porter voiture, paieront...................... 7 f. 50 c.

Les mêmes bateaux, chargés en tout ou en partie de sel, d'eau-de-
vie, de vin, de sucre ou épiceries, de fers fondus ou forgés,
paieront *moitié en sus*.

Le même droit sera perçu en remontant.

Les bateaux à vide paieront le tiers du droit.

En cas de fraction, le centime entier sera perçu.

Ne sont assujettis à aucun droit les bateaux pêcheurs, et ceux employés à traverser le fleuve d'un bord à l'autre.

Ne sont également assujettis à aucun droit les barquets, pillavoines
et coursiers servant à la remonte des trains, non plus que les bateaux
servant au pontonnage des chevaux de montée et de descente.

Deuxième Bureau.

3. Le deuxième bureau sera établi à Avignon.

L'octroi de navigation sera perçu à ce bureau, pour toute la navigation
supérieure descendante depuis Roquemaure jusqu'à Avignon, et pour
la même navigation en remontant, sans avoir égard au point de départ
ou de débarquement.

La perception s'y fera conformément au tarif qui suit, savoir :

En descendant,

Les bateaux dits *barques*, *penelles*, *grands-chênes*, *grands-radeaux*,
savoyardes, *cizelandes*, *courtes*, *bateaux de poste* converts ou découverts portant voiture, *barquettes*, *coches* et *diligences*,
paieront.. 4 f.   c.

Les mêmes bateaux, chargés en tout ou en partie de sel, d'eau-de-
vie, de vin, de sucre ou épiceries, de fers fondus ou forgés,
paieront *moitié en sus*.

Les bateaux dits *gabeures*, *petits-radeaux*, *bateaux de poste* couverts
ou découverts sans voiture, *savoyardeaux*, *lizerons*, *petits-chênes*,
coursiers ou *petits-bateaux de poste* couverts ou découverts,
non susceptibles de porter voiture, paieront .... 3 f.

Les mêmes bateaux, chargés en tout ou en partie de sel, d'eau-de-
vie, de vin, de sucre ou épiceries, de fers fondus ou forgés,
paieront *moitié en sus*.

Le même droit sera perçu en remontant.

Les bateaux à vide paieront le tiers du droit.

En cas de fraction, le centime entier sera perçu.

Ne sont assujettis à aucun droit les bateaux pêcheurs, et ceux employés à traverser le fleuve d'un bord à l'autre.

Ne sont également assujettis à aucun droit les barquets, pillavoines
et coursiers servant à la remonte des trains, non plus que les bateaux
servant au pontonnage des chevaux de montée et de descente.

Troisième Bureau.

4. Le troisième bureau sera placé à Beaucaire.

L'octroi de navigation sera perçu à ce bureau, pour toute la navigation descendante depuis Avignon jusqu'à Beaucaire et Tarascon, et pour la même navigation en remontant, sans avoir égard au point de départ ou de débarquement.

La perception s'y fera conformément au tarif qui suit, savoir :

En descendant,

Les bateaux dits *barques, penelles, grands-chênes, grands-radeaux, savoyardes, cizelandes, courtes, bateaux de poste* couverts ou découverts portant voiture, *barquettes, coches* et *diligences*, paieront .... 5 f.   c.

Les mêmes bateaux, chargés en tout ou en partie de sel, d'eau-de-vie, de vin, de sucre ou épiceries, de fers fondus ou forgés, paieront *moitié en sus.*

Les bateaux dits *gabeures, petits-radeaux, bateaux de poste* couverts ou découverts sans voiture, *savoyardeaux, lizerons, petits-chênes, coursiers* et *bateaux de poste* couverts ou découverts, non susceptibles de porter voiture, paieront...................... 3   75

Les mêmes bateaux, chargés en tout ou en partie de sel, d'eau-de-vie, de vin, de sucre ou épiceries, de fers fondus ou forgés, paieront *moitié en sus.*

Le même droit sera perçu en remontant.

Les bateaux à vide ne paieront que le tiers du droit.

En cas de fraction, le centime entier sera perçu.

Ne sont assujettis à aucun droit les bateaux pêcheurs, et ceux employés à traverser le fleuve d'un bord à l'autre.

Ne sont également assujettis à aucun droit les barquets, pillavoines et coursiers, servant à la remonte des trains, non plus que les bateaux servant au pontonnage des chevaux de montée et de descente.

En outre du bureau de Beaucaire, un bureau sera établi à Tarascon. Il sera pourvu au service de ce bureau par le ministre de l'intérieur.

SEPTIÈME ARRONDISSEMENT. — Chef-lieu, MARSEILLE.

BUREAU DE PERCEPTION.

ART. 1. Il sera établi, dans le septième arrondissement du bassin du Rhône, un bureau pour la perception du droit de navigation créé par la Loi du 30 floréal an x.

2. Ce bureau sera placé à Arles.

Le droit de navigation sera perçu à ce bureau,

1°. Pour la navigation descendante de Beaucaire et de Tarascon à Arles, et pour la même navigation en remontant, sans avoir égard au point de départ ni à celui de débarquement ;

2°. Pour la navigation descendante d'Arles à la mer, et pour la même navigation en remontant, sans avoir égard au point de départ ni à celui de débarquement ;

3°. Pour la navigation descendante du Petit-Rhône, depuis Fourques jusqu'à la mer, et pour la même navigation en remontant, sans avoir égard au point de départ ou de débarquement.

La perception s'y fera conformément au tarif qui suit, savoir :

1°. En descendant de Beaucaire et Tarascon à Arles,

Les bateaux dits *barques, penelles, grands-chênes, grands-radeaux, savoyardes, cizelandes, courtes, bateaux de poste* couverts ou découverts portant voiture, *barquettes, coches* et *diligences*, paieront.. 3 f.   c.

Les mêmes bateaux, chargés en tout ou en partie de sel, d'eau-de-vie, de vin, de sucre ou épiceries, de fers fondus ou forgés, paieront *moitié en sus.*

Les bateaux dits *gabeures, petits-radeaux, bateaux de poste* couverts ou découverts sans voiture, *savoyardeaux, lizerons, petits-chênes, coursiers* et *petits bateaux de poste* couverts ou découverts, non susceptibles de porter voiture, paieront............ 2   25.

Les mêmes bateaux, chargés en tout ou en partie de sel, d'eau-de-vie, de vin, de sucre ou épiceries, de fers fondus ou forgés, paieront *moitié en sus.*

Tous les bâtimens de mer faisant la navigation du Rhône, en remontant d'Arles à Beaucaire et Tarascon, quel que soit leur chargement, paieront, savoir :

Les bâtimens français, par tonneau........................... 3 c.
Les bâtimens étrangers, par tonneau......................... 6

Le même droit sera payé en remontant.

Les bateaux ou bâtimens à vide ne paieront que le tiers du droit.

En cas de fraction, le centime entier sera perçu.

Ne sont assujettis à aucun droit les bateaux pêcheurs, et ceux employés à traverser le fleuve d'un bord à l'autre.

Ne sont également assujettis à aucun droit les barquets, pillavoines et coursiers servant à la remonte des trains, non plus que les bateaux servant au pontonnage des chevaux de montée et de descente.

2°. En descendant d'Arles à la mer,

Les bateaux dits *barques, penelles, grands-chênes, grands radeaux, savoyardes, cizelandes, courtes, bateaux de poste* couverts ou découverts portant voiture, *barquettes, coches* et *diligences*, paieront 9 f.   c.

Les mêmes bateaux, chargés en tout ou en partie de sel, d'eau-de-vie, de vin, de sucre ou épiceries, de fers fondus ou forgés, paieront *moitié en sus.*

Les bateaux dits *gabeures, petits-radeaux, bateaux de poste* couverts ou découverts sans voiture, *savoyardeaux, lizerons, petits-chênes, coursiers* et *petits bateaux de poste* couverts ou découverts, non susceptibles de porter voiture, paieront..................... 6   75

Les mêmes bateaux, chargés en tout ou en partie de sel, d'eau-de-vie, de vin, de sucre ou épiceries, de fers fondus ou forgés, paieront *moitié en sus.*

Tous les bâtimens de mer faisant la navigation du Rhône, quel que soit leur chargement, paieront, savoir :

Les bâtimens français, par tonneau........................... 9 c.
Les bâtimens étrangers, par tonneau 18

Le même droit sera payé en remontant.

Les bateaux et bâtimens à vide ne paieront que le tiers du droit.

En cas de fraction, le centime entier sera perçu.

Ne sont assujettis à aucun droit les bateaux pêcheurs, et ceux employés à traverser le Rhône d'un bord à l'autre.

Ne sont également assujettis à aucun droit les barquets, pillavoines et coursiers servant à la remonte des trains, non plus que les bateaux servant au pontonnage des chevaux de montée et de descente.

3°. Pour la navigation sur le Petit-Rhône depuis Fourques jusqu'à la mer,

En descendant,

Les bateaux dits *barques*, *penelles*, *grands-chênes*, *grands-radeaux*, *savoyardes*, *cizelandes*, *courtes*, *bateaux de poste* couverts ou découverts portant voiture, *barquettes*, *coches* et *diligences*, paieront 13 f.   c.

Les mêmes bateaux, chargés en tout ou en partie de sel, d'eau-de-vie, de vin, de sucre ou épiceries, de fers fondus ou forgés, paieront *moitié en sus*.

Les bateaux dits *gabeures*, *petits radeaux*, *bateaux de poste* couverts ou découverts sans voiture, *savoyardeaux*, *lizerons*, *petits-chênes*, *coursiers* et *petits bateaux de poste* couverts ou découverts, non susceptibles de porter voiture, paieront...................... 9   75

Les mêmes bateaux, chargés en tout ou en partie de sel, d'eau-de-vie, de vin, de sucre ou épiceries, de fers fondus ou forgés, paieront *moitié en sus*.

Le même droit sera payé en remontant.

Les bateaux à vide ne paieront que le tiers du droit.

En cas de fraction, le centime entier sera perçu.

Ne sont assujettis à aucun droit les bateaux pêcheurs, et ceux employés à traverser le Petit-Rhône d'un bord à l'autre.

Ne sont également assujettis à aucun droit les barquets, pillavoines et coursiers servant à la remonte des trains, non plus que les bateaux servant au pontonnage des chevaux de montée et de descente.

BASSIN DE L'ESCAUT ET DE L'AA.

17 juillet 1805 (28 messidor an XIII).

Décret concernant le bassin de l'Escaut et de l'Aa, et le Droit de navigation sur les rivières dont il est composé. (1)

TITRE IV.

De la Perception.

13. Le droit de navigation intérieure sera perçu sur le bassin de l'Escaut et de l'Aa, à raison du chargement possible, ou capacité réelle en tonneaux de mer.

14. Les tarifs en vertu desquels devra se faire la perception, et les lieux où les bureaux devront être établis, seront déterminés par des Arrêtés spéciaux, pour chaque arrondissement de navigation.

15. A dater du jour de la mise en activité de la perception du droit de navigation, aucun particulier et aucune commune ne pourront percevoir au passage des écluses, vannes ou pertuis situés sur le bassin de l'Escaut et de l'Aa, aucun droit de quelque nature qu'il soit ; le tout conformément aux art. 13 et 14 du titre II de la Loi du 28 mars 1790,

---

(1) On a retranché de ce Décret tous les canaux et rivières qui ne font plus partie de la France.

des art. 7 et 8 de la Loi du 25 août 1792 , et du Réglement du 8 prairial an XI.

16. Le service des pertuis , vannes et écluses , s'exécutera par des individus à ce commis , et dont le salaire sera pris sur les produits du droit de navigation.

17. Il est interdit aux éclusiers, sous peine de destitution , de percevoir aucun droit particulier pour la manœuvre des écluses.

18. A dater du jour de la mise en activité de la perception du droit de navigation , les adjudications faites des droits maintenant perçus au profit du Gouvernement, sur divers canaux et rivières du bassin de l'Escaut et de l'Aa, seront annullées , et la perception devra généralement cesser d'être faite par les fermiers actuels , qui devront tenir compte au Gouvernement du montant de leurs adjudications jusqu'au jour de cette mise en activité.

19. Les meuniers ne pourront pas être nommés pour faire le service des écluses.

20. Tout bateau passant à un bureau de perception sera tenu de s'y arrêter jusqu'à ce que le droit de navigation y ait été perçu ; les préposés à la perception ne pourront l'y retenir par-delà le temps nécessaire pour le paiement du droit.

TITRE V.

Des Exemptions et Modérations.

21. Sont exempts de tous droits ,

1°. Les bâtimens faisant partie des flottilles royales, et ceux appartenant à l'État, chargés de l'approvisionnement des armées et d'objets destinés au service des camps ;

2°. Les bateaux pêcheurs et les bateaux coutenant les agrès nécessaires à la navigation ;

3°. Les bateaux destinés au service et aux travaux de la navigation ;

4°. Les bateaux chargés d'engrais, de récoltes et de grains en gerbe pour le compte des propriétaires ou fermiers dans l'étendue de leurs exploitations , et ces mêmes bateaux allant ou revenant à vide dans cette même étendue.

22. Ne paieront que la moitié du droit fixé ,

1°. Les bateaux à vide ;

2°. Ceux uniquement chargés de pavés de grès et de pierres à bâtir ;

3°. Ceux chargés de sables , engrais, fumiers, gadoue, cendres fossiles , cendres de mer, cendres de bois , cendres de charbon ou de tourbe.

4°. Les bateaux à vide passant à Condé , et remontant ou descendant la Hayne , ne paieront , pendant dix ans, que sur le pied , par tonneau , de. . . . . 12 centimes.

A l'expiration des dix années , ils ne paieront plus que   6

TITRE VI.

De la Recette.

23. La recette du droit de navigation intérieure sur le bassin de l'Escaut , de l'Aa , et des bassins en dépendans , sera faite par l'administration générale des droits réunis.

17 juillet 1805 (28 messidor an XIII).

Décret contenant Réglement pour la perception de l'octroi de navigation dans les sept Arrondissemens du bassin de l'Escaut et de l'Aa.

PREMIER ARRONDISSEMENT. — Chef-lieu, LILLE.

BUREAUX DE PERCEPTION.

ART. 1. Il sera établi, dans l'étendue du premier arrondissement du bassin de l'Escaut, de l'Aa et des canaux en dépendant, douze bureaux de perception pour le droit de navigation intérieure, créé par la Loi du 30 floréal an x.

Premier Bureau.

2. Le premier bureau sera placé à Valenciennes sur l'Escaut.

Tout bâtiment ou bateau arrivant à ce bureau, et venant de Cambrai ou lieux intermédiaires, paiera pour chaque tonneau un droit de 16 c.

3. Le même droit de seize centimes par tonneau sera perçu sur tout bâtiment ou bateau partant du bureau de Valenciennes, et allant à Cambrai ou lieux intermédiaires.

Deuxième Bureau.

4. Le deuxième bureau sera placé à Condé sur l'Escaut.

Tout bâtiment ou bateau arrivant à ce bureau, et venant de Valenciennes ou lieux intermédiaires, paiera par chaque tonneau un droit de.. . . . . 8 c.

5. Le même droit de huit centimes par tonneau sera perçu sur tout bâtiment ou bateau partant du bureau de Corvée, et allant à Valenciennes ou lieux intermédiaires.

6. Tout bâtiment ou bateau arrivant au bureau de Corvée, et venant de Tournai ou Saint-Amand, ou lieux intermédiaires, paiera, par chaque tonneau, un droit de. . . . . 14 c.

Troisième Bureau.

7. Le troisième bureau sera placé à Saint-Amand sur la Scarpe.

Tout bâtiment ou bateau arrivant à ce bureau, et venant de Tournai, Condé ou lieux intermédiaires, paiera, par chaque tonneau, un droit de. . . . . 14 c.

8. Tout bâtiment ou bateau arrivant au bureau de Saint-Amand, et venant de Douai ou lieux intermédiaires, paiera, par chaque tonneau, un droit de. . . . . 12 c.

Quatrième Bureau.

9. Le quatrième bureau sera placé au fort de Scarpe, à l'embranchement du canal de la Haute-Deule avec la Scarpe.

Tout bâtiment ou bateau arrivant à ce bureau, et venant de Saint-Amand ou lieux intermédiaires, paiera, par chaque tonneau, un droit de. . . . . 12 c.

Les bâtimens ou bateaux venant de Douai ne paieront aucun droit.

10. Tout bâtiment ou bateau arrivant au bureau du fort de Scarpe, et venant de Lille ou lieux intermédiaires, paiera, par chaque tonneau, un droit de. . . . . 20 c.

Cinquième Bureau.

11. Le cinquième bureau sera placé à Lille sur la Deule.

Tout bâtiment ou bateau arrivant à ce bureau, et venant de Douai ou lieux intermédiaires, paiera, par chaque tonneau, un droit de   20 c.

12. Tout bâtiment ou bateau arrivant au bureau de Lille, et venant de Deulemont ou lieux intermédiaires, paiera, par chaque tonneau, un droit de. . . . . 7 c.

Sixième Bureau.

13. Le sixième bureau sera placé à Deulemont, à la jonction de la Deule avec la Lys.

Tout bâtiment ou bateau arrivant à ce bureau, et venant de Lille ou lieux intermédiaires, paiera, par chaque tonneau, un droit de   7 c.

14. Tout bâtiment ou bateau arrivant au bureau de Deulemont, et venant de Merville ou lieux intermédiaires, paiera, par chaque tonneau, un droit de. . . . . 15 c.

15. Le même droit de quinze centimes par tonneau sera perçu sur tout bâtiment ou bateau partant du bureau de Deulemont, et allant à Merville ou lieux intermédiaires.

Septième Bureau.

16. Le septième bureau sera placé à Merville, à la jonction de la Bourre avec la Lys.

Tout bâtiment ou bateau arrivant à ce bureau, venant d'Hazebrouck ou lieux intermédiaires, paiera, par chaque tonneau, un droit de   6 c.

Les bâtimens ou bateaux venant de la Lys, ne paieront aucun droit.

17. Le même droit de six centimes par tonneau sera perçu sur tout bâtiment ou bateau partant du bureau de Merville, et allant à Hazebrouck ou lieux intermédiaires.

Les bâtimens ou bateaux se dirigeant sur la Lys, ne paieront aucun droit.

Huitième Bureau.

18. Le huitième bureau sera placé à Aire, à l'embranchement du canal de Neuffossé avec la Lys.

Tout bâtiment ou bateau arrivant à ce bureau, et venant de Merville ou Hazebrouck, ou lieux intermédiaires, paiera, par chaque tonneau, un droit de. . . . . 8 c.

19. Le même droit de huit centimes par tonneau sera perçu sur tout bâtiment ou bateau partant du bureau d'Aire et allant à Hazebrouck ou Merville, ou lieux intermédiaires.

Neuvième Bureau.

20. Le neuvième bureau sera placé à Watten, à l'embranchement du canal de la Colme avec l'Aa.

Tout bâtiment ou bateau arrivant à ce bureau, et venant de Ber-

gues ou lieux intermédiaires, paiera, par chaque tonneau, un droit
de. . . . . 10 c.

21. Le même droit de dix centimes par tonneau sera perçu sur tout
bâtiment ou bateau partant du bureau de Watten, et allant à Bergues
ou lieux intermédiaires.

Dixième Bureau.

22. Le dixième bureau sera placé à Bergues, sur le canal de Bergues
à Furnes.

Tout bâtiment ou bateau arrivant à ce bureau, et venant de Furnes
ou lieux intermédiaires, paiera, par chaque tonneau, un droit de   6 c.

23. Le même droit de six centimes par tonneau sera perçu sur tout
bâtiment ou bateau partant du bureau de Bergues, et allant à Furnes
ou lieux intermédiaires.

Onzième Bureau.

24. Le onzième bureau sera placé à Dunkerque, sur les canaux de
Dunkerque à Furnes et à Bergues.

Tout bâtiment ou bateau arrivant à ce bureau, et venant de Furnes
ou lieux intermédiaires, paiera, par chaque tonneau, un droit de   6 c.

25. Le même droit de six centimes par tonneau sera perçu sur tout
bâtiment ou bateau partant du bureau de Dunkerque, et allant à
Furnes ou lieux intermédiaires.

26. Tout bâtiment ou bateau arrivant au bureau de Dunkerque, et
venant de Bergues ou lieux intermédiaires, paiera, par chaque tonneau,
un droit de. . . . . 4 c.

27. Le même droit de quatre centimes par tonneau sera perçu sur
tout bâtiment ou bateau partant du bureau de Dunkerque, et allant à
Bergues ou lieux intermédiaires.

Douzième et dernier Bureau.

28. Le douzième bureau sera placé à Bourbourg, sur le canal de ce
nom.

Tout bâtiment ou bateau arrivant à ce bureau, et venant de Dunkerque ou lieux intermédiaires, paiera, par chaque tonneau, un droit
de.. . . . . 6 c.

29. Le même droit de six centimes par tonneau sera perçu sur tout
bâtiment ou bateau partant du bureau de Bourbourg, et allant à Dunkerque ou lieux intermédiaires.

Dispositions générales.

30. Le droit de navigation sera perçu aux douze bureaux ci-dessus,
sans avoir égard au point de départ des bâtimens ou bateaux qui y arrivent, ni à celui de débarquement des bâtimens ou bateaux qui partent de ces bureaux.

31. Les trains d'arbres flottés paieront pour chaque arbre, sans égard
à la dimension, le droit fixé pour deux tonneaux.

Les trains de bois flotté paieront également, pour chaque mètre de
longueur, le droit fixé pour deux tonneaux.

32. Les coches d'eau, voitures d'eau et autres bâtimens destinés au transport des voyageurs, seront toujours considérés comme chargés au complet.

DEUXIÈME ARRONDISSEMENT. — Chef-lieu, Mons.

BUREAUX DE PERCEPTION.

ART. 1. Il sera établi, dans l'étendue du deuxième arrondissement du bassin de l'Escaut, de l'Aa et des canaux en dépendant, cinq bureaux de perception pour le droit de navigation intérieure, créé par la Loi du 30 floréal an x.

Premier Bureau.

2. Le premier bureau sera placé à Tournay sur l'Escaut.

Tout bâtiment ou bateau arrivant à ce bureau, et venant de Condé ou Saint-Amand, ou lieux intermédiaires, paiera, par chaque tonneau, un droit de. . . . . 14 c.

Deuxième Bureau.

3. Le deuxième bureau sera placé à Escanafle sur l'Escaut.

Tout bâtiment ou bateau arrivant à ce bureau, et venant de Tournay ou lieux intermédiaires, paiera, par chaque tonneau, un droit de   22 c.

4. Le même droit de vingt-deux centimes par tonneau sera perçu sur tout bâtiment ou bateau partant du bureau d'Escanafle, et allant à Tournay ou lieux intermédiaires.

Troisième Bureau.

5. Le troisième bureau sera placé à Lessines (au-dessous de l'Écluse) sur la Dender.

Tout bâtiment ou bateau arrivant à ce bureau, et venant d'Ath ou lieux intermédiaires, paiera, par chaque tonneau, un droit de 12 c. $\frac{1}{2}$.

6. Le même droit de douze centimes et demi par tonneau sera perçu sur tout bâtiment ou bateau partant du bureau de Lessines, et allant à Ath ou lieux intermédiaires.

Quatrième Bureau.

7. Le quatrième bureau sera placé à l'Écluse du Boussu sur la Hayne.

Tout bâtiment ou bateau arrivant à ce bureau, et venant de Mons ou lieux intermédiaires, paiera, par chaque tonneau, un droit de   10 c.

8. Le même droit de dix centimes par tonneau sera perçu sur tout bâtiment ou bateau partant du bureau du Boussu, et allant à Mons ou lieux intermédiaires.

Cinquième Bureau.

9. Le cinquième bureau sera placé à Condé sur la Hayne.

Tout bâtiment ou bateau arrivant à ce bureau, et venant du Boussu ou lieux intermédiaires, paiera, par chaque tonneau, un droit de   80 c.

10. Le même droit de quatre-vingts centimes par tonneau sera perçu sur tout bâtiment ou bateau partant du bureau de Condé, et allant au Boussu ou lieux intermédiaires.

11. Ce droit de quatre-vingts centimes par tonneau sur les bâtimens descendant et remontant la Hayne, ne sera perçu à Condé que pen-

dant dix années, à dater du jour de la publication du présent Décret : à l'expiration de ces dix années, le droit sera réduit à douze centimes par tonneau.

Suppression des anciens Droits.

12. Les droits perçus jusqu'ici par des particuliers et des communes, aux écluses d'Antoin, de Lessines, du Grand-Aérene, du Boussu, etc., sur les rivières de l'Escaut, de la Dender et de la Hayne, ne pourront être perçus désormais, ainsi qu'il est dit en l'art. 15 du Décret général d'organisation du bassin de l'Escaut et de l'Aa.

13. Les droits perçus au profit du Gouvernement aux écluses de Tournay, de Bilkic, de Teure, d'Isières, des Écoliers, de Papignies, du Petit-Aérene, de Dibiham, de Saint-Ghislain, etc., sur les mêmes rivières, devront également cesser d'être perçus.

L'Arrêté du 18 pluviose an XI, relatif aux droits perçus à Tournay, est rapporté.

Dispositions générales.

14. Le droit de navigation sera perçu aux cinq bureaux ci-dessus, sans avoir égard au point de départ des bâtimens ou bateaux qui y arrivent, ni à celui de débarquement des bâtimens ou bateaux qui partent de ces bureaux.

15. Les trains d'arbres flottés paieront pour chaque arbre, sans avoir égard à la dimension, le droit fixé pour deux tonneaux. Les trains de bois flotté paieront également, par chaque mètre de longueur, le droit fixé pour deux tonneaux.

16. Les coches d'eau, voitures d'eau et autres bâtimens destinés au transport des voyageurs, seront toujours considérés comme chargés au complet.

TROISIÈME ARRONDISSEMENT. — Chef-lieu, GAND.

(Ne fait plus partie de la France.)

QUATRIÈME ARRONDISSEMENT. — Chef-lieu, BRUGES.

(Ne fait plus partie de la France.)

CINQUIÈME ARRONDISSEMENT. — Chef-lieu, ANVERS.

(Ne fait plus partie de la France.)

SIXIÈME ARRONDISSEMENT. — Chef-lieu, BRUXELLES.

(Ne fait plus partie de la France.)

SEPTIÈME ARRONDISSEMENT. — Chef-lieu, ARRAS.

BUREAUX DE PERCEPTION.

ART. 1. Il sera établi, dans l'étendue du septième arrondissement du bassin de l'Escaut, de l'Aa et des canaux en dépendant, huit bureaux de perception pour le droit de navigation intérieure créé par la Loi du 30 floréal an X.

Premier Bureau.

2. Ce premier bureau sera placé à Arras, sur la Scarpe.

Tout bâtiment ou bateau arrivant à ce bureau, et venant de Douai ou lieux intermédiaires, paiera, par chaque tonneau, un droit de. . 18 c.

3. Le même droit de dix-huit centimes par tonneau sera perçu sur tout bâtiment ou bateau partant du bureau d'Arras, et allant à Douai ou lieux intermédiaires.

Deuxième Bureau.

4. Le deuxième bureau sera placé à la Gorgue, sur la Lawe ou canal de Béthune.

Tout bâtiment ou bateau passant à ce bureau, soit qu'il vienne de Béthune, ou qu'au contraire il se dirige vers cette ville, paiera, par chaque tonneau, un droit de . . . . 12 c.

Troisième Bureau.

5. Le troisième bureau sera placé à Aire, à l'embouchure du canal de Neuffossé avec la Lys.

Tout bâtiment ou bateau arrivant à ce bureau, et venant de Saint-Omer ou lieux intermédiaires, paiera, par chaque tonneau, un droit de. . . . . 12 c.

Quatrième Bureau.

6. Le quatrième bureau sera placé à Saint-Omer, à la réunion du canal de Neuffossé avec l'Aa.

Tout bâtiment ou bateau arrivant à ce bureau, et venant d'Aire ou lieux intermédiaires, paiera, par chaque tonneau, un droit de. . 12 c.

7. Tout bâtiment ou bateau partant du bureau de Saint-Omer, pour aller à Watten ou lieux intermédiaires, paiera, par chaque tonneau, un droit de. . . . . 6 c.

8. Le même droit de six centimes par tonneau sera perçu sur tout bâtiment ou bateau arrivant au bureau de Saint-Omer, et venant de Watten ou lieux intermédiaires.

Cinquième Bureau.

9. Le cinquième bureau sera placé à Watten, sur l'Aa.

Tout bâtiment ou bateau arrivant à ce bureau, et venant de la remonte de Gravelines ou Bourbourg, ou lieux intermédiaires, paiera, par chaque tonneau, un droit de. . . . . 9 c.

Les bâtimens ou bateaux qui viendront de Hennuen, et qui justifieront avoir payé à ce bureau sur le canal de Calais, ne paieront aucun droit en arrivant à Watten.

10. Tout bâtiment ou bateau partant du bureau de Watten, et allant à Hennuen, ou Bourbourg ou Gravelines, ou lieux intermédiaires, paiera, par chaque tonneau, un droit de. . . . . 9 c.

Sixième Bureau.

11. Le sixième bureau sera placé à Hennuen, sur le canal de Calais.

Tout bâtiment ou bateau arrivant à ce bureau, et venant de Bourbourg ou Gravelines, ou lieux intermédiaires, paiera, par chaque tonneau, un droit de . . . . 9 c.

Les bâtimens ou bateaux qui viendront de Watten, et qui justifieront avoir payé à ce bureau sur l'Aa, ne paieront aucun droit en arrivant à Hennuen.

12. Tout bâtiment ou bateau partant du bureau de Hennuen, et

allant à Bourbourg, Gravelines ou Watten, ou lieux intermédiaires, paiera, par chaque tonneau, un droit de. . . . . 9 c.

Septième Bureau.

13. Le septième bureau sera placé au Pont à Quatre-Branches, à l'embouchure des canaux d'Ardres et de Calais.

Tout bâtiment ou bateau arrivant à ce bureau, et venant de Hennuen, paiera, par chaque tonneau, un droit de. . . . . 6 c.

14. Le même droit de six centimes par tonneau sera perçu sur tout bâtiment ou bateau partant du bureau du Pont à Quatre-Branches, et allant à Hennuen.

15. Tout bâtiment ou bateau arrivant au bureau du Pont à Quatre-Branches, et venant d'Ardres, paiera, par chaque tonneau, un droit de. . . . . 3 c.

16. Le même droit de trois centimes par tonneau sera perçu sur tout bâtiment ou bateau partant du bureau du Pont à Quatre-Branches, et allant à Ardres.

Huitième et dernier Bureau.

17. Le huitième bureau sera placé à Calais, sur le canal de ce nom, dans la basse-ville.

Tout bâtiment ou bateau arrivant à ce bureau, et venant du Pont à Quatre-Branches ou Guines, ou lieux intermédiaires, paiera, par chaque tonneau, un droit de. . . . . 6 c.

18. Le même droit de six centimes par tonneau sera perçu sur tout bâtiment ou bateau partant du bureau de Calais, et allant à Guines, ou Pont à Quatre-Branches, ou lieux intermédiaires.

Dispositions générales.

19. Le droit de navigation sera perçu aux huit bureaux ci-dessus, sans avoir égard au point de départ des bâtimens ou bateaux qui partent de ces bureaux.

20. Les trains d'arbres flottés paieront pour chaque arbre, sans avoir égard à la dimension, le droit fixé pour deux tonneaux. Les trains de bois flotté paieront également, par chaque mètre de longueur, le droit fixé pour deux tonneaux.

21. Les coches d'eau, voitures d'eau et autres bâtimens destinés au transport des voyageurs, seront toujours considérés comme chargés au complet.

BASSIN DE L'ORNE.

30 septembre 1805 (8 vendémiaire an XIV).

Décret contenant Réglement pour la perception de l'octroi de navigation sur le bassin de l'Orne.

ART. 1. Il sera établi, dans l'étendue du seul arrondissement dont se compose le bassin de l'Orne, deux bureaux pour la perception du droit de navigation créé par la Loi du 30 floréal an X.

Premier Bureau.

2. Le premier bureau sera placé à Caen.

Le droit de navigation sera perçu au passage de ce bureau, pour la navigation descendante à partir de Caen, et pour la même navigation en remontant, sans avoir égard à la distance parcourue ou à parcourir.

La perception s'y fera conformément au tarif qui suit ; savoir :

Pour remonter la rivière d'Orne, depuis son embouchure jusqu'à Caen,

Tout navire portant gouvernail ou mâture, venant des ports de la Manche situés entre Granville et Dieppe inclusivement, paiera, par tonneau..	5 c.
Tout navire venant des ports au-delà de Granville et Dieppe, jusqu'à Ostende et Bayonne inclusivement, paiera, par tonneau..	8
Tous les bâtimens venant de la Méditerranée et de long cours, paieront, par tonneau....................................	15
Tous les navires étrangers paieront, par tonneau................	20

Les mêmes droits seront payés pour la descente de l'Orne, depuis Caen jusqu'à la mer.

Les mêmes droits seront également payés, quel que soit le chargement des navires, et quand bien même ils seraient sur leur lest.

Deuxième Bureau.

Le deuxième bureau sera établi à Toucques.

Le droit de navigation sera perçu au passage de ce bureau, pour la totalité de la navigation de la rivière de Toucques, depuis l'endroit où elle commence à être navigable, sans avoir égard à la distance parcourue ou à parcourir.

La perception s'y fera conformément au tarif qui suit :

Tous les bâtimens au-dessus de trente tonneaux, et qui sont déjà assujettis aux droits et demi-droits de tonnage, paieront, par tonneau,	5 c.
Les bâtimens de trente tonneaux et au-dessous, non assujettis aux droits et demi-droits de tonnage, paieront, par tonneau...	10
Les bateaux dits *gabares* paieront également, par tonneau.......	10

Ces droits seront payés à la remonte et à la descente.

Ces mêmes droits seront également payés, quelle que soit la nature des chargemens des bâtimens ou gabares, et quand bien même ils seraient sur leur lest.

Sont exempts de tous droits, 1°. les bâtimens faisant partie des flotilles royales, et ceux appartenant à l'État, chargés de l'approvisionnement des armées et d'objets destinés au service des camps ; 2°. les bateaux pêcheurs, et ceux employés à traverser les rivières d'un bord à l'autre ; 3°. les bateaux destinés au service des travaux de la navigation ; 4°. les bateaux chargés d'engrais, de récoltes et de grains en gerbes pour le compte des propriétaires ou fermiers dans l'étendue de leur exploitation, et ces mêmes bâtimens allant ou revenant à vide dans cette même étendue.

BASSIN DE LA SOMME.

3o septembre 18o5 (8 vendémiaire an xiv).

Décret contenant Réglement pour la perception de l'octroi de navigation sur le bassin de la Somme.

ART. 1. Il sera établi dans l'étendue du seul arrondissement dont se compose le bassin de la Somme, un bureau pour la perception du droit de navigation créé par la Loi du 3o floréal an x.

2. Ce bureau sera placé à Abbeville.

Le droit de navigation sera perçu au passage de ce bureau, 1°. pour la navigation descendante à partir d'Amiens, et pour la même navigation en remontant, sans avoir égard à la distance parcourue ou à parcourir; 2°. pour la navigation descendante à partir d'Abbeville, et pour la même navigation en remontant, sans avoir égard à la distance parcourue ou à parcourir.

La perception se fera conformément au tarif qui suit :

1°. En descendant d'Amiens à Abbeville,

Les bateaux dits *grebannes* paieront............................	12 f.	c.
Les diligences d'eau paieront....................................	7	25
Les petits bateaux ou allèges paieront...........................	4	8o

Le même droit sera payé en remontant.

2°. En descendant d'Abbeville à la mer,

Les bateaux dits *grebannes* paieront............................	9	
Les diligences d'eau paieront....................................	5	4o
Les petits bateaux ou allèges paieront...........................	3	6o

Le même droit sera payé en remontant.

Dispositions générales.

Les bateaux chargés en tout ou en partie de sel, d'eau-de-vie, de vin, de sucre ou épiceries, de fers fondus ou forgés, paieront *moitié en sus* du droit fixé.

Les bateaux uniquement chargés de sable, d'engrais, de fumiers, de pavés et de pierres à bâtir, ne paieront que la *moitié du droit*.

Les bateaux vides ne paieront que le *tiers*.

En cas de fraction, le centime entier sera perçu.

Sont exempts de tous droits, 1°. les bâtimens faisant partie des flotilles royales, et ceux appartenant à l'État, chargés de l'approvisionnement des armées, et d'objets destinés au service des camps; 2°. les bâtimens uniquement chargés de légumes, les bateaux pêcheurs, ceux employés à traverser la rivière d'un bord à l'autre, et les bateaux suivans, contenant uniquement les agrès nécessaires à la navigation; 3°. les bateaux destinés au service et aux travaux de la navigation; 4°. les bateaux chargés d'engrais, de récoltes et de grains en gerbes pour le compte des propriétaires ou fermiers dans l'étendue de leurs exploitations, et ces mêmes bâtimens allant ou revenant à vide dans cette même étendue.

3. Les produits du droit seront, par le receveur du bureau d'Abbe-

ville, versés entre les mains du directeur de la régie des Droits réunis du département de la Somme, à Amiens.

Nota. Ce tarif a été modifié par un Décret du 20 janvier 1811, ainsi conçu :

ART. 1. Les bateaux naviguant sur la Somme depuis Amiens jusqu'à la mer, seront considérés, pour le paiement du droit de navigation, comme divisés en six classes, ainsi qu'il suit :

1re Classe. Bateaux communément désignés sous le nom de *grebannes*, du port de.................	22 à 25 tonneaux.
2e — Allèges dites *piquinois*......................	15 à 17
3e — Diligences ou coches d'eau...................	10 à 12
4e — Allèges dites *longois*....................	10 à 11
5e — Bateaux de Mareuil dits *pequerets*	3 à 4
6e — Bateaux de Bray dits *pequerets*	2 à 3

2. Ils paieront le droit au bureau d'Abbeville, conformément au tarif qui suit :

1°. Pour la navigation descendante d'Amiens à Abbeville, sans avoir égard au point de départ ni à celui de débarquement ;

	f.	c.
Bateaux de 1re classe........................	12	
de 2e........................	8	
de 3e........................	5	50
de 4e........................	5	
de 5e........................	1	50
de 6e........................	1	

Le même droit sera payé en remontant.

2°. Pour la navigation descendante d'Abbeville à la mer, sans avoir égard au point de départ ni à celui de débarquement ;

	f.	c.
Bateaux de 1re classe........................	9	
de 2e........................	6	
de 3e........................	4	12
de 4e........................	3	75
de 5e........................	1	12
de 6e........................		75

Le même droit sera payé en remontant.

3. La tourbe fera partie des objets pour le transport desquels les bateaux ne paient aucun droit.

4. Toutes les autres dispositions du Décret du 8 vendémiaire an XIV, portant organisation du droit, seront maintenues.

Une Ordonnance du Roi, du 29 novembre 1815, a modifié ces deux tarifs ainsi qu'il suit :

ART. 1. Les prix portés aux tarifs du droit de navigation du bassin de la Somme, approuvés par les Décrets du 8 vendémiaire an XIV et 20 janvier 1811, sont provisoirement modérés ainsi qu'il suit :

Pour la descente et la remonte d'Amiens à Abbeville,

	f.	c.
Les bateaux de 1re classe, dits *grebannes*, du port de vingt deux à vingt-cinq tonneaux, ne paieront que..................	9	
Ceux de deuxième classe, dits *piquinois*, du port de quinze à dix-sept tonneaux, ne paieront que.....................	6	

Ceux de troisième classe, dits *diligences*, du port de dix à douze tonneaux, ne paieront que.................................... 5 f.   c.

Ceux de quatrième classe, dits *longois*, du port de dix à onze tonneaux, ne paieront que.................................... 4   50

Ceux de cinquième classe, dits *pequerets de Mareuil*, du port de trois
à quatre tonneaux, continueront de payer.................... 1   50

Ceux de sixième classe, dits *pequerets de Bray*, du port de deux à
trois tonneaux, continueront de payer...................... 1

Pour la descente et la remonte d'Abbeville à la mer,

Les bateaux de première classe ne paieront que................. 6

Ceux de deuxième classe ne paieront que....................... 4   50

Ceux de quatrième classe ne paieront que...................... 3   50

Ceux de cinquième classe ne paieront que..................... 1

Ceux de sixième classe ne paieront que........................ 60

2. Les modérations portées dans l'article précédent, cesseront d'avoir
lieu lorsque l'état de la navigation de la Somme permettra aux bateaux
de voyager avec la charge que comporte leur tonnage.

Cet état de la navigation sera constaté par une commission composée
de l'ingénieur en chef des ponts et chaussées, du sous-préfet de l'arrondissement et d'un membre de la Chambre du Commerce. Le rapport
de cette commission sera soumis à l'approbation de notre directeur-
général des ponts et chaussées.

3. Les dispositions des Décrets des 8 vendémiaire an XIV et 20 janvier 1811, qui ne sont pas contraires à la présente Ordonnance, sont
maintenues dans leur entier.

BASSIN DE LA MEUSE.

1er novembre 1805 (10 brumaire an XIV).

Décret concernant le bassin de la Meuse, et le Droit de naviga-
tion sur les rivières dont il est composé.

TITRE III.

De la Perception.

3. Les tarifs en vertu desquels devra se faire la perception du droit
de navigation sur le bassin de la Meuse, et les lieux où les bureaux devront être établis, seront déterminés par des décrets spéciaux par
chaque arrondissement de navigation.

4. A dater du jour de la mise en activité du droit de navigation
sur le bassin de la Meuse, aucun particulier, aucune commune, ne
pourront percevoir au passage des écluses, vannes ou pertuis, situés
sur ce bassin, aucun droit de quelque nature qu'il soit; et ce conformément aux art. 13 et 14 du titre II de la Loi du 28 mars 1790, des
art. 7 et 8 de la Loi du 25 août 1792, et du Réglement du 8 prairial
an XI.

5. Le service des pertuis, vannes et écluses, s'exécutera par des individus à ce commis, et dont le salaire sera pris sur les produits du
droit de navigation.

6. Il est interdit aux éclusiers, sous peine de destitution, de percevoir aucun droit particulier pour la manœuvre des écluses.

7. Les meuniers ne pourront pas être nommés pour faire le service des écluses.

Des Modérations et Exemptions.

8. Ne paieront que la moitié du droit fixé par les décrets portant tarif : 1°. les bateaux à vide ; 2°. ceux uniquement chargés de pavés, de grès ou de pierres à bâtir ; 3°. ceux chargés uniquement de sables, de cendres, de fumiers et d'engrais de toutes espèces.

9. Sont exempts de tous droits : 1°. les bateaux faisant partie des flotilles royales, et ceux appartenant à l'État, chargés de l'approvisionnement des armées et d'objets destinés au service des camps ; 2°. les bateaux pêcheurs, ceux servant uniquement à traverser les rivières d'un bord à l'autre, et les bateaux suivans contenant uniquement les agrès nécessaires à la navigation ; 3°. les bateaux chargés d'engrais et de grains en gerbes pour le compte des propriétaires et fermiers dans l'étendue de leurs exploitations, et ces mêmes bateaux allant ou revenant à vide dans cette même étendue ; 4°. les bateaux destinés au service et aux travaux de la navigation.

De la Recette.

1°. La recette du droit de navigation sur le bassin de la Meuse sera faite par l'administration de la régie des droits réunis.

1er novembre 1805 (10 brumaire an XIV).

Décrets contenant Réglement pour la perception du Droit de navigation dans les quatre Arrondissemens du bassin de la Meuse.

PREMIER ARRONDISSEMENT. — Chef-lieu, MÉZIÈRES.

BUREAUX DE PERCEPTION.

ART. 1. Il sera établi dans l'étendue du premier arrondissement du bassin de la Meuse, cinq bureaux pour la perception du droit de navigation créé par la Loi du 30 floréal an X.

Premier Bureau.

2. Le premier bureau sera placé à Stenay.

Le droit de navigation sera perçu à ce bureau, pour la navigation supérieure descendante de la Meuse depuis le point navigable jusqu'à Stenay, et pour la même navigation en remontant, sans avoir égard au point de départ ni à celui de débarquement.

La perception s'y fera conformément au tarif qui suit, savoir :

En descendant,

Les bateaux ayant en largeur deux mètres quarante centimètres et au-dessous, paieront... f. 60 c.

Les bateaux ayant en largeur depuis deux mètres quarante centimètres exclusivement jusqu'à deux mètres soixante-dix centimètres inclusivement, paieront........................... 1   90

Les bateaux ayant en largeur depuis deux mètres soixante-dix centimètres exclusivement jusqu'à trois mètres dix centimètres inclusivement, paieront.. 4 f. 40 c.

Les bateaux ayant en largeur depuis trois mètres dix centimètres exclusivement jusqu'à trois mètres quarante centimètres inclusivement, paieront... 6   25

Les bateaux ayant en largeur depuis trois mètres quarante centimètres exclusivement jusqu'à trois mètres soixante-dix centimètres inclusivement, paieront.................................... 7   50

Les bateaux ayant en largeur depuis trois mètres soixante-dix centimètres exclusivement jusqu'à quatre mètres dix centimètres inclusivement, paieront.. 8   75

Les bateaux ayant en largeur depuis quatre mètres dix centimètres exclusivement jusqu'à quatre mètres trente centimètres et au-dessus, paieront.. 10

Les flottes, bois flottans et trains de bois, paieront par trente centimètres de longueur...................................... 15

Le même droit sera payé en remontant.

Deuxième Bureau.

3. Le deuxième bureau sera placé à Sedan.

Le droit de navigation sera perçu à ce bureau, pour la navigation descendante de la Meuse depuis Stenay jusqu'à Sedan, et pour la même navigation en remontant, sans avoir égard au point de départ ni à celui de débarquement.

La perception s'y fera conformément au tarif qui suit, savoir :

En descendant,

Les bateaux ayant en largeur deux mètres quarante centimètres et au-dessous, paieront... f. 40 c.

Les bateaux ayant en largeur depuis deux mètres quarante centimètres exclusivement jusqu'à deux mètres soixante-dix centimètres inclusivement, paieront.................................. 1   15

Les bateaux ayant en largeur depuis deux mètres soixante-dix centimètres exclusivement jusqu'à trois mètres dix centimètres inclusivement, paieront.................................. 2   60

Les bateaux ayant en largeur depuis trois mètres dix centimètres exclusivement jusqu'à trois mètres quarante centimètres inclusivement, paieront.................................. 3   75

Les bateaux ayant en largeur depuis trois mètres quarante centimètres exclusivement jusqu'à trois mètres soixante-dix centimètres inclusivement, paieront.................................. 4   50

Les bateaux ayant en largeur depuis trois mètres soixante-dix centimètres exclusivement jusqu'à quatre mètres dix centimètres inclusivement, paieront.................................. 5   25

Les bateaux ayant en largeur depuis quatre mètres dix centimètres exclusivement jusqu'à quatre mètres trente centimètres et au-dessus, paieront.................................. 6

Les flottes, bois flottans et trains de bois, paieront par trente centimètres de longueur.................................. 10

Le même droit sera payé en remontant.

Troisième Bureau.

4. Le troisième bureau sera placé à Mézières.

Le droit de navigation sera perçu à ce bureau, pour la navigation descendante de la Meuse depuis Sedan jusqu'à Mézières, et pour la même navigation en remontant, sans avoir égard au point de départ ni à celui de débarquement.

La perception s'y fera conformément au tarif qui suit, savoir :

En descendant,

Les bateaux ayant en largeur deux mètres quarante centimètres et au-dessous, paieront... f. 30 c.

Les bateaux ayant en largeur depuis deux mètres quarante centimètres exclusivement jusqu'à deux mètres soixante-dix centimètres inclusivement, paieront.. 90

Les bateaux ayant en largeur depuis deux mètres soixante-dix centimètres exclusivement jusqu'à trois mètres dix centimètres inclusivement, paieront... 2   10

Les bateaux ayant en largeur depuis trois mètres dix centimètres exclusivement jusqu'à trois mètres quarante centimètres inclusivement, paieront.. 3

Les bateaux ayant en largeur depuis trois mètres quarante centimètres exclusivement jusqu'à trois mètres soixante-dix centimètres inclusivement, paieront....................................... 3   60

Les bateaux ayant en largeur depuis trois mètres soixante-dix centimètres exclusivement jusqu'à quatre mètres dix centimètres inclusivement, paieront....................................... 4   20

Les bateaux ayant en largeur depuis quatre mètres dix centimètres exclusivement jusqu'à quatre mètres trente centimètres et au-dessus, paieront... 4   80

Les flottes, bois flottans et trains de bois, paieront par trente centimètres de longueur... 8

Le même droit sera payé en remontant.

Quatrième Bureau.

5. Le quatrième bureau sera placé à Fumay.

Le droit de navigation sera perçu à ce bureau pour la navigation descendante de la Meuse depuis Mézières jusqu'à Fumay, et pour la même navigation en remontant, sans avoir égard au point de départ ni à celui de débarquement.

La perception s'y fera conformément au tarif qui suit, savoir :

En descendant,

Les bateaux ayant en largeur deux mètres quarante centimètres et au-dessous, paieront.. f. 70 c.

Les bateaux ayant en largeur depuis deux mètres quarante centimètres exclusivement jusqu'à deux mètres soixante-dix centimètres inclusivement, paieront..................................... 2   30

Les bateaux ayant en largeur depuis deux mètres soixante-dix centimètres exclusivement jusqu'à trois mètres dix centimètres inclusivement, paieront..................................... 5   20

Les bateaux ayant en largeur depuis trois mètres dix centimètres exclusivement jusqu'à trois mètres quarante centimètres inclusivement, paieront...................................... 6   90

Les bateaux ayant en largeur depuis trois mètres quarante centimètres exclusivement jusqu'à trois mètres soixante-dix centimètres inclusivement, paieront...................................... 8   30

Les bateaux ayant en largeur depuis trois mètres soixante-dix centimètres exclusivement jusqu'à quatre mètres dix centimètres inclusivement, paieront...................................... 9   80

Les bateaux ayant en largeur depuis quatre mètres dix centimètres exclusivement jusqu'à quatre mètres trente centimètres et au-dessus, paieront. . . . . 11 f. 50 c.

Les flottes, bois flottans et trains de bois, paieront par trente centimètres de longueur.   15

Le même droit sera payé en remontant.

Cinquième Bureau.

6. Le cinquième bureau sera placé à Givet.

Le droit de navigation sera perçu à ce bureau, pour la navigation descendante de la Meuse depuis Fumay jusqu'à Givet, et pour la même navigation en remontant, sans avoir égard au point de départ ni à celui de débarquement.

La perception s'y fera conformément au tarif qui suit, savoir :

En descendant,

Les bateaux ayant en largeur deux mètres quarante centimètres et au-dessous, paieront. . . . .   f. 35 c.

Les bateaux ayant en largeur depuis deux mètres quarante centimètres exclusivement jusqu'à deux mètres soixante-dix centimètres inclusivement, paieront.   1   20

Les bateaux ayant en largeur deux mètres soixante-dix centimètres exclusivement jusqu'à trois mètres dix centimètres inclusivement, paieront.   2   70

Les bateaux ayant en largeur depuis trois mètres dix centimètres exclusivement jusqu'à trois mètres quarante centimètres inclusivement, paieront.   3   60

Les bateaux ayant en largeur depuis trois mètres quarante centimètres exclusivement jusqu'à trois mètres soixante-dix centimètres inclusivement, paieront.   4   30

Les bateaux ayant en largeur depuis trois mètres soixante-dix centimètres exclusivement jusqu'à quatre mètres dix centimètres inclusivement, paieront.   5   10

Les bateaux ayant en largeur depuis quatre mètres dix centimètres exclusivement jusqu'à quatre mètres trente centimètres et au-dessus, paieront.   6

Les flottes, bois flottans et trains de bois, paieront par trente centimètres de longueur.   10

Le même droit sera payé en remontant.

Dispositions générales.

7. Les coches d'eau, voitures d'eau, et autres bâtimens destinés uniquement à transporter des voyageurs, paieront par bureau. . .   5 fr.

DEUXIÈME ARRONDISSEMENT. — Chef-lieu, NAMUR.

BUREAUX DE PERCEPTION.

ART. 1. Il sera établi dans l'étendue du deuxième arrondissement du bassin de la Meuse, cinq bureaux pour la perception du droit de navigation intérieure, créé par la Loi du 30 floréal an x.

Premier Bureau.

2. Le premier bureau sera placé à Dinant.

(Ce bureau ne fait plus partie de la France.)

Deuxième Bureau.

3. Le second bureau sera placé à Maubeuge sur la Sambre.

Le droit de navigation sera perçu à ce bureau, pour la navigation descendante de la Sambre, depuis le point navigable jusqu'à Maubeuge, et pour la même navigation en remontant, sans avoir égard au point de départ ni à celui de débarquement.

La perception s'y fera conformément au tarif qui suit, savoir :

En descendant,

Les bateaux ayant en largeur deux mètres soixante-cinq centimètres et au-dessous, paieront.................................... 2 f.

Les bateaux ayant en largeur au-dessus de deux mètres soixante-cinq centimètres, paieront................................. 4

Le même droit sera payé en remontant.

Troisième Bureau.

4. Le troisième bureau sera placé à Charleroi, sur la Sambre. (1)

Le droit de navigation sera perçu à ce bureau, pour la navigation descendante de la Sambre, depuis Maubeuge jusqu'à Charleroi, et pour la même navigation en remontant, sans avoir égard au point de départ ni à celui de débarquement.

La perception s'y fera conformément au tarif qui suit, savoir :

En descendant,

Les bateaux ayant en largeur deux mètres soixante-cinq centimètres et au-dessous, paieront.................................... 5 f. 75 c.

Les bateaux ayant en largeur au-dessus de deux mètres soixante-cinq centimètres, paieront................................. 11   50

Le même droit sera payé en remontant.

Quatrième Bureau.

5. Le quatrième bureau sera placé à Namur.

(Ce bureau ne fait plus partie de la France.)

Cinquième Bureau.

6. Le cinquième bureau sera placé à Huy.

(Ce bureau ne fait plus partie de la France.)

---

(1) Une Ordonnance du Roi du 18 juin 1817 porte ce qui suit :

« La perception du droit de navigation sur la Sambre, créée par les Décrets du 10 brumaire an XIV, et qui avait été interrompue pour la partie de cette rivière depuis Maubeuge jusqu'à la nouvelle frontière, est rétablie.

« Ce droit est modéré ainsi qu'il suit :

Les bateaux de deux mètres soixante-cinq centimètres de largeur et au-dessus, tarifés à 11 f. 50 c., ne paieront que 2 f. 80 c. en remontant et en descendant.

« Les bateaux de la largeur au-dessous de deux mètres soixante-cinq centimètres, tarifés à 5 f. 75 c., ne paieront que 1 f. 40 c. en remontant et en descendant.

« Lorsque ces bateaux seront vides, ils ne paieront que la moitié du droit fixé ci-dessus.

TROISIÈME ARRONDISSEMENT. — Chef-lieu, LIÉGE.
(Ne fait plus partie de la France.)

QUATRIÈME ARRONDISSEMENT. — Chef-lieu, MAESTRICHT.
(Ne fait plus partie de la France.)

BASSIN DE LA MOSELLE.

12 novembre 1806.

Décret qui établit le Droit de navigation sur le bassin de la Moselle, et règle le mode de perception.

ART. 1. La Moselle et les rivières y affluentes formeront un seul bassin, sous le nom de *bassin de la Moselle.*

2. Il sera établi six bureaux pour la perception des droits de navigation sur le bassin de la Moselle.

Ces bureaux sont Metz et Sierck, sur la Moselle supérieure ; Sarrebourg sur la Sarre ; Trèves, Berncastel, Kochem, sur la Moselle inférieure. (1)

3. Le droit de navigation sera perçu au bureau de Metz,

1°. Pour toute la navigation descendante et remontante de la Meurthe, depuis le point navigable jusqu'à son embouchure, et pour celle descendante et remontante de la Moselle, depuis le point navigable jusqu'à Metz ;

2°. Pour la navigation descendante de la Moselle, de Metz à Sierck, ou points intermédiaires.

Le bureau de Sierck percevra pour la navigation descendante de Sierck à Trèves, ou points intermédiaires, et pour la navigation remontante de Sierck à Metz, ou points intermédiaires. (2)

4. Le droit de navigation sur le bassin de la Moselle sera perçu conformément au tarif qui suit :

En descendant,

Le plâtre, la chaux, la pierre à bâtir, paieront par mille kilogrammes, dans chacun des bureaux de Metz et Sierck .... 2 c.

---

(1) Les bureaux de Sarrebourg, Trèves, Berncastel, Kochem, ne font plus partie de la France.

(2) Une Ordonnance du Roi du 21 août 1816 a transféré à Thionville le bureau de Sierck :

« ART. 1. Le bureau établi à Sierck par le Décret du 12 novembre 1806 pour la perception du droit de navigation de la Moselle est transféré à Thionville.

« 2. Le droit qui, d'après le même Décret, se percevait pour la navigation montante et descendante de Sierck à Metz est coupé par moitié.

« Une moitié sera perçue pour la remonte et la descente des bateaux depuis Sierck jusqu'à Thionville ;

« Et l'autre moitié sera perçue également pour la remonte et la descente des bateaux depuis Thionville jusqu'à Metz. »

L'ardoise par cinq rames, la meule et la quene, paieront par mille
    kilogrammes, dans chacun des bureaux de Metz et Sierck.....   50 c.

La paille, le foin et le regain, paieront par cent kilogrammes, dans
    chacun des bureaux de Metz et Sierck.....................   2

Le charbon de terre, la mine, le sable, la terre de pipe, le tuf et
    le caillou, paieront par cent kilogrammes, dans chacun des bu-
    reaux de Metz et Sierck............................   4

Les graines de toutes sortes, le chiffon, le vieux fer, le fer en
    gueuse, la craie rouge et le manganèse, paieront par cent kilo-
    grammes, dans chacun des bureaux de Metz et Sierck..........   10

Toutes les autres espèces de denrées ou marchandises, à l'exception
    des bois dont il sera ci-après question, paieront par cent kilo-
    grammes, dans chacun des bureaux de Metz et Sierck..........   20

Il sera payé par chaque dix mètres en longueur d'arbres, sans distinction des autres dimensions, savoir :

Pour les bois blancs en sapin, aulne, peuplier, frêne et autres de cette
    nature, dans chacun des bureaux de Metz et Sierck...........   6 c.

Pour les bois espèce de chêne, orme, charme, noyer, hêtre et
    autres de cette nature, dans chacun des bureaux de Metz et Sierck,   12

Il sera payé par chaque dix mètres en longueur de planches, savoir :

Pour les planches de sapin, dans chacun des bureaux de Metz
    et Sierck...   2 c.

Pour les planches en chêne, et de toutes sortes, autres que celles
    en sapin, dans chacun des bureaux de Metz et Sierck........   3

Pour chaque stère de bois de chauffage et perches, dans chacun des
    bureaux de Metz et Sierck.............................   6

Pour échalas, par mille pièces, dans chacun des bureaux de Metz
    et Sierck   4

Pour douves et merrain, par mille pièces, dans chacun des bureaux
    de Metz et Sierck...................................   20

5. Il ne sera perçu pour la remonte de la Moselle, de la Sarre et de
la Meurthe, que la moitié des droits portés au tarif ci-dessus.

Le sel ne paiera également à la remonte, aux bureaux de Sierck et
Metz, que la moitié du droit exigé à la descente, dans les bureaux de
Sarrebourg, Trèves, Berncastel et Kochem. (1)

7. La perception des droits portés au tarif n'aura lieu pour la navigation descendante et remontante de la Meurthe et celle descendante et
remontante de la Moselle, depuis son point navigable jusqu'à Metz,
qu'après la construction de l'écluse projetée sur ce point.

8. Sont exempts de tout droit,

1°. Les bateaux appartenant à l'État, chargés de l'approvisionnement des armées et d'objets destinés au service des camps ;

2°. Les bateaux pêcheurs et ceux employés à traverser la rivière d'un
bord à l'autre ;

3°. Les bateaux destinés au service des travaux de la navigation ;

4°. Les bateaux chargés d'engrais, de récoltes et de grains en gerbes,
pour le compte des propriétaires ou fermiers, dans l'étendue seulement
de leur exploitation ;

____

(1) Ce droit était de 10 cent. par cent kilogr.

9. Les bateaux à vide paieront à chaque bureau un droit fixe de 4 fr. pour les bateaux de vingt-cinq mètres de longueur et au-dessus; et de 2 f. pour les bateaux au-dessous de vingt-cinq mètres.

10. A dater du jour de la mise en activité du droit de navigation sur le bassin de la Moselle, cessera la perception de tous les droits de navigation actuellement établis dans l'étendue de ce bassin, en vertu des lois, arrêtés ou usages contraires au présent Décret.

11. Sur toute embarcation naviguant sur la Moselle et affluens, on inscrira dans un lieu apparent, et en caractères distincts et bien lisibles, le nom de ladite embarcation, celui du lieu où réside la personne à qui elle appartient, le nombre de quintaux de dix myriagrammes qu'elle est susceptible de porter.

Il est accordé six mois, à compter du jour de l'établissement du droit, pour remplir cette formalité; cette époque passée, toute embarcation pour laquelle elle n'aura pas été remplie, paiera une amende de 12 f.

12. Tous les conducteurs de bateaux ou barques naviguant sur la Moselle, seront tenus d'avoir une lettre de voiture qui contiendra :

1°. Le nom de l'embarcation ;

2°. Les noms et domicile du propriétaire de ladite embarcation ;

3°. Ceux du batelier chargé de la conduire ;

4°. L'énumération et la désignation des espèces, quantités et poids des marchandises qui y sont chargées.

Cette lettre de voiture sera rédigée et signée dans le lieu où l'embarcation sera chargée, et avant son départ. Dans le cas où cette lettre de voiture contiendrait une fausse déclaration, il sera payé par le conducteur du bateau une amende égale au double du montant du droit dû pour la quantité et les espèces de marchandises non déclarées, indépendamment du droit principal dû pour ces mêmes marchandises.

Si le conducteur d'une embarcation vient à y charger, dans le cours de son trajet, des denrées ou marchandises, il en sera fait mention, par supplément, à la suite de la lettre de voiture, et non à la marge ni en interligne, le tout sans blanc ni intervalle.

13. Les dispositions de l'article précédent sont applicables aux trains de bois et radeaux, dont les conducteurs seront également tenus, sous les mêmes peines en cas de fausses déclarations, d'avoir des lettres de voiture qui indiqueront le lieu où les trains de bois ou radeaux auront été formés, les autres trains qu'on y aura réunis, l'espèce et la quantité des bois dont ils sont composés, et les marchandises d'autre nature qu'on aurait mises sur ces trains ou radeaux.

Les denrées ou marchandises qui doivent payer au poids, et qui seront chargées sur des trains ou radeaux, y seront laissées à découvert.

Défenses sont faites aux conducteurs de cacher ou placer lesdites denrées ou marchandises dans l'intérieur, sous peine d'une amende égale au triple du montant du droit de navigation qu'ils auraient supporté, outre le paiement dudit droit.

14. Les conducteurs de bateaux, trains ou radeaux, ne pourront passer devant un bureau sans y acquitter le droit, dont il leur sera délivré une quittance.

Ils seront tenus, dans chaque bureau, de justifier de la quittance qui leur aura été délivrée dans le bureau précédent ; à défaut de cette justification, ils paieront une amende égale au double du montant du droit dû pour la totalité de leurs chargemens.

15. Afin de faciliter la perception du droit de navigation, il sera dressé, 1°. un tableau comparatif et approximatif du poids des objets susceptibles d'être embarqués ;

Ce tableau présentera, en kilogrammes, le poids de chacun de ces objets, rapportés à la mesure, au compte, au mètre cube, ou à tout autre mode usité dans le commerce ;

2°. Un tableau rapportant au poids, comme ci-dessus, les mesures en usage, pour les grains et autres matières sèches, qu'on n'est pas dans l'usage de peser ;

3°. Un tableau énonciatif de ce que pèsent, étant remplies de vin, d'eau-de-vie, vinaigre, bière, huile, poix, goudrons, etc., les différentes espèces de futailles en usage sur la Moselle.

Ce tableau indiquera le poids de chacune de ces futailles, en kilogrammes, sans fractions.

Les bureaux seront pourvus de verges, de jauges, pour vérifier si les futailles sont de l'espèce de celles indiquées par le tableau dont il vient d'être question ; et, dans le cas où elles excéderaient la capacité prévenue, le droit sera perçu sur l'excédant.

16. La recette du droit de navigation intérieure, sur le bassin de la Moselle, sera faite par l'administration des droits réunis.

Il ne sera fait, par les employés de l'administration des droits réunis, aucune perception qu'elle ne soit mentionnée au bas de la lettre de voiture, et que de plus il n'en soit délivré une quittance particulière aux conducteurs des bateaux, trains ou radeaux.

BASSIN DE LA VILAINE.

11 janvier 1808.

Décret qui établit la perception du Droit de navigation sur le bassin de la Vilaine.

TITRE PREMIER.

De la Composition du bassin de la Vilaine.

ART. 1. Le fleuve de la Vilaine formera, sous le nom de *bassin de la Vilaine*, un bassin de navigation.

TITRE II.

Des Droits et de leur Perception.

2. Les bateaux naviguant sur ce bassin sont divisés en trois classes :

La première classe comprend les bateaux ayant depuis 18 jusqu'à 12 mètres de longueur ;

La deuxième classe, les bateaux ayant depuis 12 mètres jusqu'à 6 mètres ;

La troisième classe, les bateaux au-dessous de 6 mètres.

3. Il sera établi sur le bassin de la Vilaine, pour la perception du

droit de navigation créé par la Loi du 3o floréal an x, quatre bureaux de perception placés à Rennes, Pontréau, Guipri et Redon.

Bureau de Rennes.

L'octroi de navigation sera perçu à ce bureau,

1°. Pour la navigation supérieure descendante de Cesson à Rennes, et pour la même navigation en remontant;

2°. Pour la navigation descendante de Rennes à Pontréau, et pour la même navigation en remontant.

La perception s'y fera conformément au tarif qui suit, soit à la remonte, soit à la descente :

De Cesson à Rennes ,

Les bateaux de première classe paieront........................ 2 f. 5o c.
Les bateaux de deuxième classe paieront........................ 1   5
Les bateaux de troisième classe paieront........................   9o

De Rennes à Pontréau ,

Les bateaux de première classe paieront........................ 1o f.   c.
Les bateaux de deuxième classe paieront........................ 4   2o
Les bateaux de troisième classe paieront........................ 3   6o

Bureau de Pontréau.

L'octroi de navigation sera perçu à ce bureau pour la navigation descendante de Pontréau à Guipri, et pour la même navigation en remontant.

La perception s'y fera conformément au tarif qui suit, soit à la remonte, soit à la descente :

Les bateaux de première classe paieront........................ 17 f. 5o c.
Les bateaux de deuxième classe paieront........................ 7   35
Les bateaux de troisième classe paieront........................ 6   3o

Bureau de Guipri.

L'octroi de navigation sera perçu à ce bureau pour la navigation descendante de Guipri à Redon, et pour la même navigation en remontant.

La perception s'y fera conformément au tarif qui suit, soit à la remonte, soit à la descente :

Les bateaux de première classe paieront........................ 2o f.   c.
Les bateaux de deuxième classe paieront........................ 8   4o
Les bateaux de troisième classe paieront........................ 7   2o

Bureau de Redon.

L'octroi de navigation sera perçu à ce bureau pour la navigation descendante depuis Redon jusqu'à la mer, et pour la même navigation en remontant.

La perception s'y fera conformément au tarif qui suit, soit à la remonte, soit à la descente :

Tous les bateaux et bâtimens, quelles que soient leur dénomination et leur forme, paieront par tonneau........................   7 c.
Les bâtimens étrangers paieront........................   14

4. Sur toute l'étendue de la Vilaine, le droit sera perçu à chaque bureau pour tout l'espace compris entre ce bureau et le bureau qui suit ou celui qui précède, sans avoir égard au point de départ ni à celui de débarquement.

5. A dater du jour de la mise en activité de la perception du droit de navigation, aucun particulier ni aucune commune ne pourront percevoir au passage des vannes et écluses, ou pertuis situés sur le bassin de la Vilaine, aucun droit de quelque nature qu'il soit, le tout conformément aux articles 13 et 14 du titre II de la Loi du 28 mars 1790, des articles 7 et 8 de la Loi du 25 août 1792, et du Réglement du 8 prairial an XI.

6. Le service des pertuis, vannes et écluses s'exécutera par des personnes à ce commises, et dont le salaire sera pris sur le produit du droit de navigation.

7. Il est interdit aux éclusiers, sous peine de destitution, de percevoir aucun droit particulier pour la manœuvre des écluses.

8. Les meuniers ne pourront pas être nommés pour le service des écluses.

TITRE III.

Des Exemptions et Modérations.

9. Sont exempts de tous droits ,
1°. Les bâtimens français faisant partie des flotilles royales, et ceux chargés de l'approvisionnement des armées et des objets destinés au service des camps ; 2°. les bateaux pêcheurs et les bateaux suivans contenant les agrès nécessaires à la navigation ; 3°. les bateaux traversant la rivière d'un bord à l'autre ; 4°. les bateaux destinés au service et aux travaux de la navigation ; 5°. les bateaux des fermiers ou propriétaires de récoltes et grains en gerbes, dans l'étendue de leur exploitation.

10. Ne paieront que la moitié du droit fixé, 1°. les bateaux vides, à l'exception toutefois des bateaux de troisième classe, lesquels paieront, chargés ou non chargés, la totalité du droit fixé par le présent tarif ;
2°. Les bateaux uniquement chargés de sel ;
3°. Les bateaux uniquement chargés de sable, d'engrais, de pierres à bâtir, et généralement de matériaux propres à la construction.

TITRE IV.

De la Recette.

11. La recette du droit de navigation intérieure sur le bassin de la Vilaine sera faite par l'administration générale de la régie des droits réunis.

BASSIN DE L'HÉRAULT.

11 janvier 1808.

Décret qui établit la perception d'un Droit de navigation sur le bassin de l'Hérault.

ART. 1. Les droits de navigation qui sont perçus sur le canal des deux mers (canal du Midi), en vertu de la Loi du 21 vendémiaire an V, sont établis sur la rivière de l'Hérault, à partir du port de Bassan jusqu'à la chaussée du moulin d'Agde.

2. La longueur de rivière qui, dans cette partie de l'Hérault, établit communication entre la branche occidentale du canal des deux mers et la branche orientale, sera considérée comme faisant partie du canal, et sera comprise comme telle dans le calcul des distances que parcourent les bateaux y naviguant; au moyen de quoi les réparations à faire sur cette même partie de la rivière seront exécutées aux frais de l'administration du canal.

3. Le droit à percevoir sur le surplus de la rivière de l'Hérault, depuis Bassan jusqu'à l'embouchure de la branche orientale du canal des deux mers, sera perçu conformément aux principes résultant de la Loi du 21 vendémiaire an v, par le receveur du canal du bureau d'Agde, et le contrôleur de la demi-écluse de Prades......

BASSIN DE LA GIRONDE.

4 mars 1808.

Décret qui établit le Droit de navigation intérieure sur le bassin de la Gironde.

TITRE II.
De la Perception.

Art. 3. Les tarifs en vertu desquels devra se faire la perception, et les lieux où les bureaux devront être établis, sont déterminés par le Décret de ce jour.

4. Le droit de navigation sera perçu à chaque bureau pour tout l'espace compris entre ce bureau et le bureau qui suit, ou celui qui précède, et toujours sans avoir égard au point de départ ou de débarquement.

5. A dater du jour de la mise en activité de la perception du droit de navigation, aucun particulier et aucune commune ne pourront percevoir, au passage des écluses, vannes ou pertuis situés sur le bassin de la Gironde, aucun droit de quelque nature qu'il soit, le tout conformément aux articles 13 et 14 du titre II de la Loi du 28 mars 1790, des articles 7 et 8 de la Loi du 25 août 1792, et du Réglement du 8 prairial an XI.

6. Le service des pertuis, vannes et écluses, s'exécutera par des individus à ce commis, et dont le salaire sera pris sur les produits du droit de navigation.

7. Il est interdit aux éclusiers, sous peine de destitution, de percevoir aucun droit particulier pour la manœuvre des écluses.

8. Les meuniers ne pourront pas être nommés pour faire le service des écluses.

TITRE III.
Des Exemptions et Modérations.

9. Sont exempts de tous droits,

1°. Les bâtimens faisant partie des flotilles royales, et ceux chargés de l'approvisionnement des armées et des objets destinés au service des camps ;

2°. Les bateaux pêcheurs et les *bateaux suivans*, contenant les agrès nécessaires à la navigation ;

3°. Les bateaux traversant la rivière d'un bord à l'autre ;

4°. Les bateaux destinés au service et aux travaux de la navigation ;

5°. Les bateaux des fermiers ou propriétaires d'engrais, de récoltes et de grains en gerbes, dans l'étendue de leurs exploitations.

10. Ne paieront que la moitié du droit fixé,

1°. Les bateaux à vide ;

2°. Ceux uniquement chargés de pavés, de grès et de pierres à bâtir ;

3°. Ceux chargés de sable, engrais, fumier et cendres de toute espèce.

TITRE IV.

De la Recette.

11. La recette du droit de navigation intérieure, sur le bassin de la Gironde, sera faite par l'administration générale de la régie des droits réunis.

4 mars 1808.

Décret qui règle le mode de la perception de l'octroi de navigation sur le bassin de la Gironde.

L'octroi de navigation sera perçu dans les six arrondissemens composant le bassin de la Gironde, d'après les dispositions qui suivent :

PREMIER ARRONDISSEMENT.

ART. 1. Il sera établi, dans l'étendue du premier arrondissement du bassin de la Gironde, un seul bureau de perception pour l'octroi de navigation créé par la Loi du 30 floréal an x.

2. Ce bureau sera placé à Toulouse, au lieu dit *le Port-Garo.*

L'octroi de navigation sera perçu à ce bureau,

1°. Pour toute la navigation supérieure descendante et venant de la Garonne ou des rivières de Salnat et de l'Arriége, et pour la même navigation en remontant ;

2°. Pour toute la navigation descendante de Toulouse au Port-Boudoux.

La perception s'y fera conformément au tarif qui suit ; savoir :

En descendant du point navigable, ou des rivières de l'Arriége et de Salat,

	f.	c.
Les grands bateaux dits *sapines*, quelle que soit leur grandeur, paieront	9	
Les bacs servant de passagères, de toute grandeur, paieront.....	4	50
Les bateaux au-dessus de deux mètres de sole paieront...........	4	50
Ceux d'un mètre huit décimètres jusqu'à deux mètres, paieront...	3	
Ceux d'un mètre trois décimètres jusqu'à un mètre huit décimètres, paieront	1	
Ceux de onze décimètres jusqu'à un mètre trois décimètres, paieront		75
Ceux d'un mètre et au-dessous paieront		25
Les radeaux chargés ou non chargés paieront, par train		50

Le quart du droit sera payé en remontant.

Pour la navigation descendante de Toulouse au Port-Boudoux, la perception se fera ainsi qu'il suit :

Les grands bateaux dits *sapines*, quelle que soit leur grandeur, paieront .... 12 f.   c.
Les bacs servant de passagères, de toute grandeur, paieront...... 6
Les bateaux au-dessus de deux mètres de sole, paieront 6
Ceux d'un mètre huit décimètres jusqu'à deux mètres, paieront .. 4
Ceux d'un mètre trois décimètres jusqu'à un mètre huit décimètres, paieront 2
Ceux de onze décimètres jusqu'à un mètre trois décimètres, paieront 1
Ceux d'un mètre et au-dessous paieront 30
Les radeaux chargés ou non chargés paieront, par train.......... 75

Quant à la remonte vers Toulouse, la perception aura lieu au bureau du Port-Boudoux (deuxième arrondissement).

DEUXIÈME ARRONDISSEMENT.

3. Il sera établi, dans l'étendue du deuxième arrondissement du bassin de la Gironde, deux bureaux de perception placés à Montauban et à Port-Boudoux.

Premier Bureau.

4. Le premier bureau sera placé à Montauban.
Le droit de navigation sera perçu à ce bureau,
1°. Pour la navigation descendante depuis Gaillac jusqu'à Montauban, et pour la même navigation en remontant ;
2°. Pour la navigation descendante de Montauban à Port-Boudoux.
La perception s'y fera conformément au tarif qui suit ; savoir :
En descendant de Gaillac à Montauban ,

Chaque bateau de vingt-cinq mètres de longueur et au-dessus, paiera 12 f.   c.
Chaque bateau de vingt à vingt-cinq mètres de longueur, paiera... 10
Chaque bateau de quinze à vingt mètres de longueur, paiera 6
Chaque bateau de dix à quinze mètres de longueur, paiera....... 2
Chaque bateau de cinq à dix mètres , paiera................... 50

Le quart du droit sera payé en remontant.
Pour la navigation descendante de Montauban à Port-Boudoux, le droit sera payé ainsi qu'il est réglé ci-dessus pour la descente de Gaillac à Montauban.

Deuxième Bureau.

Le deuxième bureau sera placé à Port-Boudoux.
Le droit de navigation sera perçu à ce bureau,
1°. Pour la navigation remontante de Port-Boudoux à Montauban ;
2°. Pour la navigation remontante de Port-Boudoux à Toulouse ;
3°. Pour la navigation descendante de Port-Boudoux à Agen.
La perception s'y fera conformément au tarif qui suit ; savoir :
En remontant de Port-Boudoux à Montauban , il sera payé le quart du droit réglé au présent Décret pour la descente de Gaillac à Montauban.
Sur toute l'étendue de la rivière du Tarn , les bateaux uniquement chargés de charbon de terre , ne paieront que la moitié du droit fixé pour les autres bateaux.

En remontant de Port-Boudoux à Toulouse,

Les grands bateaux dits *sapines*, quelle que soit leur grandeur,
paieront .... 3 f.   c.
Les bacs servant de passagères, de toute grandeur, paieront 1   5o
Les bateaux au-dessus de deux mètres de sole, paieront 1   5o
Ceux d'un mètre trois décimètres jusqu'à deux mètres, paieront... 1
Ceux d'un mètre quatre-vingts centimètres jusqu'à un mètre trois
décimètres, paieront 5o
Ceux de onze décimètres jusqu'à un mètre trois décimètres, paieront   25
Ceux d'un mètre et au-dessous paieront   5
En descendant du Port-Boudoux à Agen, les bateaux dits *grands
bateaux*, ayant de largeur deux mètres trente-cinq centimètres,
paieront 8
Les bateaux dits *macalets*, ayant de largeur deux mètres dix-sept
centimètres, paieront 6
Les bateaux dits *miolles*, ayant de largeur deux mètres cinq centimètres, paieront.. 4
Les bateaux dits *ramoneurs*, ayant de largeur un mètre soixante-
deux centimètres, paieront 3
Les bateaux dits *gabarots*, ayant un mètre quarante-six centimètres
de largeur, paieront.. 2

TROISIÈME ARRONDISSEMENT.

5. Il sera établi, dans l'étendue du troisième arrondissement du
bassin de la Gironde, trois bureaux de perception, placés à Agen,
Nicole et Villeneuve.

Premier Bureau.

6. Le premier bureau sera placé à Agen. Le droit de navigation sera
perçu à ce bureau,

1°. Pour toute la navigation descendante d'Agen à Nicole ;
2°. Pour la navigation remontante d'Agen à Port-Boudoux.
La perception s'y fera conformément au tarif qui suit ; savoir :
En descendant d'Agen à Nicole,

Les bateaux dits *grands bateaux*, ayant de largeur deux mètres
treute-cinq centimètres, paieront........................... 5 f. 8o c.
Les bateaux dits *macalets*, ayant de largeur deux mètres dix-sept
centimètres, paieront....................................... 4   40
Les bateaux dits *miolles*, ayant de largeur deux mètres cinq centimètres, paieront.. 2   8o
Les bateaux dits *ramoneurs*, ayant de largeur un mètre soixaute-
deux centimètres, paieront 2   20
Les bateaux dits *gabarots*, ayant un mètre quarante-six centimètres
de largeur, paieront.. 1   5o

En remontant d'Agen à Port-Boudoux,

Les bateaux dits *grands bateaux*, ayant de largeur deux mètres
trente-cinq centimètres, paieront........................... 2 f. 9o c.
Les bateaux dits *macalets*, ayant de largeur deux mètres dix-sept
centimètres, paieront....................................... 2   20
Les bateaux dits *miolles*, ayant de largeur deux mètres cinq centimètres, paieront.. 1   40
Les bateaux dits *ramoneurs*, ayant de largeur un mètre soixante-deux
centimètres, paieront.. 1   5

Les bateaux dits *gabarots*, ayant un mètre quarante-six centimètres de longueur, paieront .... 70 c.

Quant à la descente du Port-Boudoux à Agen, la perception aura lieu au bureau de Port-Boudoux (deuxième arrondissement).

Deuxième Bureau.

Le deuxième bureau sera placé à Nicole.

Le droit de navigation sera perçu à ce bureau,

1°. Pour la navigation descendante de Nicole à Langon;

2°. Pour la navigation remontante de Nicole à Agen;

3°. Pour la navigation remontante de Nicole à Villeneuve;

4°. Pour la navigation descendante de Nérac, sur la Bayse, et pour la même navigation en remontant.

La perception s'y fera conformément au tarif qui suit; savoir:

Pour la navigation descendante de Nicole à Langon,

Les bateaux dits *grands bateaux*, ayant de largeur deux mètres trente-cinq centimètres, paieront .... 9 f. 60 c.

Les bateaux dits *macalets*, ayant de largeur deux mètres dix-sept centimètres, paieront 7   20

Les bateaux dits *miolles*, ayant de largeur deux mètres cinq centimètres, paieront 4   80

Les bateaux dits *ramoneurs*, ayant de largeur un mètre soixante-deux centimètres, paieront 3   60

Les bateaux dits *gabarots*, ayant un mètre quarante-six centimètres de largeur, paieront 2   40

Pour la navigation remontante de Nicole à Agen, il sera perçu la moitié du droit fixé par le présent Décret, pour la navigation descendante, d'Agen à Nicole.

Pour la navigation remontante de Nicole à Villeneuve, il sera perçu moitié du droit fixé ci-après au bureau de Villeneuve, pour la descente de Villeneuve à Nicole.

Pour la navigation descendante de Nérac, sur la Bayse, à Nicole, il sera perçu un droit égal à celui fixé par le présent Décret pour la navigation descendante d'Agen à Nicole.

La moitié du droit sera payée en remontant.

Troisième Bureau.

Le troisième bureau sera placé à Villeneuve.

Le droit de navigation sera perçu à ce bureau,

1°. Pour la navigation descendante de Villeneuve à Nicole, sans avoir égard au point de débarquement;

2°. Pour la navigation remontante de Villeneuve à Puy-l'Evêque, sans avoir égard au point de débarquement.

La perception s'y fera conformément au tarif qui suit; savoir:

En descendant de Villeneuve à Nicole,

Les grands bateaux ayant vingt mètres trente centimètres de longueur, paieront 6

Les bateaux dits *macalets*, ayant quinze mètres de longueur, paieront 3

Les gabares ayant douze mètres de longueur, paieront 1   50

Les gabarrots ayant sept mètres de longueur, paieront 1

Pour la navigation remontante de Villeneuve à Puy-l'Evêque,

Les grands bateaux ayant vingt mètres trente centimètres de lon-
 gueur, paieront . . . . 4 f.
Les macalets ayant quinze mètres de longueur, paieront 2
Les gabares ayant douze mètres de longueur, paieront. 1
Les gabarots ayant sept mètres de longueur paieront. 50

7. Dans toute l'étendue du troisième arrondissement, les bateaux
uniquement chargés de charbon de terre ne paieront, soit à la remonte,
soit à la descente, que la moitié du droit fixé pour les autres bateaux.

QUATRIÈME ARRONDISSEMENT.

8. Il sera établi, dans l'étendue du quatrième arrondissement du
bassin de la Gironde, trois bureaux de perception, placés à la Madeleine, Cahors et Puy-l'Evêque.

Premier Bureau.

9. Le premier bureau sera placé à la Madeleine. (1)

Deuxième Bureau.

Le deuxième bureau sera placé à Cahors.
Le droit de navigation sera perçu à ce bureau,
1°. Pour la navigation descendante de Cahors à Puy-l'Evêque ;
2°. Pour la navigation remontante de Cahors à la Madeleine.

____

(1) Ce bureau a été supprimé par un Décret du 30 janvier 1809, ainsi
conçu :

« Art. 1. Le bureau établi à la Madeleine par le Décret du 4 mars dernier, pour la perception du droit de navigation sur la rivière du Lot, est et
demeure supprimé.

« 2. La perception en activité à ce bureau est réunie à celle du bureau de
Cahors, où elle se fera cumulativement avec celle qui a lieu maintenant à ce
dernier bureau.

« En conséquence, le droit de navigation au bureau de Cahors sera perçu
à l'avenir,

« 1°. Pour la navigation descendante, depuis Entraigues jusqu'à Cahors, et
pour la même navigation en remontant ;

« 2°. Pour la navigation descendante de Cahors à Puy-l'Évêque.

« La perception s'y fera conformément au tarif qui suit ; savoir :

« En descendant d'Entraigues à Cahors,

« Les grands bateaux ayant vingt mètres trente centimètres de longueur,
paieront 18 f.

« Les macalets ayant quinze mètres de longueur, 9 f.

« Les gabares ayant douze mètres de longueur, 7 f. 20 c.

« Les gabares ayant sept mètres de longueur, 3 f. 60 c.

« La moitié du droit sera payée en remontant.

« Les bateaux uniquement chargés de bois à brûler destiné à l'approvisionnement de la ville de Cahors, sont, pour la descente, affranchis du
paiement de tout droit ; et ils paieront, pour la remonte, le droit porté par
le tarif pour remonter de Cahors à la Madeleine.

« Pour la navigation descendante de Cahors à Puy-l'Évêque, le droit sera
payé ainsi qu'il est réglé par le Décret du 4 mars dernier, dont les dispositions sont maintenues en tout ce qui n'est pas contraire au présent Décret. »

La perception s'y fera conformément au tarif qui suit ; savoir :

En descendant de Cahors à Puy-l'Evêque,

Les grands bateaux ayant vingt mètres trente centimètres de longueur, paieront.. 9

Les macalets ayant quinze mètres de longueur, paieront 4   50

Les gabares ayant douze mètres de longueur, paieront 2   25

Les gabarots ayant sept mètres de longueur, paieront............. 1 f. 10 c.

En remontant de Cahors à la Madeleine, il sera payé moitié du droit fixé par le présent Décret pour la descente de la Madeleine à Cahors.

Troisième Bureau.

Le troisième bureau sera placé à Puy-l'Evêque.

Le droit de navigation sera perçu à ce bureau,

1°. Pour la navigation descendante de Puy-l'Evêque à Villeneuve ;

2°. Pour la navigation remontante de Puy-l'Evêque à Cahors.

La perception s'y fera conformément au tarif qui suit ; savoir :

En descendant de Puy-l'Evêque à Villeneuve,

Les grands bateaux ayant vingt mètres trente centimètres de longueur, paieront... 8 f.

Les macalets ayant quinze mètres de longueur, paieront.......... 4

Les gabares ayant douze mètres de longueur, paieront 2

Les gabarots ayant sept mètres de longueur, paieront 1

En remontant de Puy-l'Evêque à Cahors, il sera payé moitié du droit fixé par le présent Décret pour la descente de Cahors à Puy-l'Evêque.

Quant à la remonte de Villeneuve à Puy-l'Evêque, la perception aura lieu au bureau de Villeneuve (troisième arrondissement).

10. Dans toute l'étendue du quatrième arrondissement, les bateaux uniquement chargés de charbon de terre, ne paieront, soit à la remonte, soit à la descente, que la moitié du droit fixé pour les autres bateaux.

CINQUIÈME ARRONDISSEMENT.

11. Il sera établi, dans l'étendue du cinquième arrondissement du bassin de la Gironde, deux bureaux de perception, placés à Limeuil et à Bergerac.

Premier Bureau.

12. Le premier bureau sera placé à Limeuil.

Le droit de navigation sera perçu à ce bureau,

1°. Pour la navigation descendante, du point où la Dordogne commence à être navigable, jusqu'à Limeuil, et pour la même navigation en remontant ;

2°. Pour la navigation descendante, du point où la Vézère commence à être navigable, jusqu'à Limeuil, et pour la même navigation en remontant ;

3°. Pour la navigation descendante, de Limeuil à Bergerac.

La perception s'y fera conformément au tarif qui suit ; savoir :

En descendant du point navigable de la Dordogne à Limeuil,

Tout bateau, quelle que soit sa dénomination, paiera par tonneau..   10 c.

La moitié du droit sera payée en remontant.

Pour la navigation descendante, du point navigable de la Vézère à Limeuil,

Tout bateau, quelle que soit sa dénomination, paiera par tonneau..   10 c.

Le quart du droit sera payé en remontant.

Pour la navigation descendante, de Limeuil à Bergerac,

Tout bateau, quelle que soit sa dénomination, paiera par tonneau..   10 c.

Deuxième Bureau.

Le second bureau sera placé à Bergerac.

Le droit de navigation sera perçu à ce bureau,

1°. Pour la navigation descendante de Bergerac à Castillon ;

2°. Pour la navigation remontante de Bergerac à Limeuil.

La perception s'y fera conformément au tarif qui suit ; savoir :

En descendant de Bergerac à Castillon,

Tout bateau, quelle que soit sa dénomination, paiera par tonneau..   15 c.

Il sera payé, en remontant de Bergerac à Limeuil, le quart du droit fixé pour la descente de Limeuil à Bergerac.

Quant à la remonte de Castillon à Bergerac, la perception aura lieu au bureau de Castillon (sixième arrondissement).

SIXIÈME ARRONDISSEMENT.

13. Il sera établi, dans l'étendue du sixième arrondissement du bassin de la Gironde, cinq bureaux de perception, placés à Bordeaux, Langon, Castillon, Libourne et Coutras.

Premier Bureau.

14. Le premier bureau sera placé à Langon.

Le droit de navigation sera perçu à ce bureau,

1°. Pour la navigation descendante de Langon à Bordeaux, avec des bateaux sans quille ;

2°. Pour la navigation remontante de Langon à Nicole.

La perception s'y fera conformément au tarif qui suit ; savoir :

En descendant de Langon à Bordeaux,

Les bateaux dits *grands bateaux*, ayant de largeur deux mètres trente-cinq centimètres, paieront........................   9 f.

Les bateaux dits *macalets*, ayant de largeur deux mètres dix-sept centimètres, paieront........................   7

Les bateaux dits *miolles*, ayant de largeur deux mètres cinq centimètres, paieront........................   4

Les bateaux dits *ramoneurs*, ayant de largeur un mètre soixante-deux centimètres, paieront........................   3

Les bateaux dits *gabarots*, ayant un mètre quarante-six centimètres, paieront........................   2

Les bateaux uniquement chargés de charbon de terre ne paieront que la moitié du droit.

Aucun droit ne sera perçu pour la remonte de Bordeaux à Langon.

Pour la navigation remontante de Langon à Nicole,

Les bateaux dits *grands bateaux*, ayant de largeur deux mètres trente-cinq centimètres, paieront........................   4 f. 80 c.

Les bateaux dits *macalets*, ayant de largeur deux mètres dix-sept centimètres, paieront.................................... 3 f. 60 c.

Les bateaux dits *miolles*, ayant de largeur deux mètres cinq centimètres, paieront.................................... 2   40

Les bateaux dits *ramoneurs*, ayant de largeur un mètre soixante-deux centimètres, paieront.................................... 1   80

Les bateaux dits *gabarots*, ayant de largeur un mètre quarante-six centimètres, paieront.................................... 1   20

Deuxième Bureau.

Le deuxième bureau sera placé à Castillon.

Le droit de navigation sera perçu à ce bureau,

1°. Pour la navigation descendante de Castillon à Libourne, qui aura lieu sur des bateaux sans quille;

2°. Pour la navigation remontante de Castillon à Bergerac, qui aura lieu sur des bateaux sans quille.

La perception s'y fera conformément au tarif qui suit; savoir:

En descendant de Castillon à Libourne,

Tout bateau, quelle que soit sa dénomination, paiera............   10 c.

En remontant de Castillon à Bergerac,

Tout bateau, quelle que soit sa dénomination, paiera............   5

Troisième Bureau.

Le troisième bureau sera placé à Bordeaux.

Le droit de navigation y sera perçu sur les bases ci-après déterminées.

SECTION PREMIÈRE.

Établissement d'une Taxe proportionnelle et annuelle.

15. Tous les bâtimens à quille, pontés ou non pontés, servant au cabotage et transport sur le fleuve de la Gironde, depuis son embouchure jusqu'à Bordeaux;

Sur la Dordogne, depuis le point où ils peuvent naviguer jusqu'à Bordeaux;

Et sur la Garonne, depuis le point où ils peuvent naviguer jusqu'à Bordeaux;

Sont assujettis à une taxe proportionnelle et annuelle, et sont dispensés, en conséquence, d'acquitter tout autre droit de navigation aux divers bureaux établis sur le bassin de la Gironde.

16. Pour assurer la perception de la taxe proportionnelle et annuelle, chacun des propriétaires des bâtimens qui viennent d'être désignés, en fera sa déclaration au bureau des droits réunis de son arrondissement, dans le délai de trois mois, à compter de la publication du présent Décret.

Cette déclaration contiendra la désignation du bâtiment, la longueur de la quille, sa longueur de tête en queue, sa plus grande largeur, sa profondeur sur carlingue, et son tonnage.

17. La déclaration sera vérifiée et rectifiée, s'il y a lieu.

18. A la suite de la vérification, le bâtiment sera marqué sur le flanc droit, vers le bossoir, du timbre de l'octroi de navigation.

19. Toutes les formalités prescrites par les trois articles précédens,

pourront être suppléées dans les bureaux de l'octroi de Bordeaux et de Libourne, où les propriétaires auront également la faculté de faire la déclaration, et de faire appliquer le timbre.

20. A l'expiration de chaque trimestre, le propriétaire pourra déclarer que son bâtiment est détruit, hors d'état de naviguer, ou en radoub. Cette déclaration sera vérifiée, et la taxe cessera d'être perçue jusqu'à une nouvelle déclaration.

Cette nouvelle déclaration devra se faire au même bureau où la première déclaration aura été faite.

21. Ne seront point compris dans l'état général des bâtimens sujets à la taxe,

1°. Les canots et chaloupes des navires français ou étrangers;

2°. Les pontons et les bâtimens servant au radoub;

3°. Les couralins, ou autres bâtimens de la même espèce, servant à la communication des équipages entre les navires en rade et les berges des rivières;

4°. Les bateaux plats ou sans quille, venant des affluens de la Gironde ou de la Garonne, et qui sont assujettis à la taxe sous d'autres formes, conformément aux tarifs particuliers ci-dessus décrétés.

SECTION II.

Formation des rôles, fixation et recouvrement de la Taxe annuelle.

22. Les receveurs des droits réunis des deux rives de la Gironde et des parties de rivières désignées dans l'art. 15, qui auront reçu les déclarations des propriétaires de bâtimens domiciliés dans leurs arrondissemens respectifs, en formeront des états, qu'ils adresseront au directeur de Bordeaux, pour être par lui convertis en rôles, après avoir été soumis à l'approbation du préfet.

23. Les rôles seront renouvelés chaque année; les bâtimens y compris seront taxés à dater du jour de la déclaration jusqu'à la fin de l'année.

24. La taxe ou droit annuel sera d'un franc par tonneau, payable par trimestre, et d'avance, dans le bureau qui aura reçu la déclaration, soit que dans cet intervalle le bateau ait ou n'ait point navigué : il en sera fourni quittance, dont un double devra rester entre les mains du conducteur du bâtiment, lequel sera tenu de le représenter, à toute réquisition, aux employés des droits réunis.

SECTION III.

Des Contraventions.

25. Tout bateau assujetti à la taxe proportionnelle, qui sera rencontré par les employés des droits réunis, soit amarré dans les ports, soit à l'ancre, soit à la voile, et qui ne sera pas timbré, ou dont les conducteurs ne pourront pas représenter quittance du dernier trimestre expiré, sera en contravention. Il en sera dressé procès-verbal, et copie en sera laissée, ou au conducteur, ou au gardien spécial, ou à toute autre personne préposée à la garde du bâtiment.

26. Nonobstant la contravention constatée, les bâtimens pourront continuer leur voyage, s'ils sont chargés ; mais ils ne pourront prendre

de nouveaux chargemens, ni naviguer, qu'après le paiement de la taxe due, et d'une somme double qui sera perçue pour le fait de la contravention.

27. Néanmoins, en tout état de cause et en cas de contestation, nul bâtiment ne pourra être retenu, si la somme qu'il doit pour la taxe et la contravention a été consignée aux employés des droits réunis.

28. Les contestations qui naîtront sur les contraventions, seront décidées par voie administrative. Elles seront d'abord portées au sous-préfet.

Quatrième Bureau.

Le quatrième bureau sera placé à Libourne.

Ce bureau sera, pour la navigation des bateaux à quille, considéré comme dépendance du bureau de Bordeaux; en conséquence, les déclarations y seront reçues, les abonnemens y auront lieu, et les bateaux y recevront le timbre et l'indication du tonnage, comme au bureau de Bordeaux.

Quant à la navigation des bateaux plats ou sans quille, la perception du droit aura lieu au bureau de Libourne,

1°. Pour la navigation remontante de Libourne à Castillon ;

2°. Pour la navigation remontante de Libourne à Coutras.

Le droit sera perçu conformément au tarif qui suit ; savoir :

En remontant de Libourne à Castillon,

Chaque bateau, quelle que soit sa dénomination, paiera par tonneau.. 3 c.

En remontant de Libourne à Coutras,

Chaque bateau, quelle que soit sa dénomination, paiera par tonneau.. 3 c.

Cinquième Bureau.

Le cinquième et dernier bureau sera placé à Coutras.

Le droit de navigation sera perçu à ce bureau,

1°. Pour la navigation descendante du point navigable de l'Isle à Coutras ;

2°. Pour la navigation remontante de Coutras au point navigable de l'Isle ;

3°. Pour la navigation descendante de Coutras à Libourne.

La perception s'y fera conformément au tarif qui suit ; savoir :

En descendant du point navigable de l'Isle à Coutras,

Tout bateau, quelle que soit sa dénomination, paiera par tonneau.   5 c.

En remontant de Coutras au point navigable, il sera perçu le quart du droit qui vient d'être fixé pour la descente.

En descendant de Coutras à Libourne,

Tout bateau, quelle que soit sa dénomination, paiera par tonneau.   10 c.

BASSIN DE L'ADOUR.

24 avril 1808.

Décret qui établit la perception du droit de navigation sur le bassin de l'Adour.

Art. 1er. Le fleuve de l'Adour formera, sous le nom de bassin de l'Adour, avec les rivières y affluentes, un bassin de navigation.

2. Le droit de navigation sera perçu, dans toute l'étendue de ce bassin, à raison de deux centimes et demie par tonneau, et par distance de cinq kilomètres.

3. Ce droit sera établi, non sur le chargement réel, mais d'après la capacité de chaque bateau, laquelle sera préalablement constatée.

4. Le même droit sera payé à la remonte comme à la descente, à charge comme à vide.

5. La perception se fera dans trois bureaux, qui seront placés, savoir : un sur la Midouze, à Vertus ; et deux autres sur l'Adour, à Dax et à Bayonne.

6. La perception se fera au bureau de Tartas, 1°. pour la navigation descendante du Mont-de-Marsan à Tartas, et pour la remonte de Tartas au Mont-de-Marsan ; 2°. pour la navigation descendante de Tartas au port Hourgué, et pour la remonte de Hourgué à Tartas.

7. La perception se fera au bureau de Dax, 1°. pour la navigation descendante de Hourgué à Dax, et pour la remonte de Dax à Hourgué ; 2°. pour la remonte depuis l'embouchure du Gave de Pau, en y comprenant les bateaux venant du Peyrehorade jusqu'à Dax ; 3°. pour la descente depuis Dax jusqu'à l'embouchure du Gave et de Pau, et jusqu'à Peyrehorade.

8. La perception se fera au bureau de Bayonne, 1°. pour la navigation descendante depuis Peyrehorade et l'embouchure du Gave de Pau jusqu'à Bayonne ; 2°. pour la remonte depuis Bayonne jusqu'à l'embouchure du Gave de Pau, et jusqu'à Peyrehorade ; 3°. et enfin pour la descente et la remonte du point navigable de la Nive à Bayonne, et de Bayonne au point navigable de la Nive.

9. Les alléges naviguant sur la Midouze seront, comme le bateau principal, assujetties au droit, à proportion de leur capacité, et sans égard aux chargemens (1) ; mais par une exception particulière, les alléges naviguant sur l'Adour sont entièrement affranchies.

10. Sont exempts de tous droits : 1°. les bâtimens français faisant partie des flotilles royales, et ceux chargés de l'approvisionnement des armées et des objets destinés au service des camps ; 2°. les bateaux pêcheurs, et les bateaux suivans, contenant les agrès nécessaires à la navigation ; 3°. les bateaux traversant la rivière d'un bout à l'autre ; 4°. les

----

(1) Une Ordonnance du Roi du 18 septembre 1816 a modifié cette disposition ainsi qu'il suit : « Les alléges qui accompagnent les bateaux naviguant sur la Midouze sont affranchies des droits de navigation auxquels elles étaient assujetties par l'art. 9 du Décret du 24 avril 1808…… »

bateaux destinés au service et aux travaux de la navigation chargés d'engrais, de récoltes et de grains en gerbes ; 5o. les bateaux pour le compte des propriétaires-fermiers dans l'étendue de leur exploitation, et les mêmes bateaux allant ou revenant à vide dans cette même étendue.

11. La recette du droit de navigation intérieure sur le bassin de l'Adour, sera faite par l'administration générale de la régie des droits réunis.

11 avril 1821.

Tarif annexé à l'Ordonnance du Roi concernant les droits de navigation à percevoir sur la rivière du Dropt.

DÉSIGNATION DES PORTS OU MOULINS.	DISTANCES approximatives à parcourir.	PRIX par tonneau de vin, mesure du pays, contenant 3 hectolitres 12 litres. (1)	PRIX par pièce d'eau-de-vie, contenant 3 hectolit. 80 litres. (2)	PRIX pour le poids de 5o kilogram. de grains, etc.
	mètres.	fr. c.	fr. c.	fr. c.
D'Eymet à Gironde.	88,000	15 »	7 5o	1 »
Du Moulin d'Agnac.	84,000	14 »	7 »	1 »
De la Régie........	80,000	13 5o	6 75	1 »
La Sauvetat.......	76,000	13 »	6 5o	» 95
Fargues..........	72,600	12 5o	6 25	» 9o
Allemans.........	68,000	12 »	6 »	» 85
Moulin du Dropt...	64,000	11 5o	5 75	» 80
De Pompérat......	6o,000	11 »	5 5o	» 75
Cocussote.........	56,000	10 5o	5 »	» 70
Bariès...........	52,000	10 »	4 5o	» 65
Duras............	48,000	9 »	4 25	» 6o
Galeau...........	44,000	8 »	4 »	» 55
Monpoisson.......	4o,000	7 »	3 5o	» 5o
Saint-Bas.........	36,000	6 »	3 »	» 45
L'Étourneau......	32,000	5 »	2 5o	» 4o
Roquebrune.......	28,000	4 »	2 »	» 35
Neuffon..........	24,000	3 5o	1 75	» 3o
Mesterrieux.......	20,000	3 »	1 5o	» 25
Loubens..........	16,000	2 5o	1 25	» 20
Bagas............	12,000	2 »	» 75	» 15
Labarthe.........	8,000	1 5o	» 5o	» 10
Bonneuil.........	4,000	» »	» »	» »

(1) Le tonneau se compose de quatre barriques, qui sont censées contenir 3o veltes chacune (ancienne mesure).

(2) La pièce d'eau-de-vie est censée contenir 5o veltes (ancienne mesure).

CHAPITRE III.

Lois, Décrets et Ordonnances concernant les différens tarifs établis sur les Canaux.

CANAL DE BRIARE. (1)

Décembre 1642.

Lettres-patentes accordées par le Roi en faveur du canal de Briare, enregistrées au Parlement le 20 juillet 1651.

Tarifs des droits que la Compagnie du canal de Loire en Seine prendra sur les marchandises qui passeront toutes désormais debout sur ledit canal, pour le péage, droit d'écluse et droit de voiture.

PREMIER TARIF.

Des marchandises qui passeront de Loire à Montargis, ou de Montargis à la rivière de Loire.

De chaque poinçon de vin, jauge d'Orléans	1 l.	10 s.
De chaque cent de solives ou de bois carré de la qualité portée par le tarif des lettres-patentes	15	
Du cent de toises d'ais d'un pouce et demi d'épais, et douze pouces de large et au-dessous	3	10
Du cent de toises d'ais de chêne d'un pouce d'épais et au-dessous, et de largeur de douze pouces et au-dessous	3	
Du cent de toises d'ais de sapin d'un pouce d'épais et au-dessous, et de douze pouces de large et au-dessous	3	

Et des plus grandes largeurs et épaisseurs, tant de chênes, sapin, qu'autres, à proportion.

De chaque corde de bois	2 l.	10 s.
De chaque millier de coches de bois	4	
Du millier de merrains à faire poinçons	6	10
Du millier de lattes carrées et d'échalas, à compter vingt bottes pour millier	1	6
Du millier de lattes à ardoises, à compter quarante bottes pour millier.	2	15
Du cent pesant des marchandises au pied		8
Des encombrantes		10
Du millier d'ardoises carrées	2	
Du millier d'ardoises rousses noires	4	10
Du poinçon de cendres	2	10
Du cent de carpes au-dessous d'un pied	5	10
Du cent de celles d'un pied en sus	10	
Du cent de brochets au-dessous d'un pied	5	10
Du cent de ceux de douze jusqu'à quinze pouces, le quinzième non compris	11	
Du cent de ceux de quinze jusqu'à dix-huit pouces, le dix-huitième non compris	22	
De ceux de dix-huit pouces et au-dessus	40	

---

(1) *V.* la note 1, p. 253.

DEUXIÈME TARIF.

De Briare à la rivière de Loire , et de la rivière de Loire à Briare.

	l.	s.	d.
De chaque poinçon de vin		5	
Du cent de solives, et du bois carré	2		
Du cent de toises d'ais d'un pouce et demi		10	
Du cent des mêmes ais d'un pouce et au-dessous		8	
De chaque corde de bois		10	
Du millier de coches de bois		16	
Du millier de lattes carrées, à compter vingt bottes pour millier		3	
Du millier de merrains		16	
Du cent de marchandises au poids		2	
Des encombrantes		3	
Du millier d'ardoises carrées		8	
Du millier d'ardoises rousses noires		16	
Du poinçon de cendres		7	6
Du cent de carpes et brochets au-dessous d'un pied		10	
Du cent de carpes de douze à quinze pouces		15	
Des mêmes de quinze à dix-huit pouces	2		
Des mêmes de dix-huit pouces et au-dessus		7	
Du cent de brochets de douze pouces jusqu'à quinze	2		
Des mêmes de quinze à dix-huit pouces		3	
Des mêmes de dix-huit pouces et au-dessus		8	

Si l'on voiture de Loire entre l'écluse de Briare et celle d'Ouzoüer, ou desdits lieux du canal en Loire, à proportion de la distance desdits lieux de ceux de Briare et d'Ouzoüer, l'on partagera les droits de chaque sorte de marchandise. Et sera noté que depuis Briare en dessus jusqu'à demi-montagne, c'est-à-dire jusques au canal de distribution, on ne laissera passer aucun bateau lequel ne soit chargé de quarante milliers au moins, et cent milliers au plus, ni bascule de moins de quatorze cents de carpes au-dessous d'un pied, et des autres poissons à proportion, ni demi-train à moins de deux cents de solives, et des autres bois à proportion, si ce n'était que les marchands voulussent payer comme s'il y avait la même quantité desdites marchandises en compte ou en nombre. Et pour passer la montagne des deux côtés, les bateaux seront de cinquante milliers au moins, et de cent milliers au plus, les bascules de deux milliers de carpes au-dessous d'un pied, et les trains de bois de cinq cents.

TROISIÈME TARIF.

D'Ouzoüer à la rivière de Loire , et de la rivière de Loire à Ouzoüer.

	l.	s.
Pour poinçon de vin		7
Pour cent de solives et de bois carré	4	10
Pour cent de toises d'ais d'un pouce et demi	1	5
Pour les mêmes d'un pouce et au-dessous	1	
Pour chaque corde de bois	1	
Pour cent de bottes de lattes à couvrir	2	5
Pour millier de bois de fente dit *merrain*	2	
Pour millier de coches de bois	1	15
Pour cent pesant de marchandise au poids		3
Pour les encombrantes		4
Pour millier d'ardoises carrées		8
Des mêmes rousses noires		18

Pour poinçon de cendres.................................... l. 11 s.
Pour cent de carpes et brochets au-dessous d'un pied............ 1 10
Des carpes d'un pied jusqu'à quinze pouces.................... 2
Des mêmes de quinze jusqu'à dix-huit pouces 5
Des mêmes de dix-huit pouces et au-dessus 10
Pour cent de brochets de douze jusqu'à quinze pouces........... 2
Des mêmes de quinze jusqu'à dix-huit pouces.................. 5
Des mêmes de dix-huit pouces et au-dessus.................... 10
Du cent de fagots à deux liens.............................. 1

QUATRIÈME TARIF.

*Depuis Loire jusque sur la montagne , dans le canal de distribution ,
et depuis le canal de distribution jusqu'à la rivière de Loire.*

Pour poinçon de vin.. l. 16 s.
Pour cent de solives....................................... 8
Pour cent de toises d'ais d'un pouce et demi d'épais et au-dessous, 2
Des mêmes d'un pouce et au-dessous......................... 1 15
Pour corde de bois.. 1 5
Pour cent de bottes de lattes à couvrir à tuile................ 3 10
Pour millier de bois de fente, dit *merrain*.................. 3 10
Pour millier de coches de bois............................. 2 10
Pour cent pesant de marchandises au poids 5
Pour les encombrantes 6
Pour millier d'ardoises carrées............................ 1 5
Pour millier d'ardoises rousses noires...................... 2 10
Pour poinçon de cendres.................................. 1 6
Pour cent de carpes au-dessous d'un pied................... 3
Des mêmes d'un pied jusqu'à quinze pouces 4
Des mêmes de quinze jusqu'à dix-huit pouces............... 7 10
Des mêmes de dix-huit pouces et au-dessus................. 16
Pour cent de brochets de douze à quinze pouces 5 10
Des mêmes de quinze à dix-huit pouces 11
Des mêmes de dix-huit pouces et au-dessus 21
Du cent de fagots... 1 10

Et pour les lieux qui sont entre Ouzoüer et la montagne au canal de
distribution , sera observé la même règle que pour les autres ci-dessus
entre Briare et Ouzoüer.

CINQUIÈME TARIF.

*De Belleauë et Ouzoüer à Rogny , Châtillon ou Montargis , et de
Montcresson , Châtillon ou Rogny , à la rivière de Loire , ou
autres lieux au-delà de la montagne.*

Comme les bateaux , bascules ou trains qui feront ledit trajet ,
consommeront autant d'eau au canal de distribution , que s'ils traver-
saient de Loire à Montargis , le tarif en sera de même que le premier
ci-dessus , avec cette différence néanmoins , que l'on leur rabattra les
écluses qui ne passeront point sur le pied des Lettres-Patentes pour les
droits d'éclusées.

SIXIÈME TARIF.

*Du canal de distribution à Montargis , et de Montargis au canal de
distribution.*

Pour poinçon de vin....................................... 1 l. 2 s.
Pour cent de solives et de bois carré....................... 11 10

Pour cent de toises d'ais d'un pouce et demi.................. 2 l. 15 s. d.
Pour cent de toises d'ais d'un pouce et au-dessous 2   5
Pour corde de bois... 2
Pour millier de coches de bois 3   10
Pour millier de lattes carrées, à compter vingt bottes pour millier. 1   3
Pour millier de bois de fente, appelé *merrain*.................. 4   10
Pour cent pesant de marchandises   6
Pour les encombrantes 7.   6
Pour millier d'ardoises carrées............................   1   10
Pour les rousses noires....................................   3
Pour le poinçon de cendres.................................   1   13
Pour cent de carpes au-dessous d'un pied 4   10
Des mêmes de douze jusqu'à quinze pouces................... 5   10
Des mêmes de quinze jusqu'à dix huit pouces................ 11
De dix-huit pouces et au-dessus........................... 25
Pour cent de brochets de douze à quinze pouces............. 6   15
Des mêmes de quinze à dix-huit pouces..................... 14   10
Des mêmes de dix-huit pouces et au-dessus................. 30

Et pour les marchandises qui du canal de distribution iront seulement à Mont-Cresson, Mont-Boüis et Châtillon, et desdits lieux audit canal, on ne déduira dudit tarif aucune chose, mais seulement sur le total du bateau, bascule ou train, ce à quoi pourrait monter le droit d'éclusée porté par les Lettres-Patentes, des écluses qui seront depuis Montargis jusques auxdits lieux, auxquelles le bateau, train ou bascule n'aura point passé.

SEPTIÈME TARIF.

Depuis Rogny jusques à Montargis, et de Montargis jusques à Rogny.

Pour poinçon de vin... 1 l.   s.
Pour cent de solives et de bois carré......................... 10
Pour cent de toises d'ais d'un pouce et demi.................. 2   10
Pour cent de toise d'ais d'un pouce et au-dessous............. 2
Pour chaque corde de bois.................................... 1   15
Pour millier de coches de bois............................... 3
Pour millier de lattes à couvrir à tuile, à compter vingt bottes pour
    millier 1   2
Pour millier de lattes à ardoises, à compter quarante bottes pour
    millier.. 2   6
Pour cent de fagots à deux liens 1   10
Pour millier de bois de fente, appelé *merrain*............... 4   5
Pour cent pesant de marchandises............................   5
Pour les encombrantes..   6
Pour millier d'ardoises carrées.............................. 1   4
Pour millier d'ardoise rousse noire 2   8
Pour poinçon de cendres...................................... 1   8
Pour cent de carpes au-dessous d'un pied..................... 3   15
Des mêmes carpes d'un pied jusques à quinze pouces........... 5   10
Des mêmes de quinze à dix-huit pouces....................... 11
Des mêmes de dix-huit pouces et au-dessus................... 22
Pour cent de brochets de douze à quinze pouces.............. 6   15
Des mêmes de quinze à dix-huit pouces 12   10
Des mêmes de dix-huit pouces et au-dessus.................. 27

Pour les marchandises qui partiront des lieux qui sont entre Rogny et Châtillon pour aller à Montargis, et de même de Montargis pour aller aux lieux susdits, sera observé l'ordre ci-dessus prescrit à la déduction des droits d'écluses qu'ils auront moins passé que ceux partant de Rogny.

HUITIÈME TARIF.

Depuis Châtillon jusques à Montargis , et depuis Montargis jusques à Châtillon.

	l.	s.	d.
Pour poinçon de vin	1.	16s.	d.
Pour cent de solives et de bois carré	8		
Pour cent de toises d'ais d'un pouce et demi	2		
Pour cent de toises d'ais d'un pouce et au-dessous	1	15	
Pour corde de bois	1	10	
Pour millier de coches de bois	2	5	
Pour millier de lattes carrées, à compter vingt bottes pour millier	1		
Pour millier de bois de fente appelé *merrain*	4		
Pour cent pesant de marchandises		4	
Pour les encombrantes		5	6
Pour millier d'ardoises carrées	1		
Pour millier d'ardoises rousses noires	2		
Pour poinçon de cendre	1	2	
Pour cent de carpes au-dessous d'un pied	3		
Des mêmes de douze jusques à quinze pouces	4	10	
Des mêmes de quinze jusques à dix-huit pouces	9		
Des mêmes de dix-huit pouces et au-dessus	20		
Pour cent de brochets de douze jusqu'à quinze pouces	5		
Des mêmes de quinze jusques à dix-huit	10		
Des mêmes de dix-huit et au-dessus	22		

Et pour les marchandises qui partiront des lieux qui sont entre Châtillon et Mont-Cresson pour aller à Montargis, ou de Montargis pour aller aux lieux susdits, sera observé la même règle que ci-dessus à la déduction des droits d'écluses qu'ils auront moins passé que ceux partant de Châtillon.

NEUVIÈME TARIF.

Depuis Mont-Cresson jusques à Montargis , et de Montargis jusques à Mont-Cresson.

	l.	s.	d.
Pour chaque poinçon de vin	1.	10 s	
Pour cent de solives	5		
Pour cent de toises d'ais d'un pouce et demi d'épais	1	10	
Pour cent d'ais d'un pouce et au-dessous	1	5	
Pour corde de bois	1		
Pour millier de coches de bois	1	10	
Pour millier de lattes à couvrir à tuile , à compter vingt bottes pour millier		11	
Pour millier de bois de fente appelé *merrain*	2	5	
Pour cent pesant de toutes marchandises		3	
Pour les encombrantes		4	
Pour millier d'ardoises carrées		15	
Pour millier d'ardoises rousses noires	1	15	
Pour poinçon de cendre		12	
Pour cent de carpes au-dessous d'un pied	1	10	
Pour celles d'un pied et au-dessus	3		
Du cent de brochets au-dessous d'un pied	1	10	
De ceux de douze jusques à quinze pouces , le quinzième non compris	3		
De quinze jusques à dix-huit , le dix-huitième non compris	6		
De dix-huit pouces en sus	12		

16

Et pour les marchandises qui partiront des lieux qui seront entre Mont-Cresson et la Thuillerie pour aller à Montargis, ou qui viendront de Montargis aux lieux susdits, ils seront réglés en la même forme qu'il a été dit ci-dessus en semblable rencontre.

DIXIÈME ET DERNIER TARIF.

De la Thuillerie à Montargis, et de Montargis à la Thuillerie.

Le même tarif qui est ci-dessus pour les marchandises qui iront de Loire à Briare sera observé en ce lieu-ci, et ne sera pas nécessaire que les bateaux qui iront aux lieux désignés par le présent tarif, de même que ceux qui iront de Loire à Briare, et de Briare en Loire, non plus que les bascules et trains de bois, soient chargés de telle quantité de marchandise que pour les autres lieux dont le réglement a été fait ci-dessus, suffisant que chaque bateau porte des marchandises jusques à la concurrence de la somme de dix livres pour lesdits droits, les bascules et les trains jusques à celle de six livres et plus, ce qui sera pour le moins, en sorte que l'on ne laissera point entrer de bateaux, bascules ou trains qui payent moins desdites sommes chacun.

TARIF pour le charbon de bois.

Le charbon de bois, outre qu'il est léger, et de matière encombrante, ne pouvant être allégé à Montargis, à cause qu'il se gâte en le maniant, l'on est contraint de n'en mettre au plus que deux cent quarante poinçons sur chaque bateau; c'est pourquoi les droits n'en ayant point été réglés spécifiquement par les Lettres-Patentes, l'on a jugé à propos d'en faire un tarif séparé.

	s.	d.
Et premièrement de Loire à Briare, on paiera pour chaque poinçon de charbon, et de Briare en Loire.........................	2	
De Loire à Ouzouër et d'Ouzouër à la rivière de Loire............	3	
De la rivière de Loire sur la montagne entre les deux écluses de distribution et dudit lieu à la rivière de Loire....................	6	
De Briare à Montargis et de Montargis à Briare	17	
De la montagne à Montargis ou de Montargis à la montagne, c'est-à-dire entre lesdites deux écluses de distribution.............	14	
De Rogny à Montargis et de Montargis à Rogny................	12	
De Châtillon à Montargis et de Montargis à Châtillon..........	9	
De Mont-Cresson à Montargis et de Montargis à Mont-Cresson ...	4	6
De Montargis à la Thuillerie et de la Thuillerie à Montargis......	2	

Et pour les lieux qui sont entre deux, l'on réglera les droits à la même forme qu'il a été dit ci-dessus aux autres tarifs.

CANAUX D'ORLEANS ET LOING.

16 janvier 1797 (27 nivôse an v).

Loi qui fixe les Droits de navigation sur les canaux d'Orléans et Loing.

ART. 1. Le droit de navigation sur les canaux d'Orléans et Loing, continuera d'être distinct et séparé du prix de voiture ou de fourniture et conduite des bateaux, pour lesquelles les conventions entre les chargeurs et les propriétaires et patrons de bateaux demeurent libres.

2. Sont exceptés de la disposition de l'article précédent, les bateaux pour les voyageurs, ou coches d'eau, qui seront fournis comme ci-devant par l'administration desdits canaux, et pour lesquels le prix de voiture sera réuni au droit de navigation.

3. Sera payé, par toute personne voyageant sur lesdits coches, 15 centimes pour cinq kilomètres (deux mille cinq cent soixante-six toises, ancienne mesure).

Le même droit sera perçu pour toute personne voyageant sur d'autres bateaux, excepté les patrons et gens de l'équipage.

Il ne sera payé que moitié dudit droit pour les militaires et matelots en activité de service.

Les nourrices jouiront, comme par le passé, de la même diminution.

4. Les droits de navigation sur les matières et marchandises, qui se perçoivent actuellement, et anciennement établis par le tarif de 1642, pour le canal de Briare, rendus communs aux canaux d'Orléans et Loing, par Lettres-Patentes des mois de mars 1679 et novembre 1719, seront perçus à l'avenir conformément aux tarifs annexés à la présente, pour chacun desdits canaux d'Orléans et Loing.

5. Les barques servant aux riverains pour le transport de leurs denrées d'un bord à l'autre, dans l'étendue d'une même commune, ne seront sujettes à aucun droit, à la charge, par les propriétaires, de tenir la main à ce que lesdites barques n'embarrassent la voie d'eau, et de se conformer aux Réglemens de police de la navigation.

6. Lesdits tarifs seront imprimés et affichés dans le lieu le plus apparent des bureaux établis pour la perception, et les distances marquées par des bornes indicatives numérotées.

7. Les droits seront acquittés en numéraire.

TARIF *des droits de navigation qui seront perçus sur le canal d'Orléans, par chaque distance de cinq kilomètres (deux mille cinq cent soixante-six toises, ancienne mesure).*

Nota. Le trajet entier de ce canal, depuis son embouchure dans la Loire à Combleux jusqu'à Buges au-dessous de Montargis, est de soixante-treize mille deux cent quatre-vingt-cinq kilomètres (trente-sept mille six cent dix toises trois pieds, ancienne mesure).

Le poinçon de vin, de la capacité de deux cent vingt-huit litres (environ deux cent quarante pintes, ancienne mesure), paiera..	10 c.
Ce qui revient, pour le trajet entier, à 1 f. 46,57 c. ou 29 s. 3 d.	
— de vinaigre, eau-de-vie et liqueurs spiritueuses de toute espèce, même droit.	
— de bière, cidre, verjus, et boisson demi-vin, les deux tiers.	
— de lie de vin, moitié.	
Les vins, eaux-de-vie, liqueurs et autres boissons, en bouteille, payent au poids.	
Le poinçon de cendres neuves...............................	17
— d'ocre, de pierres à fusil................................	10
— de fruits, comme pommes, poires, noix, noisettes, etc., les deux tiers du poinçon de vin.	

Le poinçon de légumes, comme raves, navets, ognons, carottes, etc., les deux tiers du poinçon de vin.

— de dégras (huile ayant servi pour les peaux), les deux tiers du poinçon de vin.

Le panier de fruits , légumes , etc., de la capacité du demi-poinçon , le tiers.

Le poinçon vide. . . . .   1 c.

La pipe vide, un tiers en sus.

Le dizain de myriagrammes de marchandises au poids non encombrantes.   6

    Ce qui fait pour le trajet entier, 87,94 c.,

    Et revient, par quintal, à 8 s. 9 d. ;

— de marchandises encombrantes , un quart en sus.

Le mètre cube de bois de solives (environ vingt-neuf pieds cubes) paiera. . . . . $12\frac{5}{16}$.

    Ce qui fait , pour le trajet entier , 1 f. 53 c.,

    Et revient, pour le cent de solives de douze pieds de longueur sur six pouces de chaque face, à 15 l. 3 s. 9 d.

Le cent de mètres de voliges de sapin , d'un à deux centimètres d'épaisseur sur trois décimètres de largeur.   7

    Ce qui fait, pour le trajet entier, 1 f. 2,6 c.

    Et revient, pour le cent de toises de six à sept lignes d'épaisseur sur douze pouces de largeur, à 1 l. 19 s. 11 d. ;

— de planches de chêne et de sapin de trois centimètres d'épaisseur et au-dessous, de trois décimètres de largeur et au-dessous, moitié en sus ;

— *idem* , de quatre centimètres d'épaisseur sur trois décimètres de largeur, trois quarts en sus ;

— *idem* , de cinq à six centimètres d'épaisseur sur trois décimètres de largeur, le double ;

— de tables de noyer, cerisier, merisier, bois des îles , etc.   28

Le millier de bois de fente appelé *ais-scy*.   7

    Ce qui fait , pour le trajet entier , 1 f. 2,6 c. ,

    Et revient à 1 l. 6 d. ;

— de cercles de poinçons, moitié en sus ;

— de lattes carrées ou d'échalas.   9

— de lattes à ardoises   20

— de parquet , boissellerie, seilles, etc.   35

— de merrains à faire poinçons.   45

— de coches de bois de chauffage.   28

Le stère ou mètre cube de bois de chauffage. . . . . $4\frac{5}{10}$.

    Ce qui fait, pour le trajet entier, 65,95 c.,

    Et revient, pour la corde des eaux-et-forêts, à 2 l. 10 s. 6 d. ;

— de bois à charbon , trois cinquièmes dudit droit.

(1) Le kilolitre de charbon de bois.   24

    Ce qui fait , pour le trajet entier, 3 f. 51 c.,

    Et revient, pour le poinçon , à 16 s.

---

(1) *Loi relative aux Tarifs des canaux d'Orléans et Loing, du 22 mai* 1799
(3 *prairial an* VII).

ART. 1. Les dispositions des tarifs des canaux d'Orléans et Loing, annexées à la Loi du 27 nivôse an V, en ce qui concerne le charbon de bois par kilolitre, ne sont applicables qu'au chargement partiel de cette marchandise, venant en sacs ou en poinçons.

2. Le droit , quant au chargement complet d'un bateau, doit être perçu

Le cent de perches d'aune, de quarante-huit centimètres de grosseur,
   au gros bout, et de toute longueur...   f.   7 c.
       Ce qui fait, pour le trajet entier, 1 f. 2,6 c., ou 1 liv. 6 d.
— de bottes de brins de bouleau, un quart en sus.
— d'arbres fruitiers à basse tige, les trois quarts ;
— d'arbres fruitiers à haute tige, le triple, ou.................   21
— de bottes d'osier blanc...   14
— de bottes d'écorce à faire du tan..............................   56
— de jantes à faire des roues.....................................   25
— de sabots...   9,5
       Ce qui fait, pour le trajet entier, 1 f. 39 c.
       Et revient, pour la grosse ou les douze douzaines, à 2 l. 1 d.
Un train ou radeau de vingt-sept mètres de longueur (environ
   quatorze toises) paiera ; savoir :
— de bois de chauffage... 2   49
— de planches de chêne et de sapin........................... 4   14
— de bois carrés.. 5   17
Les trains plus longs, à proportion.
Bateau de charbon de terre, de la tenue de soixante centimètres
   d'eau (environ vingt-deux pouces), non compris le fond....... 1   71
       Ce qui fait, pour le trajet entier, 25 f. 6 c., ou 25 l. 1 s. 2 d.
— de cendres lessivées, dites charrées, même droit ;
— de bois de chauffage, même tenue d'eau..................... 2   46
— de bois de grume, même tenue d'eau......................... 3   42
— de moellons et plâtre, même tenue.......................... 2   74
— de foin, châtaignes ou marrons, même tenue................ 4   10
— de pierres de taille, de poterie, même tenue............... 4   10
— de bois de charronnage, même tenue......................... 4   79
— de marbre, même tenue....................................... 4   79
— de fruits, même tenue.. 4   79
— de bois carrés, même tenue................................... 5   12
— de bois de fente, merrain, sabots, planches, même tenue...... 5   46
— de seilles et boissellerie, même tenue...................... 5   46
— de bétail, même tenue.. 5   46
— d'ardoises, même tenue....................................... 8   20
— de canons, même tenue.. 8   20
Bateau à bascule, de poissons, à la tenue de soixante centimètres
   d'eau, paiera, par double décimètre de tillac.................   13
       Ce qui fait, pour le trajet entier, 1 f. 90,54 c.,
       Et revient, par pied de tillac, à 3 l. 1 s. 9 d.
Un bateau de cent soixante décimètres de longueur (environ huit
   toises) paiera... 2   5
       Ce qui fait, pour le trajet entier, 30 f. 5 c. ;
— de cent quatre-vingt-cinq décimètres (environ neuf toises et
   demie)... 3   7
       Ce qui fait, pour le trajet entier, 44 f. 99 c. ;
— de deux cent cinq décimètres (environ dix toises et demie). .. 5   75
       Ce qui fait, pour le trajet entier, 54 f. 96 c. ;
— de deux cent quinze décimètres (environ onze toises)......... 4   10
       Ce qui fait, pour le trajet entier, 60 f. 9 c.
Tous bateaux qui tiendront plus de soixante centimètres d'eau,
   paieront, par chaque double centimètre d'augmentation........   50
       Ce qui fait, pour le trajet entier, 7 f. 33 c.,

suivant la tenue d'eau, conformément auxdites taxes, article *Bateaux de bois
de chauffage.*

Et revient, par pouce, à 9 l. 18 s. 4 d. (1)

Bateau vide... 68 c.

    Ce qui fait, pour le trajet entier, 9 f. 96,6 c., ou 9 l. 19 s. 3 d.

Le mètre cube de moellons................................. 12,5

    Ce qui fait, pour le trajet entier, 1 f. 83,21 c.,

    Et revient, par toise cube, à 13 l. 10 s. 9 d.;

— de pierres de taille.................................... 25

    Ce qui fait, pour le trajet entier, 3 f. 66 c.,

    Et revient, pour le pied cube, à 2 s. 6 d.

Le cent de carreaux de marbre poli......................... 34

    Ce qui fait, pour le trajet entier, 4 f. 98,23 c., ou 4 l. 19 s. 8 d.

Les marbres ouvragés, comme tables, dessus de commodes, tablettes, etc., à proportion des carreaux.

Les statues et autres ouvrages de sculpture, en marbre et en pierre, paieront au poids.

Meule de moulin... 68

    Ce qui fait, pour le trajet entier, 9 f. 96,67 c.;

— de coutelier, de cinq décimètres de diamètre (environ dix-huit pouces).. 2

    Ce qui fait, pour le trajet entier, 5o c.,

    Et revient, pour une meule de quinze pouces de diamètre, à 5 s.

    Les autres à proportion.

Le millier d'ardoises carrées.............................. 14

    Ce qui fait, pour le trajet entier, 2 f. 5 c.;

— d'ardoises rousses...................................... 28

Le kilolitre de toute espèce de blé........................ 22

    Ce qui fait, pour le trajet entier, 3 f. 22,5 c.,

    Et revient, par muid, mesure d'Orléans, à 1 l. 4 s. 8 d.;

— d'avoine.. 14

    Ce qui fait, pour le trajet entier, 2 f. 5 c.,

    Et revient, par muid d'Orléans, à 15 s. 11 d.;

— de haricots, pois, fèves, lentilles, vesces, chenevis et millet, un tiers en sus.

Les farines paieront au poids.

Saumon salé et frais, par gonne ou demi-poinçon de la capacité de cent quatorze litres... 5,5

    Ce qui fait, pour le trajet entier, 80 c. ou 16 s.

Harengs salés et frais, par feuillette de la capacité de demi-gonne, moitié.

Morue verte, par cent (à soixante-six poignées ou couples pour cent)... 21

    Ce qui fait, pour le trajet entier, 3o7 c., ou 3 l. 1 s. 4 d.;

— par poinçon ordinaire................................... 10

— par futaille dite gros poinçon, un tiers en sus.

La merluche paiera au poids.

---

(1) *Loi du 17 mars 1798 (27 ventôse an VI), qui rectifie une erreur dans les Tarifs annexés aux Lois des 27 nivôse et 28 fructidor an V, relatives aux canaux d'Orléans, de Loing et du Centre.*

ART. 1. Dans les Tarifs des canaux d'Orléans, de Loing et du Centre, les bateaux désignés seulement par leurs dimensions, et taxés immédiatement après ceux à bascule contenant du poisson, doivent être considérés comme chargés de fruits en greniers : ces dernières expressions seront, en conséquence, ajoutées dans les tarifs, afin de prévenir toute incertitude ou équivoque à l'égard des bateaux.

Le kilolitre de sel..   f. 19 c.
    Ce qui fait, pour le trajet entier, 2 f. 78,5 c.,
    Et revient, pour les dix muids et demi, chacun de cent quatre-
vingt-douze boisseaux, mesure de Paris, à 7 l. 4 d.
Le cent de carpes, au-dessous de trente-deux centimètres........   37,5
    Ce qui fait, pour le trajet entier, 5 f. 49,6 c.;
— de carpes, de trente-deux centimètres et au-dessus.............   68
    Ce qui fait, pour le trajet entier, 9 f. 96,6 c.
Le cent de brochets, au-dessous de trente-deux centimètres........   37,5
    Et pour le trajet entier, 5 f. 49,6 c.;
— de brochets, de trente-deux à quarante centimètres...........   75
    Et pour le trajet entier, 10 f. 99,27 c.;
— de brochets, de quarante à cinquante centimètres...........   1   50
    Et pour le trajet entier, 21 f. 98,5 c.;
— de brochets, de cinquante centimètres et au-dessus...........   2   73
    Ce qui fait, pour le trajet entier, 40 f. 1 c.

Les marchandises et denrées qui ne sont énoncées au présent tarif, paieront les droits suivant les articles auxquels elles auront le plus de rapport.

Tarif *des droits de navigation qui seront perçus sur le canal de Loing, par chaque distance de cinq kilomètres (deux mille cinq cent soixante-six toises, ancienne mesure).*

Nota. Le trajet entier de ce canal, depuis Cepoy, où il joint celui d'Orléans, jusqu'à son embouchure dans la Seine au-dessous de Moret, est de cinquante-trois mille soixante-cinq kilomètres (vingt-sept mille deux cent trente-six toises, ancienne mesure).

Le poinçon de vin, de la capacité de deux cent vingt-huit litres
(environ deux cent quarante pintes, ancienne mesure), paiera..   14 c.
    Ce qui fait, pour le trajet entier, 1 f. 48,5 c., ou 1 l. 9 s. 8 d.;
— de vinaigre, eau-de-vie et liqueurs spiritueuses de toute espèce, même droit;
— de bière, cidre, verjus, et boisson demi-vin, les deux tiers;
— de lie de vin, moitié.
Les vins, eaux-de-vie, liqueurs et autres boissons, en bouteille, paient au poids.
Le poinçon de cendres neuves.....................................   23,5
    Ce qui fait, pour le trajet entier, 2 f. 49 c.;
— d'ocre, de pierres à fusil.......................................   14
Le poinçon de fruits, comme pommes, poires, noix, noisettes, etc., les deux tiers du poinçon de vin.
— de légumes, comme raves, navets, oignons, carottes, etc., *idem.*
— de dégras (huile ayant servi pour les peaux), *idem.*
Le panier de fruits, légumes, etc., de la capacité du demi-poinçon, le tiers.
La pipe vide..   2
    Ce qui fait, pour le trajet entier, 21 c., ou 4 s. 2 d.
Le poinçon vide, les trois quarts du droit précédent.
Le dizain de myriagrammes de marchandises au poids non encombrantes...   7,5
    Ce qui fait, pour le trajet entier, 79,6 c.,
    Et revient, par quintal, à 7 s. 9 d.;
— de marchandises encombrantes, un quart en sus.

Le mètre cube de bois de solives (environ vingt-neuf pieds cubes).   f. 17 c.
    Ce qui fait, pour le trajet entier, 1 f. 80 c.,
    Et revient, pour le cent de solives de douze pieds de longueur,
de six pouces de chaque face, à 14 l. 19 s. 2 d.
Le cent de mètres de voliges de sapin, d'un à deux centimètres
d'épaisseur sur trois décimètres de largeur.....................   9,5
    Ce qui fait, pour le trajet entier, 1 f. 0,8 c.,
    Et revient, pour le cent de toises de six à sept lignes d'épaisseur
sur douze pouces de largeur, à 1 l. 19 s. 3 d.;
— de planches de chêne et de sapin de trois centimètres d'épaisseur et au-dessous, de trois décimètres de largeur et au-dessous,
moitié en sus;
— *idem*, de quatre centimètres d'épaisseur sur trois décimètres de
largeur, trois quarts en sus;
— *idem*, de cinq à six centimètres d'épaisseur sur trois décimètres
de largeur, le double;
— de tables de noyer, cerisier, merisier, bois des îles, etc........   38
Le millier de bois de fente, appelé *ais-scy*.....................   9,5
    Ce qui fait, pour le trajet entier, 1 f. 0,8 c.
— de cercles de poinçons, moitié en sus;
— de lattes carrées ou d'échalas.............................   12
— de lattes à ardoises.......................................   26
— de parquet, boissellerie, seilles, etc......................   46,5
— de merrains à faire poinçons..............................   61,5
— de coches de bois de chauffage...........................   38
Le stère ou mètre cube de bois de chauffage................   6
    Ce qui fait, pour le trajet entier, 63,67 c.
    Et revient, pour la corde des eaux-et-forêts, à 2 l. 8 s. 10 d.;
— de bois à charbon, trois cinquièmes dudit droit.
(1) Le kilolitre de charbon de bois........................   33
    Ce qui fait, pour le trajet entier, 3 f. 50 c.
    Et revient, pour le poinçon, à 15 s. 11 d.
Le cent de perches d'aune, de quarante-huit centimètres de grosseur
au gros bout, et de toute longueur.......................   9,5
    Ce qui fait, pour le trajet entier, 1 f. 0,8 c., ou 1 l. 1 d.;
— de bottes de brins de bouleau, un quart en sus;
— d'arbres fruitiers de basse tige, les trois quarts;
— d'arbres fruitiers de haute tige.........................   28,5
— de bottes d'osier blanc..................................   19
— de bottes d'écorce à faire du tan........................   76
— de jantes à faire des roues..............................   33
— de cotrets, fagots à deux liens, et bourrées.............   16,5
— de sabots..   13
    Ce qui fait, pour le trajet entier, 1 f. 38 c.
    Et revient, pour la grosse ou les douze douzaines, à 1 f. 98,7 c.
Un train ou radeau de vingt-sept mètres de longueur (environ quatorze toises), paiera; savoir :
— de bois de chauffage....................................   3   39
— de planches de chêne et de sapin.......................   5   66
— de bois carrés...   7   6
Les trains plus longs, à proportion.
Bateau de charbon de terre, de la tenue de soixante centimètres
d'eau (environ vingt-deux pouces), non compris le fond.......   2   36
    Ce qui fait, pour le trajet entier, 25 f. 4 c.;
— de cendres lessivées, dites charrées, même droit.

---

(1) *V*. la Loi du 22 mai 1799, note (1), page 244.

Bateau de bois de chauffage, même tenue d'eau................... 3 f. 39 c.
— de bois de grume, même tenue.......................... 4   71
— de moellons et plâtre, même tenue..................... 3   77
— de foin, châtaignes ou marrons, même tenue........... 5   66
— de pierres de taille, de poterie, même tenue............ 5   66
— de bois de charronnage, même tenue.................. 6   6
— de marbre, même tenue............................. 6   6
— de fruits, même tenue.............................. 6   6
— de bois carrés, même tenue........................ 7   6
— de bois de fente, merrain, sabots, planches, même tenue.... 7   54
— de seilles et boissellerie, même tenue................ 7   54
— de bétail, même tenue............................. 7   54
— d'ardoises, même tenue........................... 11   31
— de canons, même tenue............................ 11   31
Bateau à bascule, de poissons, à la tenue de soixante centimètres
   d'eau, paiera, par double décimètre de tillac................ 17,5
      Ce qui fait, pour le trajet entier, 1 f. 86 c.,
      Et revient, par pied de tillac, à 3 l. 10 s. 4 d.
(1) Un bateau de cent soixante décimètres de longueur (environ
   huit toises) paiera 2   82
      Ce qui fait, pour le trajet entier, 29 fr. 92 c.
— de cent quatre-vingt-cinq décimètres (environ neuf toises et
   demie) 4   23
      Ce qui fait, pour le trajet entier, 44 fr. 39 c.;
— de deux cent cinq décimètres (environ dix toises et demie).... 5   18
      Ce qui fait, pour le trajet entier, 54 fr. 98 c.;
— de deux cent quinze décimètres (environ 11 toises) 5   65
      Ce qui fait, pour le trajet entier, 59 f. 96 c.;
Tous bateaux qui tiendront plus de soixante centimètres d'eau paieront, par chaque double centimètre d'augmentation 70
      Ce qui fait, pour le trajet entier, 7 fr. 42,9 c.,
      Et revient, par pouce, à 10 liv. 1 sou.
Bateau vide 94
      Ce qui fait, pour le trajet entier, 9 fr. 97,6 c.;
Le mètre cube de moellons............................ 17
      Ce qui fait, pour le trajet entier, 1 f. 80,4 c.,
      Et revient, par toise cube, à 13 l. 6 s. 9 d.;
— de pierres de taille................................. 34
      Ce qui fait, pour le trajet entier, 3 f. 60,84 c.,
      Et revient, pour le pied cube, à 2 s. 5 d.;
— de marbre brut, le double.
Le cent de carreaux de marbre poli...................... 46,5
      Ce qui fait, pour le trajet entier, 4 f. 93,5 c.
Les marbres ouvragés, comme tables, dessus de commodes, tablettes, etc., à proportion des carreaux.
Les statues et autres ouvrages de sculpture, en marbre et en
   pierre, paieront au poids.
Meule de moulin...................................... 94
      Ce qui fait, pour le trajet entier, 9 fr. 97,6 c.
— de coutelier, de quatre décimètre de diamètre (environ quatorze
   pouces). 2
      Ce qui fait, pour le trajet entier, 21,22 c.
      Les autres grandeurs, à proportion.
Le millier d'ardoises carrées........................... 19
      Ce qui fait, pour le trajet entier, 2 fr. 1 c.;

____

(1) V. la Loi du 17 mars 1798, noté (1), page 246.

Le millier d'ardoises rousses.............................. f. 38 c.

Le kilolitre de toute espèce de blé........................... 3o

    Ce qui fait, pour le trajet entier, 3 fr. 18,39 c.,

    Et revient, par muid, mesure d'Orléans, à 1 liv. 4 s. 2 d.;

— d'avoine.. 19

    Ce qui fait, pour le trajet entier, 2 fr. 1,6 c.,

    Et revient, par muid d'Orléans, à 15 s. 3 d. :

— de haricots, pois, fèves, lentilles, vesces, chenevis et millet, un tiers en sus.

Les farines paieront au poids.

Saumon salé et frais, par gonne ou demi-poinçon de la capacité de cent quatorze litres 7,5

    Ce qui fait, pour le trajet entier, 15 s. 10 d.

Harengs salés et frais, par feuillette de la capacité d'environ cinquante-sept litres, moitié.

Morue verte, par cent (à soixante-six poignées ou couples pour le cent)... 28

    Ce qui fait, pour le trajet entier, 2 l. 19 s. 5 d.

Morue, par poinçon ordinaire............................. 14

— par futaille dite gros poinçon, un tiers en sus.

La merluche paiera au poids.

Le kilolitre de sel.. 26

    Ce qui fait, pour le trajet entier, 2 f. 75,9 c.,

    Et revient, pour les dix muids et demi, chacun de 192 boisseaux, mesure de Paris, à 70 l. 9 s. 9 d.

Le cent de carpes, au-dessous de trente-deux centimètres......... 52

    Ce qui fait, pour le trajet entier, 5 f. 51,8 c.;

— de carpes, de trente-deux centimètres et au-dessus........... 94

    Ce qui fait, pour le trajet entier, 9 f. 97,6 c.;

— de brochets, au-dessous de trente-deux centimètres.......... 52

— de brochets, de trente-deux à quarante centimètres.......... 1 3

    Ce qui fait, pour le trajet entier, 10 f. 93 c.;

— de brochets, de quarante à cinquante centimètres............ 2 7

— de brochets, de cinquante centimètres et au-dessus.......... 3 77

    Ce qui fait, pour le trajet entier, 40 f. 1 c.

Les marchandises et denrées qui ne sont énoncées au présent tarif, paieront les droits suivant les articles auxquels elles ont le plus de rapport.

Les matières et marchandises arrivant de Briare ou de Montargis paieront de plus, comme par le passé, le quinzième des droits fixés pour le trajet entier.

22 février 1813.

Décret contenant Réglement pour la police et la conservation des canaux d'Orléans et de Loing.

TITRE PREMIER. — Police.

Police sous le rapport de la manutention des eaux.

9. Le passage des bateaux à une écluse quelconque, ne sera accordé qu'autant que les eaux du biez supérieur et du biez inférieur seront entre les limites des repères établis pour déterminer l'état de navigation, et que les ordres des ingénieurs ne s'y opposeront pas.

10. Aucun marinier ou autre ne pourra manœuvrer les vannes ou les portes des écluses, si ce n'est du consentement de l'éclusier ou sur sa ré-

quisition, à peine de dommages et d'être poursuivi en police correctionnelle.

Police sous le rapport de la liberté de la Navigation, et de l'ordre à y maintenir.

11. Aucun bateau chargé, ou susceptible de l'être, ne sera admis dans les canaux, s'il ne porte écrits, en caractères bien lisibles, le nom et le lieu du domicile du propriétaire. Il en sera tenu registre par les contrôleurs aux embouchures, suivant leur ordre d'admission.

12. Tout conducteur de trains et bateaux chargés devra être porteur d'une lettre de voiture en bonne forme; à défaut de quoi, le passage des écluses pourra lui être refusé.

13. Les bateaux entrant dans les canaux ne pourront traîner après eux des nacelles ou batelets.

14. La tenue ou le tirant d'eau pour les bateaux naviguant sur les canaux, reste fixé, pour l'établissement du droit de navigation, à six cent cinquante-neuf millimètres ou vingt-quatre pouces, fond compris; de manière que la charge sera complète, et passible du droit fixe, dès que le tirant d'eau sera de six cent cinquante-neuf millimètres.

15. Suivant le volume d'eau qui se trouvera dans les réservoirs des canaux, la tenue ou le tirant d'eau pour la navigation sera fixé chaque mois par l'ingénieur, et affiché, au moins huit jours à l'avance, aux embouchures et aux principaux lieux d'embarcation. Tout bateau qui excédera le tirant d'eau ou la tenue fixée par l'affiche, sera tenu de s'alléger.

16. Les conducteurs des bateaux, à leur arrivée à l'embouchure en Loire, s'amarreront suivant l'ordre de leur arrivée, de manière à laisser libre l'entrée du chenal, dont le bassin est indiqué des deux côtés par des poteaux placés à cet effet.

17. Les conducteurs de ces bateaux se feront inscrire au bureau du contrôleur, à Combleux, qui leur délivrera un numéro d'ordre d'arrivée et d'entrée dans le canal, sans lequel ils ne seront pas admis dans l'écluse. En cas d'infraction aux dispositions ci-dessus, les conducteurs de bateaux perdront leur rang d'entrée : ils ne le reprendront qu'après l'entrée dans le canal, de tous les bateaux inscrits.

18. Tous les bateaux et trains iront de file sur les canaux, en suivant l'ordre de leur entrée, et le marinier qui le premier entrera dans une grande écluse du canal de Loing, ne pourra s'opposer à ce que les suivans entrent jusqu'à ce que l'écluse soit complète.

19. Le halage des bateaux ou trains se fera avec des hommes, et non avec des bêtes de trait. Chaque bateau ou train sera conduit au moins par deux hommes, dont le plus jeune aura plus de quinze ans, et l'autre au moins vingt-cinq.

20. Tout marinier sera tenu, aux avenues des écluses, de ralentir le mouvement de son bateau, pour prévenir tout choc aux portes des écluses.

21. On ne pourra tirer ou attacher deux trains ou bateaux accouplés, ou les haler à la suite l'un de l'autre.

22. Les bascules à poisson, les bateaux chargés de fruits, les vins, les liquides et autres denrées susceptibles d'avaries, auront toujours la priorité de passage sur les bois, charbons et autres marchandises non avariables, sauf les exceptions momentanées qui pourront être prescrites par notre ministre de l'intérieur, à raison du service public ou des besoins de la capitale. Les ordres donnés à cet égard seront transmis à la compagnie propriétaire des canaux, en la personne de l'administrateur général, qui sera tenu de veiller à leur exécution, et de les faire afficher dans les bureaux de contrôle et aux principaux lieux d'embarcation.

23. Lorsque, par ordre du Gouvernement ou de l'administration supérieure, pour des munitions de guerre, ou pour un cas forcé par avaries, un péril imminent exigeant le transport prompt des matériaux et outils pour le service des canaux, le passage des coches ou voitures publiques, celui de la cabane en tournée administrative, l'ordre de la marche des bateaux annoncée par des affiches pourra être interverti, les cabanes, coches, flettes, bateaux ou trains à ce destinés prendront le pas sur les autres : dans ce cas ils seront accompagnés d'un garde du canal, portant sa bandoulière, ou d'un gendarme ; l'un et l'autre seront porteurs d'ordres.

24. Tout bateau devant céder le passage à un autre, ainsi que tout bateau en vidange en marche vis-à-vis d'un bateau chargé, laissera libre le côté de halage, en se rangeant du côté opposé.

25. Tout bateau ou train qui, à causes d'ordres affichés, ou à cause d'un ordre particulier du Gouvernement, ou d'administration supérieure, ou des ingénieurs, à cause d'avaries ou de périls imminens, sera obligé de céder le pas, reculera, au besoin, à l'approche des écluses et des ponts, afin d'en laisser l'entrée libre, hors le cas où il serait engagé dans les écluses, les portes étant ouvertes.

26. La navigation des canaux, depuis l'époque de son ouverture jusqu'à celle de sa fermeture, aura lieu tous les jours depuis le soleil levé jusqu'au soleil couché, à l'exception des dimanches et des quatre fêtes chômées rappelées au Concordat; pendant lesquels jours fériés, il ne sera pas livré passage aux écluses, depuis neuf heures du matin jusqu'à midi. Le passage des écluses est expressément défendu la nuit.

27. On affichera, dans tous les bureaux de recette, la liste nominative des patrons qui auraient été trouvés en fraude des droits de navigation, ou qui auraient été convaincus juridiquement d'infidélité envers les négocians, ou enfin qui auraient commis des voies de fait et des actes d'insubordination contre la police de la navigation : il sera fait mention, sur cette liste, des amendes qui auront été prononcées contre lesdits patrons.

28. Les bateaux et trains non en marche seront de file, et non en double ; ils laisseront en tout temps libre le côté du halage, et seront attachés au côté opposé par deux amarres, une à chaque extrémité.

29. Tout bateau en vidange dans les canaux, aura, pour jeter l'eau, un gardien que le propriétaire indiquera à l'éclusier ou au contrôleur le plus voisin : faute de le faire, il en sera établi un à ses

frais et dépens sur le procès-verbal qui en sera dressé. Le bateau sera retenu pour garantie.

30. Tout bateau coulé à fond ou naufragé sera relevé ou tiré de l'eau, par le propriétaire ou conducteur, dans les vingt-quatre heures; et à défaut, il le sera, à ses frais et dépens, à la diligence de l'éclusier le plus voisin, qui en rendra compte au contrôleur, ou par les ordres des ingénieurs ou conducteurs des travaux. L'éclusier ou le conducteur en dressera procès-verbal, dans lequel il constatera la cause du naufrage, le retard qui en sera résulté pour la navigation au-delà des vingt-quatre heures, la nature du chargement, les marchandises qui auront été retirées de l'eau, et les frais auxquels aura donné lieu le travail exécuté pour retirer le bateau : ces frais seront payés sans déplacement, ou les marchandises seront gardées en cautionnement.

31. Aucun bateau en vidange, ou autre, ne pourra séjourner dans les canaux qu'à quarante mètres de distance au-dessus et au-dessous des écluses; ceux à mettre en gare, le seront dans les lieux désignés par les ingénieurs, et indiqués par l'éclusier le plus voisin. (1)

32. Les propriétaires de bateaux, les facteurs ou maîtres mariniers, seront tenus de faire connaître et de déclarer, à l'éclusier le plus proche, le nom et la demeure du gardien de son ou de ses bateaux en gare, afin d'y avoir recours au besoin.

33. Les conducteurs d'équipages ne pourront alléger ou dénaturer en aucune manière les chargemens contenus en leurs bateaux, et indiqués dans leurs lettres de voiture et passavans, qu'après en avoir prévenu un contrôleur, qui sera tenu de faire mention de ce changement sur lesdites lettres de voiture ou passavans dont les mariniers sont porteurs.

34. Faute par les maîtres mariniers ou propriétaires de bateaux de conduire au delà de quarante mètres au-dessus ou au-dessous des écluses les bateaux-vidanges non en marche, ainsi que d'indiquer les gardiens de ces bateaux, il y sera pourvu de suite et à leurs frais par les éclusiers, qui en dresseront procès-verbal, pour lesdits bateaux rester en réserve jusqu'au paiement des frais faits par les éclusiers.

35. Aucun bateau ou train ne pourra s'arrêter ou s'amarrer à l'entrée des écluses ou dans les écluses, ni y charger et décharger des marchandises ou autres effets.

36. Il est défendu de battre des piquets d'amarrage pour arrêter les bateaux plus près qu'à un mètre de la crête ou tête du talus.

---

(1) *Ordonnance du 3 mars 1825 qui autorise la perception d'un droit sur les bateaux qui séjournent dans les canaux d'Orléans, de Loing et de Briare.*

Art. 1. Les compagnies propriétaires des canaux de Briare, d'Orléans et de Loing sont autorisées à continuer de percevoir un droit fixé par jour à 25 c. pour chaque bateau chargé, et à 15 c. pour chaque bateau en vidange séjournant dans lesdits canaux au-delà du temps nécessaire pour en faire la traversée, ou pour y prendre leur chargement.

Il ne sera rien reçu pour les bateaux qui seraient retenus par avaries dans les canaux de Briare, d'Orléans et de Loing.

37. Il est aussi défendu d'amarrer les bateaux ou trains à des arbres ou plantations le long des canaux, ou de tenir l'amarre élevée au-dessus de la terre, de manière à empêcher le passage sur les levées.

38. Il est défendu de jeter des eaux de vidange des bateaux sur les talus des levées ou contre les maçonneries des écluses, et aussi de jeter dans les canaux et les écluses, des terres, pierres et autres immondices.

39. Les bois et autres matières tombant des bateaux, flottant sur l'eau ou coulant à fond, seront retirés par les propriétaires dans le plus bref délai : faute par eux de le faire, sur le procès-verbal qui en sera dressé, il y sera pourvu à leurs frais et dépens ; et les matières retirées seront gardées pour en répondre, indépendamment de toute poursuite ultérieure pour dommages et intérêts.

40. La voie d'eau du côté du halage, non plus que le chemin de halage, ne seront jamais embarrassés, pas même occupés ni pour stationner, ni pour aucun radoub ou travail quelconque, ni pour aucun dépôt de matériaux ou de marchandises ; sauf le cas de danger imminent, d'avaries ou d'un reversement autorisé d'un bateau dans un autre, pour le temps seulement nécessaire à l'effectuer, sous la surveillance des éclusiers, qui veilleront à ce que les marchandises ainsi déposées soient enlevées et rembarquées sans délai.

41. Il est défendu d'établir des chantiers pour radouber et réparer les bateaux ailleurs qu'aux lieux qui seront indiqués par les ingénieurs : cependant on pourra continuer leur réparation au bout du pont du Pâtis à Montargis, sous la condition expresse de n'en placer jamais deux à côté l'un de l'autre, suivant le cours de l'eau, de manière que le halage et la navigation ne puissent éprouver aucun obstacle.

42. Il est défendu de faire des chargemens de bateaux ou former des trains ailleurs que dans les ports et lieux d'embarcation indiqués à cet effet comme tels par les affiches.

43. Tout dépôt de marchandises ou autres effets est expressément défendu hors des ports, ou sur les levées, chemins de halage et francs-bords des canaux, excepté dans le cas d'une indication particulière requise par l'inspecteur de la navigation, et autorisée par l'ingénieur.

44. Tout dépôt de marchandises ou autres effets qui se trouveront à trente mètres de distance des bajoyers des écluses, sera enlevé sur-le-champ, à la diligence des éclusiers, après en avoir dressé procès-verbal ; les frais qui en résulteront, seront à la charge du propriétaire, et les effets ou marchandises retenus en garantie.

45. Lorsqu'un bateau dans un port aura complété son chargement, il laissera la place vide en se retirant dans un large.

46. Les bateaux-vidanges feront place dans les ports à ceux en chargement. L'emplacement du port sera partagé, proportionnellement au nombre des bateaux, entre chaque maître marinier ou facteur.

47. Il est défendu à tout maître ou compagnon marinier, conducteur de barque ou voyageur, d'insulter ou maltraiter aucun employé, et de s'opposer par violence ou par menace à l'exercice de ses fonctions, à peine d'être poursuivi conformément aux lois.

Obs. V. l'Extrait du Code Pénal, art. 230, 231 et suiv., Liv. VI.

48. Toutes les contraventions aux dispositions ci-dessus seront constatées par des procès-verbaux des gardes du canal, lesquels seront affirmés devant le juge de paix ou les maires et adjoints de la commune où le délit aura été commis : elles seront punies par les tribunaux conformément aux anciens réglemens concernant la police et discipline des canaux, et notamment l'Arrêt du Conseil, du 19 mars 1715 ; les Ordonnances de la juridiction des canaux, des 20 septembre 1704, 19 mars 1723, 1er octobre 1732, 10 décembre 1739, 11 septembre 1776, 15 février 1781 ; les Arrêtés du Directoire exécutif, du 23 frimaire an v ; de l'administration centrale du département du Loiret, du 12 vendémiaire an vii ; du préfet du même département, du 21 frimaire an ix ; du ministre de l'intérieur, du troisième jour complémentaire an x ; du préfet du Loiret, des 30 frim. an xi et 3 mess. an xiii. (*V.* l'art. 65, ci-après.)

Police sous le rapport de la Propriété des Canaux.

54. Il est défendu à tout marinier, conducteur de bateau ou de train, d'avoir dans son bateau des éperviers ou autres engins de pêche : ceux qui s'y trouveront, seront saisis par les gardes-éclusiers, qui en feront dépôt chez les contrôleurs les plus voisins, et en dresseront procès-verbal dans les formes voulues, pour la confiscation en être prononcée.

55. Il est défendu d'avoir sur les canaux, étangs ou rigoles en dépendans, des batelets ou nacelles, sans une permission de l'administrateur général, sur le rapport de l'ingénieur ; et il est enjoint à ceux qui ont permission d'avoir des batelets ou nacelles, d'y inscrire bien lisiblement leur nom, et le numéro qu'ils recevront de l'ingénieur, pour y avoir recours au besoin. Ils les enchaîneront et fermeront d'un cadenas, dans le temps où ils ne s'en serviront pas, dans le lieu qui leur sera indiqué par l'ingénieur.

57. Toutes les contraventions aux dispositions du présent paragraphe seront constatées, poursuivies et jugées conformément à la Loi du 29 floréal an x, et à nos Décrets des 16 décembre 1811 et 10 avril 1812, relatifs aux contraventions en matière de grande voirie, et punies des peines portées dans les Réglemens mentionnés en l'art. 48. (*V.* le Décret du 18 août 1810, p. 60.)

TITRE II.

Contentieux et Compétence.

58. Les procès-verbaux pour tous les délits prévus au titre précédent, feront foi jusqu'à inscription de faux, toutes les fois qu'ils seront rédigés pour les cas et dans les formes prescrits par l'administration forestière. (1)

59. Si les délits commis par des mariniers étaient de nature à entraîner des pertes ou dépenses considérables pour les canaux, le conserva-

---

(1) Les procès-verbaux des gardes forestiers doivent, *à peine de nullité*, être rédigés par eux et écrits de leur propre main, ou rédigés et écrits par les juges de paix, commissaires de police, maires ou adjoints des lieux des délits, et signés et affirmés par les gardes. (Loi du 29 septembre 1791, et Arr. de Cass. du 26 juillet 1821.)

teur ou le contrôleur le plus voisin est alors autorisé à exiger une caution suffisante ; à défaut de laquelle, le passage pourra être refusé à la
première écluse, à moins que les marchandises ne soient de nature à
ne pouvoir être arrêtées.

60. Dans ce cas seulement, le conservateur fera suivre le bateau jusqu'au lieu de sa destination, aux frais des propriétaires, afin de faire,
relativement audit bateau et à ses agrès, tous les actes nécessaires
pour garantir le paiement des dommages et intérêts résultant des
délits.

61. Dans le cas de tout délit commis contre la sûreté et la tranquil-
lité publique, contre le maintien de l'ordre et la liberté de la navigation, et dont la répression sera urgente, ainsi que dans le cas de désobéissance aux ordres des agens du canal, tout employé sera autorisé à
requérir main-forte, pour ensuite, et sur le procès-verbal, le délinquant
être poursuivi dans les formes devant le juge compétent, et condamné
aux peines de droit.

62. En cas d'abus de la part de tout garde, contrôleur ou agent des
canaux dans l'autorisation donnée par l'article précédent, il en sera
personnellement responsable, et la compagnie garante vis-à-vis la partie lésée.

63. Les affaires des canaux, dont la connaissance pourra appartenir à l'autorité judiciaire, seront portées devant elles sans con-
ciliation préalable, comme le sont toutes celles dans lesquelles l'État
est partie.

64. Les contestations civiles qui pourront s'élever, soit pour droits
de propriété, soit sur l'application du tarif, soit sur la quotité des
droits de navigation, seront portées devant les tribunaux de l'arrondissement dans lequel sera située la propriété en litige ou le
bureau de recette où les droits devront être payés, pour y être
jugées en dernier ressort, ou à la charge de l'appel ou du recours en
cassation, suivant la nature de la contestation ou la quotité du droit ;
et néanmoins le droit exigé devra être provisoirement acquitté.

65. Les contraventions qui devront être punies en vertu des anciens
réglemens rappelés en l'article 48, et qui pourront entraîner la peine
de confiscation, amende ou triple droit, seront poursuivies devant
les tribunaux de police correctionnelle de la situation du bureau de
recette où le délit aura été constaté.

66. La connaissance des autres délits et contestations y relatives,
tant en demandant qu'en défendant, appartiendra, en première instance,
au sous-préfet de l'arrondissement, et par recours, au préfet du département où les lieux sont situés, pour y être statué définitivement,
en conformité des dispositions de la Loi du 29 floréal an x, et de nos
Décrets des 16 décembre 1811 et 10 avril 1812, sur les contraventions
à la grande voirie ; sans préjudice du renvoi au tribunal compétent,
dans le cas où il y aurait lieu d'ailleurs à quelque peine afflictive ou in-
famante.

67. Toute affaire contentieuse sera poursuivie et défendue par
l'administrateur général, en son nom, sous ses ordres et direction,
pour le conservateur des canaux, ou les receveurs particuliers, dans
chacun de leurs arrondissemens.

Les citations et les significations des jugemens ou arrêtés prononcés en faveur des canaux, pourront, lorsqu'il en aura été ainsi ordonné, être faites par les gardes des canaux, qui exerceront, dans ce cas, les fonctions d'huissier.

68. Tout jugement, tout arrêté de préfecture rendu en matière de délits commis sur les canaux, sera imprimé et affiché à la diligence du conservateur, aux frais du délinquant.

TITRE III.

Service des Gardes des écluses, des étangs, rigoles et autres propriétés.

69. Les gardes des écluses, ceux des étangs et rigoles et des autres parties des canaux d'Orléans et du Loing, sont spécialement chargés de veiller à la conservation des canaux, rigoles et francs-bords, des étangs, chaussées, ponts, pertuis, et en général de toutes les propriétés dépendantes des canaux.

Ils rapporteront procès-verbaux des délits ou empiétemens qu'ils reconnaîtront.

Ils porteront, dans l'exercice de leurs fonctions, la bandoulière aux armes du Roi.

Ils seront sous les ordres immédiats des ingénieurs et des conducteurs principaux des travaux, dans toutes les parties de leur service, relativement aux travaux et à la conservation des canaux en général.

70. Ils recevront également les ordres des agens de la navigation et de l'approvisionnement de Paris, pour le service du mouvement de la navigation, en tout ce qui n'est pas contraire aux dispositions du présent Décret ; ils exécuteront aussi les ordres du conservateur des canaux et des contrôleurs, quant à la perception des droits, à la police et à la conservation des propriétés.

72. Ils n'exigeront, dans aucun cas, ni ne recevront argent ou marchandises des voituriers, leurs facteurs ou mariniers, même à titre de paiement, sous peine d'être poursuivis comme concussionnaires, conformément aux lois.

3o juin 1813.

Décret qui fixe le Droit de navigation à percevoir sur le transport de la chaux par les canaux d'Orléans et du Loing.

Art. 1. A dater de la publication du présent Décret, il sera perçu sur la chaux qui se transporte par les canaux d'Orléans et du Loing, le même droit de navigation que celui qui est fixé pour les moellons et pour le plâtre, par les tarifs annexés à la Loi du 27 nivose an v.

Cette perception aura lieu, soit que le transport de la charge se fasse en pagales, soit qu'elle s'opère en poinçons foncés d'un seul bout.

17

27 novembre 1823.

Ordonnance du Roi qui fixe les Droits auxquels sont soumises les marchandises non tarifées transportées par les canaux d'Orléans et du Loing.

ART. 1. Le droit à percevoir sur les marchandises qui jusqu'à ce jour ont été transportées sur les canaux d'Orléans et du Loing, sans avoir été nommément comprises dans les tarifs annexés à la Loi du 27 nivose an v, sera définitivement perçu comme sur les marchandises auxquelles elles ont été provisoirement assimilées par le tableau arrêté le 21 février 1819, lequel demeurera annexé à la présente.

2. Le droit de navigation fixé pour chaque distance de cinq kilomètres sera payé en entier pour toute fraction de distance parcourue sur les canaux d'Orléans et du Loing.

Assimilation des Marchandises non tarifées à celles portées au Tarif légal du 27 nivóse an V (16 janvier 1797), pour établir les Droits de navigation à percevoir sur lesdits canaux.

MARCHANDISES NON TARIFÉES.	ASSIMILATIONS.
Alluchons (600)	Comme ceux de jantes à faire des roues.
Ancres de marine	Marchandises non encombrantes.
Aune (Perches d') au bateau	Bois en grume.
— en petite quantité	Paient au cent.
Betteraves au bateau	Au lieu de fruits et légumes, comme bois de chauffage, ainsi que l'a demandé la chambre de commerce d'Orléans.
— en petite quantité	Poinçon de légumes.
Blanc d'Espagne ou d'Égreville, brut	Charbon de terre.
— en petite quantité	Poinçon de terre blanche.
— fabriqué	— d'ocre.
Bois de fusil ouvragés	Marchandises encombrantes.
— en sciage, au bateau	Bois de fente.
— en petite quantité	— ais-scy.
— des îles	Table de noyer et de hêtre.
Bouteilles de grès	Poterie.
— de verre	Marchandises encombrantes.
— vides de couperose ou de vitriol	*Idem.*
Braise	Bois de chauffage.
Brindilles de bouleau au bateau	*Idem.*
— au cent	Cotrets.
Briques au bateau	Poterie.
— doubles au millier	Ardoises rousses.
— simples	— carrées.
Cailloux bruts au bateau	Moellon.
— pulvérisés *idem*	— et plâtre.
— *idem* en petite quantité	Poinçon de terre.
Carreaux au bateau	Poterie.
— au millier	Ardoises carrées.
Cendres gravelées, au poinçon	Cendres neuves.
— neuves, au bateau	Ardoises.
— d'orfèvre et de Romagne, au poids	Marchandises non encombrantes.
Cendres de varech au poinçon	Dégras.
Chanvre	Marchandises non encombrantes.

MARCHANDISES NON TARIFÉES.	ASSIMILATIONS.
Charbon de bois au bateau..........	Suivant l'exception faite en faveur du charbon.
— de terre, bateau ordinaire........	Suivant le tarif.
— *idem*, grand bateau..............	Un tiers en sus du bateau ordinaire.
— *idem* au poinçon................	Dégras.
Charrée au grand bateau...........	Paie un tiers en sus du bateau ordinaire.
— au poinçon.....................	Comme dégras.
Chaux vive.......................	Poinçon d'ocre.
— éteinte	Terre.
— en pagale ou au poinçon , à gueule bée.............................	Plâtre.
Chevilles à poinçons, au poinçon....	Millier d'échalas.
Chevrons de sciage, au bateau	Bois de sciage.
Chiffons de laine pour les terres......	Charrée.
— de linge	Marchandises non encombrantes.
Ciment au bateau	Plâtre et moellon.
— en petite quantité	Poinçon de terre.
Cordage..........................	Marchandises non encombrantes.
Cornes et cornets façonnés..........	*Idem.*
— à engrais......................	Charrée.
— au poinçon	Terre ou dégras.
Échalas au bateau	Bois de fente.
— en petite quantité..............	Paient au millier.
Ergots au bateau	Charrée.
— au poinçon.....................	Dégras.
Faïence au bateau.................	Marchandises encombrantes.
— en pagale	*Idem.*
— en caisse......................	*Idem.*
Fougère..........................	Foin.
Fumier	Charrée.
Garance..........................	Marchandises encombrantes.
Goudron	Épiceries.
Grès brut en bloc	Pierre de taille.
— façonné en pavés , au bateau	Moellon.
— poli , en carreaux, au cent.......	Marbre poli.
Jus de nerprun	Verjus.
Lattes à tuiles , au bateau	Bois de fente.
— en petite quantité.............	Paient au millier.
— à ardoises , au bateau	Bois de fente.
— au millier.....................	Double du droit de celles à tuiles.
Manganèse *ou* magnésie des verreries.	Comme cendres neuves.
Maquereaux	Harengs.
Marbre brut au mètre cube..........	Double du droit de la pierre.
Marée............................	Harengs.
Mâts de sapin , au train............	Planches de sapin.
Mâts de sapin au bateau	Bois en grume.
Moellon de Château-Landon au bateau.	Suivant le Décret du 26 novembre 1808.
Membrures au bateau	Comme bois de fente.
Neige au bateau	Charrée.
Ocre brut en pagale , au bateau......	Charbon de terre.
Orge.	Blé.
Os en pagale, au bateau.	Charrée.
— en poinçon	Dégras.
Osier au bateau	Foin et paille.
— fendu (dix poignées)	Comme une botte d'osier blanc.
Paille au bateau	Foin.
— et foin , en botte...............	Osier blanc.
Pavés au bateau	Moellon.

MARCHANDISES NON TARIFÉES.	ASSIMILATIONS.
Pierre de liais polie , en carreaux	Marbre poli.
— de meulière, au bateau	Moellon.
— de taille façonnée , au bateau	Ardoise.
Pierre de taille de Château-Landon , au bateau	Suivant le Décret du 26 novembre 1808.
— sculptée	Marchandises non encombrantes.
Planches de bois blanc , au bateau . . .	Planches de sapin.
— dur	Bois de fente.
Plançons ou plantards , au bateau.	— de chauffage.
— en petite quantité	Au cent , comme perches d'aune.
Plâtre battu, au poinçon	Dégras.
Porcelaine	Marchandises encombrantes.
— cassée au bateau	Charbon de terre.
Potasse au poinçon	Épiceries.
Poudrette au bateau.	Charrée.
— au poinçon	Dégras.
Pruneaux	Épiceries.
Râpé de fruits ou de raisins	Verjus.
Raisiné	Marchandises non encombrantes.
Roseaux et joncs	Marchandises encombrantes.
Ruches d'abeilles	Épiceries.
Sable, sablon , au bateau.	Charbon de terre.
— au poinçon	Dégras.
Sarrazin , au kilolitre	Avoine.
Scorie, au bateau.	Charbon de terre.
— au poinçon.	Dégras.
Sel marin ou salpêtre.	Sel ordinaire.
Son au kilolitre.	Moitié du droit de l'avoine.
Souches au bateau.	Bois de chauffage.
Soudes.	Épiceries.
Tan au poids.	Marchandises non encombrantes.
Terre brute en pagale, au bateau. . . .	Charbon de terre.
— blanche cuite, à pipes.	Poinçon de dégras.
— à sucre, au poinçon.	Comme vin.
Tôle.	Marchandises non encombrantes.
Tourbe , au bateau.	Charbon de terre.
— carbonisée, au poinçon.	— de bois.
— au bateau, en pagale.	*Idem.*
Treillage, au bateau.	Bois de fente.
— au millier.	Echalas.
Tripoli, au poinçon.	Vin.
Tuiles, au bateau.	Poterie.
— au millier	Ardoises rousses.
Verges *ou* manches de fouet, au bateau.	Bois de fente.
Verges *ou* manches de fouet , les cent bottes.	Double de cent bottes de brins de bouleau.
Verres à boire.	Marchandises encombrantes.
Verre à vitre.	— non emcombrantes.
— cassé, au bateau.	Charbon de terre.
— au poinçon	Dégras.
— pilé.	Marchandises non encombrantes.
Voliges, au bateau.	Planches de sapin.
Voyageurs.	Suivant Décision ministérielle du 12 thermidor an VII.
Voyageurs, mariniers, militaires, nourrices.	Paient moitié du droit.

CANAL DU CENTRE.

14 septembre 1797 (28 fructidor an v).

Loi qui ordonne la perception d'un Droit de navigation sur le canal du Centre (ci-devant Charolais).

ART. 1. Il sera perçu à l'avenir, et à commencer dix jours après la publication de la présente, sur le canal du Centre, un droit de navigation, lequel sera distinct et séparé du prix de voiture, fourniture et conduite des bateaux, pour lesquelles les conventions entre les chargeurs et les propriétaires et patrons continueront d'être libres.

2. Néanmoins, les bateaux destinés au transport des voyageurs, ou coches d'eau, s'il est jugé utile d'en établir, seront fournis par l'administration du canal, et le prix de voiture réuni au droit de navigation.

3. Il sera payé, par toute personne voyageant sur lesdits coches, 15 centimes pour cinq kilomètres (2,566 toises, ancienne mesure).

Le même droit sera payé par toute personne voyageant sur d'autres bateaux, excepté les patrons et gens de l'équipage.

Il ne sera perçu que moitié dudit droit pour les militaires et matelots en activité de service.

4. Toutes matières et marchandises transportées par ledit canal paieront le droit de navigation fixé par le tarif annexé à la présente.

5. Ledit tarif sera imprimé et affiché dans le lieu le plus apparent des bureaux établis pour la perception, et les distances marquées par des bornes indicatives numérotées.

6. Les barques servant aux riverains pour le transport de leurs denrées d'un bord à l'autre, dans l'étendue d'une même commune, ne seront sujettes à aucun droit ; à la charge, par les propriétaires, de tenir la main à ce que lesdites barques n'embarrassent la voie d'eau, et de se conformer aux Réglemens de police de la navigation.

TARIF *des Droits de navigation qui seront perçus sur le canal du Centre, par 5 kilomètres (lieue moyenne de 2,566 toises).*

Le dizain de myriagrammes de toutes matières et marchandises non ci-après spécifiées, paiera, 'savoir :

Pour les marchandises non encombrantes. . . . .   4 c.
   Ce qui fait, pour le trajet entier de 23,7 lieues moyennes de 5 kilomètres, ou 60,840 toises (ancienne mesure), 94,8 centimes ; ce qui revient à 5 d. $\frac{489}{1000}$ par quintal, et par lieue de 3,000 toises.
Pour les encombrantes. (1).   5
Le poinçon de vin de la capacité de 228 litres (environ 240 pintes, ancienne mesure).   12
   Ce qui fait, pour le trajet entier, 2 f. 85 c.
— d'eau-de-vie, vinaigre et autres liqueurs et boissons.   12
— de lie.   9
— de fruits et légumes.   8
Les autres futailles à proportion.

---

(1) *V.* ci-après la Loi du 21 avril 1798, qui explique ce qu'il faut entendre par marchandises encombrantes ou non encombrantes.

Le poinçon vide.. 1 c.
Le dizain de myriagrammes de tuiles, briques, chaux, plâtre cuit,
    sable, argile.. 3,5
        Ce qui revient à 4 d. $\frac{13}{100}$ par quintal, et par lieue de 3,000 toises.
— de foin et paille.. 3
        Ce qui fait 3 d. $\frac{51}{100}$ par quintal, et pour 3,000 toises.
Le mètre cube (environ vingt-neuf pieds cubes, ancienne mesure).
Le mètre cube de bois à bâtir, bois carrés et solives.............. 22
        Ce qui fait, à 60 l. le pied cube, 3 d. $\frac{55}{100}$ par quintal, et pour
    3,000 toises.
— de bois de sciage et de fente................................... 18
— de pierre de taille, de marbre.................................. 60
        Ce qui fait 3 d. $\frac{52}{100}$ par quintal, et pour 3,000 toises, le pied cube
    étant pris pour 185 l.
— de moellons, pierre à chaux, pierre à plâtre.................... 50
        Ce qui fait 2 d. $\frac{94}{100}$ par quintal, et pour lieue de 3,000 toises.
Le stère ou mètre cube de bois de chauffage....................... 12
        Ce qui revient à 3 d. $\frac{52}{100}$ le quintal pour 3,000 toises, en pre-
    nant le pied cube pour 33 l. seulement, à cause des vides moyen-
    nement réduits.
— de fagots, bois à charbon....................................... 9
Le kilolitre de charbon de bois................................... 6
        Ce qui revient à 3 d. $\frac{94}{100}$ par quintal, et pour 3,000 toises.
— de charbon de terre.. 16
        Ce qui revient à 3 d. $\frac{36}{100}$ par quintal, et pour 3,000 toises.
Le kilolitre de cendres neuves.................................... 20
        Ce qui revient à 3 d. $\frac{719}{1000}$ par quintal pour 3,000 toises.
— de cendres lessivées ou charrées................................ 16
— de sel... 25
        Ce qui revient par quintal, et pour 3,000 toises, à 3 d. $\frac{93}{100}$ en
    prenant le minot pour 100 l.
Le kilolitre de blé... 22
        Ce qui revient à 3 d. $\frac{93}{100}$ par quintal, pour 3,000 toises.
— d'avoine... 14
— de légumes... 21
Le train ou radeau de vingt-sept mètres de longueur (environ qua-
    torze toises), savoir :
— de bois carrés... 5 f. 15
— de planches.. 4   15
— de bois de chauffage... 2   50
Les trains plus longs, à proportion.
Bateau de la tenue de 60 centimètres d'eau, non compris le fond
    (environ 22 pouces), chargé, savoir : de charbon de terre...... 2
— de cendres lessivées ou charrées............................... 2
— de bois de chauffage... 3
— de bois carrés, de fente, de sciage et de charronnage.......... 4
— de pierre de taille et marbre.................................. 4   10
— de moellons et plâtre.. 2   75
— d'ardoises... 6
— de foin et paille.. 4
— de fruits.. 5
Bateau à bascule, de poisson, à la tenue de soixante centimètres
    d'eau, paiera, par double décimètre de tillac.................... 15
Un bateau de 160 décimètres de longueur (environ 8 toises)...... 2   15
— de 185 décimètres (9 toises)................................. 3   15
— de 205 décimètres (10 toises $\frac{1}{2}$)................. 5
— de 215 décimètres (11 toises)................................ 4   75
Tous bateaux dont la tenue excédera 60 centimètres d'eau, paieront
    par chaque double centimètre d'augmentation..................... 60

Les bateaux ci-dessus mentionnés doivent être entendus de ceux fréquentant le canal de Briare ; la charge des bâches, cizelandes, venant de Saône, et autres bateaux de forme différente, de moindre ou plus grande dimension, sera réduite ou déterminée d'après la tenue d'eau, et paiera dans la même proportion.

Bateau vide . . . .   65 c.

    Ce qui revient, pour le trajet entier, à 15 fr. 40 c., au lieu de 20 fr. que donnait le droit de 5 sous par écluse.

21 avril 1798 (2 floréal an VI).

Loi qui rectifie les dispositions du Tarif annexé à la Loi du 28 fructidor an V, concernant le canal du Centre.

Art. 1. Les dispositions du tarif annexé à la Loi du 28 fructidor an v, relative au canal du Centre, qui établissent les droits à percevoir sur les matières ou marchandises non spécifiées audit tarif, en les distinguant en non encombrantes et encombrantes, ne sont applicables qu'aux substances formant un chargement mêlé de divers objets, et dont les quantités doivent être évaluées par leur poids, ainsi que cela se pratique pour les canaux d'Orléans et du Loing.

2. Les autres matières seront taxées par assimilation, comme cela est également d'usage pour les canaux du Loing et d'Orléans, en ayant égard à la nature des objets, à leur valeur propre, à l'espèce de mesurage dont ils sont susceptibles, soit en chargement de détail, soit en charge pleine de bateau, et d'après les quantités de matières réellement contenues dans les chargemens.

5 juillet 1800 (16 messidor an VIII).

Arrêté du Gouvernement qui fixe le Droit à percevoir sur les farines transportées par le canal du Centre.

Art. 1. Le droit à percevoir sur les farines transportées sur le canal du Centre sera, quel que soit le mode de chargement, perçu à raison du poids.

2. Le droit sera de trois centimes par dix myriagrammes et par cinq kilomètres de trajet.

23 janvier 1806.

Décret qui modifie le Tarif annexé à la Loi du 28 fructidor an V.

Art. 1. A dater du 1er janvier 1806, le droit qui se perçoit sur le canal du Centre, d'après le tarif annexé à la Loi du 28 fructidor an v, sera fixé et perçu ainsi qu'il suit, sur les objets ci-après indiqués :

Par distance de cinq kilomètres, et par chaque centimètre d'enfoncement d'eau, déduction faite de six centimètres pour le fond du bateau :

Bois de chauffage . . . .   5 c.
Merrain, bois de fente, jantes, boisselleries   10
Houille, charbon de terre, cendres lessivées, et chaux   4

Sable, sablon, gravier, argile.............................. 3 c.
Tuiles, briques et plâtre cuit............................ 5
Plâtre en pierre... 3
Pierre mœuse.. 3
Fumier... 2
Pierre de taille... 4
Marbres et meules....................................... 18
Cristaux, verres à vitre, bouteilles, faïence et porcelaine..... 35

2. Ce droit sera perçu uniformément et sans aucune augmentation pour les bateaux ayant un enfoncement d'eau de plus de soixante centimètres.

5. Pour toutes les marchandises non spécifiées au présent Décret, le droit continuera de se percevoir suivant le tarif annexé à la Loi du 28 fructidor an v.

29 mai 1808.

Décret qui modifie les Tarifs antérieurs du canal du Centre.

ART. 1. A dater du 1er avril 1808, le droit de navigation qui se perçoit sur le canal du Centre, d'après les tarifs résultant de la Loi du 28 fructidor an v, et du Décret du 23 janvier 1806, sera fixé et perçu ainsi qu'il suit, sur les objets ci-après indiqués, lorsque les bateaux ne contiendront qu'une seule espèce de marchandises :

Par distance de cinq kilomètres, et par chaque centimètre d'enfoncement d'eau, déduction faite de six centimètres pour le fond du bateau dit *bateau de la Loire.*

Cristaux et porcelaine................................... 40 c.
Faïence.. 20
Verre à vitre... 17
Bouteilles... 15
Ecorce de chêne servant à faire du tan.................... 12
Fers et fontes ouvrés.................................... 25
Fontes non ouvrées...................................... 20
Scories de différens métaux............................. 15
Mines et minerais...................................... 10
Les bascules à poisson par mètre carré de tillac........... 20

2. Les bateaux inférieurs en dimensions aux bateaux de la Loire, acquitteront le droit suivant les bases fixées par l'article précédent ; mais dans une proportion décroissante à raison de leur diminution en capacité comparativement avec le bateau de Loire.

Cette réduction ne pourra s'opérer que par dixième ; ainsi, tout bateau moindre que le bateau de Loire paiera, si la capacité ne lui est pas inférieure d'un dixième au moins, le même droit que pour le bateau de Loire.

Pour une diminution de capacité d'un à deux dixièmes, le droit sera réduit d'un dixième ; pour une diminution de deux à trois dixièmes, le droit sera réduit de deux dixièmes, et ainsi de suite jusqu'aux bateaux de la plus petite dimension.

3. Lorsqu'un bateau de Loire ou un bateau de moindre dimension contiendra un chargement composé de différentes espèces de marchandises, le droit ne sera plus payé à raison du tirant d'eau ; mais d'après la nature du chargement, comme il suit :

Le dizain de myriagrammes

De cristaux et porcelaine	6 c.	m.
De faïence	3	
De verre à vitre	2	
De bouteilles	1	8
Ecorce de chêne pour tan	1	5
Fers et fontes ouvrés	3	
Fontes non ouvrées	2	4
Scories	1	8
Mines et minerais	1	2

Le mètre cube

De marbre	60
De pierre de taille	11
De pierre à bâtir	8
De plâtre cru	8
De plâtre cuit	9
De chaux et cendres lessivées	5
De bois de fente, merrain, jantes, lattes, boisselleries, etc.	11
De houille ou charbon de terre	9
De sable ou sablon, gravier, argile, etc	7
Le stère de bois à brûler	7

4. Pour toutes les marchandises non spécifiées au présent Décret, le droit continuera de se percevoir suivant les tarifs résultant de la Loi du 28 fructidor an v, et du Décret du 23 janvier 1806.

5 août 1813.

Décret portant addition aux Tarifs du canal du Centre.

ART. 1. Tout bateau de Loire pouvant passer au canal de Briare, vide ou chargé, qui voudra entrer dans la Saône, dans le bassin de Châlons, pour y charger ou décharger des marchandises sur les ports dudit bassin, paiera, pour le passage de l'écluse, un droit fixe de   1 f.

Tout bateau qui aura chargé ou déchargé des marchandises sur les ports du bassin, paiera au passage de l'écluse de garde, pour aller à la Saône, un droit fixe de . . . . 1 f.

Les bateaux de moindre dimension paieront le droit dans une proportion décroissante, dont le *minimum* ne pourra être au dessous de . . . . , ... « 500 m.

Il en sera de même pour les bateaux qui entreront de la Loire au bassin de Digoin, et pour ceux qui sortiront dudit bassin pour entrer en Loire.

Les bateaux vides ne pourront pas séjourner plus de huit jours dans lesdits bassins.

Un bateau de Loire chargé de poterie de grès, paiera, par distance de cinq kilomètres et par chaque centimètre d'enfoncement, déduction faite de six centimètres pour le fond . . . . » f. 150 m.

Et par dizain de myriagrammes, lorsque le bateau ne sera chargé qu'en partie de cette poterie . . . . » 018 m.

Un bateau de Loire chargé de poterie de terre commune, paiera de la même manière qu'il est dit plus haut, par distance de cinq kilo-mètres . . . . » 100 m.

Et par dizain de myriagrammes . . . . » f. 12 m.
Le kilolitre de riz paiera par distance de cinq kilomètres » 220 m.
Le kilolitre d'orge paiera pour la même distance. . . . . » 220 m.

2. Il n'est dérogé en rien aux tarifs d'après lesquels se fait en ce moment la perception des droits de navigation sur le canal du Centre.

CANAL DE BEAUCAIRE.

6 juin 1801.

Loi concernant les Droits de navigation à percevoir sur les canaux de Beaucaire, de la Radelle, de Silvéréal et du Bourgidou.

(Extrait du Traité.)

ART. 1. En exécution de la Loi du 25 ventose an IX, le Gouvernement concède et abandonne au sieur Louis-François Perrochel, stipulant pour lui et sa compagnie ou ses commands, ce acceptant;

1°. Le droit de percevoir, à compter du 1er vendémiaire an X, et pendant quatre-vingts années qui commenceront à courir desdits jour et an, une taxe de navigation sur le transport de toutes les marchandises, denrées et effets qui seront voiturés sur les canaux de Beaucaire à Aiguesmortes, et de la Radelle entre Aiguesmortes et l'étang de Mauguio, ainsi que ceux de Silvéréal et du Bourgidou, entre le petit Rhône et Aiguesmortes, ces deux derniers canaux formant le prolongement de celui de la Radelle.

Cette taxe sera la même que celle qui se perçoit sur le canal du Midi (1); elle se percevra d'après les mêmes règles, sur les mêmes objets et denrées, sur le même pied et d'après le même tarif, en observant seulement que le cent de planches de sapin ou hêtre allant par radeaux, qui, sur le canal du Midi, paie huit centimes par cinq kilomètres d'étendue lorsque ces planches viennent de Toulouse, et quatre centimes seulement lorsqu'elles viennent de Quillan, ne paieront que ce dernier droit sur les canaux concédés par le présent traité, de quelque endroit qu'elles y arrivent.

Le tarif sera imprimé et affiché dans le lieu le plus apparent des bureaux à établir pour la perception, et les distances seront marquées par des bornes indicatives et numérotées.

CANAL DU PORT DE CETTE.

19 mai 1802.

Loi portant établissement d'une Taxe de navigation sur les canaux du port de Cette.

ART. 1. Il sera perçu sur les canaux du port de Cette, à l'étang de Thau, d'une part, et à celui de Mauguio, d'autre part, une taxe de

---

(1) *V.* ci-après le tarif du canal du Midi.

navigation , conformément à celle qui se perçoit sur le canal. du Midi. (1)

19 septembre 1803 (2ᵉ jour complémentaire an xi).

Arrêté relatif à la perception de la Taxe de navigation des canaux du port de Cette.

ART. 1. La perception de la taxe de navigation, et l'administration des dépenses des canaux du port de Cette, seront réunies à celles du canal du Midi, régies d'après les mêmes principes. (2).

2. Il sera établi dans l'étendue de ce canal les bureaux de perception nécessaires pour la taxe de navigation créée par la Loi du 29 floréal an x. .

CANAL DU MIDI.

12 octobre 1796 (21 vendémiaire an v).

Loi qui autorise la perception d'un Droit de navigation sur le canal du Midi.

ART. 1. Il sera perçu sur le canal du Midi un droit de navigation distinct et indépendant de la fourniture et conduite des bateaux, pour lesquelles les conventions entre les chargeurs et les propriétaires et patrons de bateaux demeurent libres.

2. Sont exceptés de la disposition de l'article précédent, les bateaux de poste des voyageurs, qui seront fournis, comme ci-devant, par l'administration du canal, et pour lesquels le prix de voiture continuera d'être réuni au droit de navigation.

3. Il sera payé, à l'avenir, par toute personne voyageant sur lesdits bateaux de poste, quinze centimes pour cinq kilomètres (3 *sous 8 deniers par lieue de 3,061 toises*).

Le même droit sera perçu pour toute personne voyageant sur d'autres bateaux, excepté les patrons et gens de l'équipage.

Il ne sera payé que moitié dudit droit, pour les militaires et matelots en activité de service.

4. Le droit de navigation sera, pour une étendue de cinq kilomètres (2,566 *toises, ancienne mesure*), de deux centimes pour cinq myriagrammes de toute marchandise non ci-après spécifiée (4 *deniers* $\frac{605}{1000}$ *par quintal, et par lieue de 3,061 toises*) (3).

---

(1) *V*. ci-après le tarif du canal du Midi.
(2) *Idem.*
(3) Cet article a été rectifié par un Décret du 16 frimaire an xiv, ainsi conçu :
« ART. 1. Les mots *cinq deniers deux tiers par quintal et par portion de 3,061 toises* sont, dans l'art. 4 de ladite Loi, substitués à ceux-ci : *quatre*

5. Il ne sera perçu que les deux tiers dudit droit, pour les tuiles, briques, ardoises, chaux et autres matériaux, bois à brûler, charbons, foin et paille.

6. Le droit ne sera que des trois quarts pour le bois à brûler conduit par radeaux.

7. Le mètre cube de pierre et de marbre paiera, aussi pour cinq kilomètres, soixante-cinq centimes (*six deniers* $\frac{158}{1000}$ *par pied cube, pour lieue de* 3,061 *toises*).

8. Les bois à bâtir, voiturés sur bateaux, paieront le droit porté en l'art. 4.

Les bois allant par radeaux flottans, paieront, pour la même étendue de cinq kilomètres, savoir :

Les poutres dites *pitrons*, de douze à quinze mètres de longueur (*de sept à huit cannes, ancienne mesure*), cinq centimes (14 *deniers* $\frac{174}{1000}$ *par lieue de* 3,061 *toises*);

Celles de huit à dix mètres de longueur, les deux tiers,

Et les plus longues ou plus courtes, à proportion;

Les pièces de bois dites *rasals* ou *bâtardes*, de douze à quatorze mètres de longueur, les deux tiers du même droit de cinq centimes;

Celles de huit à dix mètres, la moitié;

Celles de sept mètres, le tiers;

Les pièces dites *pujals*, de douze à quatorze mètres de longueur, la moitié dudit droit;

Les plus courtes, à proportion;

Les chevrons, de huit à dix mètres de longueur, le sixième;

Le cent de planches de sapin ou fau, prises à Toulouse, huit centimes (2 *deniers* $\frac{748}{1000}$ *la douzaine, par lieue de* 3,061 *toises*);

Le cent de planches de sapin de Quillan, quatre centimes;

Le cent de planches de chêne ou de noyer, seize centimes.

9. Les barques servant aux riverains pour le transport de leurs denrées, d'un bord à l'autre, dans l'étendue d'une même commune, ne seront sujettes à aucun droit, à la charge, par les propriétaires, de tenir la main à ce que lesdites barques n'embarrassent la voie d'eau, et de se conformer aux Réglemens de police de la navigation.

10. Le tarif des droits ci-dessus fixés sera imprimé et affiché dans le lieu le plus apparent des bureaux établis pour la perception, et les distances marquées par des bornes indicatives numérotées.

11. Lesdits droits seront acquittés en numéraire.

12. Le Gouvernement pourra affermer la perception desdits droits, ensemble les moulins, usines, bâtimens, fonds ruraux et autres dépendances; en chargeant le fermier de mettre et tenir le canal en bon état, de faire faire annuellement les ouvrages d'entretien et réparation

---

deniers six cent quatre-vingt-quinze millièmes par quintal et par lieue de 3,061 *toises.*

« 2. A compter du 1ᵉʳ janvier 1806, la perception sera remplie conformément au vœu de la Loi, d'après la rectification ordonnée par l'article précédent. »

tant du canal que des usines, chemins et bâtimens, conformément au devis qui en sera dressé par l'ingénieur chargé de l'inspection générale dudit canal; de prendre à son compte les frais de régie, garde, recette, service des employés, etc.; de recevoir, par inventaire, les effets, ustensiles et matériaux qui s'y trouveront; enfin, de tenir, comme par le passé, les bateaux de poste pour les voyageurs.

13. Le Gouvernement se fera rendre compte de l'état des travaux commencés près de Carcassonne, en 1787, pour prévenir les ensablemens de la rivière de Fresquel; et dans le cas où leur achèvement serait reconnu utile et urgent, il fera partie des conditions du bail.

14. Le Gouvernement fera pareillement examiner s'il convient d'y comprendre la petite branche de *canal à l'ouest de Toulouse* et *le canal de Narbonne*, qui reçoit du canal principal la fourniture d'eau nécessaire à sa navigation.

Il se fera rendre compte de l'état de ce dernier; et dans les cas où les travaux ordonnés par les ci-devant États de Languedoc seraient reconnus utiles et urgens, ils seront également compris dans le bail.

15. Le Gouvernement donnera de même les ordres pour la vérification définitive du projet de tirer les eaux du marais appelé *l'étang de Marseillette*, et de la manière d'en opérer le desséchement pour le plus grand avantage de la navigation, à l'effet de régler en conséquence les conditions soit de l'aliénation, soit de l'amodiation par réunion aux autres fonds ruraux dépendans du canal.

16. Les abreuvoirs existant à la proximité du canal, construits par les communes riveraines pour leur usage, continueront d'être à leur disposition, et l'entretien à leur charge, sans néanmoins qu'il puisse y être fait aucun changement, qu'après qu'il aura été constaté qu'il ne peut intéresser la navigation.

17. Le nettoiement des aquéducs destinés à l'écoulement des ruisseaux qui traversent le territoire desdites communes, restera pareillement à leur charge, si ce n'est dans les cas où les engorgemens proviendraient de la dégradation desdits aquéducs.

Le nettoiement des rigoles, contre-canaux ou contre-fossés qui traversent le territoire desdites communes, ainsi que les ponts et ponteaux sur les contre-canaux, resteront de même à leur charge comme par le passé.

18. Le bail pourra être fait pour vingt-neuf ans, et non au-delà; il contiendra la réserve, au profit de l'État, d'une part dans les bénéfices excédant une somme fixe.

19. Le fermier sera tenu de donner un cautionnement suffisant en immeubles.

Il versera le prix du bail directement à la trésorerie royale.

20. Le fermier et ses préposés se conformeront au Réglement qui sera fait pour la police de la navigation.

21. Il y aura un conservateur du canal, faisant en même temps fonctions d'archiviste, qui résidera dans le lieu le plus central, désigné par le Gouvernement;

Un ingénieur en chef, chargé de la surveillance des travaux pour tous les départemens qu'il traverse, ou dans lesquels il se trouve des ouvrages d'art pour y rassembler les eaux ;

Sept ingénieurs ordinaires, sous le nom de directeurs ;

Et des gardes en nombre suffisant pour le maintien de la police de la navigation et la répression des délits et entreprises.

22. Le conservateur et l'ingénieur en chef seront les seuls dont le traitement sera à la charge de l'État.

Le conservateur et l'ingénieur du canal correspondront avec les ministres des finances et de l'intérieur ; ils leur adresseront, au moins tous les trois mois, un état de situation, et recevront directement leurs ordres.

Le conservateur tiendra le dépôt des titres, mémoires, plans, registres et autres papiers concernant le canal ; il veillera à la répression des délits, à la poursuite de toutes les affaires qui intéresseront sa conservation et les propriétés qui en dépendent. Les gardes seront tenus de lui donner avis des rapports qu'ils auront déposés.

23. Les gardes du canal prêteront serment devant le tribunal civil du département, ou devant le juge de paix de l'arrondissement où ils exerceront leurs fonctions ; dans le dernier cas, ils enverront, sans délai, extrait de l'acte dressé par le juge de paix, au greffe du tribunal civil du département, pour y être enregistré conformément à la Loi du 16 de ce mois.

Ils porteront une plaque ou médaille sur laquelle seront écrits ces mots : *Garde du canal.*

Les procès-verbaux qu'ils dresseront feront foi jusqu'à preuve contraire ; ils les déposeront, dans les vingt-quatre heures, entre les mains du commissaire du Gouvernement près l'administration municipale du lieu du délit, qui sera tenu d'en faire le renvoi à l'officier de justice qui devra en connaître.

24. Il sera fait tous les ans, immédiatement après la confection des ouvrages d'entretien et réparation, par un ingénieur ou inspecteur ayant mission spéciale, une tournée dans toute l'étendue du canal ; lequel dressera procès-verbal de visite et reconnaissance des ouvrages ordonnés, de la manière dont ils auront été exécutés, et de ceux qu'il jugerait avoir été omis ou négligés dans le devis de l'ingénieur résidant.

25. Les contestations qui pourront survenir, soit sur l'exécution du Réglement de police de navigation, soit relativement aux entreprises des riverains du canal, seront portées devant les juges de paix et tribunaux de l'arrondissement.

26. Ceux qui seront convaincus d'usurpation et envahissement de quelques parties dudit canal, seront condamnés à une amende qui ne pourra s'élever au-dessus du double de la valeur de l'objet usurpé, et être moindre que la moitié.

Dans les cas de violence ou d'enlèvement furtif, la procédure sera instruite et jugée suivant les dispositions du Code Pénal, sur la dénonciation des préposés à la garde du canal.

27. Les administrations départementales et municipales, et les commissaires du Gouvernement près lesdites administrations, sont tenus,

sous leur responsabilité, d'informer le ministre de l'intérieur, des entreprises, abus et malversations qui pourraient venir à leur connaissance.

Tarif *général des Droits à percevoir, à commencer du* 1er *mars* 1813,
sur le canal du Midi et ses embranchemens ;

Dressé par la Compagnie du Canal, pour l'exécution littérale de la Loi du
21 vendémiaire an v, qui fixe lesdits Droits à deux centimes, pour un
poids de cinq myriagrammes, sur une étendue de cinq kilomètres (ou o fr.
o4 c. par distance pour cent kilogrammes), et approuvé par le directeur
général des Ponts et Chaussées, le 20 janvier 1813.

BUREAU DE TOULOUSE.

De l'embouchure de la Garonne dans l'étang de Thau.

Dist. de 5 kilomét. — Droits pour 10 myriagr. (100 kilogr.) o4 cent. par distance.

	fr. c.
1re. COMPRENANT le bureau de recette, écluse et port de la Garonne; les ponts Jumeaux, l'écluse du Béarnais, l'écluse, moulin et pont des Minimes; l'écluse et moulin de Matabiau; l'écluse et moulin de Bayard; le pont de Guilhemery, et le port Saint-Etienne à Toulouse......	4
2e. Comprenant le pont Saint-Sauveur, le pont de Montaudran et le grand Lespinet......	8
3e. Comprenant l'aquéduc de Saint-Agne, le pont de Madron et l'aquéduc de ce nom......	12
4e. Comprenant l'écluse et aquéduc de Castanet, l'écluse de Vic, D l'aquéduc de Rieumory et le pont de Deyme......	16
5e. Comprenant l'aquéduc de la Joncasse et le pont de Donneville....	20
6e. Comprenant l'écluse de Montgiscard, l'aquéduc de Nostreseigne, le pont de Baziége, l'écluse d'Aiguesvives et l'aquéduc de ce nom, l'embarcadaire de Laslandes et l'écluse du Sanglier............	24
7e. Comprenant l'aquéduc d'en Comps, le pont d'en Serny, l'écluse de Negra et l'aquéduc de la Therauque......	28
8e. Comprenant le pont de Villevigne et l'embarcadaire attenant, l'écluse de Laval, l'aquéduc de Gardigeol et l'écluse de Gardouch..	32
9e. Comprenant l'aquéduc de Lers et l'écluse de Renneville. E........	36
10e. Comprenant l'écluse d'en Cassan, l'écluse d'en Correl, l'aquéduc de Radel et le pont de Maraval......	40
11e. Comprenant l'écluse de Montferrand, la cale de la Méditerranée, l'aquéduc de Baragne et le pont du Segala......	44
12e. Comprenant l'écluse du Médecin, l'écluse du Roc, l'écluse de Laurens et le petit embarcadaire du Mas-Saintes-Puelles............	48
13e. Comprenant l'écluse de la Doumergue et l'écluse de la Planque.....	52
14e. Comprenant le pont neuf de *Castelnaudary*, *le bureau de recette et pont du port* de ce nom, le pont, écluse et moulin de Saint-Roch, l'écluse de Gay et l'écluse de Vivier......	56
15e. Comprenant l'écluse de Guilhermin, l'écluse de Saint-Sernin, l'écluse de Guerre, l'écluse de la Peyruque, l'écluse de la Criminelle, l'aquéduc de Treboul et l'écluse de ce nom......	60
16e. Comprenant le pont de Villepinte, l'aquéduc de Mezeran, l'écluse de Villepinte et l'écluse de Sauzens......	64
17e. Comprenant l'écluse de Bram, le pont et port de ce nom, et l'aquéduc de Rebenty......	68

Dist.   Droit.

43e. Comprenant la demi-écluse de Saint-Pierre, le pont de Capiscol, l'a- fr. c.
    quéduc de Saint-Victor, l'écluse d'Arriége et l'écluse de Villeneuve. 1 72
44e. Comprenant le pont de Caylus et l'écluse de Portiragnes............ 1 76
45e. Comprenant le pont de Roucaute et le canalet de ce nom.......... 1 80
46e. Comprenant le pont du torrent du Libron, le pont vieux de Vias, et
    celui de ce nom à trois arches, et le pont neuf de ce même nom.. 1 84
47e. Comprenant *le port et bureau de recette d'Agde*, l'écluse ronde, la
    rivière d'Hérault, la demi-écluse de Prades et le pont de Saint-
    Bauzile ; cette distance comprend également le canalet bas d'Agde. 1 88
48e. Comprenant l'écluse du Bagnas, le canal des Camèles et le pont des
    Onglous.. 1 92
49e. Comprenant la digue, la jetée et le fanal dans l'étang de Thau...... 1 95

Droits par ordre de bureaux.

		A Castelnaudary...........	14 distances.........		56 c.
		A Carcassonne............	22 distances.........		88
De Toulouse		Au Somail...............	34 distances.........	1 f.	36
		A Béziers...............	42 distances.........	1	68
		A Agde.................	47 distances.........	1	88
		Aux Etangs.............	49 distances.........	1	96

BUREAU DE CASTELNAUDARY.

De Castelnaudary à Toulouse.

1re. COMPRENANT l'écluse de Vivier, celle de Gay, celle de Saint-Roch,
    le port et bureau de Castelnaudary, le pont neuf de ce nom, jus-
    qu'en aval de l'écluse de la Planque.......................... 4
2e. Comprenant l'écluse de la Planque et celle de la Domergue........ 8
3e. Comprenant le petit embarcadaire du Mas-Saintes-Puelles, l'écluse de
    Laurens, celle du Roc et celle du Médecin.................... 12
4e. Comprenant le pont du Segala, l'aquéduc de Baragne, la cale de la
    Méditerranée et celle de Montferrand....................... 16
5e. Comprenant le pont de Maraval, l'aquéduc de Radel, l'écluse d'en
    Bourrel et celle d'en Cassan.............................. 20
6e. Comprenant l'écluse de Reneville et l'aquéduc de Lers........... 24
7e. Comprenant l'écluse de Gardouch, l'aquéduc de Gardigeol, l'écluse
    de Laval, l'embarcadaire et le pont de Villevigne............ 28
8e. Comprenant l'aquéduc de la Therauque, l'écluse de Negra, A le pont
    d'en Serni et l'aquéduc d'en Comps......................... 32
9e. Comprenant l'écluse du Sanglier, l'embarcadaire de Laslaudes,
    l'aquéduc d'Aiguesvives, l'écluse de ce nom, le pont de Baziége,
    l'aquéduc de Nostreseigne et l'écluse de Montgiscard.......... 36
10e. Comprenant le pont de Donneville et l'aquéduc de la Joncasse...... 40
11e. Comprenant le pont de Deyme, l'aquéduc de Rieumori, l'écluse de
    Vic, l'aquéduc de Castanet et l'écluse de ce nom............. 44
12e. Comprenant l'aquéduc de Madron, le pont de ce nom et l'aquéduc
    de Saint-Agne.. 48
13e. Comprenant le grand Lespinet, le pont de Montaudran et le pont
    Saint-Sauveur... 52
14e. Comprenant le port Saint-Etienne, le pont de Guilhemery, l'écluse
    de Bayard, Matabiau, Minimes, Béarnais et la Garonne........ 56

De Castelnaudary aux Étangs.

Dist.   Droits.

25e. Comprenant l'aquéduc de Nostreseigne, le pont de Capestang et fr. c.
     l'aquéduc de ce nom, et l'ancien pont de Piétat démoli......... 1
26e. Comprenant l'aquéduc de Saint Pierre, le pont de Treseille, l'aquéduc
     de Guerri, l'aquéduc de Polhes et le pont de ce nom........... 1   4
27e. Comprenant le pont de Regimont, la percée du Malpas, et l'aquéduc
     de Colombiers.. 1   8
28e. Comprenant le pont de Colombiers et celui de la Gourgasse....... 1   12
29e. Comprenant l'écluse de Narbonne, l'écluse de Fonserannes, *le port,*
     bureau de recette et écluse de Notre-Dame, les deux ponts de ce
     nom, la rivière d'Orb, le pont rouge, la demi-écluse et port des
     moulins neufs... 1   16
30e. Comprenant la demi-écluse de Saint-Pierre, le pont de Capiscol,
     l'aquéduc de Saint-Victor, l'écluse d'Arriége et l'écluse de Vil-
     leneuve.. 1   20
31e. Comprenant le pont de Caylus et l'écluse de Portiragnes.......... 1   24
32e. Comprenant le pont de Roucaute et le canalet de ce nom.......... 1   28
33e. Comprenant le pont du torrent du Libron, le pont vieux de Vias et
     celui de ce nom à trois arches, et le pont neuf de ce même nom.. 1   32
34e. Comprenant *le port* et *bureau de recette d'Agde*, l'écluse ronde, la
     rivière d'Hérault, la demi-écluse de Prades et le pont de Saint-
     Bauzile; cette distance comprend également le canal et bas d'Agde. 1   36
35e. Comprenant l'écluse du Bagnas, le canalet des Camèles et le pont
     des Onglous.. 1   40
36e. Comprenant la digue, la jetée et le fanal dans l'étang de Thau...... 1   44

Droits par ordre de bureaux.

De Castelnaudary

    A Toulouse........... 14 distances............ 56 c.
    A Carcassonne......... 9 distances............ 36
    Au Somail........... 21 distances............ 84
    A Béziers............ 29 distances......... 1 f. 16
    A Agde............ 34 distances......... 1   36
    Aux Étangs.......... 36 distances......... 1   44

BUREAU DE CARCASSONNE.

De Carcassonne à Toulouse.

1re. De l'aval de l'écluse de Saint-Jean, comprenant l'écluse de Saint-
     Jean, l'aquéduc de ce nom, celui de Saint-Nazaire, l'écluse et le
     port de Carcassonne, le pont de la paix et celui d'Iéna........ 4
2e. Comprenant le nouvel aquéduc de Larnouse, l'aquéduc de Saumes et
     l'écluse de Ladouce.. 8
3e. Comprenant l'écluse d'Herminis, celle de Lalande, le pont de Rocles
     et l'aquéduc de Sauzens...................................... 12
4e. Comprenant le pont de Sauzens, l'écluse de Villeseque, l'aquéduc
     Delfaix et le pont de Villeseque.............................. 16
5e. Comprenant l'aquéduc de Lespitalet, l'écluse de Beteille et le pont
     du Diable... 20
6e. Comprenant l'aquéduc de Rebenty, le port et le pont de Bram B et
     l'écluse de ce nom... 24
7e. Comprenant l'écluse de Sauzens, celle de Villepinte, l'aquéduc de
     Mezeran et le pont de Villepinte........................... 28
8e. Comprenant l'écluse de Tréboul, l'aquéduc de ce nom, l'écluse de la
     Criminelle, celle de la Peyruque, celle de Guerre, celle de Saint-
     Sernin et celle de Guilhermin.............................. 32

De Carcassonne aux Étangs.

Dist.		Droits.
		fr. c.
11e.	Comprenant le pont de Roubia et l'aquéduc de ce nom, le pont de Paraza, le pont-aquéduc de Repudre et l'aquéduc de Saint-Paul...	44
12e.	Comprenant le pont de Ventenac et l'aquéduc de ce nom, le pont Saint-Nazaire et l'aquéduc de Delfieu..........................	48
13e.	Comprenant le pont neuf du *Somail*, le pont vieux et le port et *bureau de recette de ce nom*, le pont-aquéduc de Cesses et l'entrée du petit canal de jonction....................	52
14e.	Comprenant le pont neuf d'Argeliers et le pont vieux de ce nom, et l'aquéduc de Frenicoupe.....................	56
15e.	Comprenant l'aquéduc de Serieges et le pont de ce nom, le pont de Pigasse et l'aquéduc de Quarante.....................	60
16e.	Comprenant l'aquéduc de Malviez et le pont de ce nom, et l'aquéduc de Roubialas............................	64
17e.	Comprenant l'aquéduc de Nostreseigne, le pont de Capestang et l'aquéduc de ce nom, et l'ancien pont de Piétat démoli............	68
18e.	Comprenant l'aquéduc de Saint-Pierre, le pont de Treseille, l'aquéduc de Guerri, l'aquéduc de Polhes et le pont de ce nom............	72
19e.	Comprenant le pont de Régimont, la percée du Malpas et l'aquéduc de Cobombiers;....................	76
20e.	Comprenant le pont de Colombiers et celui de la Gourgasse........	80
21e.	Comprenant le pont de Narbonne, l'écluse de Fonseraunes, *le port*, *bureau de recette* et écluse de Notre-Dame, les deux ponts de ce nom, la rivière d'Orb, le pont rouge, la demi-écluse et port des moulins neufs....................	84
22e.	Comprenant la demi-écluse de Saint-Pierre, le pont de Capiscol, l'aquéduc de Saint-Victor, l'écluse d'Arriége et l'écluse de Villeneuve.	88
23e.	Comprenant le pont de Caylus et l'écluse de Portiragnes...........	92
24e.	Comprenant le pont de Roucaute et le canal de ce nom............	96
25e.	Comprenant le pont du torrent du Libron, le pont vieux de Vias et celui de ce nom à trois arches, et le pont neuf de même nom....	1
26e.	Comprenant le port et *bureau de recette d'Agde*, l'écluse ronde, la rivière d'Hérault, la demi-écluse de Prades et le pont de Saint-Bauzile; cette distance comprend également le canalet bas d'Agde....	1 4
27e.	Comprenant l'écluse du Bagnas, le canal des Camèles et le pont des Onglous....................	1 8
28e.	Comprenant la digue, la jetée et le fanal dans l'étang de Thau......	1 12

Droits par ordre de bureaux.

	A Castelnaudary.......	9 distances..........		f. 36 c.
	A Toulouse...........	22 distances..........		88
De Carcassonne	Au Somail............	13 distances..........		52
	A Béziers............	21 distances..........		84
	A Agde..............	26 distances..........	1	4
	Aux Etangs..........	28 distances.......	1	12

BUREAU DU SOMAIL.

Du Somail à Toulouse.

1re.	De l'aval du pont aquéduc de Cesse, comprenant l'entrée du petit canalet de jonction, le pont-aquéduc de Cesse, le port et le bureau du Somail, le pont vieux et le pont neuf de ce nom............	4
2e.	Comprenant l'aquéduc de Delfieu, le pont de Saint-Nazaire, l'aquéduc de Ventenac et le pont de ce nom......................	8
3e.	Comprenant l'aquéduc de Saint-Paul, le pont-aquéduc de Repudre, le pont de Paraza, l'aquéduc de Roubia et le pont de ce nom.......	12

Dist.   Droits.
                                                                         fr. c.
4e. Comprenant le pont et l'écluse d'Argens, l'aquéduc de ce nom, l'é-
    cluse de Pechlaurier et l'aquéduc de ce nom...................   16
5e. Comprenant l'aquéduc de Bassanel, le pont d'Ognon, la chaussée et
    la demi-écluse de ce nom, l'écluse du même nom, l'écluse d'Homps
    et le pont du même nom...................................   20
6e. Comprenant l'aquéduc de l'étang de Jouarres, l'écluse de Jouarres,
    H le pont de la métairie du Bois, l'aquéduc de la Redorte, et le
    pont-aquéduc d'Argendouble................................   24
7e. Comprenant le pont de la Redorte, l'aquéduc de Reboussel, l'ancien
    pont de la Redorte, l'écluse de Puicheric et le pont de Rieux......   28
8e. Comprenant l'aquéduc de Laignille, l'écluse de ce nom, l'aquéduc de
    Saint-Martin, l'écluse de ce nom, et l'écluse de Fonfile.........   32
9e. Comprenant l'écluse de Marseillette et le pont de ce nom.........   36
10e. Comprenant l'aquéduc du Mercier, celui de Milgrand, le pont de ce
    nom, le nouveau pont de Milpetit et le pont de Saint-Julia.......   40
11e. Comprenant l'écluse de Trèbes, l'aquéduc de Saint-Félix, le pont et
    port de Trèbes, G l'aquéduc d'Orbiel et le pont de Rodes, et l'a-
    quéduc de Dejean...   44
12e. Comprenant l'écluse de Villedubert, celle de l'Évêque, l'aquéduc de
    Trapel, le pont de Conques, l'écluse simple et double de Fresquel,
    et le nouveau pont-aquéduc de ce nom.......................   48
13e. Comprenant l'écluse de Saint-Jean, l'aquéduc de ce nom, celui de
    Saint-Nazaire, l'écluse et le port de Carcassonne, le bureau de re-
    cette, le pont de la Paix et celui d'Iéna.....................   52
14e. Comprenant le nouvel aquéduc de Larnousse sur l'embranchement du
    nouveau canal de Carcassonne, l'aquéduc de Saumes et l'écluse de
    Ladouce..   56
15e. Comprenant l'écluse d'Herminis, celle de Lalande, le pont de Rocles
    et l'aquéduc de Sauzens....................................   60
16e. Comprenant le pont de Sauzens, l'écluse de Villeseque, l'aquéduc
    Delfaix et le pont de Villeseque............................   64
17e. Comprenant l'aquéduc de Lespitalet, l'écluse de Beteille, et le pont du
    Diable..   68
18e. Comprenant l'aquéduc de Rebenty, le port et le pont de Bram et l'é-
    cluse de ce nom...   72
19e. Comprenant l'écluse de Sauzens, celle de Villepinte, l'aquéduc de
    Mezeran et le pont de Villepinte............................   76
20e. Comprenant l'écluse de Treboul, l'aquéduc de ce nom, l'écluse de la
    Criminelle, celle de la Peyruque, celle de Guerre, celle de Saint-
    Sernin et celle de Guilhermin..............................   80
21e. Comprenant l'écluse de Vivier, celle de Gay, celle de Saint-Roch, les
    Moulins et le pont de ce nom, le pont vieux de Castelnaudary, le
    bureau, le port et le pont neuf de ce nom....................   84
22e. Comprenant l'écluse de la Planque, et celle de la Doumergue.......   88
23e. Comprenant le petit embarcadaire du Mas-Saintes-Puelles, l'écluse de
    Laurens, celle du Roc et celle du Médecin...................   92
24e. Comprenant le pont du Segala, l'aquéduc de Baragne, la cale de la
    Méditerranée et l'écluse de Montferrand....................   96
25e. Comprenant le pont de Maraval, l'aquéduc de Radel, l'écluse d'en
    Bourrel et celle d'en Cassan.............................. 1
26e. Comprenant l'écluse de Renneville et l'aquéduc de Lers........... 1   4
27e. Comprenant l'écluse de Gardouch, l'aquéduc de Gardigeol, l'écluse
    de Laval, l'embarcadaire et le pont de Villevigne............. 1   4
28e. Comprenant l'aquéduc de la Thérauque, l'écluse de Négra, le pont
    d'en Serni et l'aquéduc d'en Comps........................ 1 12
29e. Comprenant l'écluse du Sanglier, l'embarcadaire de Laslandes, l'aqué-

Dist.		Droits.

duc d'Aiguesvives, l'écluse de ce nom, le pont de Baziége, l'aquéduc de Nostreseigne et l'écluse de Montgiscard.................   1 15

30e. Comprenant le pont de Donneville et l'aquéduc de la Joncasse......   1 20

31e. Comprenant le pont de Deyme, l'aquéduc de Rieumory, l'écluse de Vic, l'aquéduc de Castanet et l'écluse de ce nom.................   1 24

32e. Comprenant l'aquéduc de Madron, le pont de ce nom et l'aquéduc de Saint-Agne.................   1 28

33e. Comprenant le grand Lespinet, le pont de Montaudran et le pont de Saint-Sauveur.................   1 32

34e. Comprenant le port et bureau de Toulouse, le pont de Guilhemery, l'écluse de Bayard, le moulin et écluse de Matabiau, le pont et moulin et l'écluse des Minimes, l'écluse du Béarnais, les ponts jumeaux, le port, l'écluse et le bureau de la Garonne............   1 36

Du Somail aux Étangs.

1er. De l'aval de l'aquéduc de Delfien, comprenant le pont neuf du Somail, le pont vieux et le port et bureau de recette de ce nom, le pont-aquéduc de Cesse et l'entrée du petit canal de jonction..........   4

2e. Comprenant le pont neuf d'Argeliers et le pont vieux de ce nom, et l'aquéduc de Freniconpe.................   8

3e. Comprenant l'aquéduc de Serieges, le pont de ce nom, le pont de Pigasse et l'aquéduc de Quarante.................   12

4e. Comprenant l'aquéduc de Malviez et le pont de ce nom, et l'aquéduc de Roubialas.................   16

5e. Comprenant l'aquéduc de Nostreseigne, le pont de Capestang F et l'aquéduc de ce nom, et l'ancien pont de Pietat démoli..........   20

6e. Comprenant l'aquéduc de Saint-Pierre, le pont de Tréseille, l'aquéduc de Guerri, l'aquéduc de Polhes et le pont de ce nom.................   24

7e. Comprenant le pont de Regimont, la percée du Malpas et l'aquéduc de Colombiers.................   28

8e. Comprenant le pont de Colombiers et celui de la Gourgasse........   32

9e. Comprenant le pont de Narbonne, l'écluse de Fouserannes, le port, bureau de recette et écluse de Notre-Dame, les deux ponts de ce nom, la rivière d'Orb, le pont rouge, la demi-écluse et port des moulins neufs.................   36

10e. Comprenant la demi-écluse de Saint-Pierre, le pont de Capiscol, l'aquéduc de Saint-Victor, l'écluse d'Arriége et l'écluse de Villeneuve.   40

11e. Comprenant le pont de Caylus et l'écluse de Portiragnes..........   44

12e. Comprenant le pont de Roucaute et le canalet de ce nom..........   48

13e. Comprenant le pont du torrent du Libron, le pont vieux de Vias, et celui de ce nom à trois arches, et le pont neuf de ce même nom...   52

14e. Comprenant le port et bureau de recette d'Agde, l'écluse ronde, la rivière d'Hérault, la demi-écluse de Prades, et le pont de Saint-Bauzile ; cette distance comprend également le canalet bas d'Agde.   56

15e. Comprenant l'écluse du Bagnas, le canal des Camèles et le pont des Onglous.................   60

16e. Comprenant la digue, la jetée et le fanal dans l'étang de Thau......   64

Droits par ordre de bureaux.

Du Somail	A Carcassonne..........	13 distances........	f. 52 c.
	A Castelnaudary......	21 distances.............	84
	A Toulouse...........	34 distances........	1 36
	A Béziers..	9 distances........	36
	A Agde.	14 distances	56
	Aux Étangs	16 distances	64

BUREAU DE BÉZIERS.

De Béziers à Toulouse.

Dist.		Droits.

1re. DE l'aval de la demi-écluse des moulins neufs, comprenant la demi-écluse et le pont des moulins neufs, le pont rouge, la rivière d'Orb, les deux ponts de Notre-Dame, l'écluse de Notre-Dame, le bureau et le port de Béziers, l'écluse de Fonserannes et le pont de Narbonne... fr. c.   4

2e. Comprenant le pont de la Gourgasse et celui de Colombiers....... 8

3e. Comprenant l'aquéduc de Colombiers, la percée du Malpas, et le pont de Regimont.. 12

4e. Comprenant le pont de Polhes, l'aquéduc de ce nom, celui de Guerri, le pont de Treseille et l'aquéduc de Saint-Pierre....... 16

5e. Comprenant l'ancien pont de Pietat démoli, l'aquéduc de Capestang, le pont de ce nom et l'aquéduc de Nostreseigne................ 20

6e. Comprenant l'aquéduc de Roubialas, le pont de Malviez et l'aquéduc de ce nom... 24

7e. Comprenant l'aquéduc de Quarante, le pont de Pigasse, le pont de Serieges et l'aquéduc de ce nom.................................. 28

8e. Comprenant l'aquéduc de Frenicoupe; le pont vieux d'Argeliers, et le pont neuf de ce nom..................................... 32

9e. Comprenant l'entrée du petit canal de jonction, le pont-aquéduc de Cesse, le port et le bureau du Somail, le pont vieux et le pont neuf de ce même nom...................................... 36

10e. Comprenant l'aquéduc de Delfieu, le pont de Saint-Nazaire, l'aquéduc de Ventenac et le pont de ce nom......................... 40

11e. Comprenant l'aquéduc de Saint-Paul, le pont-aquéduc de Repudre, le pont de Paraza, l'aquéduc de Roubia et le pont de ce nom.... 44

12e. Comprenant le pont et l'écluse d'Argens, l'aquéduc de ce nom, l'écluse de Pechlaurier et l'aquéduc de ce nom................ 48

13e. Comprenant l'aquéduc de Bassanel, le pont d'Ognon, la chaussée et la demi-écluse de ce nom, l'écluse du même nom, l'écluse d'Homps et le pont du même nom.................................. 52

14e. Comprenant l'aquéduc de l'étang de Jouarres, l'écluse de Jouarres, le pont de la métairie du Bois, l'aquéduc de la Redorte, et le pont-aquéduc d'Argendouble.. 56

15e. Comprenant le pont de la Redorte, l'aquéduc de Rebaussel, l'ancien pont de la Redorte, l'écluse de Puicheric et le pont de Rieux,... 60

16e. Comprenant l'aquéduc de Laiguille, l'écluse de ce nom, l'aquéduc de Saint-Martin, l'écluse de ce nom et l'écluse de Fonfile....... 64

17e. Comprenant l'écluse de Marseillette et le pont de ce nom......... 68

18e. Comprenant l'aquéduc du Mercier, celui de Milgrand, le pont de ce nom, le nouveau pont de Milpetit et le pont de Saint-Julia...... 72

19e. Comprenant l'écluse de Trèbes, l'aquéduc de Saint-Félix, le pont et port de Trèbes, l'aquéduc d'Orbiel, et le pont de Rodes, et l'aquéduc de Déjean.................................. 76

20e. Comprenant l'écluse de Villedubert, celle de l'Evêque, l'aquéduc de Trapel, le pont de Conques, l'écluse simple et double de Fresquel, et le nouveau pont-aquéduc de ce nom....................... 80

21e. Comprenant l'écluse de Saint-Jean, l'aquéduc de ce nom, celui de Saint-Nazaire, l'écluse et le port de Carcassonne, le bureau de recette, le pont de la Paix et celui d'Iéua.................... 84

22e. Comprenant le nouvel aquéduc de Larnouse sur l'embranchement du nouveau canal de Carcassonne, l'aquéduc de Sacmes et l'écluse de Ladouce.. 88

De Béziers aux Étangs.

Dist.   Droits.

        rivière d'Hérault, la demi-écluse de Prades et le pont de Saint-   fr. c.

        Bauzile ; cette distance comprend également le canalet bas d'Agde.   24

    7e. Comprenant l'écluse du Bagnas, le canal des Camèles et le pont des

        Onglous..   28

    8e. Comprenant la digue, la jetée et le fanal dans l'étang de Than......   32

Droits par ordre de bureaux.

De Béziers

     Au Somail..............   9 distances...........   f. 36 c.

     A Carcassonne..........   21 distances...........   84

     A Castelnaudary.........   29 distances...........   1 16

     A Toulouse.............   42 distances...........   1 68

     A Agde................   6 distances...........   24

     Aux Étangs............   8 distances...........   32

BUREAU D'AGDE.

D'Agde aux Étangs.

1re. De l'aval du pont neuf de Vias, comprenant le port et bureau d'Agde, l'écluse ronde, la rivière d'Hérault, la demi-écluse de Prades et le pont de Saint-Bauzile ; cette distance comprend également le canalet bas d'Agde.. 4

2e. Comprenant l'écluse du Bagnas, le canal des Camèles et le pont des Onglous.. 8

3e. Comprenant la digue, la jetée et le fanal dans l'étang de Than..... 12

D'Agde à Toulouse.

1re. De l'aval du pont Saint-Bauzile, en aval du pont neuf de Vias ; comprenant le pont Saint-Bauzile, la demi-écluse de Prades, la rivière de l'Hérault, l'écluse ronde, le canalet bas d'Agde et le bureau de recette... 4

2e. Comprenant le pont neuf de Vias, celui de ce nom à trois arches, le pont vieux de ce même nom et le pont du torrent du Libron...... 8

3e. Comprenant le canalet de Roucante et le pont de ce nom........... 12

4e. Comprenant l'écluse de Portiragnes et le pont de Caylus.......... 16

5e. Comprenant l'écluse de Villeneuve, celle d'Arriége, l'aquéduc de Saint-Victor, et le pont de Capiscol, et la demi-écluse de Saint-Pierre. 20

6e. Comprenant la demi-écluse et port des moulins neufs, le pont rouge, la rivière d'Orb, les deux ponts de Notre-Dame, l'écluse de Notre-Dame, le bureau et port de Béziers, l'écluse de Fonserannes et le pont de Narbonne.. 24

7e. Comprenant le pont de la Gourgasse et celui de Colombiers....... 28

8e. Comprenant l'aquéduc de Colombiers, la percée de Malpas et le pont de Regimont.. 32

9e. Comprenant le pont de Polhes, l'aquéduc de ce nom, celui de Guerri, le pont de Treseille et l'aquéduc de Saint-Pierre.............. 36

10e. Comprenant l'ancien pont de Pietat démoli, l'aquéduc de Capestang, le pont de ce nom et l'aquéduc de Nostreseigne................. 40

11e. Comprenant l'aquéduc de Roubialas, le pont de Malviez et l'aquéduc de ce nom.. 44

12e. Comprenant l'aquéduc de Quarante, le pont de Pigasse, le pont de Seriéges et l'aquéduc de ce nom   48

13e. Comprenant l'aquéduc de Fredicoupe, le pont vieux d'Argeliers et le pont neuf de ce nom.....   52

Dist.   Droits.

40e. Comprenant l'écluse de Gardouch, l'aquéduc de Gardigeol, l'écluse fr. c.
     de Laval, l'embarcadaire et le pont de Villevigne.............. 1 60
41e. Comprenant l'aquéduc de la Therauque, l'écluse de Negra, le pont
     d'en Serui et l'aquéduc d'en Comps.......................... 1 64
42e. Comprenant l'écluse du Sanglier, l'embarcadaire de Laslandes, l'aqué-
     duc d'Aiguesvives, l'écluse de ce nom, le pont de Baziége, l'aquéduc
     de Nostreseigne et l'écluse de Montgiscard.............. ...... 1 68
43e. Comprenant le pont de Donneville et l'aquéduc de la Joncasse..... 1 72
44e. Comprenant le pont de Deyme, l'aquéduc de Rieumori, l'écluse de
     Vic, l'aquéduc de Castanet et l'écluse de ce nom.............. 1 76
45e. Comprenant l'aquéduc de Madron, le pont de ce nom et l'aquéduc
     de Saint-Agne... 1 80
46e. Comprenant le grand Lespinet, le pont de Montaudran et le pont de
     Saint-Sauveur. 1 84
47e. Comprenant le port et bureau de Toulouse, le pont de Guilhemery,
     l'écluse de Bayard, le moulin et l'écluse de Matabiau, le pont, le
     moulin et l'écluse des Minimes, l'écluse du Béarnais, les ponts
     jumeaux, le port, l'écluse et le bureau de la Garonne.......... 1 88

Droits par ordre de bureaux.

	Aux Étangs..............	3 distances..............	f. 12 c.
	A Béziers.........	6 distances..............	24
D'Agde	Au Somail......	14 distances..............	56
	A Carcassonne............	26 distances..............	1 4
	A Castelnaudary..........	34 distances..............	1 35
	A Toulouse.............	47 distances..............	1 88

CANAUX D'EMBRANCHEMENT.

CANAL ET ROBINE DE NARBONNE.

De l'embouchure du canal principal, à Narbonne.

1e. Du canal principal à l'aval de l'écluse de Gaillousty dans la courbe
    de ce nom; comprenant l'écluse de Treuillas, celles d'Empare,
    d'Argeliers, de Saint-Cyr, de Sallèles et du Gaillousty........... 4
2e. Comprenant la rivière d'Aude, l'écluse de Moussoulens, le pont de
    ce nom et l'écluse de Raonel................................ 8
3e. Comprenant l'écluse du Gua et le pont de l'Escoute............. 12
4e. Comprenant le pont des Carmes, l'écluse de Narbonne, le pont des
    Marchands, le port et bureau de recette de Narbonne, et le pont
    de Sainte-Catherine.. 16

BUREAU DE NARBONNE.

De Narbonne à l'embouchure du canal principal.

1re. De l'amont de l'écluse de Maudirac, en aval du pont de l'Escoute;
     comprenant le pont de Sainte-Catherine, le bureau de recette
     et le port de Narbonne, le pont des Marchands, l'écluse de Nar-
     bonne et le pont des Carmes.............................. 4
2e. Comprenant l'écluse du Gua et le pont de l'Escoute............ 8
3e. Comprenant l'écluse de Raonel, le pont de Moussoulens, l'écluse de
    ce nom et la rivière d'Aude................................ 12
4e. Comprenant l'écluse de Gaillousty, celle de Sallèles, celle de Saint-
    Cyr, celle d'Argiliers, celle d'Empare, celle de Treuillas et celle de
    Cesse jusqu'à l'entrée du canal principal...................... 16

De Narbonne à la Nouvelle.

Dist.   Droits.

1re. De l'aval du pont de l'Escoute à l'amont de l'écluse de Mandirac;
comprenant le pont des Carmes, l'écluse de Narbonne, le pont des
Marchands, le port et bureau de recette de Narbonne, et le pont fr. c.
de Sainte-Catherine.. 4

2e. Comprenant le déversoir de Mandirac et l'écluse de ce nom........ 8

3e. De l'aval de l'écluse de Mandirac au pli de l'Ardillon. (Point d'ouvrages d'art dans cette partie.)..................................... 12

4e. Du pli de l'Ardillon au pli de Sainte-Lucie. (Il n'y a d'autres ouvrages
d'art dans cette partie que les maçonneries du canal de Sainte-
Lucie, et le barrage de l'ancien embranchement de la Robine dans
l'étang de Bages.).. 16

5e. Du pli de Sainte-Lucie au chenal du port formé par le reste du canal
de Sainte-Lucie, jusqu'à son embouchure dudit port de la Nouvelle. 20

CONTROLE DE MANDIRAC.

Du port de la Nouvelle à Narbonne.

1re. Du port de la Nouvelle, ou Chenal, au pli de Sainte-Lucie........ 4

2e. Du pli de Sainte-Lucie au pli de l'Ardillon...................... 8

3e. Du pli de l'Ardillon en aval de l'écluse de Mandirac............. 12

4e. Comprenant l'écluse de Mandirac et le déversoir de ce nom........ 16

5e. Comprenant le pont de Sainte-Catherine, le bureau de recette et
port de Narbonne, le pont des Marchands, l'écluse de Narbonne
et le pont des Carmes... 20

CANAL D'EMBRANCHEMENT.

CANAL DE SAINT-PIERRE, A TOULOUSE.

Ce canal, qui joint la partie supérieure de la Garonne avec le canal principal,
a 1530 mètres de longueur. On perçoit sur ce canal les droits pour une distance
entière, en vertu de l'Arrêté du Directoire exécutif, du 9 brumaire an VI.

OBSERVATIONS.

Conformément à ladite Loi du 21 vendémiaire an V, article 5, il ne doit être
perçu que les deux tiers dudit droit pour les tuiles, briques, ardoises, chaux et
autres matériaux, bois à brûler, charbon de bois, foin et paille.

Mais quant au charbon de terre, le droit se trouve encore réduit, par le Décret
du 5 août 1809, à la moitié de celui-ci, c'est-à-dire au tiers de celui perçu sur
les marchandises citées par l'article 4 de ladite Loi du 21 vendémiaire an V.

Le mètre cube de pierre ou de marbre doit payer pour chaque distance soixante-
cinq centimes. (Article 7 de la même Loi.)

CANAL DE BROUAGE.

14 décembre 1810.

Décret portant établissement du Droit de navigation sur le canal de Brouage.

Art. 1. Le droit de navigation, créé par la Loi du 30 floréal an x, sera établi sur toute l'étendue du canal et chenal de Brouage, situé dans l'arrondissement de Marennes, département de la Charente-Inférieure.

2. Ce droit sera perçu, à compter du 1er avril prochain, aux quatre bureaux ci-après désignés, savoir : aux deux bureaux de Rochefort et de Charente, faisant le service des droits réunis, et aux deux bureaux de Saint-Aignant et de Brouage, faisant le service de l'administration des douanes.

3. Le droit sera perçu à chacun de ces quatre bureaux pour la navigation montante et descendante, sur le pied de quinze centimes par tonneau, sans avoir égard au point de départ ni au point de débarquement.

Tout bâtiment susceptible ou obligé de prendre un passe-port, paiera, au bureau des douanes de Brouage, les 15 centimes ci-dessus fixés, par tonneau, quel que soit son chargement, complet ou non complet. Les bateaux vides paieront le tiers du droit. En cas de fraction, le centime entier sera perçu.

4. Le droit sera toujours payé à chacun des quatre bureaux, pour la distance à parcourir. Il sera exigible pour la distance parcourue ou censée parcourue, si le bâtiment est parti d'un point intermédiaire.

5. Les bâtimens naviguant dans l'intérieur du canal et jusqu'au bureau de Brouage, ne paieront le droit qu'à raison de leur chargement ; mais ce droit ne pourra être moindre que celui fixé pour les bateaux vides.

6. Les bateaux pêcheurs, lorsqu'ils seront uniquement chargés d'objets relatifs à la pêche, seront affranchis des droits.

7. Seront affranchis du droit,

1°. Les bâtimens appartenant à l'Etat, chargés de l'approvisionnement des armées et d'objets destinés au service des camps ;

2°. Les bâtimens uniquement destinés au service et aux travaux de la navigation ;

3°. Les bâtimens chargés d'engrais, de récoltes et de grains en gerbes, pour le compte des propriétaires, dans l'étendue de leur exploitation, et les bâtimens allant et venant à vide dans cette même étendue.

8. Chaque propriétaire de bâtiment ou bateau qui naviguera sur le canal, sera tenu d'avoir sur le flanc de son bâtiment une jauge en fer, placée par les gens de l'art, et qui indiquera ostensiblement le port du bâtiment ou bateau : à défaut de quoi le jaugeage sera fait à ses frais.

9. Le produit du droit de navigation sera appliqué indistinctement à l'entretien annuel du canal et du chenal de Brouage, au paiement du salaire des gardes et autres dépenses relatives.

CANAL DE BOURGOGNE.

11 avril 1811.

Décret qui fixe le Droit de navigation à percevoir sur le canal de jonction du Doubs à la Saône, et sur la partie du canal de Bourgogne comprise entre Dijon et Saint-Jean-de-Losne.

ART. 1. Il sera perçu un droit de navigation sur le canal de jonction du Doubs à la Saône, formant la première division du canal Bourbon, et sur la partie du canal de Bourgogne comprise entre Dijon et Saint-Jean-de-Losne.

2. Ce droit sera perçu pour les deux canaux au bureau de navigation déjà existant à Saint-Jean-de-Losne; et, afin d'atteindre les bateaux qui, du canal Bourbon, remontent vers Auxonne ou lieux supérieurs, il sera établi, si besoin est, un préposé auxiliaire à l'écluse d'embouchure du canal Bourbon dans la Saône.

La perception se fera, pour la remonte et la descente, conformément au tarif qui suit :

Il sera payé, par distance de cinq kilomètres, parcourus ou à parcourir, savoir :

Pour un kilolitre de blé, orge ou seigle..........................	0f	220m
d'avoine ou autres menus grains....................	0	140
de farine de blé, orge ou seigle..................	0	180
de son drèche....................................	0	140
de légumes.......................................	0	210
de fruits de toute espèce.........................	0	210
de sel...	0	250
de cendres neuves................................	0	200
de charbon de bois...............................	0	060
Le dizain de myriagrammes de cristaux et porcelaine..............	0	060
de faïence, verres à vitre, et verres blancs.....	0	030
de bouteilles....................................	0	020
de fer et autres métaux ouvrés...................	0	030
de fer et autres métaux non ouvrés...............	0	024
de scories de métaux.............................	0	018
Le dizain de myriagrammes de foin, paille et autres fourrages.......	0	020
Pour le mètre cube de mines et minéraux.........................	0	350
de marbre..	0	350
de pierre de taille..............................	0	110
de moellons, plâtre non cuit et pierre à chaux...	0	080
de plâtre cuit, chaux et briques, tuiles, cendres lessivées....	0	090
de houille, charbon de terre et ardoise..........	0	090
de terre argileuse, sable, sablon, gravier.......	0	070
de fumier..	0	070
de bois d'équarrissage, sciage et autres.........	0	110
de bois à brûler.................................	0	070
de fagots et charbonnettes.......................	0	070
écorce, tan......................................	0	070
Un bateau en vidange tel qu'il soit..............................	0	650

Une bascule à poisson, par mètre carré de tillac et chaque centimètre d'enfoncement, déduction faite de six centimètres pour son tirant d'eau.. 0 200

Un poinçon vide de deux cent vingt-huit litres.................... 0ᶠ 010ᵐ
    de vin de la capacité de deux cent vingt-huit litres.......... 0 120
    de vinaigre et autres boissons........................... 0 120
    d'eau-de-vie et autres liqueurs.......................... 0 180
    de lie.. 0 070

Les droits à percevoir sur les objets non compris au présent tarif, sont les mêmes que ceux du tarif du canal du Centre. (1)

En cas de fraction, le centime entier sera perçu.

Les droits se paieront par distances entières, sans avoir égard aux fractions de distance parcourue ou à parcourir.

Les poids ne seront pas comptés au-dessous de dix myriagrammes, et les cubes au-dessous du kilolitre et du dixième du mètre cube.

5. Les produits du droit seront, par le receveur du bureau de Saint-Jean-de-Losne, versés à la caisse du directeur des droits réunis du département de la Côte-d'Or.

24 février 1815.

Ordonnance du Roi relative à la perception du Droit de navigation sur le canal de Bourgogne, entre Dijon et Pont-de-Pany.

Art. 1. Les droits de navigation établis par le Décret du 11 avril 1811, sur le canal de Bourgogne, et perçus à Saint-Jean-de-Losne, pour la partie comprise entre ce dernier point et Dijon, seront également perçus d'après les bases prescrites par ce Décret, pour la partie de ce canal nouvellement mise en état de navigation, depuis Dijon jusqu'à Pont-de-Pany.

2. Il sera établi à cet effet deux nouveaux bureaux de perception ; le premier à Dijon, et le second à Pont-de-Pany.

Le bureau de Dijon percevra le droit sur les bateaux et marchandises qui vont de Dijon à Saint-Jean-de-Losne, ou qui remontent à Dijon des points intermédiaires de Saint-Jean-de-Losne.

Le même bureau percevra le droit de Dijon à pont-de-Pany, et des points intermédiaires de Pont-de-Pany à Dijon.

Le bureau de Pont-de-Pany percevra le droit de Pont-de-Pany à Dijon, ainsi que des points intermédiaires de Dijon à Pont-de-Pany.

14 août 1822.

Loi concernant la perception des Droits de navigation sur toute l'étendue du canal de Bourgogne. (2)

Nota. Ce tarif est le même que celui du canal d'Aire à la Bassée. V. ce dernier tarif.

---

(1) V. ce tarif.
(2) Pour les différentes parties du canal, V. le Décret du 11 avril 1811, l'Ordonnance du Roi du 24 février 1815, et celle du 18 janvier 1826.

18 janvier 1826.

Ordonnance du Roi relative à l'établissement des Droits de na-vigation sur la partie du canal de Bourgogne, à partir de son embouchure dans l'Yonne jusqu'à Tonnerre.

ART. 1. A compter du 1er mars prochain, le tarif des droits de navigation établis d'abord, par le Décret du 11 avril 1811, sur la partie du canal de Bourgogne comprise entre Saint-Jean-dè-Losne et Dijon, et ensuite, par l'Ordonnance du 24 février 1815, sur la partie du même canal mise en état de navigation, depuis Dijon jusqu'à Pont-de-Pauy, sera appliqué à la navigation de l'autre extrémité du canal, à partir de son embouchure dans l'Yonne jusqu'à Tonnerre.

Notre ministre secrétaire d'état des finances est autorisé à fixer les époques de l'application successive de ce tarif aux autres parties du canal, à mesure qu'elles seront livrées à la navigation.

La régie des contributions indirectes demeure chargée de la perception des droits qui sera faite pour le compte de l'Etat, jusqu'à l'époque fixée par l'art. 7 de l'Acte du 3 avril 1822, annexé à la Loi du 14 août de la même année.

2. Conformément à l'art. 2 du Décret du 11 avril 1811, les droits à percevoir sur les objets non compris au tarif sont les mêmes que ceux du tarif du canal du Centre. (1)

En cas de fraction, le centime entier sera perçu.

Les droits se paieront par distances entières de *cinq kilomètres,* sans avoir égard aux fractions de distance parcourue ou à parcourir.

Les poids ne seront pas comptés au-dessous de dix myriagrammes, et les cubes, au-dessous du kilolitre et du dixième de mètre cube.

3. La longueur totale de la partie soumise aux droits par la présente Ordonnance, à partir de l'embouchure du canal dans l'Yonne, est partagée provisoirement, et sauf le bornage indiqué dans l'article suivant, en neuf distances, savoir :

Quatre distances de la Roche à Saint-Florentin, et cinq distances de Saint-Florentin à Tonnerre.

4. Il sera placé des bornes pour indiquer les distances.

5. Les bureaux de perception, sur la partie soumise aux droits par la présente Ordonnance, seront placés à la Roche, à Saint-Florentin, à Tonnerre.

Le bureau de la Roche percevra les droits sur le canal, à la remonte de la Roche à Saint-Florentin ;

Le bureau de Saint-Florentin percevra les droits à la remonte jusqu'à Tonnerre, et à la descente jusqu'à la Roche ;

Le bureau de Tonnerre, les droits à la descente jusqu'à Saint-Florentin.

6. Toutes les dispositions de notre Ordonnance de ce jour relatives à l'établissement des droits sur le canal *Monsieur,* et contenues dans

____

(1) *V.* ce tarif.

19

les art. 7 et suivans jusqu'à l'art. 17 aussi compris (1), sont rendues communes à la navigation du canal de Bourgogne, de la Roche à Tonnerre.

CANAL SAINT-QUENTIN.

31 décembre 1817.

Ordonnance du Roi qui établit, à compter du 1er janvier 1818, des Droits de navigation sur la partie neuve du canal de Saint-Quentin.

ART. 1. A dater du 1er janvier 1818, la navigation, sur la partie neuve du canal de Saint-Quentin, entre cette ville et Cambrai, sera assujettie au paiement d'un droit au profit du trésor.

2. Ce droit sera calculé d'après les distances à parcourir et le chargement possible des bateaux, c'est-à-dire, leur capacité réelle en tonneaux de mer du poids de mille kilogrammes, suivant le tarif ci-après, savoir :

Par tonneau et par distance, pour les bateaux dont le chargement se composera, en tout ou en partie, d'objets autres que ceux désignés au paragraphe qui suit. . . . . 10 c.

Par tonneau et par distance, pour les bateaux exclusivement chargés de pavés, grès, pierres à bâtir, briques, sable, engrais, fumier, gadoue, chaux, cendres fossiles, cendre de mer, cendre de bois, cendre de charbon, cendre de tourbe, foin ou paille. 5

Par tonneau et par distance, pour les bateaux vides. 2   et demi.

Les trains d'arbres flottés paieront, pour chaque arbre, sans égard à la dimension, le droit fixé pour deux tonneaux, c'est-à-dire, 20 centimes par arbre et par distance. 20

Les trains de bois flotté paieront par chaque mètre de longueur 20

3. Le tarif et le mode de perception ci-dessus seront appliqués désormais à l'ancienne branche du canal, dite *canal Crozat*, communiquant de Saint-Quentin à Chauny.

4. Il sera formé sur le canal, à Cambrai, un bassin franc, dans l'intérieur duquel les bateaux pourront, en se conformant aux Réglemens de police locale, circuler librement, être chargés et déchargés, allégés, etc., sans être soumis aux droits.

Ce bassin aura quinze cents mètres de longueur, à partir de l'écluse du pont Rouge, sur l'Escaut, qui lui servira de limite de ce côté ; sa limite, de l'autre côté, sera déterminée par des bornes ou poteaux.

Aucun batelier ou conducteur de bateaux, trains, etc., ne pourra franchir ces limites sans être muni d'un *laissez-passer* en bonne forme.

5. La longueur totale du canal, à partir de la limite du bassin franc, mentionné dans l'article précédent, sera divisée en dix-huit parties égales ou distances, savoir : dix distances jusqu'à Saint-Quentin, et huit distances de cette dernière ville à Chauny.

6. Il sera placé des bornes pour indiquer ces distances ; la dépense

____

(1) *V.* ces articles, p. 299.

en sera prélevée sur le produit de la perception, comme frais de premier établissement.

7. L'administration des ponts-et-chaussées fera procéder aux opérations indiquées dans les art. 4 et 5. Il en sera dressé des procès-verbaux, en présence des maires des communes sur le territoire desquelles les bornes seront placées, et d'un employé supérieur des contributions indirectes.

8. Les dispositions du titre III du Décret du 17 juillet 1805 (28 messidor an XIII), relatif à la navigation de l'Escaut, seront suivies pour le jaugeage des bateaux naviguant sur le canal de Saint-Quentin. Les bureaux de jaugeage seront établis à Cambrai et à Chauny; on aura égard, pour le calcul du jaugeage, au tirant d'eau qui sera autorisé sur chaque branche du canal.

9. Il y aura trois bureaux pour la perception du droit de navigation sur le canal, savoir :
-Un à Cambrai,
Un à Saint-Quentin,
Et un à Chauny.
Le tarif des droits à percevoir sera affiché dans le lieu le plus apparent de chacun de ces bureaux.
Ces droits seront passibles du décime par franc établi par les Lois des 28 avril 1816 et 25 mars 1817.

10. Aucun bateau chargé ou à vide, aucun train, etc., ne pourra être mis en route sans une déclaration préalable, et sans être accompagné d'un *laissez-passer*, énonçant son jaugeage ou sa dimension et la nature du chargement.

11. Les bateaux, trains, etc., qui partiront d'un point situé en dedans de deux distances voisines de l'un des bureaux de perception désignés dans l'art. 9, seront toujours déclarés à ce bureau ; le droit devra y être acquitté, avant le départ, pour le nombre de distances à parcourir jusqu'à la destination, ou seulement jusqu'au premier bureau de perception, si cette destination était au-delà.

12. Les bateaux, trains, etc., qui partiront d'un point situé au-delà des deux distances indiquées dans l'article précédent, seront déclarés dans les bureaux particuliers de déclaration que la régie des contributions indirectes est autorisée à y établir.

13. Il ne sera délivré de *laissez-passer* dans les bureaux particuliers de déclaration qu'autant que les propriétaires ou conducteurs s'engageront par écrit, et sous caution, d'acquitter les droits au bureau de perception le plus voisin du lieu de destination, ou à celui devant lequel ils auraient à passer pour s'y rendre.

14. On n'admettra point de fractions de distance dans la perception du droit : par conséquent, l'espace entre le point de départ et la première borne, celui parcouru ou à parcourir, depuis la dernière borne jusqu'au point d'arrivée, seront comptés comme distance entière.

15. Le conducteur d'un bateau parti à vide qui prendra en route un chargement, ne pourra effectuer ce transport qu'après avoir fait une nouvelle déclaration, et obtenu un nouveau *laissez-passer* ; il en sera

de même pour les bateaux qui chargeront de nouvelles marchandises en route, lorsque ces marchandises rendront le chargement susceptible d'un droit plus élevé que celui perçu ou exigible d'après la déclaration primitive.

16. Les conducteurs de bateaux, trains, etc., sont tenus de représenter leur *laissez-passer* aux employés des contributions indirectes, des octrois ou de la navigation, ainsi qu'aux éclusiers, maîtres de ponts ou de pertuis, toutes les fois qu'ils le requièrent, et de souffrir leur visite et vérification.

17. Il est défendu aux éclusiers, maîtres de ponts et de pertuis, de laisser passer tout bateau, train, etc., pour lequel il ne leur serait pas représenté d'expédition applicable à la nature du transport, comme aussi de percevoir aucun droit particulier pour la manœuvre des écluses; le tout à peine de destitution, d'être contraints personnellement au remboursement des sommes perçues ou des droits fraudés, et d'être poursuivis et punis comme concussionnaires.

18. Les barques servant aux riverains pour le transport de leurs denrées de l'un à l'autre bord, dans l'étendue d'une même commune, ne seront assujetties à aucun droit; à la charge par les propriétaires d'obtenir du préfet l'autorisation d'établir cesdites barques, et de se conformer aux dispositions qui leur seront prescrites par l'Arrêté à intervenir, lequel sera préalablement soumis à l'approbation de notre directeur général des ponts et chaussées.

19. Les perceptions autorisées par Lettres-Patentes du 11 août 1776, sur la branche ancienne du canal de Saint-Quentin à Chauny, cesseront à dater du jour de la mise en activité du tarif établi par la présente Ordonnance.

20. Toute contravention aux dispositions qui précèdent, sera punie conformément aux art. 23 et 24 de l'Arrêté du Gouvernement, en date du 28 mai 1803 (8 prairial an XI).

V. ces articles, p. 134.

21. Sont exempts de tout droit les bateaux chargés de matériaux destinés aux travaux du canal.

CANAL DE L'OURCQ ET SAINT–DENIS.

20 mai 1818.

Loi qui fixe les Droits de navigation sur le bassin de la Villette, le canal de Saint-Denis et le canal de l'Ourcq.

(Concession de jouissance pendant quatre-vingt-dix-neuf ans.)

MAXIMUM *du tarif des droits de navigation et de stationnement à établir sur le canal de Saint-Denis.*

(Le tonnage est adopté pour la fixation du droit.)
Par tonneau et par écluse, savoir :

1°. Les pailles et autres fourrages, les engrais, le sable, les moellons, le plâtre, la pierre à chaux, seront assujettis à un droit qui ne pourra excéder... 5 c.

2°. Le bois à brûler, la pierre de taille, le gré ou pavé........ 7 c. ½
3°. Le charbon de terre, le charbon de bois, le bois de charpente,
les lattes, les échalas et généralement tous les bois ouvrés, la
chaux vive, la tuile, la brique............................. 10
4°. Le sel, la farine, le blé et autres grains et toute espèce de fruits,
ardoises, fontes de fer 15
5°. Le vin, l'eau-de-vie, le vinaigre, les épiceries et généralement
toutes les marchandises non portées dans les articles précédens 20
6°. Le *maximum* du droit de stationnement est fixé, par mètre su-
perficiel et par jour, à............................... 4

MAXIMUM *du tarif des droits de navigation à établir sur le canal de
l'Ourcq.*

Par tonneau et par distance de cinq kilomètres.

1°. Les pailles, fourrages, engrais, sable, moellons, plâtre, pierre
à plâtre, pierre à chaux, seront assujettis à un droit qui ne
pourra excéder .... 10 c.
2°. Le bois à brûler, pierre de taille, grès ou pavé............. 20
3°. Le charbon de terre, le charbon de bois, les lattes, échalas, bois
ouvrés, chaux vive, tuiles, briques, etc 25
4°. La farine, le blé, le vin, les fruits, les légumes secs ou verts,
le sel ou les épiceries, et généralement toutes les marchandises
non portées dans les articles précédens..................... 50

CANAL SAINT-MARTIN.

5 août 1821.

*Loi concernant les Droits de navigation à percevoir sur le canal
Saint-Martin.*

ART. 4. Le tarif des droits de navigation et de stationnement établis
par la Loi du 20 mai 1818 sur le canal de Saint-Denis, sera applicable
au canal Saint-Martin.

Nota. V. ci-dessus le tarif du canal de Saint-Denis.

CANAL DES ARDENNES.

5 août 1821.

*Loi concernant la perception des Droits de navigation sur le ca-
nal des Ardennes.*

TARIF *des droits de navigation à percevoir sur le canal des Ardennes,
depuis Neufchâtel sur l'Aisne, jusqu'à l'embouchure de la Bar dans
la Meuse, et, s'il y a lieu, sur l'Aisne supérieure et la rivière
d'Aire.*

Nota. Les droits devront être perçus par distance parcourue
ou à parcourir, sans égard aux fractions : chaque distance sera
de cinq kilomètres.

La perception se fera, sur la remonte comme sur la descente, en kilolitres, en myriagrammes, en mètres cubes, suivant la nature des chargemens.

1°. Par kilolitre

de froment, orge, seigle, blé de Turquie, soit en grains, soit en farine .... 0,250 m.

d'avoine et autres menus grains 0,135

de sel marin et autres substances de ce genre 0,300

de vin, eau-de-vie, vinaigre et autres boissons et liqueurs.... 0,400

2°. Par dizain de myriagrammes (ou quintal métrique)

de mines et minerai 0,015

de scories de métaux................................... 0,022

de fer et fonte ouvrés et non ouvrés et autres métaux......... 0,030

de cristaux ou porcelaines 0,044

de faïence, verres à vitres, verres blancs et bouteilles...... 0,030

de sucre, café, huile, savon, coton ouvré ou non ouvré, chanvre, lin ouvré, tabac, bois de teinture et autres objets de ce genre 0,044

de chanvre et lin non ouvrés 0,035

de foin, paille et autres fourrages 0,020

de tourbe et de fumier, et de cendre fossiles 0,005

3°. Par mètre cube

de marbre, pierre de taille, plâtre, tuiles, briques, ardoises, chaux, cendre, charbon de terre....................... 0,20

de pierre mureuse, marne, argile, sable, gravier........... 0,10

de bois d'équarrissage, de sciage et autres de ce genre........ 0,20

de bois à brûler, fagots et charbonnettes.................. 0,10

4°. Pour une bascule de poisson,

par mètre carré de tillac et chaque centimètre d'enfoncement, déduction faite de six centimètres pour le tirant d'eau 0,200

5°. Pour un poinçon vide de deux cent vingt-huit litres 0,010

6°. Pour un bateau quelconque en vidange 0,650

Nota. Les droits établis au poids ne seront pas comptés au-dessous du dizain de myriagrammes; ceux établis au cube, au-dessous de l'hectolitre et de deux centièmes de mètre cube.

Toute fraction numéraire au-dessous d'un centime sera comptée pour un centime.

Les marchandises de toute nature qui ne seront point indiquées au présent tarif, paieront le droit fixé pour celles avec lesquelles elles auront le plus de rapport.

Ces classifications supplémentaires se feront toujours d'accord entre le Gouvernement et la Compagnie.

CANAL DU DUC D'ANGOULÊME.

5 août 1821.

Loi concernant la perception des Droits de navigation sur le canal du Duc d'Angoulême.

TARIF *des droits de navigation à percevoir sur le canal de la Somme, soit du Duc d'Angoulême, depuis son origine dans le canal Crozat, jusques et y compris l'écluse de Saint-Valery, et sur le canal de Manicamp, depuis Manicamp à Chauny.*

Nota. Les droits devront être perçus par distance parcourue ou à parcourir, sans égard aux fractions : chaque distance sera de cinq kilomètres.

La perception se fera, sur la remonte comme sur la descente, en kilolitres, en myriagrammes, en mètres cubes, suivant la nature des chargemens, et comme il suit :

1°. Par kilolitre
de froment, orge, seigle, blé de Turquie, soit en grains, soit en farine... 0,250 m.
d'avoine et autres menus grains...................... 0,13
de sel marin et autres substances de ce genre........... 0,300
de vin, eau-de-vie, vinaigre, et autres boissons et liqueurs.... 0,400
2°. Par dizain de myriagrammes (ou quintal métrique) de mine et minerai.. 0,015
de scories de métaux............................. 0,022
de fer et fonte ouvrés ou non ouvrés et autres métaux........ 0,030
de cristaux ou porcelaines.......................... 0,044
de faïence, verres à vitre, verres blancs, bouteilles.......... 0,030
de sucre, café, huile, savon, coton ouvré ou non ouvré, chanvre et lin ouvré, tabac, bois de teinture et autres objets de ce genre................................ 0,044
de chanvre et lin non ouvré 0,035
de foin, paille et autres fourrages.................... 0,020
de tourbe, de fumier, et de cendres fossiles.............. 0,005
3°. Par mètre cube
de marbre, pierre de taille, plâtre, tuiles, briques, ardoises, chaux, charbon de terre........................... 0,20
de pierre mureuse, marne, argile, sable, gravier............ 0,10
de bois d'équarrissage, de sciage, et autres de ce genre........ 0,20
de bois à brûler, fagots et charbonnettes............... 0,10
4°. Pour une bascule de poisson, par mètre carré de tillac et chaque centimètre d'enfoncement, déduction faite de six centimètres pour le tirant d'eau...... 0,200
5°. Pour un poinçon vide de deux cent vingt-huit litres......... 0,010
6°. Pour un bateau quelconque en vidange.................. 0,650

Nota. Les droits établis au poids ne seront pas comptés au-dessous du dizain de myriagrammes ; ceux établis au cube, au-dessous de l'hectolitre et de deux centièmes de mètre cube.

Toute fraction numéraire au-dessous d'un centime sera comptée pour un centime.

Les marchandises de toute nature qui ne seront pas indiquées au présent tarif, paieront le droit fixé pour celles avec lesquelles elles auront le plus de rapport.

Ces classifications supplémentaires se feront toujours d'accord entre le Gouvernement et la Compagnie.

12 septembre 1821.

Ordonnance du Roi qui modifie le tarif des Droits de navigation à percevoir sur le canal du Duc d'Angoulême.

ART. 1er. Les droits de péage à percevoir sur le canal du Duc d'Angoulême seront :
Par kilolitre d'orge, seigle, blé de Turquie, de.............. 0,175 m.

Par kilolitre d'avoine et autres menus grains. . . . . 0,125 m.
Par kilolitre de cidre, bière et poiré. 0,200
Par mètre cube de fagots 0,005

2. Les droits de péage ci-dessus fixés, et tous ceux portés au tarif annexé à la Loi du 5 août 1821, sont réduits à moitié pour toute la navigation à suivre depuis Amiens jusqu'à Saint-Valery, et depuis Saint-Valery jusqu'à Amiens.

3. Les bateaux de deux tonneaux et au-dessous sont affranchis de tout péage, sauf le droit dû au passage des écluses, si ces bateaux les traversent.

CANAL DE LUNEL.

15 août 1821.

Ordonnance du Roi relative à l'établissement des Droits de navigation sur le canal de Lunel.

TARIF *annexé à l'Ordonnance.*

Pour un minot (soit 50 kilogr.) de sel. . . . . f. 11 c. et demi.
Un baril de sardines ou anchois. 6
Un demi-baril *idem* 3
Un tonneau d'harengades, soit sardines pressées . . . . 56 et demi.
100 kilogrammes d'eau-de-vie . . . . 27 et demi.
Un muid (soit 684 litres) de vin 2 25
100 kilogrammes de fer . . . . 27 et demi.
Un hectolitre de blé 17
Un hectolitre de seigle ou mixture. . . . . 14 et demi.
Un hectolitre de gros ou petit millet. 14 et demi.
Un hectolitre de billon, vesces ou hesses . . . . 22 et demi.
100 kilogrammes de fèves ou de légumes de toute espèce 27 et demi.
Chaque cuir en poil . . . . 11 et demi.
100 kilogrammes de savon. . . . . 27 et demi.
Idem de sucre, cassonnade, droguerie ou épicerie. . . . . 27 et demi.
Idem de draperie, laine ou mercerie . . . . 27 et demi.
Idem de foin . . . . 27 et demi.
Idem de roseaux (réduits à moitié du nouveau tarif, devant
   payer comme le foin d'après l'ancien tarif) 14
Pour un majourié. 1 35

	Une batarde.	67 et demi.
Dénomination	Une filate.	34
de diverses	Une tailladoine.	17
espèces de bois.	Un bigon ou coublet.	08 et demi.
	Chaque grosse (soit douze douzaines, d'ais ou planches.	1 69

Pour chaque muid (soit 684 litres), tonneaux vides, vieux
   ou neufs 34
Chaque charge (soit 124 kilogrammes) de cercles ou osiers. 34
100 kilogrammes de charbon de bois ou de pierre . . . . 27 et demi.
Une charge (soit 124 kilogrammes) de terraille 34
100 kilogrammes de bois de chauffage. 14
Idem de pierres de taille. 14
Idem de cuir tanné et de toute autre espèce de marchandises
   non mentionnées au présent tarif . . . . 27 et demi.
Pour une grande barque (dite *penelle*) de fumier. 50
Pour une petite barque (dite *savoyarde*) de fumier 25

CANAL MONSIEUR.

5 août 1821.

Loi concernant la perception des Droits de navigation sur le canal Monsieur.

Tarif *des droits de navigation à percevoir sur la partie du canal Monsieur comprise entre la Saône, près Saint-Symphorien et la ville de Strasbourg, ensemble sur l'embranchement de Mulhausen à Huningue et Bâle.*

Nota. Les droits devront être perçus par distance parcourue ou à parcourir, sans égard aux fractions; chaque distance sera de cinq kilomètres.

La perception se fera, sur la remonte comme sur la descente, en kilolitres, en myriagrammes, en mètres cubes, suivant la nature des chargemens, et comme il suit :

1°. Par kilolitre
 de froment, orge, seigle, blé de Turquie, soit en grains, soit en farine... 0,250
 d'avoine et autres menus grains.......................... 0,135
 de sel marin et autres substances de ce genre............ 0,300
 de vin, eau-de-vie, vinaigre, et autres boissons et liqueurs.... 0,400

2°. Par dizain de myriagrammes (ou quintal métrique)
 de mine et minerai 0,015
 de scories de métaux.................................... 0,022
 de fer et fonte ouvrés ou non ouvrés et autres métaux....... 0,030
 de cristaux ou porcelaines.............................. 0,044
 de faïence, verres à vitres, verres blancs et bouteilles........ 0,030
 de sucre, café, huile, savon, coton ouvré ou non ouvré, chanvre et lin ouvrés, tabac, bois de teinture et autres objets de ce genre.. 0,044
 de chanvre et lin non ouvrés............................ 0,035
 de foin, paille et autres fourrages....................... 0,020
 de tourbe et de fumier, et de cendres fossiles.............. 0,005

3°. Par mètre cube
 de marbre, pierre de taille, plâtre, tuiles, briques, ardoises, chaux et charbon de terre............................... 0,20
 de pierre mureuse, marne, argile, sable, gravier............ 0,10
 de bois d'équarrissage, de sciage, et autres de ce genre....... 0,20
 de bois à brûler, fagots et charbonnettes................. 0,10

4°. Pour une bascule de poisson,
 par mètre carré de tillac et chaque centimètre d'enfoncement, déduction faite de six centimètres pour le tirant d'eau...... 0,200

5°. Pour un poinçon vide de deux cent vingt-huit litres....... 0,010

6°. Pour un bateau quelconque en vidange................. 0,650

Nota. Les droits établis au poids ne seront pas comptés au-dessous du dizain de myriagrammes ; ceux établis au cube, au-dessous de l'hectolitre, et de deux centièmes de mètre cube.

Toute fraction numéraire au-dessous d'un centime sera comptée pour un centime.

Les marchandises de toute nature qui ne seront pas indiquées au présent tarif, paieront le droit fixé pour celles avec lesquelles elles auront le plus de rapport. Ces classifications supplémentaires se feront toujours d'accord entre le Gouvernement et la Compagnie.

18 janvier 1826.

Ordonnance du Roi relative à l'établissement des Droits de navigation sur la partie du canal Monsieur, *entre Dôle et Besançon.*

ART. 1er. A compter du 1er mars prochain, le tarif des droits de navigation contenu dans le Décret du 11 avril 1811, et mis en vigueur depuis le 1er janvier 1812, sur la partie du canal Monsieur qui forme la jonction du Doubs à la Saône, sera appliqué à la partie nouvellement mise en état de navigation entre Dôle et Besançon.

Notre ministre secrétaire d'état des finances est autorisé à fixer les époques de l'application successive de ce tarif aux autres parties du canal, à mesure qu'elles seront livrées à la navigation.

La régie des contributions indirectes demeure chargée de la perception des droits qui sera faite pour le compte·de l'État, jusqu'à l'époque fixée par l'art. 5 de l'Acte du 25 avril 1821, annexé à la Loi du 5 août de la même année.

Obs. V. l'*Obs.* sous l'art. suivant.

2. Les droits à percevoir sur les objets non compris au présent tarif, sont les mêmes que ceux du tarif du canal du Centre.

Obs. L'art. 1 et l'art. 2 ont été modifiés par une Ordonnance du Roi du 19 avril 1826, ainsi conçue :

« Les droits de navigation établis par les art. 1 et 2 de notre « Ordonnance du 18 janvier dernier, sur toute la partie navigable « du canal Monsieur, située entre Saint-Jean-de-Losne et Besançon, « sont réduits à moitié. »

3. Le droit sera calculé d'après les distances de cinq kilomètres à parcourir.

Le tarif n'admettant pas de fractions de distance, l'espace compris entre le point de départ et la première borne, ou depuis la dernière borne jusqu'au point d'arrivée, sera compté pour une distance entière.

4. La longueur totale de la partie navigable du canal, à partir de son embouchure dans la Saône, est partagée provisoirement, et sauf le bornage indiqué dans l'article suivant, en quinze distances, savoir :

Quatre distances de l'embouchure du canal à Dôle, trois distances de Dôle à Orchamps, et huit distances d'Orchamps au point où le canal cesse d'être navigable près de Besançon.

5. Il sera placé des bornes pour indiquer les distances (de cinq kilomètres).

6. Les bureaux de perception sur la partie actuellement navigable seront placés à Saint-Symphorien, Dôle, Orchamps et Besançon

Le bureau de Saint-Symphorien percevra les droits à la remonte jusqu'à Dôle;

Celui de Dôle, les droits à la remonte jusqu'à Orchamps, et à la descente jusqu'à Saint-Symphorien;

Celui d'Orchamps, les droits à la remonte jusqu'à Besançon, et à la descente jusqu'à Dôle;

Celui de Besançon, les droits à la descente jusqu'à Orchamps.

7. Aucun bateau chargé ou en vidange, aucun train, etc., ne pourra naviguer sur le canal sans une déclaration préalable, et sans un *laissez-passer* énonçant la destination, l'espèce et la quantité des objets transportés.

8. Les bateaux, trains, etc., qui partiront d'un point situé en dedans de la distance de cinq kilomètres de l'un des bureaux de perception, seront toujours déclarés à ce bureau. Le droit y sera acquitté avant le départ, pour le nombre de distances à parcourir jusqu'à la destination déclarée, ou jusqu'au premier bureau de perception, si la destination déclarée est au-delà.

9. Les bateaux, trains, etc., qui partiront d'un point situé en dehors de la distance de cinq kilomètres du bureau de perception, seront déclarés, soit à ce bureau, soit aux bureaux particuliers de déclaration qui seront désignés par la régie des contributions indirectes.

10. Il ne sera délivré de *laissez-passer* dans les bureaux particuliers de la déclaration, qu'autant que les propriétaires ou conducteurs prendront l'engagement par écrit, dans la forme qui sera donnée par la régie des contributions indirectes, d'acquitter les droits au bureau de perception le plus voisin du lieu de destination, ou au premier bureau devant lequel ils auraient à passer pour s'y rendre.

11. Le conducteur d'un bateau parti en vidange et qui prendra un chargement en route, ne pourra effectuer ce transport qu'après avoir fait une nouvelle déclaration et obtenu un nouveau *laissez-passer*. La somme payée pour le bateau en vidange sera admise à compte des droits à payer pour les marchandises chargées; il sera de même fait une nouvelle déclaration et pris un nouveau *laissez-passer* pour les bateaux qui auront chargé en route de nouvelles marchandises.

12. Les conducteurs de bateaux, trains, etc., sont tenus de représenter, à toute réquisition, aux employés des contributions indirectes, des octrois ou de la navigation, ainsi qu'aux éclusiers, maîtres de pont ou de pertuis, les *laissez-passer*, connaissemens et lettres de voiture relatifs aux bateaux, trains, etc., qu'ils conduisent, et de faciliter les visites et vérifications des employés. Ils sont tenus, en outre, de remettre à chaque bureau de perception les *laissez-passer* qui leur auront été délivrés, tant au bureau de perception précédent qu'aux bureaux intermédiaires de déclaration.

13. Il est défendu aux éclusiers, maîtres de pont et de pertuis, de laisser passer tout bateau, train, etc., pour lequel il ne leur serait pas représenté d'expédition applicable à la nature du transport, comme aussi de percevoir aucun droit particulier pour la manœuvre des

écluses ; le tout à peine de destitution, d'être contraints personnellement au remboursement des sommes perçues ou des droits fraudés, et
d'être poursuivis comme concussionnaires.

14. Les autorités civiles et militaires seront tenues, sur la demande
écrite des préposés aux droits de navigation, de requérir et de prêter
main-forte pour l'exécution des Lois et Réglemens relatifs à leurs
fonctions.

15. Les contraventions aux droits de navigation établis sur le canal
Monsieur, seront constatées par des procès-verbaux, pour les contrevenans être poursuivis et jugés conformément aux dispositions légis-
latives existantes. (Arrêté du 8 prairial an xi, art. 23 et 24, *v.* p. 134.)

16. Les contestations sur l'application des taxes comprises au tarif
annexé au Décret du 11 avril 1811, seront, conformément à l'art. 15
de l'Arrêté du 8 prairial an xi, portées devant le sous-préfet dans
l'arrondissement duquel le bureau de perception sera situé, sauf le
recours au préfet, qui prononcera en conseil de préfecture.

17. Les droits contestés seront provisoirement acquittés, par forme
de consignation, entre les mains du receveur du bureau où la contestation s'est élevée ; et il ne pourra être statué sur la contestation
qu'autant que le réclamant en représentera quittance valable.

Les droits consignés seront ou portés définitivement en recette, ou
restitués en tout ou en partie, d'apres la décision qui interviendra et
dont le réclamant devra produire un extrait en forme.

CANAL LATÉRAL A L'ÉTANG DE MAUGUIO.

3o janvier 1822.

*Ordonnance du Roi concernant la perception des Droits de navi-
gation sur le canal latéral à l'étang de Mauguio.*

(Extrait du Traité.)

Art. 1. Le gouvernement concède et abandonne au sieur Usquin,
à titre de concession spéciale et par privilége, à compter du premier
jour du mois qui suivra l'émission de l'ordonnance approbative du
présent traité, et pendant vingt-neuf ans et neuf mois qui commenceront à courir desdits jour et an,

1°. Les droits de péage actuellement établis sur le canal dit *des Étangs*,
se dirigeant de l'étang de Mauguio à celui de Thau, à partir du pont-
levis inclusivement ;

2°. Les droits à percevoir sur le canal latéral de l'étang de Mauguio
et sur l'embranchement à ouvrir entre ce canal et celui de Lunel.

2. Le droit de navigation à percevoir sur tous les canaux concédés
sera le même que celui perçu sur ceux desdits canaux qui sont actuellement navigables, et tel qu'il a été fixé pour le canal du Midi par la
loi du 21 vendémiaire an V (12 octobre 1796). (1)

---

(1) *V.* le Tarif du canal du Midi.

11. La robine de Vic, le canal dit *Grau-du-Lez*, le Grau-de-Pérols, et le canal qui fait communiquer l'étang de Repausset avec les eaux de l'étang de Mauguio (*bien que le concessionnaire ne doive percevoir aucun droit sur ces canaux*) feront partie de la concession , et leur entretien sera à la charge du sieur Usquin et de sa compagnie.

CANAL D'AIRE A LA BASSÉE.

14 août 1822.

Loi qui autorise la perception d'un Droit de navigation sur le canal d'Aire à la Bassée.

TARIF *des droits de navigation annexé à ladite Loi.*

Nota. Les droits devront être perçus par distance parcourue ou à parcourir, sans égard aux fractions ; chaque distance sera de cinq kilomètres.

La perception se fera , sur la remonte comme sur la descente, en kilolitres, en myriagrammes, en mètres cubes, suivant la nature des chargemens, et comme il suit :

1°. Par kilolitre
de froment, soit en grain, soit en farine.................... 0,250 m.
d'orge, seigle, blé de Turquie, soit en grains, soit en farine.. 0,175
d'avoine et autres menus grains........................... 0,125
de sel marin et autres substances de ce genre............. 0,300
de vin, eau-de-vie, vinaigre, et autres boissons et liqueurs... 0,400
de cidre, bière et poiré................................. 0,200
2°. Par dizain de myriagrammes (ou quintal métrique)
de mine et minerai.. 0,015
de scories de métaux..................................... 0,022
de fer et fonte ouvrés ou non ouvrés et autres métaux....... 0,030
de cristaux ou porcelaines................................ 0,044
de faïence, verres à vitre, verres blancs, bouteilles........ 0,030
de sucre, café, huile, savon, coton ouvré ou non ouvré, chanvre
et lin ouvré, tabac, bois de teinture et autres objets de ce
genre... 0,044
de chanvre et lin non ouvrés............................. 0,035
de foin, paille et autres fourrages...................... 0,020
de tourbe, de fumier et de cendres fossiles............... 0,005
3°. Par mètre cube
de marbre, pierre de taille, plâtre, tuiles, briques, ardoises,
chaux, charbon de terre................................ 0,200
de pierre mœuse, marne, argile, sable et gravier........... 0,100
de bois d'équarrissage, de sciage, et autres de ce genre...... 0,200
de bois à brûler, transporté par bateaux.................. 0,100
de bois à brûler en trains.............................. 0,025
de fagots et charbonnettes.............................. 0,020
4°. Pour une bascule de poisson,
par mètre carré de tillac et chaque centimètre d'enfoncement,
déduction faite de six centimètres pour le tirant d'eau..... 0,200
5°. Pour un poinçon vide de deux cent vingt-huit litres........ 0,010
6°. Pour un bateau quelconque en vidange.................... 0,650

Nota. Les droits établis au poids ne seront pas comptés au-dessous du dizain de myriagrammes ; ceux établis au cube, au-dessous de l'hectolitre et de deux centièmes de mètre cube.

Toute fraction numéraire au-dessous d'un centime sera comptée pour un centime.

Les marchandises de toute nature qui ne seront pas indiquées au présent tarif, paieront le droit fixé pour celles avec lesquelles elles auront le plus de rapport. Ces classifications supplémentaires se feront toujours d'accord entre le Gouvernement et la Compagnie.

CANAL DU DUC DE BERRY.

14 août 1822.

Loi concernant les Droits de navigation à percevoir sur le canal du Duc de Berry.

Nota. Le tarif est le même que celui du canal d'Aire à la Bassée.

CANAL D'ARLES.

14 août 1822.

Loi concernant les Droits de navigation à percevoir sur le canal d'Arles à Bouc.

Nota. Le tarif est le même que celui du canal d'Aire à la Bassée.

CANAL DU BLAVET.

14 août 1822.

Loi concernant les Droits de navigation à percevoir sur le canal du Blavet.

Nota. Le tarif est le même que celui du canal d'Aire à la Bassée.

CANAL D'ILLE-ET-RANCE.

14 août 1822.

Loi concernant les Droits de navigation à percevoir sur le canal d'Ille-et-Rance.

Nota. Le tarif est le même que celui du canal d'Aire à la Bassée.

CANAL LATÉRAL A LA LOIRE.

14 août 1822.

Loi concernant les Droits de navigation à percevoir sur le canal latéral à la Loire.

Nota. Le tarif est le même que celui du canal d'Aire à la Bassée.

CANAL DE NANTES A BREST.

14 août 1822.

Loi concernant le Droit de navigation à percevoir sur le canal de Nantes à Brest.

Nota. Le tarif est le même que celui du canal d'Aire à la Bassée.

CANAL DU NIVERNAIS.

14 août 1822.

Loi concernant les Droits de navigation à percevoir sur le canal du Nivernais.

Nota. Le tarif est le même que celui du canal d'Aire à la Bassée.

CANAL DE LA VOIRE.

8 juin 1825.

Loi relative à la navigation de la Seine supérieure et de l'Aube, et à la canalisation de la Voire.

Tarif *des Droits de navigation à percevoir sur la Seine, depuis Cour-celles-les-Rangs (à six kilomètres de Châtillon), jusqu'à Nogent.*

Nota. Les droits devront être perçus par distance de cinq kilomètres ; néanmoins on aura égard aux fractions de distance. L'unité fractionnaire ne pourra être moindre d'un kilomètre, et l'on n'admettra point de fraction de kilomètre. Ainsi, au-dessous d'un kilomètre, on comptera un kilomètre ; entre un et deux kilomètres, on comptera deux kilomètres ; trois, entre deux et trois, etc.

La perception se fera, sur la remonte comme sur la descente, en kilolitres, myriagrammes, mètres cubes, suivant la nature des chargemens.

Les droits établis au poids ne seront pas comptés au-dessous du dizain de myriagrammes ; ceux établis au cube, au-dessous de l'hectolitre et de deux centièmes de mètre cube.

Toute fraction numéraire au-dessous d'un centime sera comptée pour un centime.

Les marchandises de toute nature qui ne seront point indiquées au présent tarif, paieront le droit fixé pour celles avec lesquelles elles auront le plus de rapport. Ces classifications supplémentaires se feront toujours d'accord entre le Gouvernement et la Compagnie.

UNITÉS des POIDS ET MESURES sur lesquelles la perception est basée.	INDICATION ET NATURE DES DENRÉES.	DROITS À PERCEVOIR par unité et pour chaque dist. de 5 kilom.
L'hectolitre de..	Froment, orge, seigle, maïs, soit en grain, soit en farine........................	o f. o25
	Avoine et menus grains................	o o13
	Sel marin et autres substances de ce genre..	o o3o
	Vin, eau-de-vie, vinaigre et autres boissons et liqueurs	o o4o
Le quint. mét. de	Mine et minerai	o o15
	Scories de métaux....................	o o22
	Fer en fonte ou en barres, ouvrés ou non, et autres métaux........................	o o3o
	Meubles, ustensiles et machines..........	o o3o
	Cristaux et porcelaines..................	o o44
	Faïence, verres à vitre, verres blancs, bouteilles, etc........................	o o3o
	Sucre, café, huile, savon, tabac, bois de teinture, cotons et laines, ouvrés ou non, chanvre et lin ouvrés, etc.............	o o44
	Chanvre et lin non ouvrés...............	o o35
	Foin, paille et autres fourrages...........	o o2o
	Tourbe et fumier.....................	o oo5
Le mètre cube de	Marbre, pierre de taille, plâtre, tuiles, briques, ardoises, chaux, ciment, cendres, houille, etc........................	o 2oo
	Moellon, craie, marne, argile, sable, gravier, etc...........................	o 1oo
	Bois d'équarrissage, de sciage et autres de ce genre............................	o 2oo
	Bois à brûler, fagots, charbonnettes, charbon, etc...........................	o 1oo
Le mètre carré..	Par mètre carré de tillac et chaque $0^m,01$ d'enfoncement d'une bascule de poisson, déduction faite de $0^m,06$ pour le tirant d'eau............................	o 2oo
La pièce.......	Un poinçon vide de 2 28 litres, ou riston...	o o1o
	Un bateau quelconque en vidange........	o 65o

CANAL DE ROUBAIX.

8 juin 1825.

Loi relative à la concession du Canal à établir dans la vallée de la Marque, avec embranchement sur la ville de Roubaix.

MAXIMUM *du Tarif des droits de navigation à percevoir sur le canal de Roubaix.*

Nota. Les droits devront être perçus par distance parcourue ou à parcourir ; chaque distance sera de cinq kilomètres.

La perception se fera, sur la remonte comme sur la descente, en kilomètres et en kilogrammes, et comme il suit :

ART. 1. Par cinquante kilogrammes (ou cent livres) de tous produits ou marchandises quelconques, autres que ceux désignés ci-dessous art. 2, deux centimes.

2. Le sable, les pierres, les cendres de bois ou de houille, ne paieront que la moitié du droit ci-dessus, c'est-à-dire, par cinquante kilogrammes, un centime.

3. Les bateaux vides ne paieront que moitié du droit qui sera perçu s'ils étaient chargés des objets désignés par l'article 2.

4. Le droit de station dans chaque port sera, par jour de vingt-quatre heures et non compris les deux premiers jours d'arrivée et les deux derniers avant le départ, de dix centimes par tonneau de mille kilogrammes pour les bateaux chargés, et de cinq centimes par tonneau, pour les bateaux vides.

5. Lorsqu'un bateau jaugera moins de dix tonneaux, il paiera comme s'il avait ce tonnage, soit dans le trajet, soit en station dans les ports.

CANAUX DE LA CORRÈZE ET DE LA VEZÈRE.

8 juin 1825.

Loi relative à l'établissement des Canaux de la Corrèze et de la Vezère.

(Concession à perpétuité.)

Nota. Sous la dénomination de *canaux de la Corrèze et de la Vezère*, on entend, 1°. un canal ouvert latéralement à la Corrèze, depuis un point pris en amont du moulin de Beauvais au-dessous de Brives, jusqu'à l'embouchure de la Corrèze dans la Vezère ; 2°. le lit canalisé de la Vezère, depuis l'extrémité du canal latéral à la Corrèze, jusqu'à l'embouchure de la Vezère dans la Dordogne.

Tarif du Droit de navigation à percevoir sur les Canaux de la Corrèze et de la Vezère.

Nota. Le droit sera perçu par distance parcourue ou à parcourir, sans égard aux fractions; chaque distance sera de cinq kilomètres.

Le droit de navigation à percevoir, 1°. sur le canal ouvert latéralement à la Corrèze, depuis la ville de Brives jusqu'à l'embouchure de la Corrèze dans la Vezère, 2°. sur la rivière canalisée de la Vezère, depuis l'extrémité du canal latéral à la Corrèze jusqu'à l'embouchure de la Vezère dans la Dordogue, sera calculé à raison du tonnage effectif des bateaux.

1°. Ce droit sera, par mille kilogrammes de chargement, tant à la remonte qu'à la descente, pour chaque distance, de. . . .   40 c.

2°. Les bateaux uniquement chargés de houille, pierres à bâtir, chaux, plâtre et engrais, ne paieront que moitié du droit par distance . . . .   20 c.

3°. Les bateaux vides paieront, par distance . . . . . .   1 f.

4°. Les radeaux de bois de construction paieront par mètre cube de bois et par distance . . . .   40 c.

5°. Les radeaux de bois à brûler paieront par stère et par distance . . . .   5 c.

Les objets chargés sur les radeaux seront passibles d'un droit double de celui qu'ils paieraient s'ils étaient transportés sur bateau.

6°. Il sera payé par toute personne voyageant sur bateau un droit, par distance, de . . . .   15 c.

Ne seront assujettis à aucun droit, 1°. les patrons et gens de l'équipage; 2°. les différentes autorités civiles et militaires dans l'exercice de leurs fonctions; 3°. les ingénieurs et agens chargés de la direction et de la surveillance des travaux, ainsi que le commissaire chargé de reconnaître et de constater l'état des canaux dépendans de la concession.

7°. Les bateaux ou radeaux qui stationneront plus de trois jours sur le canal latéral à la Corrèze et sur les ports ou bassins qui en dépendent, seront assujettis à un droit de garage ou de stationnement qui ne dépassera pas, pour chaque jour par mètre carré d'espace occupé,   2 c.

Il ne sera rien perçu pour stationnement sur les lits de rivière.

8°. Les barques servant personnellement aux riverains pour le transport de leurs denrées d'un bord à l'autre, dans l'étendue d'un même bief et d'une même commune, ne seront assujetties à aucun droit, à la charge par les propriétaires de tenir la main à ce que les barques n'embarrassent pas la voie navigable, et de se conformer aux réglemens de police existans ou à intervenir.

CANAL DE L'OISE.

13 juillet 1825.

Ordonnance du Roi qui contient un nouveau tarif des Droits à percevoir sur le Canal latéral de la rivière de l'Oise.

ART. 3. La perception des droits de péage sur la ligne de navigation comprise entre Manicamp et l'embouchure de l'Oise sera établie conformément au tarif annexé à la présente Ordonnance.

4. Sont supprimés, à partir de la mise à exécution du nouveau tarif, tous les droits de navigation qui se perçoivent sur la rivière d'Oise en vertu de la Loi du 30 floréal an x (20 mai 1802) et de l'Arrêté du gouvernement du 1er messidor an xi (20 juin 1803).

Continueront néanmoins d'acquitter le droit de navigation qui se perçoit aujourd'hui au pont de Compiègne, pour la navigation supérieure de l'Oise, les bateaux qui, au lieu d'emprunter le canal latéral entre Manicamp et le Port-à-Pintrelles, continueraient à suivre, comme par le passé, le lit de la rivière dans la partie parallèle au canal.

TARIF *des Droits à percevoir sur le Canal latéral de la rivière d'Oise, depuis Manicamp jusqu'à Port-à-Pintrelles, et sur la rivière d'Oise perfectionnée, depuis Port-à-Pintrelles jusqu'à Conflans-Sainte-Honorine.*

ART. 1. Le droit sera perçu à raison du chargement des bateaux, évalué en tonneaux de mer, du poids de mille kilogrammes, et en ayant égard à ce qui est prescrit dans l'article ci-après.

2. Les bateaux naviguant sur le canal latéral et sur l'Oise seront jaugés,
1°. En supposant que le tirant d'eau autorisé soit de . . 1^m 05 ^{c}
2°. En supposant qu'il soit de. 1 10
3°. . . . . de 1 15
4°. . . . . de 1 20
Et ainsi de suite, en opérant par gradation de cinq en cinq centimètres jusqu'à un mètre cinquante centimètres, *maximum* de l'échelle du tirant d'eau.

Tout bateau chargé en tout ou en partie et ne prenant pas un tirant d'eau de plus d'un mètre cinq centimètres, paiera le droit pour tout le chargement possible dans la supposition d'un tirant d'eau d'un mètre cinq centimètres.

Si le tirant d'eau, pris par le bateau, est de plus d'un mètre cinq centimètres et n'excède pas un mètre dix centimètres, le droit sera perçu pour tout le chargement possible dans la supposition d'un tirant d'eau d'un mètre dix centimètres.

Si le tirant d'eau est de plus d'un mètre dix centimètres et n'excède pas un mètre quinze centimètres, le droit sera perçu pour tout le chargement possible dans la supposition d'un tirant d'eau d'un mètre quinze centimètres.

Le droit sera perçu pour tous les autres cas d'après les mêmes bases, c'est-à-dire, par gradation de cinq en cinq centimètres jusqu'au tirant d'eau le plus élevé ; fixé à un mètre cinquante centimètres.

3. Les dispositions du titre III du Décret du 28 messidor an xiii (17 juillet 1805), relatif à la navigation de l'Escaut, seront suivies pour le jaugeage des bateaux de l'Oise. (1)

------

(1) D'après l'art. 4 du titre III du Décret précité, le jaugeage doit être calculé en tonneaux de mer de mille kilogrammes. Ce titre, en ce qui concerne la navigation de l'Escaut, était purement transitoire, c'est-à-dire que toutes ses dispositions devaient être exécutées dans les quatre mois de sa publication ; nous l'avons retranché par ce motif.

4. Pour tout le trajet depuis Manicamp jusqu'à Port-à-Pintrelles , et *vice versá* , de quelque nature que soit le chargement, il sera payé par chaque tonneau . . . . 37 c. et demi.

Nota. Cette somme sera divisée en autant de parties égales qu'il y aura d'écluses dans cet intervalle, et la fraction sera due en passant à chaque écluse.

Pour tout le trajet depuis Port-à-Pintrelles jusqu'à la Seine, et *vice versá* , de quelque nature que soit le chargement , il sera payé par tonneau . . . . 35 c.

Nota. On divisera ladite somme en autant de parties égales qu'il y aura de barrages ou d'écluses à passer, et la fraction sera due à chaque barrage ou écluse.

Pour tout bateau vide passant à chaque écluse, ou à côté de chaque écluse, il sera payé par tonneau. . . . . 2 c. et demi.

Nota. Si le bateau est jaugé pour plusieurs tirans d'eau, il paiera pour le moindre.

Pour les trains de bois de charpente, sciage ou charronnage, passant à chaque écluse, ou à côté de chaque écluse , il sera payé par mètre de longueur. . . , ... 15 c.

Pour tous les trains de bois à brûler, on paiera , dans les mêmes circonstances et par mètre de longueur . . . . 12 c.

5. Cinq ans après l'achèvement des travaux, le tarif pourra être révisé , et ensuite de dix années en dix années.

6. Seront exempts de tous droits les bateaux employés pour le service des travaux du canal.

FIN DU LIVRE DEUXIÈME.

APPENDICE DU LIVRE DEUXIÈME.

ORDONNANCES, ARRÊTÉS ET RÉGLEMENS DE POLICE, CONCERNANT LES
VOITURIERS PAR EAU, ET LA NAVIGATION EN GÉNÉRAL. (1)

----

27 juin 1723.

*Ordonnance de police concernant le passage des bateaux et
trains par les ponts en réparation.*

Il est défendu à tous Mariniers, Voituriers par eau et Conducteurs
de trains, de faire passer leurs bateaux et trains de bois par les arches
dans lesquelles on travaille aux piles crèches et radiers, et à tel autre
ouvrage que ce puisse être, de faire aucun dommage aux batardeaux,
ponts de service, ceintres, pieux, échafauds, et autres préparatifs
pour lesdits ouvrages, à peine de 300 fr. d'amende, outre le dédommagement des Entrepreneurs, à dire d'experts.

19 août 1726.

*Ordonnance du Prévôt des marchands concernant la police des
Coches d'eau sur la rivière de Seine.* (2)

Cette Ordonnance rappelle les dispositions du chapitre V de
l'Ordonnance de 1672 (*V*. p. 114), et ajoute :

Ordonnons que tous fermiers conducteurs des coches par eau,
seront tenus d'avoir des bateaux de longueur et largeur suffisante, et
en bon état ; leur défendons de se servir d'aucun qui n'ait été par nous
visité, et qu'ils n'aient obtenu notre permission par écrit après ladite
visite, et marqué du marteau de la marchandise ; comme aussi de
ne se servir que de pilotes, mariniers et compagnons de rivière......
capables et expérimentés......, et seront lesdits conducteurs de coches
civilement responsables desdits pilotes, mariniers et compagnons de
rivière.

----

(1) *V*. l'Extrait du Code Pénal, art. 484, obs. 2.
(2) Le prévôt des marchands avait pouvoir et juridiction pour tout ce qui
concernait la police de la rivière de Seine, l'arrivage des marchandises, la
conduite des coches et bateaux tant en remontant qu'en descendant. Il con-
nai·sait également de tous les délits commis par les marchands, bateliers et
autres gens d'eau.

Ses Ordonnances en cette partie, dans tous les points auxquels il n'a
point été dérogé, doivent être considérées comme ayant la même force qu'une
Ordonnance de police.

Enjoignons auxdits propriétaires et fermiers conducteurs de coches d'avoir planches larges et suffisantes et *portées sur tréteaux*, jusqu'à l'instant de leur départ, depuis le bord de la rivière jusqu'en leursdits bateaux, pour l'entrée et sortie de ceux qui se serviront desdits coches...., à peine de 100 livres d'amende, et d'être tenus des dommages-intérêts résultant des accidens qui pourraient arriver, *soit aux personnes, soit aux marchandises*.

Pourront lesdits propriétaires et fermiers conducteurs desdits coches, prendre sur leurs routes indistinctement, toutes les personnes qui se présenteront avec leurs hardes et paquets....

Défendons très expressément à tous bachotiers, compagnons de rivière et gagne-deniers, d'ôter les planches destinées pour passer sur lesdits bateaux-coches....

Comme aussi d'aller au devant desdits coches pour prendre quelques personnes, hardes ou marchandises y étant, sous quelque prétexte que ce soit, à peine de confiscation des bachots, hardes et denrées, et de 100 livres d'amende.....

Leur enjoignons sous pareille peine, de ne recevoir dans leurs bachots, pour conduire de terre auxdits coches, ou desdits coches à terre, plus de *huit personnes à la fois*....

Lesdits propriétaires et fermiers conducteurs desdits coches, ne les chargeront en sorte que les passagers en soient incommodés ou soient en aucun danger ; leur permettons de se servir de bateaux ou allèges pour les marchandises, lesquels suivront lesdits coches sans pouvoir y *voiturer aucune personne*, ni les attacher au cul desdits coches, soit en montant, soit en descendant ; leur enjoignons pareillement de ne charger lesdits bateaux-coches ou allèges qu'à proportion de la hauteur ou bassesse des eaux, à peine de demeurer chacun en droit soi, responsables des dommages et intérêts pour le retard des personnes et marchandises, même de plus grande peine s'il y échet.

Enjoignons auxdits propriétaires et conducteurs desdits coches de *préférer les personnes* auxdites marchandises, à peine de 100 livres d'amende.

Leur enjoignons, sous peine de 100 livres d'amende, d'arrêter aux ports et villages commodes, pour recevoir ou décharger ceux qui, pendant la route, voudraient entrer ou sortir desdits coches, jusqu'à ce que les bachots qui ont amené ou pris ces personnes en soient assez éloignés pour éviter tout accident.

Leur faisons très expresses inhibitions et défenses, et à leurs pilotes, mariniers et compagnons de rivière, de *se joindre ni trémater* en montant ni en descendant, à peine contre lesdits fermiers conducteurs desdits coches de 500 livres d'amende, d'être tenus des dommages et intérêts résultant des risques et dommages qui pourraient arriver, même d'être poursuivis extraordinairement si le cas y échet, c'est-à-dire en cas d'accidens graves qui pourraient entraîner l'emprisonnement. (*V*. l'Extrait du Code Pénal, art. 319 et 320.)

Enjoignons à tous remonteurs de traits de bateaux remontant bateaux, et mariniers descendant bateaux, de baisser leurs fourchettes et gouvernaux pour faciliter le passage desdits coches, à peine de 100 livres d'amende et de tous dépens, dommages et intérêts.

Défendons aux fermiers et conducteurs desdits coches d'aller de nuit.... à peine de 200 livres d'amende pour la première fois, et de plus grande peine en cas de récidive.... Comme aussi de passer ni monter au-dessus de la ville de leur établissement, à peine de 500 livres d'amende, dommages-intérêts et dépens.

Ne pourront tous propriétaires de coches par eau, cesser de faire aller volans lesdits coches, et tous fermiers et conducteurs d'iceux cesser de les conduire aussi volans, comme aussi ne pourront les uns et les autres les faire aller ou les conduire traînans seulement, sans avoir obtenu notre permission à cet effet.

Défendons à tous propriétaires des ponts, meuniers et tous autres, de mettre aucun dideau, filets ou autres choses aux arches desdits ponts, s'ils n'ont titre à cet effet, et auquel cas seront tenus les lever depuis le soleil levant jusqu'au soleil couchant.

31 janvier 1777.

Sentence de police concernant la navigation et ce qui doit être observé dans la rencontre des Coches, traits de Bateaux, et tous autres Bateaux tirés par des chevaux, ainsi que dans les cas où les fourchettes et gouvernaux des Bateaux feraient obstacle.

.....Disons que les Ordonnances, Sentences et Réglemens sur le fait de la navigation et des voitures par eau seront exécutés, en conséquence et suivant les us et coutumes de la rivière ; que lorsque, en pleine rivière, deux bateaux-coches se rencontreront, l'un montant et l'autre descendant, les conducteurs de celui descendant seront tenus de faire faire *coy* à leurs chevaux et laisser plonger leur corde pour laisser passer sur icelle le Coche montant et ses chevaux ;

Que la rencontre étant d'un trait de bateaux montant avec un coche descendant, et le chemin du tirage se trouvant assez élevé pour faire voler la corde de ce coche par-dessus le mât du trait, alors en faisant, par les conducteurs dudit coche, ainsi voler ladite corde, les conducteurs dudit trait seront tenus, de leur part, de placer et tenir d'à-vau-terre et côté dudit chemin de tirage sur le haut des fourchettes, des picots ou crocs qui soient de biais et de manière que ladite corde, dans son vol, puisse aisément glisser dessus sans s'accrocher ni aux mâts, ni auxdites fourchettes ; et que si, au contraire, cette rencontre se fait dans un endroit où le chemin du tirage serait trop bas, ou bien où seraient de grands dehors et d'éparages, dans l'un et l'autre cas, les charretiers conduisant les chevaux des coches seront tenus de les débiller pour ne reprendre leur corde qu'au-dessous dudit trait ;

Qu'arrivant que ce soit un coche montant qui rencontre un trait, les conducteurs du coche feront alors voler leur corde, et ceux du trait placeront et tiendront picots ou crocs à leurs fourchettes de la même manière qu'il vient d'être dit pour opérer le glissement de ladite corde ;

Que tout ce que dessus sera de même observé en la rencontre de tous autres bateaux qui seront tirés par des chevaux ;

Qu'à l'égard des bateaux en général qui sont dans le cas d'arrêter, rester et séjourner le long des rivières, les conducteurs d'iceux ne pourront les y arrêter et tenir garés que du côté opposé au chemin de tirage ; et néanmoins arrivant nécessité absolue de les tenir et garer du côté dudit chemin de tirage , alors ils seront tenus d'en abattre les fourchettes, peser et coucher le gouvernail , et les placer de manière que rien n'empêche le passage des coches , traits et bateaux tirés par des chevaux , soit montans soit avalans , ce qu'ils seront aussi tenus d'observer en cette ville (de Paris) pour les bateaux qu'ils y auront, aussitôt leur arrivée et pendant leur séjour le long du port et quai St.-Bernard et de l'île Louvier.

Le tout à peine d'*amende arbitraire* (1) , de confiscation des gouvernaux et fourchettes qui se trouveront en nuisance , et sous telles autres peines qu'il appartiendra.

Nota. La Sentence prononce 3o livres d'amende pour contravention à chacune des dispositions ci–dessus.

17 février 1784.

Réglement de police pour la navigation sur les rivières d'Ourcq et d'Aisne et les ports en dépendant, et spécialement pour la rivière d'Ourcq. (2)

CHAPITRE IV.

Concernant la Navigation, les Gardes-Éclusiers, Mariniers, Matuchins, Bardeurs, etc.

Art. 3. Faisons très expresses inhibitions et défenses à tous mariniers, matuchins et autres employés au service de la navigation, de s'immiscer, d'ouvrir dans aucun cas, soit de force, soit avec des outils, soit autrement, les portes et vannes des écluses, gords, déchargeoirs ou pertuis, d'enfoncer les serrures ou fermetures, soit en montant, soit en descendant dans le canal, sous peine de 200 fr. d'amende pour la première fois, et de punition exemplaire en cas de récidive ; leur défendons aussi d'injurier ou méfaire les gardes, éclusiers, et autres employés , à peine aussi de punition exemplaire.

Obs. V. l'Extrait du Code Penal , art. 230 , 23I et suiv.

4. Défendons expressément aux gardes , éclusiers, charpentiers et autres ouvriers, ayant les clefs des vannes, des portes des écluses, déchargeoirs, gords ou pertuis, de se dessaisir, pour telle cause et sous tel prétexte que ce puisse être, desdites clefs, ni de les confier de jour ou de nuit à aucuns mariniers ou matuchins, sous peine de 5o francs d'amende pour la première fois, et de destitution en cas de récidive ; leur enjoignons de faire par eux-mêmes l'ouverture desdites écluses, déchargeoirs , gords et pertuis, dans les temps et aux heures prescrites

---

(1) C'est-à-dire de dommages-intérêts au profit de la partie lésée. (*V.* l'*Obs.* 2 sous l'art. 484 du Code Pénal, Liv. VI.

(2) Ce Réglement n'est que local ; mais M. Dupin, dans son Code des Bois et Charbons, fait observer qu'il est un des meilleurs qui aient été faits, et qu'il peut être utilement consulté dans beaucoup de circonstances. Nous avons en conséquence extrait de ce Réglement les dispositions qui nous ont paru d'une application générale.

par les Ordonnances, c'est-à-dire depuis sept heures du matin jusqu'à
cinq heures du soir, depuis la Toussaint jusqu'au coucher du soleil, à
compter du 1er mars jusqu'au jour de la Toussaint, si ce n'est pour
des cas urgens et pour événemens imprévus, dont ils seront obligés de
rendre compte aux officiers de la maîtrise.

5. Défendons pareillement auxdits mariniers, matuchins et autres,
de s'emparer, soit par adresse, surprise ou autrement, desdites clefs, et
d'en déposséder les gardes-éclusiers, sous les mêmes peines de 5o liv.
d'amende pour la première fois, et de bannissement des rivières pour
la seconde.

6. Pourront les mariniers, matuchins et autres, aller sur la rivière, et conduire leurs bateaux chargés de marchandises aux jours fériés et non fériés, à l'exception des quatre fêtes solennelles de Noël,
Pâques, la Pentecôte et la Toussaint, à peine de 25 liv. d'amende.

7. Ordonnons à tous matuchins et mariniers conduisant leurs bateaux, de marcher à la file les uns des autres, soit en montant, soit en
descendant, et de s'arranger lorsqu'ils voudront garer de l'autre côté
du rivage, et dans un des endroits de la rivière assez large, sans pouvoir doubler, en quelque lieu que ce soit, hors dans les écluses, pour
que le passage soit toujours libre à ceux qui vont à la rencontre, à
peine, contre les contrevenans, de ı5 liv. d'amende.

8. Les voituriers et conducteurs de bateaux montans, venant à rencontrer en pleine rivière des bateaux avalans, seront tenus de se retirer
vers la terre pour laisser passer les avalans, à peine de demeurer responsables des dommages qui en pourraient arriver.

Obs. Une Sentence du Bureau de la Ville, du 3ı août 1742, a
condamné un conducteur de trains en 200 livres d'amende,
pour avoir passé un train au pertuis de Cravon, pendant qu'un
trait de bateaux montant était embardé dans ledit pertuis, et
avoir causé le naufrage d'un des bateaux ; avec défense de récidiver, sous plus grande peine.

9. Faisons défenses aux mariniers, voituriers et matuchins de barrer
ni embarrasser le canal avec leurs bateaux, et déjeter l'eau d'iceux sur
les levées, à peine de ıo liv. d'amende.

10. Ordonnons que tous les bateaux chargés de telles marchandises
que ce soit, qui se trouveront en concurrence avec des bateaux vides,
tant en montant qu'en descendant, auront la préférence pour le passage qui leur sera laissé libre par les mariniers qui auront les bateaux
vides, et que ces derniers seront tenus de se garer, en les apercevant, de
l'un des côtés du rivage, et dans un des endroits de la rivière assez
large, sous peine, contre les contrevenans, de 2o liv. d'amende.

ıı. Disons que les bateaux qui se trouveront chargés de bled, d'a-
voine, de foin et de poissons, auront la préférence pour le passage, et
que pour le leur laisser libre, les mariniers seront tenus de se garer
comme il est dit ci-dessus, sans que, sous tel prétexte que ce soit, ils
puissent retarder la marche desdits bateaux, à peine, contre les contrevenans, de toutes pertes, dépens, dommages et intérêts, et de
5o liv. d'amende.

12. Enjoignons aux mariniers, voituriers et matuchins, de battre les pieux et poinseaux de leurs bateaux sur le revers des levées, lorsqu'ils voudront garer ou amarrer leurs bateaux, soit qu'ils soient vidés ou chargés dans le jour, ou pendant le repos, de façon que lesdites levées ne puissent être endommagées.

13. Ordonnons que les meuniers seront tenus, conformément au Réglement de réformation de 1672, de laisser la liberté entière aux mariniers, tant du passage en leurs moulins que du cours de l'eau, canaux, écluses, portes et portereaux, sur leurs prés, terres et héritages, toutes fois et quand besoin sera, à peine de privation des indemnités fixées par ledit Réglement, de toutes pertes, dépens, dommages et intérêts, et sans qu'il puisse être exigé aucunes choses, à peine de 500 liv. d'amende, de restitution du quadruple, et de punition exemplaire en cas de récidive, contre lesdits meuniers ou fermiers.

Obs. V. l'art. 5, chap. Ier de l'Ordonnance de 1672, p. 105.

14. Faisons défenses auxdits meuniers de mettre des hausses au-dessus de leurs ramages pour entretenir l'eau devant leurs portes, de faire refluer, en aucun cas, ces eaux au-dessus du point ordinaire, et de mettre leurs vannes à fond lorsqu'elles auront été levées pour la navigation, ou pour éviter les dommages que les grandes eaux pourraient causer aux ouvrages, sans au préalable en avoir été avertis ; et leur enjoignons de les lever à la première réquisition qui leur en sera faite par les gardes-éclusiers ou autres employés sur le canal, à peine de 500 liv. d'amende.

16. Défendons à toutes personnes de retirer du canal les bois canards ou autres qui peuvent tomber à l'eau lors de leur transport, soit pour flottage, soit pour bateaux, et de les emporter chez eux ; défendons pareillement aux meuniers, qui les trouveront dans leurs clayes et vannes, de s'en emparer, et leur enjoignons de les déposer sur douve de la rivière, et d'en donner avis aux gardes-ports de la rivière, à peine d'être punis suivant la rigueur des Ordonnances.

Obs. V. l'Ordonnance du 27 octobre 1812, art. 7, ci-après.

21. Ordonnons aux gardes, jurés-compteurs des ports et à leurs commis, aux gardes-pêches, pêcheurs, gardes-éclusiers, et à tous autres gardes, de garer et mettre sur terre, conformément aux art. 16 et 17 du titre XXXI de l'Ordonnance de 1669, les épaves dont ils auront connaissance, et d'en donner avis dans les vingt-quatre heures au procureur du Roi, qui fera ses diligences à cet égard.

Obs. Par *épaves* on entend les objets sans maître, ou dont le maître est inconnu. — Quant aux objets confiés pour être transportés par bateaux, et qui ne sont point réclamés à leur arrivée, les maîtres de bateau doivent se conformer aux formalités prescrites par le Décret du 13 août 1810 (*V.* pag. 59).

23. Enjoignons aux gardes, jurés-compteurs et à leurs commis, aux gardes-généraux, gardes-éclusiers, gardes-pêchés et à tous autres gardes particuliers, et aux huissiers, de tenir la main, chacun en droit soi, à l'exécution de la présente Ordonnance, à peine de répondre en leur propre et privé nom des contraventions qui pourraient y être faites.

18 juillet 1804 (29 messidor an XII).

Ordonnance portant organisation de la Préfecture de police,
relativement aux ports et à la navigation.

23. Le sous-chef au deuxième bureau de la division administrative a
dans ses attributions :

Les débordemens et bâcles ; — Les précautions à prendre pour la
conservation des personnes et des propriétés, la rupture des glaces,
le garage des bateaux ;

..... La rivière, les chemins de halage ; — Les réquisitions au
profit du département, sur les réparations, changemens ou constructions à faire aux ponts, quais, berges, gares et estacades ;

La désignation des emplacemens accordés sur la rivière ; — Les mariniers, bachoteurs, ouvriers, arimeurs, chargeurs, déchargeurs,
tireurs de poids ;

.....Les chantiers, les dépôts de charbon, les magasins de charbon ; — L'état des arrivages, vente et prix des combustibles.

24. Les chefs de service feront exécuter les Lois, Réglemens et Ordonnances de police, chacun dans la partie qui lui est confiée. — Ils
statueront eux-mêmes, sous leur responsabilité, sur tous les cas prévus
et déterminés par les réglemens ; le préfet seul statuera sur tous les cas
extraordinaires, ou qui n'auraient pas été prévus et déterminés par les
Réglemens ou par les Instructions. — Néanmoins, en cas d'urgence,
le chef du service extérieur donnera les premiers ordres, et en rendra
compte sur-le-champ. Les chefs du service extérieur se concerteront
avec l'inspecteur général de la police, toutes les fois qu'il les requerra,
et ils mettront à sa disposition tous les agens et préposés sous leurs
ordres.

26. L'inspecteur général de la navigation et des ports délivrera : les
permis de décharge de toute espèce de marchandises, à l'exception des
bois destinés à l'approvisionnement des chantiers ; — Les permis pour
l'embarquement sur les ports, autres que ceux affectés à chaque espèce
de marchandises ; —Les permis pour la mise en vente des charbons de bois
portés sur les listes des différentes rivières ; — Les permis pour la mise
à port des charbons de terre, à condition que ceux qui seront mis
ailleurs qu'aux ports de vente ne pourront être déchargés qu'après que
le contrôleur du recensement et du mesurage des bois et charbons en
aura été prévenu, afin qu'il puisse faire ce recensement ; — Les permis
pour le raccommodage et le goudronnage des bateaux ; — Les permis
pour le déchargement de bois de chauffage, à destination particulière,
après s'être entendu avec le contrôleur général du recensement des bois
et charbons ; — Le permis de déchirage ; — L'inscription et la délivrance
des certificats d'inscription aux tonneliers et dérouleurs de vins, et à
tous autres officiers sur les ports ; — Le permis pour le numérotage
des bachots ; — Les permis de disposer des matériaux, décombres et
graviers sur les ports ; — Le 1er de chaque mois, l'inspecteur général
adressera au préfet l'état des permissions qu'il aura accordées.

27. Les permis de déchargement des bois destinés aux communes

rurales seront accordés par le préfet, sur l'avis du commissaire général de l'approvisionnement, et en son absence, sur l'avis du contrôleur général du recensement et du mesurage des bois et charbons.

29. Le contrôleur général du recensement et du mesurage des bois et charbons délivrera, les permis de vendre les bois flottés, lorsqu'il aura reconnu qu'ils sont suffisamment ressuyés, quoiqu'ils n'aient pas resté 4o jours dans un chantier ; — les permis aux marchands de bois de sortir de leurs chantiers, sans mesurage préalable, les bois destinés aux administrations et établissemens publics, à la charge de faire surveiller le mesurage au lieu de la destination ; — les permis de transporter directement du port et sans mesurage préalable des bois également destinés pour les administrations, en se concertant avec l'inspecteur général de la navigation et des ports ; — les permis de transporter des bois d'un chantier à un autre, lorsqu'il y aura nécessité ; — les permis aux propriétaires qui font arriver à destination et pour leur provision du charbon fabriqué sur leurs propriétés ; — l'inscription des garçons de pelle et des porteurs de charbons, et la délivrance des certificats d'inscription.

Le 1er de chaque mois, le contrôleur général adressera au préfet l'état des permis qu'il aura délivrés.

14 janvier 18o5 (24 nivose an XIII).

Ordonnance de police qui déclare applicables aux Entrepreneurs de coches d'eau et des galiotes établies à Paris, les formalités prescrites par les art. 1, 2, 3, 4, 5, 9 et 11 de cette Ordonnance, concernant les voitures de terre. V. l'Appendice du livre 1er, p. 87.

Elle ajoute :

ART. 17. Les coches ou galiotes seront amarrés et fermés dans la partie du port que l'inspecteur général de la navigation et des ports aura désignée.

6 mai 18o5 (16 floréal an XIII).

Ordonnance de police concernant les Billeurs de ponts. (1)

Billage de ponts.

ART. 1. Les propriétaires ou conducteurs de bateaux ou barquettes à gouvernail, arrivant par le haut de la rivière, seront tenus de faire biller, à partir du point de la rivière qui se trouve vis-à-vis le chemin de la montagne Saint-James. Ils pourront faire ce billage par leurs propres mariniers ou par ceux de la ville, à leur choix.

---

(1) Cette ordonnance, rendue par le maire de Melun, avait été dans le principe destinée à régler le service de la navigation pour la ville de Melun en particulier; mais par une Décision du Conseil de Préfecture, en date du 3o floréal an XIII, elle a été rendue commune à toute la partie supérieure de la rivière de Seine, depuis Melun jusqu'à Montereau-sur-Yonne, comme renfermant des dispositions d'un intérêt général pour le commerce et la sûreté publique.

2. Lorsque plusieurs bateaux ou barquettes arriveront ensemble au point de la rivière où ils seront tenus au billage, soit que les conducteurs billent par eux-mêmes, soit qu'ils fassent biller par les mariniers de la ville, il sera observé, entre lesdits bateaux ou barquettes, une distance suffisante pour éviter les suites des chocs au passage de l'arche du pont. Cette distance ne pourra être moindre de 235 mètres (120 toises).

3. Les propriétaires ou conducteurs de bateaux ou barquettes qui contreviendraient aux articles précédens, seront contraints de s'y conformer. A cet effet, les syndics des mariniers (dont il sera parlé ci-après) feront garer lesdits bateaux dans un lieu de sûreté, eu égard à la hauteur des eaux, pour être ensuite mis à leur tour de passage sous l'arche du pont.

4. Il est enjoint aux mariniers-billeurs de la ville d'observer la distance prescrite par l'art. 2. Ils ne pourront faire usage de leurs rames, quoique attachés sur leurs batelets, que lorsqu'ils seront auxdites distances, le tout sous peine d'être privés de huit jours de travail pour la première fois, et de plus grandes peines en cas de récidive.

5. Les mariniers qui seront employés au billage pour les conducteurs passans, ne pourront débiller que sous l'arche du pont, sous peine d'être privés de quinze jours de travail, et d'être traduits à la police en cas de récidive.

6. Afin de prévenir les accidens qui pourraient résulter de la rencontre de bateaux lors de leur passage sous le pont, les propriétaires ou conducteurs de bateaux ou barquettes, vides ou chargés, qui remonteront la rivière, ne devront, sous peine d'amende, se présenter sous l'arche, lorsque d'autres bateaux, barquettes, trains de bois de toute nature, ou coches, se trouveront dans la partie supérieure de la rivière pour passer le pont.

7. Il est fait défenses aux mariniers-billeurs de biller aucuns bateaux ou barquettes lorsque l'arche du pont se trouvera obstruée par d'autres bateaux, barquettes, coches, ou trains de bois, soit montans, soit descendans.

8. Lorsque la rivière excédera un mètre 136 millimètre (3 pieds 6 pouces) d'eau, les mariniers-billeurs ne pourront être moins de trois pour le billage de chaque gros bateau ou barquette; et lorsque la rivière se trouvera au-dessous de cette hauteur, lesdits propriétaires ou conducteurs pourront n'employer que deux mariniers-billeurs.

9. Les propriétaires ou conducteurs de bateaux ou barquettes descendant sur la rivière, ayant la liberté de faire faire le billage par leurs préposés mariniers ou par ceux de la ville, il est expressément défendu à ces derniers de s'immiscer dans le service du billage quand ils n'en seront pas requis, et d'entraver en aucune manière le passage des bateaux sous l'arche du pont, et dans ce cas de ne réclamer aucun salaire envers les propriétaires ou conducteurs.

10. Pour assurer la régularité du travail et la sûreté des bateaux à biller, le service des mariniers sera déterminé entre eux par ordre de

numéros. — Tout marinier qui ne serait pas présent lors du passage d'un ou plusieurs bateaux, ne pourra reprendre de service que lorsque la totalité des numéros sera épuisée.

11. Les mariniers faisant le service du billage sont tenus d'entretenir en bon état les batelets ou bachots dont ils se servent pour icelle ; ils seront garans des événemens qui pourraient résulter de leur imprévoyance à cet égard.

12. Pour prévenir les événemens que pourrait occasionner le mauvais état desdits batelets ou bachots, le commissaire de police accompagné (si besoin est) d'un charpentier, procédera, au moins une fois le mois, à l'inspection desdits batelets ou bachots ; il s'assurera s'ils sont régulièrement et exactement entretenus. Le marinier propriétaire d'un batelet ou bachot qui serait trouvé en mauvais état, sera puni par la privation de dix jours de travail sur la rivière, sans préjudice de l'obligation de faire procéder sur-le-champ à la réparation dudit batelet ou bachot.

Trains de bois.

13. Les trains de bois arrivant pour passer sous le pont, seront tenus de garder entre eux la même distance que celle prescrite pour les bateaux, en partant également du point de la rivière qui est en face du chemin de Saint-James.

Le commis du commerce sera tenu de se trouver toujours sur le pont, lors du passage des trains, pour donner aux mariniers-flottans toutes les indications nécessaires.

Toutes les fois que le commis du commerce ne se trouvera pas à son poste, les mariniers seront tenus d'en avertir un syndic, lequel en préviendra le maire.

Coches d'eau.

14. Conformément à l'art. 5 du chap. V de l'Ordonnance de 1672 (*voyez* p. 115), dont les dispositions sont maintenues par l'art. 25 de l'Arrêté de S. Exc. le ministre de l'intérieur, du troisième jour complémentaire de l'an x, il est expressément défendu àtout bachoteur, compagnon de rivière et autres, d'aller à la rencontre des coches, sous prétexte d'y conduire ou d'y recevoir des voyageurs ou des marchandises, à peine d'amende arbitraire. (1)

Taxe des salaires.

15. Il sera payé 75 centimes par homme aux mariniers-billeurs qui auront billé un bateau depuis le point de la rivière qui se trouve vis-à-vis le chemin de Saint-James jusque sous l'arche du pont.

Dans le cas où les bateaux en contravention à l'art. 3 seraient garés par ordre des syndics, il sera payé 75 centimes par homme faisant le service d'un batelet ou bachot monté de deux ou trois hommes (suivant la force du bateau à garer, au dire des syndics).

Défenses sont faites aux mariniers d'exiger autres et plus fortes sommes que celles fixées par le présent article, à peine d'amende et de restitution des sommes indûment perçues.

---

(1) *V.* l'Extrait du Code Pénal, art. 484, obs. 2.

Syndics ; leurs pouvoirs et leurs fonctions.

16. La direction de toutes les parties du service des mariniers de la rivière, l'exécution des dispositions du présent Réglement, relatives à ce service, et notamment celles qui ont pour objet le billage, l'ordre du travail des mariniers, et les mesures à prendre pour la sûreté du commerce, seront confiées à deux syndics.

Les syndics seront pris parmi les mariniers.

Dans le mois qui suivra la publication du présent Réglement, les mariniers présenteront au maire les sujets parmi lesquels les syndics seront par lui choisis.

Tous les cinq ans il sera procédé à une nouvelle présentation et à un nouveau choix. Les syndics en exercice pourront être continués.

Ils pourront être révoqués par le maire toutes les fois qu'ils y donneront lieu, soit par leur inconduite, soit par les malversations, soit par une négligence constante dans l'exercice de leurs fonctions.

17. Les syndics dirigeront le service de manière à ce que les dispositions du présent Réglement ne puissent être éludées.

Ils auront la faculté de priver de son travail pendant l'espace de huit ou quinze jours (suivant les cas prévus par les art. 4, 5 et 12) les mariniers contrevenans ; et, en cas de récidive, ils en feront leur rapport au commissaire de police, pour être suivi ainsi que le cas l'exige.

Ils veilleront particulièrement à ce qu'aucun marinier se porte sur les bateaux dans un état d'ivresse, et ne se permette aucune injure envers les personnes qui les emploieront ; et si ces injures étaient accompagnées ou suivies de violences ou voies de fait, ils en informeront sur-le-champ le commissaire de police, qui dressera procès-verbal et les citera à la police municipale pour y être punis suivant l'exigence des cas. Ils pourront interdire aux auteurs des menaces ou voies de fait, le travail sur la rivière, jusqu'à ce qu'il ait été statué sur le délit, pourvu cependant que cela n'excède point dix jours.

Tous les ans les syndics remettront au maire la liste des mariniers professant l'état.

18. Le commissaire de police, la gendarmerie et les syndics, sont respectivement et spécialement chargés de veiller à l'exécution du présent Réglement.

6 juin 1807.

Ordonnance de police concernant le lâchage des Bateaux et des Trains, et le remontage des Bateaux vides dans Paris.

ART. 1. Les chefs de ponts pourront lâcher sous les grands ponts tous les jours, depuis le point du jour jusqu'à la nuit, les bateaux, barquettes, toues et autres qui se descendent à l'aviron.

2. Les bateaux ne pourront être lâchés sur corde par les grands ponts que les mardi et vendredi, et seulement depuis sept heures du matin jusqu'à cinq du soir. S'il arrivait que ces deux jours ne fussent pas suffisans pour le lâchage de tous les bateaux, les chefs de ponts s'adresseront à l'inspecteur général de la navigation et des ports, qui est autorisé à y pourvoir et qui en rendra compte.

3. Les chefs de ponts pourront faire tous les jours le remontage

des bateaux par le bras de la rivière dit des Petits-ponts, lorsqu'il n'y aura pas assez d'eau pour y faire passer les trains de bois flotté; mais quand les trains pourront passer par les petits ponts, les chefs de ponts ne devront y faire le remontage que les mercredi et samedi.

4. Lorsque les chefs de pont lâcheront des bateaux sur corde par les grands ponts, ils seront tenus d'arborer, à sept heures du matin, un drapeau au pont de la Tournelle, et un autre au pont des Tuileries, côté des grands ponts.

5. Lorsqu'ils lâcheront *sur corde* par les grands ponts, en même temps qu'ils remonteront par le petit bras de la rivière, ils seront tenus préalablement d'arborer les deux drapeaux au pont de la Tournelle.

6. Lorsque les chefs de ponts feront des remontages dans le temps où le lâchage des trains peut se faire par les petits ponts, ils arboreront un drapeau au pont de la Tournelle, et un autre au pont des Tuileries, côté des petits ponts.

7. Le commerce pourra faire lâcher les trains de bois de chauffage ou de charpente tous les jours, même les mardi et vendredi, par les grands ponts, et les mercredi et samedi par les petits ponts, lorsque les chefs de ponts n'auront pas fait arborer le drapeau.

8. Les contraventions seront constatées par des procès-verbaux qui seront adressés au préfet de police.

9. Il sera pris contre les contrevenans telle mesure de police administrative qu'il appartiendra, sans préjudice des indemnités dont ils seront tenus pour les dommages qu'ils pourraient avoir causés.

22 mai 1811.

Ordonnance de police concernant le service des ponts de Paris.

Art. 2. Les chefs de ponts tiendront deux registres, l'un destiné à recevoir les déclarations afin de lâchage, et l'autre les déclarations afin de remontage. Ces registres seront cotés et paraphés.

3. Les déclarations seront inscrites sur ces registres par ordre de numéros et de date, sans blancs, ratures ni interlignes.

4. Il sera délivré à chaque marchand ou Voiturier, un bulletin indicatif du numéro, de la date et de l'objet de sa déclaration.

Obs. V. l'art. 4 de l'Ordonnance du 13 décembre 1811, ci-après, qui développe cet article.

5. Les chefs de ponts seront tenus, la veille de chaque jour de lâchage et de remontage, de remettre à l'inspecteur général de la navigation, un état des bateaux à descendre ou à remonter le lendemain.

Cet état indiquera les noms des marchands ou Voituriers, les numéros et date des déclarations, et la devise des bateaux.

6. Il ne pourra, dans le même temps, être fait par les grands ponts, des lâchages à l'aviron et des lâchages sur corde.

7. Le lâchage des bateaux qui se descendent à l'aviron, pourra avoir

lieu tous les jours par les grands ponts depuis le point du jour jusqu'à la nuit, lorsqu'il n'y aura point de lâchage sur corde.

8. Le lâchage sur corde par les grands ponts aura lieu aux jours ci-après indiqués, savoir : lorsque les trains de bois flotté et de charpente peuvent passer sous les petits ponts, les lundi, mercredi et vendredi. Dans le cas contraire, les mardi et vendredi seulement.

9. Le lâchage sur corde pourra avoir lieu depuis le point du jour jusqu'à la nuit.

10. Les bateaux disposés pour être descendus sur corde, seront lâchés consécutivement et sans interruption.

11. Lorsque le lâchage sur corde ne peut avoir lieu que deux fois par semaine, il ne pourra être fait la veille aucun approchage.

12. Lorsque les chefs de ponts auront à effectuer un lâchage sur corde, ils seront tenus d'arborer le soir du jour précédent, un drapeau au pont de la Tournelle et un autre au pont des Tuileries, côté de la rive droite.

13. Les chefs de ponts pourront faire tous les jours le remontage des bateaux vides par les petits ponts, lorsque les trains de bois flotté et de charpente ne pourront plus descendre par le petit bras de la rivière. Dans le cas contraire, les chefs de ponts ne pourront faire de remontage par les petits ponts que les mercredi et samedi.

14. Le remontage des bateaux sera annoncé la veille au soir, par un drapeau placé au pont de la Tournelle et au pont des Tuileries, côté de la rive gauche.

15. Si le remontage par les petits ponts a lieu les mêmes jours que le lâchage sur corde par les grands ponts, il sera arboré deux drapeaux à chacun des ponts de la Tournelle et des Tuileries, l'un du côté de la rive droite, et l'autre du côté de la rive gauche.

16. Le commerce pourra faire lâcher tous les jours, même les jours affectés au lâchage sur corde et remontage, les trains de bois flotté et charpente, soit par les grands ponts, soit par les petits ponts, lorsque les chefs de ponts n'auront point fait arborer les drapeaux indicatifs du lâchage sur corde ou remontage.

17. Lorsqu'il existera plus de trois bateaux vides dans les ports du bas, les chefs de ponts seront tenus, si la chose est nécessaire pour l'entière évacuation de ces ports, de faire deux barrages par chaque jour de remontage.

18. Les contraventions, tant aux dispositions du Décret du 28 janvier dernier, qu'à la présente Ordonnance, seront constatées par des procès-verbaux qui nous seront adressés.

19. Il sera pris envers les contrevenans telles mesures de police administrative qu'il appartiendra, sans préjudice des poursuites à exercer contre eux devant les tribunaux, conformément aux Lois et Réglemens.

Nota. V. ci après l'Ordonnance du 15 octobre 1812, p. 325.

13 décembre 1811.

Ordonnance de police concernant le service des ponts sous Paris.

Art. 2. Les bateaux destinés à passer sous les ponts de Paris, par le ministère des chefs de ponts, seront provisoirement garés dans le bassin de la Rapée.

Obs. V. l'art. 8 de l'Ordonnance du 15 octobre 1812 ci-après.

3. Le bureau des déclarations à recevoir par les chefs de ponts pour le lâchage des bateaux, sera établi, pour la commodité du commerce, à la proximité de la Rapée. — Ce bureau sera ouvert, sans interruption en toutes saisons, depuis le point du jour jusqu'à la nuit. L'ancien bureau de ponts, actuellement établi sur le port de la Grève, sera conservé pour recevoir les déclarations à fin de remontage.

4. Le bulletin d'enregistrement pour le lâchage qui doit être délivré au marchand ou voiturier, en exécution de l'art. 4 de notre Ordonnance du 22 mai dernier, indiquera, outre le numero et la date de la déclaration, l'heure à laquelle elle sera reçue.

5. Les bateaux seront descendus dans le plus bref délai. Ils ne pourront, dans aucun cas, rester plus de deux jours dans le bassin de la Rapée.

6. Notre Ordonnance du 22 mai dernier continuera de recevoir son exécution.

7. Les contraventions, tant à l'Arrêté de S. Exc. le ministre de l'intérieur du 25 novembre dernier, qu'à la présente Ordonnance, seront constatées par des procès-verbaux qui nous seront adressés. (1)

8. Il sera pris contre les contrevenans telle mesure de police administrative qu'il appartiendra, sans préjudice des poursuites à exercer contre eux devant les tribunaux.

9. Les commissaires de police, l'inspecteur-général de la navigation et des ports, et les autres préposés de la préfecture, sont chargés de tenir la main à son exécution.

---

(1) Voici la Décision du ministre de l'intérieur, du 28 janvier 1811 :

« Art. 1er. Le pont d'Austerlitz sera compris dans la nomenclature des ponts, dont les chefs de ponts de Paris doivent faire le service.

« 2. Les chefs de ponts prendront les bateaux dans le bassin de la Rapée.

« 3. Conformément à l'art 2 du Décret du 28 janvier 1811, il est défendu, à tous autres qu'aux chefs de ponts, de passer les bateaux sous le pont d'Austerlitz, excepté les margotats, bachots et doubles-bachots.

« 4. L'espace compris entre le pont de la Tournelle et le pont d'Austerlitz, rive gauche, sera reconnu dans son entier sous la dénomination de port de la Tournelle.

« 5. Les bateaux qui seront pris par les chefs de ponts au bassin de la Rapée, et descendus à un premier port, d'où ils seraient ultérieurement conduits au port inférieur, ne seront passibles que de la rétribution fixée par le tarif à partir de l'île Louviers. »

13 janvier 1812.

*Ordonnance de police concernant la police des Voitures em-
ployées au service des ports et des chantiers.*

Aʀᴛ. 1. Les voitures employées au service des ports ou des chantiers continueront d'être déclarées à la préfecture de police. — Il est
défendu de faire stationner sur les ports et auprès des chantiers d'autres voitures que celles pour lesquelles les propriétaires auraient fait la
déclaration prescrite.

2. Conformément à l'art. 9 de la Loi du 3 nivose an 6, tout propriétaire de voitures employées sur les ports ou pour les chantiers, est tenu
de faire peindre sur une plaque de métal, en caractères apparens et lisibles, son nom et son domicile. Cette plaque doit être clouée en avant
de la roue et au côté gauche de la voiture, à peine de 25 fr. d'amende.
L'amende sera double si la plaque portait soit un nom, soit un domicile faux ou supposé. — Le propriétaire est tenu de faire peindre sur
la même plaque le numéro qui lui aura été donné à la préfecture de
police.

Obs. V. l'article 9 de la Loi du 3 nivose an ᴠɪ, Liv. I, p. 17.

3. Aucune voiture sans ridelles ne doit être employée au transport du
bois. — Néanmoins les falourdes de harts et les fagots peuvent être
transportés sur des haquets, pourvu que le chargement soit solidement
assujetti. — Les tonneaux vides ne doivent être transportés sur les haquets qu'avec les mêmes précautions ; le tout sous les peines portées
aux art. 475 et 476 du Code Pénal.

Obs. V. ces articles, *Extrait du Code Pénal*, Liv. VI.

4. Il est défendu aux voituriers de s'éloigner de leurs voitures et de
les conduire en guides, de monter sur leurs chevaux, et de les faire
trotter ou galoper ; ils se tiendront à la tête de leurs chevaux.—Il leur
est enjoint de se détourner ou ranger devant toutes autres voitures et
à leur approche de leur laisser libre au moins la moitié de la rue, le
tout sous les peines portées aux art. 475 et 476 du Code Pénal.

Il est défendu aux voituriers de confier leurs charrettes ou haquets
à des personnes hors d'état de les conduire ou guider, sous les peines
portées aux art. 475 et 476 du Code Pénal.

6. Il est défendu aux voituriers, aux charretiers, à leurs femmes, à
leurs enfans, aux scieurs de bois et autres ouvriers, de se rassembler et
de se coaliser pour empêcher les acheteurs de choisir le voiturier qui
leur convient.

Obs. Cette contravention est punie de 50 francs d'amende, par
l'art. 14 du Réglement du 24 juillet 1725, et de confiscation des
chevaux et charrettes, en cas de récidive.

7. Il leur est également défendu d'aller au-devant des acheteurs, et
de leur proposer un marchand de préférence à un autre, comme aussi
d'employer à cet effet aucunes personnes à eux attitrées, vulgairement
connues sous le nom de chercheurs et de chercheuses, à peine de
300 fr. d'amende contre les voituriers et charretiers, et de 50 fr. contre
les chercheurs et les chercheuses.

8. Les charretiers ne doivent entrer dans les chantiers qu'autant qu'ils y sont appelés par les marchands ou par les acheteurs. Ils ne peuvent y faire stationner leurs voitures que le temps nécessaire pour le chargement. — Ils ne peuvent charger leurs voitures que pendant le temps que la vente est ouverte sur les ports et dans les chantiers. Ils ne doivent s'immiscer en aucune manière dans le mesurage du bois. (1)

Obs. Cette dernière contravention est punie de 100 francs d'amende et de confiscation des charrettes et chevaux, aux termes de l'art. 9 du Réglement du 24 juillet 1725.

9. Il est défendu aux charretiers de demander et de recevoir des marchands la gratification anciennement connue sous le nom de *nivel*, pour leur amener des acheteurs et leur procurer du débit.

Obs. Cette contravention est punie de 50 francs d'amende, aux termes de l'art. 10 du Réglement du 24 juillet 1725.

10. Il est défendu aux marchands de bois d'envoyer des voituriers, des garçons de chantiers et autres personnes au-devant des acheteurs, pour solliciter la préférence au préjudice des autres marchands, ou *d'autoriser cette manœuvre par un salaire quelconque*, à peine de 100 fr. d'amende.

11. Il est défendu aux voituriers et charretiers de détourner ou laisser détourner aucune partie des marchandises chargées sur leurs voitures, à peine d'être poursuivis devant les tribunaux comme coupables de vol.

· *Obs. V.* l'Extrait du Code Pénal, art. 386, Liv. VI.

12. Il leur est enjoint de conduire directement chez les acheteurs les marchandises dont le transport leur est confié, sans qu'ils puissent s'arrêter en route. — Ils sont tenus de ramasser les portions de marchandises qui seront tombées, et de les remettre sur la voiture (2). — Ils ne peuvent exiger pour le transport que le prix qui aura été convenu de gré à gré, le tout à peine de 50 fr. d'amende pour chaque contravention.

13. Il est défendu de charger les voitures au-dessus des ridelles, même lors du transport des bois des ports dans leurs chantiers. — Les ridelles ne pourront, dans aucun cas, être suppléées ni sur-élevées par des bûches ou piquets placés perpendiculairement pour retenir le chargement.

---

(1) L'Ordonnance de 1672 porte, chap. IV, art. 25 : « Sera loisible à tous bourgeois de faire décharger par leurs domestiques, du bateau à terre, les denrées et marchandises qu'ils auront fait arriver, et d'en faire faire la voiture dans leurs chariots, si bon leur semble; défense aux charretiers et gagne-deniers de troubler lesdits bourgeois en cette liberté, et d'entreprendre de faire aucun travail qu'ils n'aient été choisis et mis en besogne par les bourgeois. »

(2) L'art. 22, chap. IV de l'Ordonnance de 1672, porte : « Demeureront lesdits charretiers responsables de la perte des marchandises arrivée par leur faute, et les maîtres charretiers pareillement responsables des fautes de leurs domestiques et garçons. »

14. Il est défendu de faire passer les voitures au bord de la rivière dans l'île Louviers.

15. Il est défendu aux voituriers de transporter du bois d'un chantier dans un autre, à moins que ce transport n'ait été autorisé par nous.

16. Les charretiers ne pourront enlever aucunes marchandises des ports et des chantiers pendant les heures de fermeture. — Sont exceptés de cette disposition les trains de bois à brûler et de charpente, dont l'enlèvement continuera d'avoir lieu depuis le point du jour jusqu'à la nuit, et les marchandises pour l'enlèvement desquelles il aurait été délivré des permis particuliers.

17. Les voituriers et charretiers habitués des ports ou des chantiers, sont tenus, au surplus, de se conformer à l'Ordonnance de police du 11 novembre 1808, concernant les rouliers, voituriers, charretiers et autres.

Obs. Cette Ordonnance est renouvelée par l'Ordonnance du 2 avril 1819. *V.* l'appendice du Liv. I, p. 96.

18. Les contraventions seront constatées par des procès-verbaux qui nous seront adressés.

19. Il sera pris envers les contrevenans telle mesure de police administrative qu'il appartiendra, sans préjudice des poursuites à exercer contre eux devant les tribunaux.

15 octobre 1812.

Ordonnance de police concernant le lâchage des Bateaux sous les ponts de Paris.

Art. 1. Le registre des chefs de ponts servant à l'inscription des déclarations à fin de lâchage des bateaux, sera divisé en neuf colonnes.

La première sera destinée à inscrire le numéro des déclarations; la deuxième, le jour; la troisième, l'heure où elles seront faites; la quatrième sera destinée à la désignation des marchandises dont les bateaux seront chargés; la cinquième, à l'indication des ports où les bateaux devront être lâchés, soit pour l'approvisionnement de Paris, soit pour être entreposés, soit en passe-debout; la sixième, à inscrire les particuliers pour l'ordre de lâchage des bateaux dans les différens ports affectés au déchargement d'une même marchandise; la septième sera réservée pour les déclarations; la huitième servira à inscrire la date des lâchages, et la neuvième sera réservée pour les observations auxquelles les lâchages auront donné lieu. Ce registre sera coté et paraphé par nous.

2. Les chefs de ponts adresseront à l'inspecteur-général de la navigation et des ports un relevé exact et détaillé des déclarations de lâchages inscrites sur leur registre.

L'inspecteur-général en transmettra des extraits aux inspecteurs particuliers, chacun pour les ports compris dans leur surveillance respective.

3. L'inspecteur-général de la navigation et des ports adressera au fur et mesure, et tous les jours, si besoin est, aux chefs de ponts, un état indicatif du nombre des bateaux qui pourront être lâchés dans les ports.

—Ce nombre sera réglé d'après l'étendue de chaque port et l'état de la rivière.

4. Les chefs de ponts seront tenus de lâcher les bateaux dans les ports aussitôt que l'inspecteur-général leur aura fait connaître qu'il y a place pour les recevoir.

5. Les bateaux destinés, soit pour l'approvisionnement de Paris, soit pour être entreposés, ou à être descendus en passe-debout, continueront à être lâchés selon l'ordre des déclarations inscrites sur le registre des chefs de ponts.—Dans le cas où le lâchage ne pourrait avoir lieu pour cause de force majeure ou imprévue, il nous en sera rendu compte dans le jour.

6. Il est défendu aux marchands ou mariniers d'empêcher ou retarder en aucune manière le lâchage de leurs bateaux quand leur tour en est arrivé.

7. Les bateaux destinés à être lâchés en passe-debout seront garés au-dessus de la barrière de la Rapée.

8. Les bateaux destinés à l'approvisionnement de Paris, et ceux destinés pour y être entreposés, seront garés au-dessous de la barrière de la Rapée, en observant toutefois les dispositions prescrites par l'art. 9 ci-après.—Lesdits bateaux ne pourront être descendus au-dessous de cette barrière qu'après que la déclaration de lâchage aura été faite au bureau des chefs de ponts. Ils ne pourront, une fois à cette gare, être remontés sans notre autorisation spéciale.

9. Les bateaux qui seront placés sur la rive droite de la rivière, entre la barrière de la Rapée et la patache d'amont, ne pourront occuper plus de sept longueurs de toues sur trois rangs, quand il n'y aura pas de tirage de bois sur ce point, et plus de six lorsque le tirage des bois aura lieu.

10. Nos Ordonnances des 22 mai et 13 décembre 1811 continueront de recevoir leur exécution quant aux dispositions auxquelles il n'est pas formellement dérogé par la présente.

11. Les contraventions seront constatées par des procès-verbaux qui nous seront adressés.

12. Il sera pris envers les contrevenans telles mesures de police administrative qu'il appartiendra, sans préjudice des poursuites à exercer contre eux devant les tribunaux.

Nota. Un Réglement du ministre de l'intérieur, du 10 pluviose an XI, porte que les chefs de ponts qui par leur mauvais service auront causé du dommage aux bateaux, seront justiciables des tribunaux ordinaires pour les réparations dues aux propriétaires. Néanmoins, le Conseil d'État, dans un Avis du 15 novembre 1816, a considéré que le Réglement ci-dessus n'était applicable qu'au cas où lesdits maîtres de ponts avaient causé du dommage au bateau par *leur fait personnel,* et que si le défaut de lâchage ou remontage qui avait occasionné la perte d'un bateau provenait d'un ordre émané de l'inspecteur de la navigation, cet ordre étant un ordre administratif, il n'appartenait pas aux tribunaux de connaître de ses résultats.

27 octobre 1812.

Ordonnance de police concernant la police de la rivière et des ports de Paris, pendant l'hiver, et dans les temps des glaces, grosses eaux et débâcles. (1)

Art. 1. A compter de ce jour jusqu'au temps où il n'y aura rien à craindre des glaces, toute la partie de la rivière fermée par les *estacades*, est destinée à servir de gare aux bateaux chargés de denrées et marchandises, aux boutiques à poissons, et spécialement aux bateaux de charbon.

Les marchands, les voituriers par eau ou les gardiens de bateaux chargés, sont tenus de les y garer de la manière qui leur sera indiquée par l'inspecteur-général de la navigation et des ports, et d'y attendre leur tour de mise à port et en décharge, suivant leur numéro d'arrivage.

Il est défendu de fermer aucuns bateaux sur les pieux et autres pièces de bois *des estacades.*

2. Il est enjoint aux marchands, aux facteurs et troqueurs de poissons, de ranger leurs boutiques de manière qu'il reste un passage suffisant pour le lâchage et la remonte des bateaux qui doivent être mis en gare.

3. Lorsque la rivière commence *à charier*, les marchands, les voituriers par eau, ou les gardiens de bateaux qui se trouveront dans les ports de Paris et aux environs, ailleurs que dans la gare désignée par l'art. 1er, doivent faire décharger et enlever leurs marchandises, ou les ranger sur les ports de la manière qui leur sera indiquée par l'inspecteur-général ; sinon il y sera pourvu à leurs frais et risques.

4. Il est ordonné aux marchands, aux voituriers par eau et aux gardiens des bateaux, ainsi qu'à ceux qui tiennent les bateaux à lessive ou à bains, les moulins, les usines et autres établissemens de ce genre, de les fermer et amarrer avec bonnes et suffisantes cordes, aux anneaux et pieux placés le long des ports et quais ; de faire, deux fois par jour, casser les glaces autour desdits bateaux, moulins et usines ; sinon il y sera pourvu à leurs frais et risques.

Il est fait défense de planter ou couper aucuns pieux de gare le long des quais, sans autorisation.

5. Les marchands, les voituriers par eau, ou les gardiens, sont tenus, *en tout temps*, d'avoir sur leurs bateaux des cordes suffisantes pour les fermer et amarrer solidement, de faire retirer des ports les bateaux aussitôt après leur déchargement, de les faire remonter ou descendre dans les gares ; sinon il y sera pourvu à leurs frais et risques.

Les bateaux qui seront jugés hors d'état de servir, seront déchirés sur place ou dans les endroits que nous désignerons.

Les bateaux vides qui pourraient faire craindre quelque accident, seront déchirés d'après un ordre que nous donnerons à cet effet.

6. Il est défendu de déposer et laisser séjourner sur les ports, sur les

---

(1) Cette Ordonnance est renouvelée tous les ans.

berges et les bords de la rivière, aucuns matériaux, comme pierres, moellons, pavés, pièces de charpente, bois et fers, qui, pouvant être submergés par la crue subite des eaux, exposeraient les bateaux à être endommagés et à périr avec leur chargement. Les matériaux qui s'y trouveraient déposés, seront enlevés aux frais et risques des contrevenans.

7. Il est enjoint à tous ceux qui auront repêché des bois des débris de bateaux, des marchandises ou autres objets naufragés, d'en faire la déclaration dans les vingt-quatre heures, savoir :

Dans Paris, aux commissaires de police, à l'inspecteur-général ou aux inspecteurs particuliers de la navigation et des ports ; et dans les communes riveraines du ressort de la Préfecture de police, aux maires, aux commissaires de police *extra muros*, à l'inspecteur de la navigation de Saint-Denis, ou à la gendarmerie, qui nous en donnera connaissance.

Les personnes qui ne feraient pas de déclaration dans le délai fixé, seront privées de tout salaire pour le repêchage.

Celles qui s'abstiendraient, cacheraient ou vendraient tout ou partie des objets repêchés, seront, ainsi que les acheteurs ou receleurs, poursuivis selon la rigueur des lois.

Obs. Une Ordonnance de police, du 13 avril 1813, institue des préposés au repêchage, dont le salaire doit être réglé de gré à gré entre eux et le commerce ; cette Ordonnance porte : « Art. 7. Il est défendu à toutes personnes autres que les préposés, de repêcher des bois. Il est également défendu d'acheter ou de cacher des bois qui auraient été repêchés, *sous peine d'être poursuivi comme voleur.* (1)

« Art. 8. Néanmoins, en cas de naufrage de trains ou de bateaux, il est permis de repêcher les bois....; mais il est enjoint à tous ceux qui auront repêché des bois, des débris de bateaux, des marchandises ou autres objets *naufragés* d'en faire la déclaration dans les vingt-quatre heures (devant les fonctionnaires indiqués dans l'art. 7 de l'Ordonnance actuelle). »

8. Les contraventions seront constatées par des procès-verbaux qui nous seront adressés.

9. Il sera pris contre les contrevenans telle mesure administrative qu'il appartiendra ; sans préjudice des poursuites à exercer contre eux devant les tribunaux.

---

(1) Ce vol doit être puni des peines portées par l'art. 401 du Code Pénal, ainsi conçu : « Les autres vols non spécifiés dans la présente section, les larcins et filouteries, ainsi que les tentatives de ces mêmes délits, seront punis d'un emprisonnement d'un an au moins, et de cinq ans au plus, et pourront même l'être d'une amende qui sera de 16 f. au moins, et de 500 fr. au plus. Les coupables pourront encore être interdits des droits mentionnés en l'art. 42 du présent Code (*Droits civiques, civils et de famille*), pendant cinq ans au moins et dix ans au plus, à compter du jour où ils auront subi leur peine. Ils pourront aussi être mis par l'arrêt ou jugement sous la surveillance de la haute police pendant le même nombre d'années. »

FIN DE L'APPENDICE DU LIVRE DEUXIÈME.

LIVRE TROISIÈME.

LOIS, DÉCRETS, ARRÊTÉS, ORDONNANCES ET INSTRUCTIONS, CONCERNANT LES MAITRES DE POSTE. (1)

Loi du 23 et 24 juillet 1793.

TITRE II.

Établissement des Malles-Postes.

ART. 6. Il sera établi un nombre suffisant de voitures pour le transport des lettres et dépêches, afin de les faire parvenir avec célérité dans tous les points du Royaume, et à toutes les communications avec l'étranger. Ce service ne pourra être fait par aucune voiture de messagerie.

7. Les voitures seront de différentes formes et dimensions : celles des principales routes seront à quatre roues et construites de manière à transporter à la fois les dépêches, le courrier et *quatre voyageurs :* elles seront nommées *grandes malles-postes.*

Obs. 1. Aucun voyageur ne peut être admis dans les malles qu'après vérification de son passe-port; il en est fait mention ainsi que de ses nom et prénoms, et du lieu de sa destination, tant sur le registre que sur la feuille de route remise au courrier. (Instruct. de l'Administ.)

2. Les voyageurs qui veulent sortir de Paris avec leurs propres chevaux pour prendre la malle à l'un des relais situés dans le rayon de quinze lieues sur les routes environnant Paris, doivent se munir d'un permis de poste, qui leur est délivré gratis sur la représentation d'un passe-port, au bureau des permis établi dans le local de l'administration des postes. (id.)

3. Les courriers de la malle, accompagnant les voyageurs, doivent avoir pour ceux-ci tous les égards qui peuvent se concilier avec la célérité du service; mais il leur est expressément défendu de les laisser s'arrêter dans d'autres lieux que ceux où eux-mêmes

---

(1) Les lois qui concernent les Maîtres de poste dans leurs rapports avec les Entrepreneurs de voitures publiques, font partie du Livre I. *V.* dans ce ce livre, Loi du 6 mars 1805, Décrets du 20 mai 1805, 1er novembre 1805, Ordonnance du 13 août 1817, Réglement du 21 novembre 1817. *V.* encore les Réglemens concernant les Voituriers en général, dans la Législation antérieure à 1789, p. 1, et l'Appendice du Livre I, p. 83 ; les lois sur les Douanes, Droits réunis et Octrois, Livre 4, et le Traité de la Responsabilité, Livre 5.

doivent s'arrêter ; et, dans les lieux où ils s'arrêtent, de les attendre plus long-temps que le service ne le comporte. (id.)

4. Les courriers du Gouvernement, lorsqu'ils sont expédiés sans dépêches, doivent être reçus de préférence aux voyageurs dans les malles-postes, en payant leur place. (id.)

5. Il y a dans chaque malle-poste quatre places, dont le prix est de 1 franc 50 centimes par poste.

Les guides des postillons qui conduisent les malles-postes étant à la charge de l'administration, les voyageurs n'ont rien à leur donner.

8. Les autres voitures, qui seront appelées *petites malles-postes*, établies sur les communications moins importantes, seront à deux roues et disposées de manière à contenir, indépendamment des dépêches et du courrier, un, deux ou trois voyageurs, suivant que l'expérience en fera connaître la nécessité.

Obs. V. les *Obs.* sous l'article précédent.

9. Ces voitures rouleront seulement sur les grandes routes, pourvues de relais ; partout ailleurs où il sera nécessaire de faire transporter des dépêches, le service sera rempli de la manière que l'administration jugera la plus expéditive, la plus sûre et la plus économique.

Obs. V. le tableau du service des malles-postes, sous l'art. 7 de la Loi du 9 décembre 1798, p. 336.

10. Les malles-postes, grandes et petites, feront au moins deux lieues par heure ; leur marche ne sera interrompue ni jour ni nuit, que le temps nécessaire pour l'exécution du service.

Obs. 1. Les malles-postes dont le passage est régulier, ne sont point assujetties, quant au rang, à l'ordre établi dans le service. Les chevaux destinés à leur conduite sont prêts à l'avance ; elles sont relayées dès qu'elles arrivent, et partent immédiatement après.—Dans cet état de choses, les malles-postes dépassent toutes les voitures qui les précèdent, et avec d'autant plus de raison que les chevaux qui sont réservés pour elles, ne devant, dans aucun cas, être détournés de cette destination, il ne peut jamais en résulter le moindre préjudice pour les voyageurs. (Réglem. de l'Administ.)

2. Il est accordé cinq minutes pour atteler les malles qui seront conduites par un postillon en rang, de manière à parcourir une poste dans l'espace de quarante-cinq minutes, et d'une heure dans les localités difficiles.

3. Les courriers sont autorisés à faire une retenue de 50 centimes par poste sur les guides toutes les fois que la malle ne sera pas conduite par un postillon en rang, ou que celui-ci aura occasionné du retard.

11. Les voyageurs par les malles-postes ne pourront charger avec eux qu'un paquet de nuit, dont le poids est rigoureusement fixé à dix livres.

Obs. Aujourd'hui, d'après les Réglemens, il est accordé aux voyageurs un poids de cinquante livres sans rien payer.

41. Les transports des voyageurs qui entreront dans les malles-postes seront payés au prix de....

Obs. V. l'*Obs.* 5 sous l'art. 7 de cette Loi.

TITRE IV.

Établissement du service de la Poste aux Chevaux.

Art. 68. Il sera entretenu dans toute l'étendue de la France un service de relais tant pour la conduite des malles que pour le service des personnes qui voudront voyager en poste. Les entrepreneurs de ces relais seront établis dans leurs fonctions en vertu d'une commission du Gouvernement; ils pourront être destitués de leurs fonctions pour cause de leur mauvais service, constaté par l'administration des postes et par les corps administratifs de leur arrondissement; ils seront soumis aux lois sur le fait des postes, sous l'inspection et administration immédiate des postes.

Obs. 1. *V.* ci-après l'art. 2 de la Loi du 9 décembre 1798, et l'art 1 de la Loi du 20 mai 1799, qui développent cet article.

2. Par Arrêt du 11 janvier 1808, la Cour de Bruxelles a décidé qu'un Maître de poste, en sa qualité de commissionné du Gouvernement, ne peut être rangé dans la classe des commerçans. Il résulte de ce principe qu'un Maître de poste ne serait point justiciable des tribunaux de commerce, ni soumis à la contrainte par corps pour le paiement d'un simple billet à ordre par lui souscrit ou endossé, si d'ailleurs ce billet n'avait point pour cause une opération commerciale étrangère à son état, ce que le créancier devrait prouver.

On ne pourrait pas considérer comme un acte de commerce de la part d'un Maître de poste, les achats de fourrages et chevaux pour le service des postes et voitures publiques, sous le prétexte, à l'égard des chevaux, qu'ils seraient achetés avec l'intention d'en louer l'usage (1). L'art. 12 de la Loi du 20 mai 1799 fait assez entendre que l'emploi des chevaux à ce service n'est point un louage dans le sens du Code de Commerce; autrement cet article serait en contradiction avec lui-même, puisque, d'une part, il permet aux Maîtres de poste d'employer des chevaux à ce service, et que de l'autre il leur défend l'état de *loueurs*, même en prenant patente, sous peine de destitution.

---

(1) M. Pardessus est néanmoins d'un avis contraire. « Un Maître de poste, dit-il, *ne pourrait nier* que ses achats de fourrage et *autres objets* de son exploitation (l'auteur avait nommément désigné les chevaux dans la première édition) ne soient actes de commerce (n° 17). » Quel que soit notre respect pour cette opinion, nous ne pouvons nous y ranger; M. Pardessus semble d'ailleurs la combattre lui-même en ajoutant plus loin (n° 21) : « Si les acheteurs sont des préposés *commissionnés par le Gouvernement ou par une administration qu'il ait créée*, leurs achats ne sont point des actes de commerce. » (Cours de droit commercial.)

Les billets à ordre souscrits par les Maîtres de poste en paiement de fourrages et de chevaux destinés au service des postes et messageries, ne peuvent donc les rendre justiciables des tribunaux de commerce, ni surtout passibles de la contrainte par corps.

69. Aucuns Maîtres de poste ne pourront quitter le service sans avertir au moins six mois d'avance ; autrement il y sera pourvu à leurs frais ; ils pourront néanmoins disposer de leur établissement en faveur d'un autre, en prévenant de leur intention l'administration, qui fera expédier si elle le juge convenable une nouvelle commission à la personne désignée pour le remplacement. Ils entretiendront, sous peine de destitution, le nombre de chevaux et postillons nécessaires au service, ainsi qu'il sera réglé par l'administration. Il ne sera formé aucun autre établissement en relais, sans un Décret particulier qui l'autorise.

70. Si quelqu'un d'eux vient à décéder et que les héritiers ne puissent et ne veuillent pas continuer le service pour leur compte, la municipalité veillera à ce que le nombre de postillons et de chevaux ne diminue pas, jusqu'à ce qu'il ait été pourvu au remplacement par l'administration, qui y procédera le plus promptement possible.

Obs. V. les art. 9 et 11 de la Loi du 20 mai 1799, ci-après.

76. Les paiemens ainsi que les chevaux, provisions, ustensiles et équipages destinés au service de la poste, ne pourront être saisis sous aucun prétexte.

Obs. Par *paiemens* il faut entendre ici les gages alloués aux Maîtres de poste par le Gouvernement dans les proportions fixées par l'article 12 de la Loi du 9 décembre 1798. Il résulterait de l'article actuel que les créanciers des Maîtres de poste ne pourraient être admis à saisir-arrêter la moindre partie des gages de leur débiteur entre les mains du Gouvernement ou du trésor ; mais la Loi du 20 ventose an IX (11 mars 1801) a nécessairement modifié cette disposition en faveur des créanciers ; elle est ainsi conçue : « Les traitemens des fonctionnaires publics et employés civils seront saisissables jusqu'à concurrence du cinquième sur les premiers 1000 francs, et toutes les sommes au-dessous ; du quart sur les 5000 suivans, et du tiers sur la portion excédant 6000 fr., à quelque somme qu'elle s'élève. » — Cette loi, frappant sur les fonctionnaires publics et employés du Gouvernement en général, doit s'appliquer aux Maîtres de poste chargés d'un emploi public et pour lequel il leur est alloué des gages.

Quant à la défense absolue de saisir les chevaux, provisions, ustensiles et équipages destinés au service de la poste, quoique cette prohibition ne soit point rappelée par l'art. 592 du Code de Procédure civile, elle n'en est pas moins toujours en vigueur comme établie par une Loi spéciale, et fondée sur un motif d'intérêt public.

27 décembre 1795 (6 nivose an IV).

Loi concernant les Maîtres de poste et les postillons dans l'ordre du service.

ART. 2. Il est défendu à tout Maître de poste en activité de service

ou même démissionnaire, de disposer de ses chevaux, harnois et fourrages.

Les objets vendus ou détournés seront rétablis à ses frais.

Les démissions qui pourraient être données seront acceptées, et les
remplacemens faits par l'administration des postes dans les six mois
au plus tard de la présentation de la démission.

3. Il est défendu à tout Maître de poste de percevoir des voyageurs
aucune somme au-dessus du tarif et du nombre de chevaux fixé par
les Réglemens, à peine d'une amende de vingt fois la somme trop perçue, pour la première fois, et de quarante fois pour la récidive.

Il leur est également défendu de refuser des chevaux à quelque heure
que ce puisse être, à peine d'une amende de 1000 fr., et d'une indemnité envers les voyageurs, qui sera proportionnée au temps qu'ils auront été obligés de séjourner ; à la charge cependant par ceux-ci d'accorder une heure pour le rafraîchissement des chevaux qui arriveront
de course.

Obs. Les chevaux spécialement destinés au service des malles-
postes, ne pouvant être détournés de cette destination, les Maîtres
de Poste sont en droit de les refuser aux voyageurs (*V.* l'*Obs.* 1,
sous l'art. 10 de la Loi du 27 juillet 1793, p. 330).

4. Tout postillon qui refusera de marcher, ou exigera des voyageurs
au-delà du tarif, sera puni d'un jour de détention, et de trois jours s'il
a menacé ou insulté le voyageur.

Obs. V. les *Obs.* sous l'art. 23 de la Loi du 9 décembre 1798.

5. Les peines portées par les art. 3 et 4 seront prononcées par les
municipalités ou par l'agent municipal (le maire), ou son adjoint, sur
la plainte du voyageur.

Le procès-verbal en sera adressé au receveur du droit d'enregistrement, pour qu'il recouvre les amendes prononcées.

Obs. Les voyageurs étant en droit, d'après l'art. 4 du Décret
du 29 mars 1793 (1), de se faire restituer le trop perçu, ils pourraient aujourd'hui porter leur action devant les tribunaux correctionnels, dans tous les cas où l'amende calculée d'après le
mode fixé par le §. 1 de l'art. 3, devrait être supérieure à
15 francs. Il en serait de même dans le cas d'un refus de chevaux
qui occasionnerait un préjudice au voyageur, et où l'amende serait de 1000 francs.

9 décembre 1798 (19 frimaire an VII).

Loi sur la Poste aux chevaux.

ART. 1. L'établissement général des postes aux chevaux est maintenu
dans toute l'étendue de la France.

Obs. V. la Loi du 24 juillet 1793, tit. IV, p. 331.

2. Nul autre que les Maîtres de poste munis d'une commission spéciale, ne pourra établir de relais particuliers, relayer, ou conduire à
titre de louage, des voyageurs d'un relais à un autre, à peine d'être

---

(1) *V.* ce Décret dans la note 1 sous le tarif annexé à l'Ordonnance du 13
novembre 1822 ci-après.

contraint de payer, par forme d'indemnité, le prix de la course, au profit des Maîtres de poste et des postillons qui auront été frustrés.

Obs. La prohibition d'établir des relais ne doit s'appliquer qu'aux voitures qui voyagent ou *doivent voyager* sur des routes où règne une ligne de poste, et qui ne rentrent point d'ailleurs dans les exceptions des art. 3 et 5.

3. La prohibition portée au précédent article ne s'étend point aux conducteurs de petites voitures *non suspendues*, connues sous le nom de pataches ou carrioles, et *allant à petites ou grandes journées* dans l'intérieur de la France, non plus qu'à ceux de toute autre voiture de louage allant constamment à petites journées et sans relayer.

Obs. 1. *V*. l'Ordonnance du Roi du 11 septembre 1822, p. 80, qui détermine ce qu'il faut entendre par voitures non suspendues. *V*. aussi les *Obs.* sous les art. 1 et 2 de la Loi du 6 mars 1805, p. 29.

2. Il résulte de cet article et de l'art 1 de la Loi du 6 mars 1805, que les conducteurs de voitures *non suspendues*, quelle que soit la célérité de leur course, peuvent établir des relais particuliers, sans s'exposer à l'indemnité. Il résulte encore, tant de cet article que de l'art. 2, que tout individu peut établir des relais particuliers, pour le service de ces voitures non suspendues.

3. La dernière disposition de cet article, concernant les voitures de louage, doit s'entendre en ce sens, qu'un conducteur d'une voiture de louage, *même suspendue* (l'article ne distingue pas), peut conduire des voyageurs sur une route où règne une ligne de poste, sans encourir l'indemnité, pourvu toutefois qu'il aille constamment à petites journées, et sans changer de chevaux. Si le conducteur d'une pareille voiture change de chevaux sur un point quelconque de la route (si ce n'est pour le retour seulement, *V*. l'*Obs.* 2, sous l'art 1 de la Loi du 6 mars 1805, Liv. I.), ou s'il marche à grandes journées, c'est-à-dire, s'il parcourt, dans vingt-quatre heures, un espace de plus de dix lieues, même *sans changer de chevaux*, il encourt l'indemnité. (*V*. l'Ordonnance du 13 août 1817, p. 69.)

4. Il est défendu aux Maîtres de poste de relayer quiconque aurait contrevenu aux dispositions des articles précédens, sous peine de payer lui-même la course aux Maîtres de poste et postillons à qui elle serait due à titre d'indemnité.

Obs. 1. Un Maître de poste qui sciemment fournirait des chevaux à une voiture publique suspendue, qui s'écarte de la ligne de poste, pour parcourir des routes de traverse, serait responsable envers les Maîtres de poste frustrés par cette déviation (*V*. l'art. 1 du Décret du 6 juillet 1806, p. 43). Il en serait de même s'il fournissait des chevaux à des voitures publiques qui, sans relayer dans leur course, se versent réciproquement les voyageurs, à certaines distances, et sans attendre au moins six heures (*V*. l'art 5 du même Décret).

2. Un Maître de poste qui fournirait des chevaux à un conducteur de voitures de louage suspendues, allant à grandes journées, serait passible de l'indemnité envers chacun des Maîtres de poste frustrés ; il le serait également s'il relayait ce conducteur dans le cas même où il n'irait qu'*à petites journées*, parce que l'art. 3 ci-dessus défend à ces conducteurs de mener *même à petites journées*, en relayant.

3. Un Maître de poste qui ferait conduire et verserait au relais voisin des voyageurs amenés à son relais par une voiture de louage suspendue dont le conducteur n'exhiberait pas le certificat dont il doit être porteur aux termes du Réglement du 21 novembre 1817 (*V.* p. 69), se rendrait passible de l'indemnité envers les Maîtres de poste antérieurs, dont les relais auraient été frustrés, et ce lors même que la voiture aurait constamment marché à petites journées ; car dès-lors que cette voiture viendrait à être relayée, elle rentrerait dans la prohibition, et celui qui relaierait encourrait l'indemnité.

4. La prohibition de relayer, dont parle cet article, n'est point applicable aux voitures *particulières ;* mais les Maîtres de poste peuvent refuser d'atteler les chevaux de leur relais avec les chevaux de ces voitures étrangers au service des postes (*V.* ci-après l'art. 12 de la Loi du 20 mai 1799).

5. Sont exceptés les relais qui seraient établis pour le service des voitures publiques partant à jour et heure fixes, et annoncées par affiches, et le transport des dépêches partout où les Maîtres de poste n'en seraient pas chargés, lorsque ces relais seront bornés au service qui leur est attribué.

Est également excepté le cas où un relais de poste se trouverait dégarni.

Obs. 1. Il est à remarquer qu'aux termes de l'art. 1 de la Loi du 6 mars 1805 (*V.* p. 29), la faculté d'avoir des relais particuliers, pour le service de leurs voitures, n'est accordée aux entrepreneurs, qu'à la condition de payer 25 centimes par cheval et par poste aux Maîtres de poste dont ils n'emploient pas les chevaux.

2. Les conducteurs de voitures *non suspendues*, allant à petites ou à grandes journées, peuvent avoir des relais particuliers, qu'ils partent ou non à jours fixes (*V.* l'art. 3, *Obs.* 2).

6. Les Maîtres de poste ne sont point sujets au droit de patente pour l'exercice public dont ils sont chargés ; ils sont seulement astreints à faire enregistrer leur commission au greffe de leurs municipalités respectives.

Obs. Il résulte de cet article que les Maîtres de poste ne peuvent être considérés comme commerçans (*V.* l'*Obs.* 2, sous l'art. 68 de la Loi du 24 juillet 1793, p. 331).

7. Le service des malles sera fait par les Maîtres de poste sur les routes ci-après désignées, savoir :

De Paris à Caen, par Rouen, etc.

Obs. Ce service est aujourd'hui réglé de la manière suivante :

De Paris à Caen, par Évreux ;
De Paris à Calais ;
De Paris à Lille, par Cambray ;
De Paris à Mézières ;
De Paris à Strasbourg, par Châlons et Metz ;
De Paris à Strasbourg, par Châlons et Nancy ;
De Paris à Huningue, par Troyes et Langres ;
De Paris à Besançon, par Troyes et Dijon ;
De Paris à Lyon, par Auxerre et Châlons-sur-Saône ;
De Paris à Lyon, par Moulins ;
De Paris à Toulouse, par Orléans et Limoges ;
De Paris à Bordeaux, par Orléans et Poitiers ;
De Paris à Nantes, par le Mans ;
De Paris à Nantes, par Vendôme et Tours ;
De Paris à Brest, par Alençon et Rennes ;
De Lyon à Strasbourg ;
De Lyon à Marseille ;
D'Avignon à Toulouse ;
De Toulouse à Bayonne, par Auch et Tarbes ;
De Bordeaux à Bayonne ;
De Langon à Montauban ;
De Limoges à Bordeaux ;
De Châlons-sur-Marne à Metz.

8. Il sera payé comptant, pour le transport des malles, 3 francs 25 centimes, guides compris, par poste, sur les routes et partie des routes où il y a chaque jour malle montante et malle descendante, et 3 francs 75 centimes, guides compris, par poste, sur les routes où il n'y a chaque jour qu'une seule malle soit montante, soit descendante.

Obs. Le prix du transport des malles, tel qu'il est fixé par cet article, a été maintenu par l'art. 4 du Décret du 23 ventose an XIII, et par une Ordonnance du Roi du 20 mai 1814.

9. Il sera payé en outre aux Maîtres de poste 75 centimes par poste, par chaque voyageur accompagnant le courrier de la malle.

Obs. D'après les Réglemens, chaque voyageur accompagnant le courrier de la malle, paie aujourd'hui 1 franc 50 centimes par place et par poste. — Les guides du postillon sont à la charge de l'administration. — *V.* au surplus les *Obs.* sous l'art. 7 de la Loi du 24 juillet 1793, p. 329.

10. Le Gouvernement déterminera les routes autres que celles ci-dessus désignées, sur lesquelles il sera utile de confier le service des malles

aux Maîtres de poste, et réglera le prix des courses dans les proportions indiquées par les circonstances et les localités.

11. Le Gouvernement est autorisé à régler la position, le nombre des relais et leurs distances respectives, en réduisant les relais les plus forts à deux postes et demie, et en portant les plus faibles à une poste et demie, lorsque les localités ne s'y opposeront pas impérieusement. Il est également autorisé à supprimer les relais dont l'inutilité sera reconnue.

12. Il est alloué des gages aux Maîtres de poste.

La répartition en sera faite par le Gouvernement, en raison du nombre de chevaux reconnu nécessaire dans chaque relais, sans qu'en aucun cas cette indemnité proportionnelle puisse s'étendre à un nombre excédant celui de quinze chevaux par relais.

Il sera accordé 40 francs par chacun des cinq premiers chevaux, 30 francs par chacun des cinq suivans, et 20 francs par chacun des cinq derniers.

13. Les Maîtres de poste auront droit à une indemnité pour les localités difficiles et pour les pertes majeures et imprévues qu'ils supporteront relativement à leur état.

14. Les postillons auront droit à une pension de retraite, après vingt ans de service comme postillons en rang, ou dans le cas d'un accident ou d'une infirmité qui les mettrait dans l'impuissance de se procurer, par un travail quelconque, les moyens d'exister.

Cette retraite ne pourra être moindre de 150 francs, ni plus forte de 200 francs.

Elle pourra être reversible, en tout ou en partie, aux veuves et aux enfans.

Obs. Il résulte des Instructions de l'administration que les postillons ont aussi droit à des secours lorsqu'ils éprouvent des accidens graves dans le service. Les Maîtres de poste doivent, lorsqu'ils réclament ces secours pour un postillon, joindre à leur lettre un certificat du maire, qui constate que l'accident a eu lieu au service, plus un procès-verbal d'un officier de santé pour indiquer la cause et les suites de l'accident, ainsi que le temps présumé nécessaire pour le rétablissement du postillon. Ces deux pièces doivent être légalisées et visées.

2. Les mêmes Instructions veulent qu'il soit délivré à chaque postillon un livret sur lequel seront inscrits ses services et les punitions qui lui auront été infligées. Les Maîtres de poste demeurent dépositaires de ce livret, qui est rendu aux postillons toutes les fois qu'ils changent de relais. Aucun postillon ne peut être admis à la pension sans avoir au préalable représenté son livret avec le nombre de feuillets qui le composent.

15. L'administration actuelle des relais est supprimée ; elle sera remplacée par un conseil d'administration.

Obs. L'Ordonnance du 17 mai 1817 a supprimé l'administration des postes aux chevaux ; elle est réunie , sous le titre de Division , à l'Administration des postes.

Les inspecteurs des postes sont chargés de la surveillance des deux services.

20. Les gages et secours extraordinaires ne pourront être délivrés que sur un Arrêté du Gouvernement , et l'état en sera remis annuellement au Corps législatif, ainsi que celui de l'organisation des bureaux.

21. Les pensions des postillons seront réglées par le Corps législatif, sur les états qui seront présentés par le Gouvernement.

22. A compter du 1er nivose prochain.... les guides de chaque postillon seront portés à 7 décimes 5 centimes par poste.

Les Maîtres de poste fourniront gratuitement les chevaux aux inspecteurs de relais pour leurs tournées. Ces derniers ne seront tenus qu'à payer les guides des postillons.

Obs. Aujourd'hui , et depuis long-temps , les voyageurs sont dans l'usage de payer les guides, fixés à 75 centimes par cet article , sur le même pied que les chevaux (1 franc 50 centimes par poste); l'administration approuve cette augmentation, mais il n'est pas douteux que les voyageurs auraient la faculté de restreindre les guides au taux légal, principalement s'ils avaient à se plaindre de l'insubordination des postillons ; dans ce cas, l'administration elle-même les y engage.

23. Il est défendu à tout postillon d'exiger ou de recevoir une somme offerte au-delà des guides fixés par la Loi , d'insulter les voyageurs, ou de leur donner aucun sujet de plainte , sous peine, en cas de récidive, de destitution , sans préjudice des peines qui pourront leur être infligées par les tribunaux.

Obs. 1. *V*. l'art. 4 de la Loi du 27 décembre 1795, et l'*Obs.* 5 sous l'art 7 de la Loi du 24 juillet 1793 , p. 330.

2. Tout postillon qui insulterait des femmes voyageant en poste et qui tiendrait devant elles des propos grossiers , ou commettrait quelque indécence , serait renvoyé sans certificat au reçu de l'avis qui en aurait été donné à l'administration. (Réglem. de l'Admin.)

3. Les voyageurs ayant le droit de se faire conduire dans les auberges qui leur conviennent, les postillons sont tenus de prendre leurs ordres à cet égard, et de s'y conformer. (Réglem.)

Il est défendu aux postillons, sous peine d'être mis à pied , de demander des pour-boire aux voyageurs admis dans les malles. (Réglem.)

24. Pour constater la contravention aux dispositions de l'article précédent, il sera tenu, par chaque Maître de poste, un registre coté et paraphé par l'agent municipal de la commune de la situation des relais. Les voyageurs pourront consigner leurs plaintes dans ce registre.

Les inspecteurs arrêteront et relèveront ce registre à chaque tournée, et en feront rapport à l'administration.

Obs. Les voyageurs non seulement ont le droit de consigner leurs plaintes sur le registre que cet article prescrit aux Maîtres de poste de tenir à cet effet, et qu'ils sont tenus de représenter à leur réquisition ; mais ils sont même spécialement invités par l'administration des postes à lui donner connaissance de toutes les infractions qui auraient lieu de la part des Maîtres de poste ou postillons concernant les Lois et Réglemens sur le fait des postes.

20 mai 1799 (1er prairial an VII).

Arrêté contenant réglement sur le service de la poste aux chevaux.

§. I. *Des Maîtres de poste et postillons.*

Art. 1. Les Maîtres de poste doivent résider à leurs relais, où leur présence est constamment nécessaire pour maintenir l'ordre, l'activité et la subordination dont ils répondent personnellement. (1)

Ils ne peuvent transférer leurs relais d'un local dans un autre, quoique dans la même commune, qu'avec l'autorisation préalable du conseil d'administration.

2. Les Maîtres de poste ne peuvent quitter le service sans avoir prévenu le conseil d'administration six mois d'avance ; faute de quoi il y sera pourvu à leurs frais, conformément à l'art. 69 de la Loi des 23 et 24 juillet 1793. (*V.* cet article, p. 332.)

3. En cas d'absence momentanée d'un titulaire, il peut charger quelqu'un de le représenter pour trois mois au plus, et seulement après en avoir prévenu le conseil d'administration des postes aux chevaux ; mais il ne peut ni faire gérer habituellement son relais, ni le céder, sans que le gérant ou cessionnaire ait été préalablement agréé.

4. Les Maîtres de poste ont le choix de leurs postillons ; mais ils ne peuvent en prendre un sortant d'un autre relais, s'il n'est muni d'un certificat de bonne conduite donné par le titulaire du relais qu'il quitte.

Ils peuvent également les renvoyer ; mais ils ne peuvent leur refuser le certificat sans des motifs graves, et dont le conseil d'administration sera juge en cas de contestation.

5. La surveillance des Maîtres de poste doit s'étendre non seulement sur leurs propres postillons, mais même sur ceux des relais voisins : ils doivent veiller particulièrement à ce que ces derniers ne s'arrêtent aux relais où ils arrivent que le temps nécessaire pour faire souffler leurs chevaux, et à ce qu'ils ne repartent point à charge ou au galop.

---

(1) Les instructions données par l'administration en 1822 enjoignent aux Maîtres de poste d'informer de suite le directeur général des Postes de tout événement qui aurait lieu dans leur commune ou sur leurs communications, relativement au service des malles, des estafettes, des voitures en poste, des messageries et voitures publiques, et de transmettre sur les accidens tous les détails et renseignemens qui leur seront parvenus soit par leurs postillons, soit par toute autre voie.

6. Les Maîtres de poste sont civilement responsables des accidens arrivés par le fait de leurs postillons ou par l'emploi de chevaux qu'ils auraient dû réformer.

Obs. Les Maîtres de poste n'étant que *civilement* responsables, ne peuvent jamais être tenus des amendes, ou passibles des peines corporelles encourues par leurs préposés. Ils ne peuvent être condamnés qu'à des dommages-intérêts proportionnés au dommage causé, et pour lesquels ils ont, dans tous les cas, leur recours contre les postillons.

La responsabilité des Maîtres de poste, à raison du fait de leurs postillons, ne se borne pas d'ailleurs aux accidens causés par la maladresse, la négligence ou l'imprudence de ces derniers, ils sont encore responsables de toutes les fraudes ou contraventions que lesdits postillons peuvent commettre dans leur service en matière de douanes, de droits-réunis, d'octrois et de port de lettres, et cette responsabilité doit s'entendre de l'amende elle-même, attendu qu'elle est prononcée, dans tous ces cas, moins à titre de peine qu'à titre de dommage au profit de l'Etat. Quant à la destitution portée par ces lois contre tout postillon convaincu de fraude, c'est une peine entièrement personnelle. (*V.* Livre I, Loi du 16 mai 1801, art. 9; Livre IV, Loi du 22 août 1791, chap. I, art. 29; Loi du 21 avril 1818, chap. II, art. 43, *Obs.* 3; Loi du 28 avril 1816, chap. III, art. 45; Ordonnance du Roi du 9 décembre 1814, art. 33; et Liv. V, le Traité de la Responsabilité.)

7. Le conseil d'administration et les inspecteurs en tournée ont le droit de prononcer la mise à pied, pour un mois au plus, des postillons qui donneraient lieu à des plaintes dans leur service, et qui se rendraient coupables d'insolence ou d'insubordination. Les Maîtres de poste sont tenus de déférer aux ordres qui leur seront donnés à cet égard, et ils sont autorisés à employer personnellement cette mesure de discipline.

8. Tout postillon qui, après avoir subi la peine de la mise à pied, se mettra dans le cas d'une nouvelle punition, sera destitué, conformément à l'art. 23 de la Loi du 19 frimaire an VII : il ne pourra plus être employé dans aucun relais, et sera privé de tout droit à la pension réglée par l'art. 14 de la même Loi. (*V.* ces articles.)

9. Dans le cas d'un relais vacant ou abandonné, les deux Maîtres de poste voisins sont tenus de se communiquer sur-le-champ, et sans attendre l'ordre du conseil d'administration.

Lorsqu'il n'en résultera qu'une course de deux postes et demie, les Maîtres de poste ne pourront prétendre à aucun dédommagement; mais si la course se trouve plus étendue, il leur sera payé, indépendamment du prix ordinaire pour les distances parcourues, une demi-poste d'augmentation, pour tenir lieu du rafraîchissement des chevaux, jusqu'à concurrence de trois postes et demie, et le prix d'une poste entière, lorsque la course surpassera cette dernière distance, et jusqu'à concurrence de cinq postes, terme au-delà duquel ils ne peuvent être tenus de se communiquer.

10. Les Maîtres de poste sont tenus de présenter, à la première réquisition des voyageurs qui auraient des plaintes à faire, le registre que lesdits Maîtres de poste doivent avoir à cet effet, conformément à l'art. 24 de la Loi du 19 frimaire an VII.

Obs. V. l'*Obs.* sous l'art. 24 de la Loi du 9 décembre 1798, p. 339.

11. Les Maîtres de poste pourront être requis, par le conseil d'administration, de fournir les postillons et chevaux nécessaires pour renforcer des relais lors d'un passage extraordinaire, ou pour activer provisoirement un relais vacant ou abandonné : mais alors, outre le prix des courses qui leur appartiendra de droit, il leur sera alloué, par chaque jour de route ou de séjour, le prix de 2 francs par homme et par cheval requis et en activité.

Obs. Les lieux où il est nécessaire de renforcer les relais, soit à cause de la vacance, soit à cause de la difficulté des routes, sont indiqués dans l'Itinéraire. *V.* l'Appendice de ce Livre.

12. Il est expressément défendu aux Maîtres de poste de faire l'état de loueurs de chevaux, même en prenant patente, à peine de destitution : ils peuvent néanmoins se charger de la conduite des voitures publiques annoncées par affiches et partant à jour et heure fixes.

Obs. 1. *V.* l'*Obs.* 2 sous l'art. 68 de la Loi du 24 juillet 1793.

2. Quoiqu'il soit défendu aux Maîtres de poste de faire l'état de loueurs de chevaux, et généralement toute espèce d'entreprise qui pourrait les assimiler à des commerçans, ils sont néanmoins autorisés par les Réglemens à exploiter une chaise ou cabriolet d'occasion pour la commodité des courriers voyageant en poste.— La Cour de Cassation, par Arrêt du 22 janvier 1820, cité sous l'art. 115 de la Loi du 25 mars 1817, p. 66, a décidé qu'en ce cas les Maîtres de poste devaient déclarer leur voiture aux préposés de la régie de l'enregistrement, la faire estampiller, et se munir d'un *laissez-passer* avant de la mettre en circulation. En déclarant ces formalités applicables aux Maîtres de poste, la Cour de Cassation a reconnu par cela même qu'ils étaient, dans le cas dont il s'agit, soumis comme les autres voituriers aux droits de la régie. Toutefois, il est à remarquer que leur voiture étant une voiture d'*occasion* et *partant à volonté*, doit être affranchie du dixième du prix des places et paquets, et qu'elle ne peut être assujettie qu'au droit annuel, tel qu'il est réglé par l'art. 113 de la Loi précitée.

3. Il est expressément défendu aux Maîtres de poste de se servir de la voie des papiers publics, ainsi que de cartes imprimées ou faites à la main, pour provoquer les courriers à donner la préférence à une route sur une autre qui aurait la même destination. (Ext. des Instruct.)

13. Tout postillon doit être âgé de seize ans au moins ; il doit se faire inscrire au greffe de l'administration municipale, à compter du

jour qu'il prend son rang, et adresser au conseil de l'administration des postes aux chevaux le certificat de son inscription. Le droit à la pension ne courra à l'avenir, pour les postillons qui entreront dans les relais, que du jour de cette inscription.

14. Les postillons doivent obéissance, non seulement au Maître de poste auquel ils sont attachés, mais encore, en ce qui concerne le service, à tous les Maîtres de poste chez lesquels ils se trouvent.

15. Tout postillon quittant un relais pour s'attacher à un autre, sera tenu de faire viser le certificat de bonne conduite qui lui aura été délivré par le Maître de poste au relais duquel il était précédemment attaché, tant par la municipalité qu'il quittera que par celle de son nouveau domicile.

16. Les postillons ne peuvent quitter un relais sans avoir prévenu le titulaire au moins un mois d'avance; et en cas de non exécution de cette disposition, les Maîtres de poste sont autorisés à leur refuser le certificat nécessaire pour entrer dans un autre relais.

17. Le conseil d'administration veillera scrupuleusement à ce qu'aucûn postillon qui aurait été renvoyé d'un relais sans certificat, ne puisse s'introduire dans un autre : il fera droit, au surplus, aux justes observations et réclamations des postillons.

18. Les postillons en course doivent être porteurs d'une plaque au bras (1), qui indique le nom du relais auquel ils sont attachés, et le numéro de leur rang.

L'infraction à cette disposition sera punie pour la première fois par la mise à pied pendant dix jours ; pour la deuxième fois, pendant un mois ; et en cas de récidive, par la destitution.

§. II. *Du nombre de postillons et de chevaux à employer pour les différens services.*

Service à franc-étrier.

Art. 1. Tout courrier à franc-étrier qui n'accompagne pas une voiture, doit avoir un postillon monté pour lui servir de guide.

2. Un seul postillon ne peut conduire que trois courriers à franc-étrier : s'il y a quatre courriers, il faut deux postillons.

§. III. *Service en voiture.*

Nota. Les dispositions contenues dans les §§. 3, 4, 5 et 6 de cette Loi, sont reproduites et modifiées dans le tarif annexé à l'Ordonnance du 13 novembre 1822. (*V.* ci-après, p. 349.)

§. VII. *Du chargement des chevaux et voitures.*

Art. 1. Tout courrier à franc-étrier ne peut faire porter au cheval qu'il monte, que ce que peuvent contenir en menus effets les poches de la selle.

S'il y a un porte-manteau, il doit être porté en croupe par le postil-

---

(1) La plaque doit être aux armes du Roi.

lou, pourvu toutefois qu'il n'excède point le poids de quinze kilogrammes ou trente livres.

Obs. Le poids d'une selle avec ses étriers, y compris les menus effets que peuvent contenir les sacoches, est fixé à vingt kilog. ou quarante livres; toute selle qui excéderait ce poids étant dangereuse pour les chevaux, les Maîtres de poste sont autorisés à ne pas permettre que les courriers s'en servent, sauf à leur en fournir une autre jusqu'au relais suivant. (Réglem. de l'Administ.)

2. Les voitures montées sur deux roues, ayant brancard, celles montées sur quatre roues, à un seul fond et ayant limonière, ne pourront être chargées sur le derrière de plus de cent livres, et sur le devant de plus de quarante livres.

Obs. Ce chargement peut consister dans une vache, soit entière, soit en deux parties, et dans une malle. (Régl. de l'Adm.)

§. VIII. *Droit du troisième cheval.*

Nota. Ce paragraphe, relatif au troisième cheval, est remplacé par les dispositions qui suivent le tarif annexé à l'Ordonnance du 13 novembre 1822, sous le titre de *cheval de renfort.* (*V.* ci-après, p. 350.)

§. IX. *Police et ordre dans le service.* (1)

Art. 1. Il doit y avoir dans l'écurie de chaque Maître de poste, de la lumière pendant la nuit et un postillon de garde, afin de ne point faire attendre les courriers; le postillon de garde allant en course, un autre doit le remplacer.

Obs. Dans toute l'étendue du Royaume, les Maîtres de poste ne pourront donner des chevaux à aucun courrier se présentant pour la première fois pour prendre la poste, s'il n'exhibe un passe-port délivré conformément aux Lois et Réglemens de police. (Réglem. de l'Administ.)

2. Le prix de la course conformément au tarif, doit être payé au Maître de poste avant le départ du courrier.

Obs. A l'entrée et à la sortie des lieux où le Roi fait son séjour momentanément, la première post se paie double; mais à compter seulement de l'heure de minuit qui suit le jour où le Roi est arrivé, et jusqu'à minuit après le jour qu'il en est parti. (Réglem.)

3. Le service des malles, pour lequel au surplus les Maîtres de poste doivent tenir des chevaux en réserve, et celui des courriers ou porteurs

---

(1) Aux termes des instructions le nombre des postillons en rang doit être proportionné à celui des chevaux reconnus nécessaires pour le service. L'usage a consacré qu'il suffisait d'un postillon pour quatre chevaux. Les Maîtres de poste ne peuvent s'écarter de cette proportion qu'autant qu'ils y auraient été spécialement autorisés. Ils ont toutefois la liberté d'y adjoindre *des monteurs à défaut*, lorsque la nature du service l'exige.

d'ordres du Gouvernement, doivent être faits de préférence à tous autres.

Hors ces deux cas, les courriers doivent être servis par ordre d'arrivée. (1)

Obs. 1. Il est expressément défendu aux Maîtres de poste, par les Réglemens, de confier la dépêche remise par l'estafette, à un autre individu qu'aux postillons en rang dans leurs relais, et dont ils sont personnellement responsables.

2. Le Maître de poste qui permettrait le transport des dépêches par toute autre voie que par estafette, même par les malles ou par les courriers de la loterie, serait destitué, sans préjudice des peines plus graves s'il y avait lieu.

3. Aussitôt qu'un postillon en estafette arrive dans un relais, le Maître de poste doit veiller particulièrement à ce que le départ s'effectue avec la plus grande promptitude, et sans discussion ni perte de temps. Il doit aussi dressser l'état dans lequel se trouve le porte-manteau, et dans le cas où il paraîtrait avoir été ouvert, il doit en faire de suite la déclaration au maire du lieu, en présence du directeur des postes, et en informer en même temps l'administration.

Le Maître de poste signe le part ou feuille sur laquelle est incrite la dépêche; il y mentionne l'heure d'arrivée et le nom du postillon d'estafette.

4. Pour éviter tout retard, il doit toujours y avoir dans l'écurie de chaque poste un postillon de garde prêt à partir, et la course d'une poste ne doit pas excéder quarante minutes.

5. Tout postillon qui cause quelque retardement dans le service peut être mis à pied pendant un mois, et, en cas de récidive, il est renvoyé sans certificat, et perd tous ses droits à la pension.

Il est payé 10 francs par tout postillon pour la perte du part, et 5 francs pour celle du portefeuille qui renferme le part.

6. Un postillon qui, pendant la route, se dessaisirait de la valise pour la faire transporter de toute autre manière à un autre relais, serait puni ou renvoyé suivant la gravité du délit.

7. Il est expressément défendu aux Maîtres de poste de faire transporter en estafettes les dépêches des particuliers sur leur seule demande; ils ne doivent fournir des chevaux et des postillons pour ce service que sur la réquisition du directeur des

---

(1) *Ou de celle de leur avant-courrier, quand ils en ont un qui les précède.*
Cette disposition, qui fait partie des Réglemens de l'administration, est fondée sur un usage fort ancien particulier à l'institution des avant-courriers, et qui n'a point été aboli. Les courriers seraient donc mal fondés à contester la préférence que doivent avoir dans le service les personnes qui se font précéder par un courrier pour retenir et faire préparer les chevaux qui leur sont nécessaires.

postes. (Extrait des Instructions de l'Administration, rendues en 1822.) *V.* d'ailleurs les *Obs.* sous l'art. 10 de la Loi du 24 juillet 1793, p. 330.

4. Les postillons attachés à un relais, doivent seuls en conduire les chevaux; les courriers ne peuvent les faire remplacer par qui que ce soit.

5. Les courriers à franc-étrier ne peuvent se servir de brides à eux appartenant; ils ne doivent pas passer le postillon qui les conduit; et le Maître de la poste à laquelle ils arriveraient sans leur postillon, ne doit point leur donner des chevaux avant que ce dernier ne soit arrivé, et qu'il n'ait reconnu l'état des chevaux et déclaré la course et les guides payés.

6. Les avant-courriers ne peuvent devancer que d'une poste la voiture qu'ils précèdent; il leur est défendu de partir, et aux Maîtres de poste de leur fournir des chevaux avant l'arrivée de la voiture aux relais; et s'ils partent plus d'un quart-d'heure après, il leur sera donné un guide.

7. Les postillons ne peuvent se devancer sur la route, et doivent marcher dans l'ordre où ils sont partis du relais, à moins qu'un accident ne soit survenu à celui qui précède.

Obs. Cette disposition ne concerne ni le service des estafettes, ni celui des malles-postes (*v.* les *Obs.* sous l'art. 3), qui ne sont point assujetties, quant au rang, à l'ordre établi dans le service; les chevaux destinés à leur conduite sont prêts à l'avance. (*V.* art. 3.) Elles sont relayées aussitôt leur arrivée, et partent immédiatement après. (*V.* les *Obs.* sous l'art. 10 de la Loi du 24 juillet 1793.)

8. Il est défendu aux postillons, lorsqu'ils se rencontrent vers le milieu de leur course, d'échanger leurs chevaux, à moins qu'ils n'aient obtenu le consentement respectif des courriers.

La course d'une poste devant se faire, dans les localités ordinaires, dans une heure, les postillons ne pourront s'arrêter sans permission que pour laisser souffler leurs chevaux.

Obs. Il est expressément défendu aux postillons de quitter leurs chevaux, sous aucun prétexte, pendant la durée de la course.— En cas de contravention, ils seront exemplairement punis par l'administration, sans préjudice de la responsabilité qu'ils auraient encourue eux et les Maîtres de poste, pour les accidens qui en seraient résultés.

9. Lorsque tous les chevaux d'une poste suffisamment garnie sont en course, les courriers doivent attendre que les chevaux soient de retour et aient rafraîchi; mais si le manque de chevaux provient de ce qu'un relais n'est pas suffisamment monté, alors les postillons seront tenus de passer avec tout ou partie seulement de leurs chevaux, après toutefois les avoir fait rafraîchir. Ils ne pourront en aucun cas être forcés à passer plus d'un relais.

10. Les Maîtres de poste ne peuvent être forcés à fournir des chevaux pour les routes de traverse ; cependant ils sont autorisés à conduire les courriers dans lesdites routes, à prix défendu, de manière toutefois que le service du relais ne puisse en souffrir.

11. Les maisons de campagne situées sur les grandes routes ou à proximité, seront servies par la poste la plus voisine du point vers lequel les voyageurs se dirigeront.

Obs. Cet article est ainsi modifié par les Réglemens : « Les maisons de campagne situées sur les grandes routes, ou à proximité, seront toujours servies au départ par les relais les plus voisins ; mais, à l'arrivée, les courriers pourront se faire conduire par les autres relais sans être obligés de relayer au plus voisin, pourvu toutefois que la distance qui le sépare de la maison de campagne n'excède pas une lieue, qui, dans ce cas, ne doit être comptée que pour une demi-poste.

12. Les Maîtres de poste ne peuvent être contraints à fournir des chevaux pour être attelés à une voiture avec d'autres que ceux employés au service de la poste.

13. Les courriers ne doivent point forcer ni maltraiter les chevaux ; dans le cas où ils se seraient portés à cet excès, et que par suite un ou plusieurs chevaux seraient mis hors de service ou viendraient à périr, ils seront tenus d'en payer le prix au Maître de poste, suivant l'estimation qui en sera faite par experts, et sur le procès-verbal qui en sera dressé en présence de l'agent municipal des lieux où le délit aura été commis.

14. Les Maîtres de poste qui conduiront à un relais sur les pays étrangers, sont autorisés à se faire payer sur le pied de monnaie étrangère.

15. Les droits de bac, de pont . . . . . sont à la charge des courriers, et indépendans du prix de la course et des guides.

16. Tous ceux qui feront venir des chevaux de poste et les renverront sans s'en servir, paieront le prix d'une poste, et les guides dans la même proportion, à titre de dédommagement.

Ceux qui les auront fait venir et ne partiront pas de suite, paieront une demi-poste de plus, et les guides dans la même proportion, par chaque heure de retard.

Obs. Les courriers dont la voiture viendrait à casser pendant le parcours d'un relais à un autre, sans que l'accident puisse être attribué à l'incapacité du postillon ou à la mauvaise qualité des chevaux, paieront, à titre de dédommagement, un quart de poste pour chaque heure de retard, toutes les fois que le retard excédera deux heures au-delà du temps accordé pour la course. (Réglem. de l'Administ.)

17. Les courriers paieront 75 centimes par chaque homme et par chaque cheval, toutes les fois que, par la fermeture des portes d'une commune ou autre empêchement de cette nature, ils seront forcés de coucher et ne pourraient revenir à leur relais.

Obs. Le temps nécessaire pour le retour doit être calculé à raison d'une demi-heure de rafraîchissement, et d'une heure et demie par poste pour la course.—Dans les villes où les courriers ont la faculté, moyennant une rétribution déterminée, de faire ouvrir les portes pendant la nuit, pour entrer ou pour sortir, les Maîtres de poste ne peuvent réclamer que le remboursement de cette rétribution, qui est à la charge du courrier, et qui doit être payée double lorsque la rentrée des chevaux doit précéder l'heure ordinaire de l'ouverture des postes. (Réglem. de l'Adm.)

20 septembre 1799 (4e jour complém. de l'an VII).

Loi qui fixe la peine en cas de fausse déclaration sur le nombre de chevaux de la part des Maîtres de poste, et de faux certificats de la part des Inspecteurs des Postes.

ART. 1. Tout Maître de poste aux chevaux qui supposera un plus grand nombre de chevaux que celui qu'il tient constamment disposé au service des relais, et qui recevra en conséquence des gages excédant les proportions qui se trouveront établies par la loi, sera condamné à restituer l'excédant, et puni *comme voleur de deniers publics*, conformément à l'art 6, 6e section du titre I, seconde partie du Code Pénal.

2. La peine de six ans de fers sera infligée à tout Inspecteur des postes qui, dans ses procès-verbaux de tournée, aura sciemment certifié un nombre de chevaux excédant celui disposé au service des postes.

Nota. Il résulte de la jurisprudence du Conseil d'État et de la Cour de Cassation, que l'art. 484 du Code Pénal, qui maintient une partie des Lois pénales antérieures (1), doit être entendu en ce sens, qu'il y a néanmoins abrogation de ces Lois, lorsqu'elles portent sur des matières qui ont été réglées par un système complet dans la législation nouvelle. En conséquence de ce principe, les crimes prévus par les art. 1 et 2 de la Loi du 20 septembre 1799, doivent être aujourd'hui punis d'après les dispositions du nouveau Code Pénal.

En effet, d'un côté, le Liv. III, chap. 3, sect. 2 de ce Code, traite de la forfaiture et des crimes et délits des fonctionnaires publics, dans l'exercice de leurs fonctions, et le §. 2 de cette section s'occupe spécialement des concussions commises par ces fonctionnaires ; d'autre part, le même Livre, chap. 3, sect. 1, traite des faux en écriture publique ou authentique, commis par les fonctionnaires publics, et le §. 5 de cette section s'occupe particulièrement du faux commis *dans les certificats de toute nature, d'où il peut résulter préjudice envers le trésor royal....* ; la matière, sous les deux rapports, en ce qui concerne les Maîtres et Inspecteurs de poste, est donc réglée par la législation nouvelle.

______

(1) *V.* cet article dans l'Ext. du Code Pénal, Liv. VI.

Ainsi, tout Maître de poste convaincu de fausses déclarations dans le nombre de chevaux, dont le but serait d'augmenter ses gages, aux termes de l'art. 11 de la Loi du 9 décembre 1798, serait passible de la peine portée par l'art. 174 du Code Pénal, ainsi conçu : « Tous fonctionnaires.... qui se seront rendus coupables du crime de concussion...., en exigeant ou recevant ce qu'ils savaient n'être pas dû, ou excéder ce qui était dû.... pour salaires ou traitemens, seront punis de la peine de la réclusion...., et de plus condamnés à une amende dont le maximum sera le quart des restitutions et des dommages-intérêts, et le minimum le douzième. »

De même, tout Inspecteur des postes convaincu d'avoir *sciemment* certifié dans ses procès-verbaux de tournée un nombre de chevaux excédant celui disposé pour le service des postes, serait passible des peines portées par les art. 162 et 145 du Code Pénal, ainsi conçus : Art. 162. « Les faux certificats *de toute autre nature*, et d'où il pourrait résulter préjudice.... envers le trésor royal, seront punis, selon qu'il y aura lieu, d'après les dispositions des §. 3 et 4 de la présente section. »

Art. 145, § 3. « Tout fonctionnaire qui, dans l'exercice de ses fonctions, aura commis un faux...., sera puni des travaux forcés à perpétuité. »

Dans ce dernier cas, la peine, sous la législation nouvelle, est, comme on le voit, beaucoup plus rigoureuse que sous l'ancienne.

13 novembre 1822.

Ordonnance du Roi contenant un nouveau Tarif du prix des Chevaux de Poste, approprié à la nature des Voitures et au nombre de Chevaux dont elles doivent être attelées.

Louis, etc.

Considérant que le tarif de la poste aux chevaux donne matière à de fréquentes contestations entre les voyageurs et les Maîtres de poste, et qu'il est nécessaire de le fixer avec plus de précision, particulièrement sous le rapport du classement des différentes espèces de voitures et du nombre de chevaux dont elles doivent être attelées ;

Sur le rapport de notre ministre secrétaire d'état des finances ;

Nous avons ordonné et ordonnons ce qui suit :

Art. 1. Le prix des chevaux de poste sera payé désormais conformément au tarif joint à la présente.

2. L'ancien tarif et les anciens Réglemens seront exécutés dans tous les points auxquels il n'est point dérogé par le nouveau tarif.

Obs. Les Décrets du 30 ventose et 20 floréal an XIII, les Ordonnances du Roi du 17 mai et 5 août 1814, concernant le tarif des chevaux de poste, sont implicitement maintenus par cet article. Ces Décrets et Ordonnances se trouvant reproduits dans presque tout leur contenu par l'Ordonnance actuelle, il nous a paru inutile d'en donner le texte ; nous avons eu soin d'ailleurs de rappeler celles de leurs dispositions qui pourraient encore être en vigueur, et qui ne sont point comprises dans la présente Ordonnance (*V.* la note 1, pag. 350, et l'*Obs.* sous l'art. 8 de la Loi du 9 décembre 1798).

Tarif de la Poste aux Chevaux. (1)

1re DIVISION.	NOMBRE de personnes.	NOMBRE de chevaux.	PRIX par cheval.	PRIX TOTAL des chevaux par poste.	
Chaises ou cabriolets.........	1 ou 2	2	1f 50c	3f 00c	
	3	3	1 50	4 50	Ce qui équivaut à 4 chev. à 1 f. 50 c.
	4	3	2 00	6 00	
Petites calèches à un seul fond et à *timon*...............	1 ou 2	2	1 50	3 00	

Nota. Sil se trouve une troisième personne, il sera payé 1 f. 50 c. en sus, sans que pour cela les Maîtres de poste soient tenus d'atteler plus de deux chevaux.

S'il se trouvait plus de trois personnes, la calèche serait considérée comme berline. (*Voir* plus bas la 3e division.)

2e DIVISION.

Limonières.

	NOMBRE de personnes.	NOMBRE de chevaux.	PRIX par cheval.	PRIX TOTAL des chevaux par poste.	
Voitures fermées et coupées et calèches à *brancard*........	1, 2, 3,	3	1 50	4 50	Ce qui équivaut à 4 chev. à 1 f. 50 c.
	4	3	2 00	6 00	

Nota. Il sera payé 1 f. 50 c. en sus pour chaque personne excédant le nombre de quatre, sans que pour cela les Maîtres de poste soient tenus d'atteler plus de trois chevaux.

Une voiture coupée, si elle a un timon au lieu d'un brancard, est considérée comme une berline, et suit les Réglemens de la 3e division.

3e DIVISION.

Berlines.

	NOMBRE de personnes.	NOMBRE de chevaux.	PRIX par cheval.	PRIX TOTAL des chevaux par poste.
Voitures fermées ou autres à deux fonds égaux, et calèches à deux fonds et à *timon*......	1, 2, 3, 4,	4	1 50	6 00
	5,6	6	1 50	9 00

Nota. Il sera payé 1 f. 50 c. en sus pour chaque personne excédant le nombre de six, sans que jamais il soit attelé plus de six chevaux.

(1) L'art. 4 du Décret du 29 mars 1795 porte : « Les Maîtres de poste qui auront

Un enfant de sept ans et au-dessous ne compte point dans le prix de la course.

Deux enfans de sept ans et au-dessous comptent pour une personne.

Un enfant au-dessus de sept ans compte pour une personne.

Le nombre de chevaux énoncé à la deuxième colonne du tableau du tarif doit être réellement attelé. Les voyageurs ne sont pas obligés de payer ceux qui manqueraient à cet effectif, à moins d'une composition à l'amiable.

Chaque voiture peut être chargée d'une vache, soit en une, soit en deux parties, et d'une malle (1), sauf l'exception ci-après.

Les petites calèches de la première division du tarif ne peuvent être chargées que d'une malle seulement ou d'une vache.

Cheval de renfort. (2)

Il est accordé un cheval de renfort dans certaines postes, à cause de la difficulté des chemins et de la longueur des distances.

Cette concession a lieu soit pour toute l'année, soit pour six mois seulement, qui commencent au 1er novembre et finissent au 30 avril. Les Maîtres de poste n'en jouissent qu'autant qu'ils y sont autorisés par les indications du livre de poste; ou, à défaut, par une autorisation spéciale de l'administration des postes, qu'ils doivent représenter aux voyageurs.

Ladite concession est applicable :

1°. Aux chaises, cabriolets et calèches de la première division, lorsque ces voitures sont chargées de deux personnes;

> *Nota.* Sont exceptés les cabriolets à deux roues et à soufflet, pourvu qu'ils n'aient ni malle ni vache.

2°. Aux limonières, dès qu'elles sont chargées de plus d'une personne.

Le prix du cheval de renfort (1 fr. 50 par poste) se paie en sus du prix des chevaux fixé par le tarif.

Le cheval de renfort doit être attelé. Les Maîtres de poste ne peuvent en exiger le paiement lorsqu'ils ne l'attellent pas.

Cependant, comme il faudrait atteler le cheval de renfort en arbalète sur les calèches de la première division et sur les limonières de la seconde, et que cette sorte d'attelage occasionne souvent de graves accidens, le Maître de poste peut offrir de suppléer à ce renfort en fournissant des chevaux d'une qualité supérieure; et les voyageurs peuvent, dans leur propre intérêt, consentir à payer le prix du cheval de renfort sans qu'il soit attelé. Mais cette composition ne peut avoir lieu que par consentement mutuel.

Quant aux cabriolets à deux roues, comme l'on peut toujours y atteler un troisième cheval de front, il n'y a pas lieu à une composition semblable; et il faut toujours que le cheval de renfort soit attelé pour que le paiement en soit dû.

Toutes les fois qu'un cabriolet, en raison du nombre de personnes qu'il contient, se trouve attelé de trois chevaux, la concession du cheval de renfort n'y est plus applicable.

---

exigé des voyageurs au-delà du prix fixé seront tenus de restituer le trop perçu : la connaissance en est attribuée aux municipalités et aux juges de paix concurremment. »

La Loi du 27 décembre 1795 a de plus établi des peines contre les Maîtres de poste ou postillons qui perçoivent au-delà du tarif. *V.* cette Loi, p. 333.

(1) Le tarif du 20 floréal an XIII ajoute à cette disposition : « Il sera payé par chaque article excédant, 50 centimes par poste, outre le prix des chevaux.

(2) La dénomination de *cheval de renfort* remplace celle de *troisième* ou *quatrième cheval.*

Toutes les fois que le cheval de renfort est employé sur les petites calèches de la première division du tarif, les trois chevaux *attelés* se paient à raison de 1 fr. 50 c. chacun par poste, lors même qu'elles sont chargées de trois personnes. (1)

L'administration a fait publier sur le tarif le développement qui suit :

« Chaque espèce de voiture a un attelage et une contenance qui lui sont propres. Par exemple, un cabriolet doit naturellement contenir deux personnes, et être conduit par un postillon et deux chevaux ; une limonière, contenir trois personnes, être conduite par un postillon et trois chevaux ; une berline, contenir quatre personnes ou six au plus, être conduite par deux postillons et quatre ou six chevaux. Il est également naturel que le courrier paie la poste en raison du nombre de chevaux qu'il emploie.

« Le Tarif doit donc supporter cette double condition, que les voitures seront chargées du nombre de personnes qui leur est propre, et qu'elles seront attelées du nombre de chevaux que comporte aussi leur espèce.

« Telle est la base du Tarif, et celle du prix qu'il détermine primitivement pour chaque sorte de voiture.

« Mais, lorsque, par un surcroît de charge, vous dénaturez, pour ainsi dire, votre voiture, vous dérangez dès-lors les proportions du Tarif. Si telle voiture qui doit naturellement contenir trois personnes, en porte quatre, il faut nécessairement payer un supplément au prix convenu ; car une personne de plus ne doit pas être transportée *gratis*, et le Maître de poste doit être dédommagé du surcroît de charge et de fatigue qu'en ressentent ses chevaux. En conséquence, on paiera par supplément le prix d'un cheval par chaque personne excédant le nombre que comporte l'espèce de la voiture.

« Les chevaux de supplément qu'exige le nombre de personnes seront attelés autant que la disposition des voitures le permettra. Par exemple, on attellera

---

(1) Voici dans quelle proportion les Maîtres de poste doivent être payés par les voyageurs, suivant les distances, le nombre de chevaux et leur prix.

Distances.	Chev. 1.	Chev. 2.	Chev. 3.	Chev. 4.	Chev. 5.	Chev. 6.	Chev. 7.	Chev. 8.	Chev. 9.	Chev. 10.
Postes.	f. c.	f. c.	f. c.	f. c.	f. c.	f. c.	f. c.	f. c.	f. c.	f. c.
1 quart....	38	75	1 13	1 50	1 88	2 25	2 63	3	3 38	3 75
demie.....	75	1 50	2 25	3	3 75	4 50	5 25	6	6 75	7 50
3 quarts...	1 13	2 25	3 38	4 50	5 63	6 75	7 88	9	10 13	11 25
1.........	1 50	3	4 50	6	7 50	9	10 50	12	13 50	15
1 un quart.	1 88	3 75	5 63	7 50	9 38	11 25	13 13	15	16 88	18 75
1 et demie.	2 25	4 50	6 75	9	11 25	13 50	15 75	18	20 25	22 50
1 tr. quarts.	2 63	5 25	7 88	10 50	13 13	15 75	18 38	21	23 63	26 25
2.........	3	6	9	12	15	18	21	24	27	30
2 un quart.	3 38	6 75	10 13	13 50	16 88	20 25	23 63	27	30 38	33 75
2 et demie	3 75	7 50	11 25	15	18 75	22 50	25 25	30	33 75	37 50
2 tr. quarts.	4 13	8 25	12 38	16 50	20 63	24 75	28 88	33	37 13	41 25
3.........	4 50	9	13 50	18	22 50	27	31 50	36	40 50	45
3 un quart.	4 88	9 75	14 63	19 50	24 38	29 25	34 13	39	43 88	48 75
3 et demie.	5 25	10 50	15 75	21	26 25	31 50	36 75	42	47 25	52 50
3 tr. quarts.	5 63	11 25	16 88	22 50	28 13	33 75	39 38	45	50 63	56 25
4.........	6	12	18	24	30	36	42	48	54	60

jusqu'à trois chevaux aux cabriolets et jusqu'à six aux berlines ; mais, comme l'on ne pourrait, sans exposer les voitures et les voyageurs mêmes à de graves accidens, atteler un cheval en arbalète, soit aux calèches à deux chevaux, soit aux limonières, elles paieront le prix des chevaux supplémentaires, sans qu'ils soient fournis. En pareil cas, les Maîtres de poste auront soin, dans leur propre intérêt, de fournir des chevaux d'une force proportionnée à ce redoublement de charge.

« Par le même motif, c'est-à-dire, pour ne pas faire placer un cheval en arbalète, on règle l'attelage des berlines sur le pied de quatre ou de six chevaux.

« Il en est autrement du cheval de renfort, qui doit s'atteler sur toute sorte de voiture, partout où il est accordé. Cette concession étant réduite à des localités difficiles qui rendent un renfort indispensable, il faut bien, dans de telles circonstances, subir les inconvéniens qui résultent d'un mauvais attelage. D'ailleurs l'habitude le rend plus facile dans ces relais particuliers ; et, le train de la course étant ralenti par la nature des chemins, le danger n'est plus le même.

« Les Maîtres de poste peuvent déroger aux droits que le Tarif leur accorde sous le rapport du nombre de chevaux dont les voitures doivent être attelées ; ils les conduisent alors *à prix de composition*. Cette dérogation est purement facultative ; l'Administration la conseille dans l'intérêt du service, mais elle ne peut pas l'exiger. »

FIN DU LIVRE TROISIÈME.

www.ingramcontent.com/pod-product-compliance
Lightning Source LLC
LaVergne TN
LVHW050301060726
842525LV00002B/368